国家哲学社会科学成果文库

NATIONAL ACHIEVEMENTS LIBRARY
OF PHILOSOPHY AND SOCIAL SCIENCES

生产控制的转换

——消费社会与经济转型研究

汪和建　著

科学出版社

内 容 简 介

　　本书旨在理解与解释消费如何推动经济转型与经济增长。与主流经济学"消费数量论"研究方式不同，本书采用一种"消费结构论"的立场，并遵循"结构-行动主义"的方法与策略，即下降到微观行动和组织的层面，通过分析消费者与生产者之间的关系转变及其对生产组织方式的转换的影响，揭示消费如何推动经济转型与经济增长。通过系统的理论与经验研究，本书获得了一个总体性结论，即消费社会的演进促成了消费者-生产者关系的转变，而后者又在根本上引导着生产组织及其控制方式的转换，从而可能推动一个国家或地区的经济转型与经济增长。本书是开拓"消费的经济社会学"研究的一种尝试。

　　本书逻辑缜密、内容新颖，见解独到，适用于社会学、经济学等领域的研究者及相关专业的学生和普通读者阅读与参考。

图书在版编目（CIP）数据

生产控制的转换：消费社会与经济转型研究 / 汪和建著. —北京：科学出版社，2018.3
　（国家哲学社会科学成果文库）
　ISBN 978-7-03-056756-7

　Ⅰ. ①生…　Ⅱ. ①汪…　Ⅲ. ①消费经济学-研究　Ⅳ. ①F014.5

　中国版本图书馆 CIP 数据核字（2018）第 046938 号

责任编辑：刘英红 / 责任校对：彭珍珍
责任印制：张克忠 / 封面设计：肖　辉　黄华斌

科 学 出 版 社 出版
北京东黄城根北街 16 号
邮政编码：100717
http://www.sciencep.com
北京通州皇家印刷厂　印刷
科学出版社发行　各地新华书店经销
*
2018 年 3 月第　一　版　　开本：720×1000　1/16
2018 年 3 月第一次印刷　　印张：24　插页：4
字数：400 000
定价：186.00 元
（如有印装质量问题，我社负责调换）

作者简介

汪和建 1963 年出生。1984 年毕业于南京大学经济学系，获经济学学士学位，并留校任教于南京大学经济学系暨南京大学社会学研究室。1988 年转教于南京大学社会学系。2005 年获南京大学社会学系社会学博士学位。现为南京大学社会学院社会学系教授，博士生导师。主要研究领域为经济社会学、组织制度社会学、中国社会与经济研究等。主要著作有《现代经济社会学》（南京大学出版社，1993 年）、《迈向中国的新经济社会学：交易秩序的结构研究》（中央编译出版社，1999 年）、《经济社会学：迈向新综合》（高等教育出版社，2006 年）、《经济与社会：新综合的视野》（中国社会科学出版社，2012 年）、《自我行动的逻辑：当代中国人的市场实践》（北京大学出版社，2013 年）。

献给我的母亲

《国家哲学社会科学成果文库》

出版说明

为充分发挥哲学社会科学研究优秀成果和优秀人才的示范带动作用，促进我国哲学社会科学繁荣发展，全国哲学社会科学规划领导小组决定自 2010 年始，设立《国家哲学社会科学成果文库》，每年评审一次。入选成果经过了同行专家严格评审，代表当前相关领域学术研究的前沿水平，体现我国哲学社会科学界的学术创造力，按照"统一标识、统一封面、统一版式、统一标准"的总体要求组织出版。

全国哲学社会科学规划办公室
2011 年 3 月

序　言

　　本书旨在理解与解释消费如何推动经济转型与经济增长。

　　2007 年肇始于美国的全球金融危机，标志着经济全球化的转型，即由生产与消费的"全球分离"转变为生产与消费的"本地结合"。同样，它也预示了中国"新古典主义发展模式"的终结与转变。中国亟须重建一种基于新的本地生产与本地消费相结合的发展模式，即由内需驱动的经济增长。

　　那么，消费如何可能推动经济增长？主流经济学多持"消费数量论"的立场，同时采用宏观定量比较的方法，即通过比较消费、投资和出口的比率、增长率及其对经济增长的贡献率等宏观指标评估消费的地位与作用。比较分析有其优势，但也可能落入在宏观上低估消费在经济增长中的作用的陷阱。更重要的是，定量比较并不能解释消费究竟是怎样影响经济增长的。因此，本书采用一种相反的"消费结构论"的立场，并且遵循一种"结构-行动主义"的研究方法①，即下降到微观行动和组织的层面，通过分析消费者与生产者之间的关系转变及其对生产组织方式转换的影响，揭示消费如何推动经济转型与经济增长。

　　本书的目的和意义，一是要通过探讨消费影响经济转型和经济增长的微

---

　　① "结构-行动主义"一词是笔者对马克斯·韦伯（Max Weber）开创于其《新教伦理与资本主义精神》中的研究方法的概括，该方法强调：从微观"行动"入手以解释行动及其结果；从宏观"结构"入手，或者更精确地说，上溯至"结构"以理解行动之意义。笔者在之前若干研究（汪和建：《迈向中国的新经济社会学：交易秩序的结构研究》，中央编译出版社 1999 年版；汪和建：《自我行动的逻辑：当代中国人的市场实践》，北京大学出版社 2013年版）中已运用这一研究方法，尽管可能并非那么严格。

观机制与过程，建立一种"消费结构论"的新观点。这一观点将有助于揭示消费对于经济增长的真实影响路径及其作用，从而纠正以往经济理论乃至政府政策过度聚焦于投资与消费之需求数量或规模的偏差，并且可能引导中国在经济全球化转型期探寻其新的经济增长与繁荣之路。二是要通过这一研究建立"消费的经济社会学"研究的基本立场与策略。本书的判断是，主流经济学有关消费研究大多局限于"消费数量论"；非主流经济学有关"消费者主权论"和"生产者主权论"未能聚焦于生产组织方式及其转换之议题，且最后都偏离了消费者-生产者关系研究；而以往消费的社会学研究则大多侧重于"消费符号论"，即局限于对单边生产者控制，以及消费者之间的地位竞争进行批判性研究。与其不同，本书力图将消费者与生产者之间的互动关系作为研究的出发点，并且聚焦于其对生产组织及其控制方式的选择与转换的影响分析。这一研究将可能建立起一种基于消费者-生产者关系分析的新的"消费的经济社会学"。

为使分析得以可能，我们采取如下研究策略。首先，我们提出了若干研究预设[①]：①宏观层次上的经济增长是微观层次上的经济转型聚合的结果。微观层次上的经济转型的核心即为生产组织方式——具体而言，即生产组织及其控制方式，尤其是作为核心的生产控制方式——的选择与转换。②生产组织方式的选择与转换，并非企业家或生产者单方面的建构，而是消费者与生产者通过不同互动的共同建构。③消费者与生产者的互动，或更一般地说，它们之间关系的转变，是一种"路径依赖发展"，即它是嵌入于一个重大的社会变迁即消费社会的兴起与演进并受之约束的。

其次，我们根据上述研究预设，构建了一个分析消费如何可能影响经济增长的总体性理论框架。它包括三个研究环节或路径：①从宏观下降到微观，探讨消费社会的演进是如何促成消费者与生产者的关系转变的；②在微观行动和组织的层次，探寻消费者与生产者的关系转变如何推动生产组织方式的

---

① 预设（presupposition），即为保证某一判断或假设的合适性而设置的某些必须满足的前提，也即作为形成判断或假设的基本立场与方法。设置"预设"的目的，对于分析者而言，其可以"存而不论"，即视其为当然，从而达到简化某些分析同时深化某些分析的目的；对于读者而言，则构成一种简单明确的"理论平台"，它既有益于支持者的认同，也便于批评者以此开展对话与论辩。

转换；③从微观上升到宏观，探讨生产组织方式的转换如何可能通过消费者与生产者之间的关系性资源的投资，以及其引致的生产组织及其控制方式的转换，推动社会范围内的经济转型与经济增长。

"消费者与生产者的关系转变"在该理论框架中具有承上启下的地位与作用。它不仅成为本书研究的出发点、基本预设，而且由此建构的一般化的消费者与生产者"关系"假设（以取代两种"主权"假设），也将可能构成"消费的经济社会学"研究的基本视角与理论基础。

在实质性研究部分（从第三章到第五章），我们根据上述理论框架，分别对三个研究环节中的核心议题，即消费社会的演进、生产组织及其控制方式的选择与转换，以及关系性资源与交易治理进行了既对应又具体的观察和分析。在此过程中，我们利用了来自不同方面的经验材料，其中，主要运用我在2012年组织的有关中国城乡居民消费实践的问卷调查的统计资料，以及由本书研究成员在次年通过对一个"社区支持农业"（CSA）的经验个案——珠海绿手指份额农园的实地观察、深度访谈所取得的记录资料等。

第三章（作为研究的第一个环节），探讨消费社会演变如何促成消费者与生产者关系的转变。通过重申让·鲍德里亚（Jean Baudrillard）"消费社会"的概念，我们提出了一个新的需求-关系的视角，并依此视角分析与揭示了消费社会演进的两个基本轨迹：①消费者之主导性需求遵从必需品需求到他人导向的非必需品需求，再到自我导向的非必需品需求的变动轨迹；②消费者与生产者的关系遵循从一体到分离，再到相互依存的变动轨迹。同时，我们也发现了伴随着消费者与生产者的关系变迁而形成的主导性生产组织方式的转换，即从（精英）消费者单边控制到生产者单边控制，再到消费者-生产者联合或双边控制的转变。

第四章（作为研究的第二个环节），旨在探寻消费者与生产者关系的转变如何推动生产组织方式的转换。我们采用了从静态到动态的分析方法。在静态-模型分析中，我们构建了一个由需求、资源、控制等三要素构成的行动框架，以此解释消费者与生产者的互动与合作的形成。通过分析，我们发现了两个决定生产者与消费者共同选择其不同生产组织及其控制方式的基本力量或维度，即有效需求认知的一致性和关系性资源投资的程度。这两个维度的组合，可以显示四类生产组织及其控制方式的选择，包括作为生产者或消费者单边控制的"生产者生产"与"消费者自制",以及作为生产者-消费者双边控制的"消费者定制"和"消费者参与生产"。在动态-过程分析中,我们揭示了生产组织及其控制方式转换的两个基本趋势:①从他人生产转变为自我生产;②从生产者单边控制转变为生产者-消费者双边控制,并且指出了推动这两大转换趋势的两个主客观力量,即"消费者自觉"和"资源的可替代性"。

第五章(作为研究的第三个环节),探讨的是生产组织及其控制方式的转换如何推动一个社会的经济转型与经济增长。通过对一个典型的 CSA 经验个案的实地考察与分析,我们提出了一个基本假设:关系性资源投资与利用,在构建一种新的生产组织及其控制方式,即生产者-消费者双边控制的生产方式中具有关键性作用。一方面,CSA 农场最大限度地体现了生产控制方式转换的基本趋势,即由生产者的单边控制转变为生产者-消费者的双边控制;另一方面,我们也看到,实践中生产者会依据不同消费者的关系性资源的强度和专用性程度,选择和配置不同的交易治理方式。

通过上述三个环节的研究,本书得出了一个总的结论,即消费之所以能够创造经济增长与繁荣,是因为来自消费社会的演进造就了消费者-生产者关系的转变,后者又可能引导生产组织方式的转换,从而最终推动一个社会的经济转型与经济增长。在此无意夸大本书的研究,但我相信,在某种程度上可以说,本书揭示了经济转型与经济增长的新路径,即一种根源于消费社会演进的经济转型,并且受其驱动的经济增长。

本书最后(第六章)对研究获得的四个方面的总体性认识进行了概述。

第一个方面涉及如何在后金融危机时代探寻经济增长与繁荣之路。首先,通过研究,我们认识到,中国经济转型或经济增长模式转换的必要性及其路径,应当通过对后金融危机时代的经济全球化转型这一全球性背景的认知而得到理解。2007 年肇始于美国的全球金融危机,不仅结束了兴盛了近三十年之久的"第二次全球化",同时也终结了中国"新古典主义发展模式"及其经济高速增长期。后金融危机时代,中国亟须重建一种内需驱动的经济增长模式,这已成共识。问题在于,如何构建内需驱动的经济增长模式?供给侧结构性改革、企业技术创新、产业升级换代等国家决策与企业策略并非没有新意,然而,总体而言它们都是从生产者方面,而非从消费者与生产者的关系方面提出的方案,换言之,其追求的仍然是工业社会和消费社会早中期生产者单边控制下的经济增长。

本书研究表明,当今世界无论是西方还是中国都已步入后消费社会阶段。首先,这一阶段消费者与生产者之间的关系已经从分离转变为相互依存,同时,生产组织方式也正在发生由生产者单边控制向生产者-消费者双边控制的大转变。这意味着,构建新的内需驱动型经济增长模式,最重要的并非是企业生产要素的改进,如技术创新、产业升级等,而是推进能够适应消费者与生产者互动合作的生产组织方式的转换。其次,无论在理论还是在实践上,我们都更应重视本书研究提出的消费推动经济增长的“消费结构论”的新观点。经济学家大多从比较消费占 GDP 的比重,以及消费对 GDP 增长的贡献的角度,论证消费在经济增长中的重要性。然而,这类“消费数量论”研究呈现更多的是目前中国经济增长仍然靠显著的投资和出口驱动的特征,消费对于经济增长的真实作用反而被遮蔽了。消费对于经济增长的推动作用并非仅仅通过宏观数据的比较分析就能发现,而是需要下降到微观行动和组织的层面,通过分析消费者与生产者之间的关系及其变动,以及其对生产组织和控制方式的转换的影响来予以揭示。

第二个方面涉及对消费社会的起源及其演进的动力、过程与后果的理解。与鲍德里亚将消费社会视为一个围绕着符号消费而组织起来的意义与关系的体系不同,我们提出了一个既作为考察消费社会演进的原因又作为分析其后果的新的研究视角,即需求-关系的视角。它由两个假设构成:①消费者始终存在着一个完整且稳定的需求结构;②消费者和生产者始终处于相互关系或相互影响之中。我们将消费社会的演进划分为三个阶段,并且依照需求-关系的视角,具体考察和分析了其演进的两个基本轨迹(如前所述)。其中,我们分析了后消费社会的转型,即正在进行的一种新的消费者-生产者相互依存的生产休制的建构及其实现条件;①消费者白觉和有效需求的扩展;②消费者与生产者之间的关系性资源的获得与利用。我们也指出了,互联网的兴起正在改变着人们资源获得的类型、途径和方法。

第三个方面涉及对最为中心的生产组织方式的选择与转换的分析。首先我们构建一个分析影响生产组织方式选择与转换的因果关系的静态模型。我们通过分析决定行动者行动及与他人互动的基本元素——需求、资源与控制

（互动策略），概括出了决定生产组织及其控制方式的选择的两个维度：有效需求认知的一致性和关系性资源投资的程度。然后，我们把有效需求认知的一致性程度分为两类，即一致和不一致；同时，把关系性资源投资分为三等，即高度投资、中度投资和低度投资。这样，将这两个维度结合在一起，就得到了一个可显示各种生产组织及其控制方式的选择的静态模型。之后，在此基础上，我们对生产组织及其控制方式的演变趋势及其主要的推动力量进行了更接近现实的动态分析。依此分析，生产组织及其控制方式的转换存在着两个基本的趋势：由从他人生产转变为自我生产和从生产者单边控制转变为生产者-消费者双边控制。而推动这两大转换趋势的主客观力量分别是消费者自觉和资源的可替代性。

　　最后，我们相信，本书所建构的消费者-生产者关系理论，可能成为"消费的经济社会学"研究的基本立场与路向。本书旨在从消费者与生产者关系的角度，研究它们之间的关系的转变及其对生产组织方式的转换的影响，从而说明消费是如何可能影响和推动经济转型与经济增长的。本书具有区别于其他相关研究的独特的意义。其一，不同于主流经济学局限于宏观总量比较的"消费数量论"研究，本书选择一种基于因果关系的历史的和逻辑的实证，即在行动与组织的层面上说明消费如何影响经济转型和经济增长的机制与过程。其二，不同于"消费者主权"理论和"生产者主权"理论——它们最后都偏离了对消费者-生产者关系（具体互动）的分析——本书致力于构造一种具体且富有操作性的消费者-生产者的关系理论。其三，不同于有关"消费符号论"的社会学研究，本书对消费者需求的性质有着更为客观的假定与分析，并且将研究的中心置于广泛的消费者与生产者之间的相互关系，而非仅限于生产者对消费者的控制以及消费者之间的地位竞争。经济社会学对消费领域的研究尚待开拓，本书可谓一个有益的尝试。

　　本书是我完成的一项名为"消费社会转型与中国经济发展模式转换研究"的国家社会科学基金项目的最终研究成果。该项目研究起始于 2009 年 7 月，完成于 2015 年 10 月。六年时光，可见探索绝非轻而易举。我对国家社会科学基金给予我的资助与耐心，以及项目结项和《国家哲学社会科学成果文库》评审专家给予本研究成果的肯定，心存感激。同时，也对本书出版较迟且无意太过修改——为避免损害本书之结构及各类资料之统一，而使有关宏观统计数据未能保持最新，心有遗憾。

很幸运，在研究与出版期间，我得到了我的同事风笑天教授、成伯清教授和杨德睿副教授的大力支持与帮助。同时，我的学生也给予了我各种帮助，包括李学会动员其所在的大学本科生参与有关中国居民消费实践社会调查，符斐和王燕协助设计有关调查问卷表并完成数据录入与处理，以及陶金承担了赴珠海实地调研 CSA 农场的任务，我在此一并致谢。特别值得提及和感谢的是，陶金在实地调研珠海绿手指份额农园的基础上完成了其《关系资产与交易治理——以绿手指份额农园为例》的硕士论文，本书第六章正是由此修改而成，某种程度上可以说，它亦是我们师生的合作之作。毋庸赘言，我对该章的观点负责。

本书内容曾在近两年我的博士生课程以及南京大学社会学理论与研究方法暑期班上讲授和研讨。同学们给予我的肯定和建议，难以一一列举，在此一并致谢。本书第一章的主要内容曾在《学术研究》2016 年第 4 期发表，附录一的主要内容曾在《中国社会科学》2014 年第 1 期发表。对于出版者允许我重新运用这些材料并编入本书之美意，我在此深表感谢。最后，我要对科学出版社致以最大的谢意，若非出版社的推荐和鼓励，本书尚不知能否以此《国家哲学社会科学成果文库》的形式问世。

若无爱妻金雁、爱女毛毛及我的岳父母在日常生活中所给予的照顾与爱护，本书将难以完成。在此我要向他们致以深深的谢意，并向我不久前去世的岳父致以无尽的怀念。我远在家乡的母亲年事已高，却无时无刻不牵挂着我的生活与工作，她的挚爱与健康已成为我生命中不可或缺的动力。谨以此书献给我的母亲，以表达我对她的爱与感激之情。

汪和建

2017 年 11 月 10 日

目　　录

Contents

第 一 章

重新发现消费

> 历史并不仅仅是一些日期与一些生动的故事,我将它视为一个序列,
> 从一个事件不断产生下一个事件。
>
> ——肯尼斯·阿罗*

第一节 经济全球化转型:全球性背景

2007 年肇始于美国的全球金融危机,标志着历经三十余年的经济全球化主流模式的终结。国内外学者对全球化及经济全球化有着多样的理解[①],包括

---

* [美]肯尼斯·阿罗:《组织的极限》,万谦译,华夏出版社 2006 年版,第 91—92 页。

① 一些学者试图说明,全球化只是一个虚构的神话,全球化经济与过去的国际经济交易方式并无本质的区别(Hirst P, Thompson G, *Globalization in Question: The International Economy and the Possibilities of Governance*, Cambridge: Polity Press, 1996.),而大多数学者肯定全球化现象的存在,并且认同经济全球化是其最核心的构成内容。不过,对于全球化现象的审视是多样化的。在时间范围上,历史学者大多将全球化历史追溯至 15~17 世纪以欧洲为中心的世界体系的形成(Wallerstein I, *The Capitalist World-Economy*, Cambridge: Cambridge University Press,1979; Robertson R, "Mapping the Global Condition: Globalization as the Central Concept", *Theory, Culture & Society*, Vol. 7, 1990, pp.15-30.)。社会学者则倾向于将全球化视为一种晚近出现的现代性现象(Giddens A, *Modernity and Self-Identity: Self and Society in the Late Modern Age*, Stanford: Stanford University Press, 1991.)。经济社会学者持相似的中程的历史观,并且有着更为具体的断代。按照高柏的区分,人类历史上出现过两次全球化:第一次发生在 1870 年并且

笔者曾经表达过的以改革开放后(20 世纪 80 年代以降)的中国为代表的"全球在地化"的实践①，不过，当下已有更多理由将本次(20 世纪晚期的)经济全球化或谓"第二次经济全球化"视为一种全球范围内生产与消费的分工或分离的模式，即少数发达经济体例如美国主导消费与需求，多数发展中经济体尤其是新兴工业化国家(newly industrialized country)例如中国主导生产(制造)与供给。即"中国生产，美国消费"。全球一体化或全球范围内的分工与资源配置，固然给世界经济带来了前所未有的繁荣，包括给发展中国家带来了前所未有的机遇，然而，其本身却包含了"毁灭自己的种子"，即生产与消费的"全球分离"。

资本的全球化流动主要表现为发达国家将剩余资本输出、配置到其他要素成本低廉的发展中国家，意味着发达经济体将生产移植到发展中经济体。虽然发达经济体控制着生产尤其是研发和销售等核心环节，从而支配着全球生产链的价值分配，但是它们也为此付出了代价，即本国制造业的"空心化"和工作岗位的流失。

1980～2011 年，美国制造业占 GDP 的比重从 21.1%下降到 12.6%，制造业吸纳的就业人口从 2029 万人减少到 1180 万人，占总就业人口的比重由 21.6%降至 9.1%。②而且，这种产业转移并不仅限于劳动密集型产业，而是蔓延到了技术密集型产业和服务业。关于这一点，埃克托尔·吉扬·罗莫(Héctor Guillén Romo)已有所揭示："信息革命和电讯革命促使某些服务活动向第三世界和东欧转移，那里的劳动力不仅工资低廉而且技术水平很高。例如，大型企业完全可以借助于信息网络和电子邮件，把自己的财会中心迁移到欠发达国家，那里的高水准会计和计算机从业人员月薪还不到 100 美金……须知工业国家 70%的劳动者在服务领域工作，那么上述现象对工资和

终结于 1914 年作为国际金融体系的金本位制的垮台；第二次发生在第二次世界大战后，英美主导建立了布雷顿森林体系，成立了关税及贸易总协定，正式确立了美国"霸权"下的新的国际金融秩序和贸易秩序([美]高柏：《全球化与中国经济发展模式的结构性风险》，《社会学研究》2005 年第 4 期，第 172—188 页)。

① 汪和建：《自我行动的逻辑：当代中国人的市场实践》，北京大学出版社 2013 年版，第 259—263 页。

② 孟祺：《美国再工业化对中国的启示》，《现代经济探讨》2012 年第 9 期，第 79—83 页。

就业的破坏性冲击便可想而知。"①

产业转移的另一个效应是对收入分配的影响。少数上层通过资本国际性流动和操控全球生产链获得与积累的财富日益庞大，多数中下层则因本地生产的离岸与就业岗位的流失而使其工资收入不断萎缩。结果，20世纪80年代后，美国居民收入差距不断扩大。以住户总货币收入来衡量，1980年，美国的基尼系数为0.3970，2004年则上升为0.4641；2004年最贫困的20%的人口所占收入份额仅为3.4%，而最富裕的20%的人口所占收入份额达到50.1%，收入不良指数高达14.74。②收入不平等既反映在工薪阶层之间的收入差距上，也反映在中产阶级与巨富阶层之间的收入水平的不断拉大上。20世纪80年代中期到90年代中期，美国10%最幸运的工薪族与10%最惨的工薪族的收入差距几乎翻了一倍；该国17%的全日制劳工生活在官方制定的贫困线之下。③同时，资料显示，除了最上层的"科技贵族"外，美国中产阶级近三十年来收入水平基本处于停滞状态。他们与最富有的1%巨富阶层的收入相比，从20世纪70年代末的1∶80变为这次金融危机爆发前的1∶650。④事实证明，差距不断拉大的收入结构无法长久地维持经济全球化所缔造的发达国家主导消费-发展中国家主导生产的分工格局，因为不断萎缩的中下阶层的收入与消费需求并不能长久支撑来自发展中国家的日益庞大的生产供给。

与此相对应，发展中国家亦不能长久地扮演经济全球化所赋予的主导生产与供给的角色。引进国外直接投资，固然使发展中国家例如中国成为"世界工厂"，从而给这些国家带来了难得的工业化与城市化发展机遇。然而，发展中国家并不能真正控制生产，其所参与的全球生产链中的位置——承

① ［法］埃克托尔·吉扬·罗莫：《对全球化的若干质疑》，见梁展选编《全球化话语》，上海三联书店2002年版，第217页。

② 曾国安、洪丽：《第二次世界大战后美国居民收入差距的演变趋势及现状评价》，《中国地质大学学报》2009年第1期，第74—78页。

③ ［法］埃克托尔·吉扬·罗莫：《对全球化的若干质疑》，见梁展选编《全球化话语》，上海三联书店2002年版，第223页。

④ 金灿荣：《"占领华尔街"运动与美国中产阶级困境》，《经济研究参考》2012年第1期，第82—84页。

担具有很强的可替代性的组装的任务——决定了其在价值分配中的不利地位。这一地位决定了我们的生产者，无论是代工厂老板，还是其劳工，整体上利润和收入的低下。有数据显示，苹果（Apple）公司 2011 年的运营利润率已经突破 30%。然而作为其代工厂的富士康母公司，我国台湾地区的上市公司鸿海科技集团的利润率却从 2006 年的 5.9% 降到 2011 年的 2.0%。富士康在中国内地组装的 iPad 的价值构成中，劳动力价值仅占 2% 左右，中国劳工获益甚少。[①]利润微薄限制了代工厂的转型升级；工资收入低下则决定了生产者难以成为优质的消费者。[②]结果，开放的新兴工业化国家承担生产并且依赖发达国家市场需求的地位被"锁定"。例如，1985 年中国外贸依存度[③]为 23.1%，2000 年达到 43.9%，2006 年更是达到 67% 的高点。中国已成为严重依赖对外贸易的外向型经济增长国家，国际市场波动对中国经济造成重大影响的可能日益提高。

吊诡的是，压死经济全球化的"最后一根稻草"不是生产供给方，而是市场需求方即美国爆发的次贷危机。人们一般将次贷危机归结于美国人的过度消费以及过分自由（有失监管）的金融组织制度。而我认为，更为根本的原因是前述经济全球化导致的生产与消费的全球分离。因为制造业的"离岸"（外移），导致美国投资人本地投资大多转向房地产市场。房地产几乎成为美国唯一本地生产、本地消费的市场。结果，投资的积聚尤其是金融工具介入/投资的积聚，加上低利率、购房免税、次级抵押贷款以及住房贷款证券化等金融工具的刺激，推助了成千上万的普通消费者将现期收入和未来收入投注房地产，从而导致了房地产市场的泡沫化。随着房地产泡沫破裂，次贷危机迅即爆发并蔓延到整个经济体系，破产、失业令美国消费市场都相应崩塌，支撑经济全球化的"全球消费"自然无法维系。

危机后，美国政府采取了种种刺激生产与消费的措施。归结起来，可以

---

① 马燕：《苹果中国代工企业利润率不到 2%》，2012 年 1 月 30 日，http://roll.sohu.com/20120130/n333158919.shtml。

② 最糟糕的情况是，低利润率的代工厂把工人逼到了自杀的境地。富士康员工连环自杀现象就是在这一背景下发生的。有关研究参见汪和建：《尊严、交易转型与劳动组织治理：解读富士康》，《中国社会科学》2014 年第 1 期，或本书附录一。

③ 外贸依存度，即一国或地区进出口总额与国民生产总值之比率。

统视为促进生产与消费本地结合的努力。事实上，2010 年起，美国资本回流加速，制造业"回岸"显著，带动了美国就业市场逐步回暖。美国劳工部 2015 年 1 月 9 日公布的统计数据显示，美国非农部门 2014 年 12 月份新增就业岗位 25.2 万个，全年新增岗位 295 万个，创 1999 年以来新高。通常，每月新增 20 万个非农岗位就被认为是美国就业市场健康的表现，而 2014 年美国平均每月新增 24.6 万个岗位。同时，2014 年 12 月美国失业率稳步下降到 5.6%，创 2008 年 6 月以来新低。[①]"美国制造"的回归，意味着经济全球化的主流模式的转变，即由生产与消费的"全球分离"转变为生产与消费的"本地结合"。同时，也标示着一种新的生产体系即生产与消费融合模式的重构。后者正是本书所要关注和揭示的。

第二节　新古典主义发展模式的终结：中国处境

发展中国家之所以可能加入"全球生产"，是因为它们大多具有土地、劳动力等初级生产要素价格低廉的比较优势。中国作为第一人口大国及其威权主义政治体制而使其比一般发展中国家具有更显著的要素成本优势。利用要素成本优势参与国际生产与贸易，可以视为一种新古典主义的发展模式。[②]改革开放也即加入经济全球化三十年，中国主要践行的就是这一发展模式，并且由此获得了快速的经济增长。据统计，1978～2008 年，中国经济的年均增长率达到 9.7%；人均实际 GDP 增长了 12 倍，至 2008 年达到了 3400 美元。[③]美国金融危机后（2008～2014 年）年增长率也达到年均 8.7%，不过已显著下滑。虽然在政府"强刺激"的干预下，2010 年和 2011 年中国的经济增

---

① 刘劫、江宇娟：《财经观察：美国就业改善助推经济强复苏》，2015 年 1 月 10 日，http://news.xinhuanet.com/world/2015-01/10/c_1113947145.htm.

② 高柏将中国的发展模式称为"新自由发展主义"，以区别于日本的"古典发展主义"（[美]高柏：《新发展主义与古典发展主义——中国模式与日本模式的比较分析》，《社会学研究》2006 年第 1 期，第 114—139 页），而笔者更觉得前金融危机时代中国的发展模式是一种介于新自由主义和古典主义之间的发展形态。

③ 姚洋：《中国经济成就的根源与前景》，《文化纵横》2010 年第 2 期，第 16—23 页。

长有所恢复,分别达到10.4%和9.3%,但2012~2014年还是连续回落至7.7%、7.7%和7.4%,2015年和2016年更是分别下降至6.9%和6.7%,连创25年来最低增速。[①]中国经济进入"新常态"。一国经济不可能也无须总是保持超常规的增长速度,但是,后金融危机时代中国经济的回落却有着经济全球化失灵或逆转的巨大背景。因为,正如上述分析,作为经济全球化一端的发达国家的"全球消费"的终结,必然迫使其另一端发展中国家"全球生产"的不可持续。

事实上,2008年之后,中国基于"全球生产"的经济增长已经面临来自外部市场和内部生产的双重阻碍。外部市场的阻碍,最主要地表现为金融危机后发达国家市场需求减少导致的中国对外贸易尤其是出口增速的减缓。2001年加入世界贸易组织(WTO)是中国对外贸易和经济增长的一个重要转折点。据统计,2002~2011年,中国进出口总额从6207.7亿美元增至36 418.6亿美元,年均增长21.7%,较同期全球贸易额年均约10%的增速高出一倍多。2009年,中国出口总额已跃居世界第一位,进口总额上升至世界第二位。然而,2008年,随着外部消费需求的衰退,中国进出口总额增速首次出现下降,比上年回落5.7%。2009年进出口总额同比下降13.9%。之后,2011年进出口总额增幅有较大回升,达到22.5%,但2012~2014年又迅速回落,仅有6.2%、7.2%和3.4%的增速。2015年更是下降了7%,为2009年以来的首次负增长。

诚然,中国对外贸易的减缓,跟金融危机后外部市场兴起的保护主义运动有极大的关系。历史有其惊人的相似性,每一次国际经济危机都会引致各国政府旨在保护本国市场和就业的"反运动"。[②]最近一轮的金融与经济危机同样引发了主导"全球消费"的发达国家的自我限制与保护,尽管各国在各种公开的场合都会"一成不变地对金融和贸易保护主义展开猛烈抨击,大国领袖也一如既往地承诺扩大各自国家市场的自由度和开放度。然而,他们实

---

① 本书之数据来源除非特别注明,均来自国家统计局《中国统计年鉴—2014》及相关报道,特此说明。

② [英]卡尔·波兰尼:《大转型:我们时代的政治与经济起源》,冯钢、刘阳译,浙江人民出版社2007年版。

际做的往往恰好相反"①。

据 WTO 的统计，自 2008 年以来，欧盟共出台了 424 项保护主义新措施。而欧盟自己的报告则称，2008 年 10 月以来全球贸易保护主义政策累计新增了 534 项。其中，仅 2011 年秋至 2012 年秋间的一年里，欧盟贸易伙伴国就新增了 131 项政策障碍。

具有讽刺意味的是，其中的 80% 正是来自 G20 国家。世界银行（World Bank）的报告还指出，G20 国中有至少 17 个成员国违背了其先前作出的反对保护主义的信誓旦旦的承诺。尤其值得一提的是，上述所有这些保护主义举措中有将近一半是针对中国的这个全球第一大货物出口国的。理由也是老生常谈：中国通过操纵人民币汇率提升了产品的价格竞争力。①

中国政府对人民币汇率的确一直实行管控。然而，在 2014 年底出现人民币兑美元连续贬值之前的二十年间，人民币汇率一直在缓慢升值，其并不利于中国的出口。实际上，人民币汇率绝非形成"中国价格"（the China price）的主因。中国产品的价格竞争优势的形成，既有一般化的要素成本低廉的原因，也有其特殊的基于中国社会传统的网络生产方式的支持。②发达国家的保护主义举措，自然引起中国政府的对抗性反应。2014 年中国反垄断部门对在华外企发起了调查，调查对象从奔驰等汽车生产商，到微软和高通等科技公司。对跨国公司的调查，一方面是为了保护消费者利益以及查处各种商业舞弊行为，另一方面也是对西方国家贸易保护主义的一种"反运动"。

当然，无论是保护还是反保护，都已经带来一损俱损的效应。全球贸易和全球资本流动的急剧萎缩就是其表现之一。统计数据显示，2012 年世界贸易额的增长幅度，已从 2010 年的 14% 和 2011 年的 5% 进一步下降至仅有 2%，成为 1981 年有记录以来第二差的成绩，低于全球经济增长率。这

① 陈季冰：《全球化的天空里阴霾密布》，2013 年 5 月 28 日，http://blog.sina.com.cn/s/blog_593bcdce0101o84a.html。
② 汪和建：《自我行动的逻辑：当代中国人的市场实践》，北京大学出版社 2013 年版。

表明，经济全球化事实上已经停滞，甚至正在倒退。与此同时，全球外商直接投资（FDI）也呈逐年下降趋势。根据世界银行提供的数据，自金融危机以来，全球跨境资本流动已经缩水 60%，2013 年已经退回到 2003 年也即十年前的水平。[①]

中国已成为受全球外商直接投资锐减影响最主要的国家。这是限制中国基于"全球生产"的经济增长的可持续性的另一个阻碍。金融危机以来，中国利用外商直接投资增速显著减缓。2010～2014 年中国实际利用外商直接投资额增速分别为 17.4%、9.7%、-3.7%、5.2% 和 1.7%。过去跨国公司通常是因为有关道德经济（moral economy）而退出中国。比如，1993 年李维斯（Levi's）因为中国人权纪录问题，决定不对华进行直接投资并减少对中国合同工的雇佣数，成了首批退出中国的企业之一。2010 年谷歌（Google）因拒绝中国政府的审查而局部离开中国市场。不过，近年来跨国公司对华投资减少甚至退出中国，除了所谓"投资环境恶化"，包括被认为的生态、法制和知识产权保护问题恶化，中国政府陆续取消对外企的优惠政策，以及前述因反贸易保护而表现出来的"对商业不友好"等，更主要的还是因为 2006 年肇始的"民工荒"造成的中国用工成本急剧上升，同时如能源、用地、原材料、物流、交货期等生产成本居高不下，而使跨国企业在中国的盈利空间缩小。

一个事例是，2014 年 9 月 24 日 Adobe 突然宣布关闭中国研发中心，裁员 400 人。调整后，Adobe 在中国只保留销售部门，中国区的业务将移交 Adobe 印度公司负责。Adobe 在中国有着很高的知名度。震惊之余，中国网民开始分析为何 Abode 要关闭中国研发中心。很多人认为它是被盗版泛滥逼走的，并对此表达愧疚之情；也有一些人将其原因归结为 Adobe 糟糕的营销（定价过高）；少数分析者则指出其并不主要是一个知识产权或营销的问题，因为在中国盗版并不是一个新的问题，其过去比现在更为严重。Adobe 关闭中国的研发中心，但却保留了销售系统。这说明，真正的原因，应当是"中国研发运行成本过高，对比印度已经没有优势"。

---

① 陈季冰：《全球化的天空里阴霾密布》，2013 年 5 月 28 日，http://blog.sina.com.cn/s/blog_593bcdce0101o84a.html。

　　数年前，中国软件工程师的薪资还是低于印度的，但是现在，Sourcing Line 的一份研究报告指出：2012 年印度、中国、墨西哥软件工程师的工资约为美国同行的 11%、23%、32%。也就是说，从 2012 年开始，中国软件业用工成本就已经是印度的 2 倍多了。这才是导致 Adobe 关闭中国研发中心，转移到印度的根本原因。[①]

　　可见，印度、东南亚等用工成本更低的发展中经济体正在成为继中国之后"全球生产"转移的新基地。推动全球生产转移的最大力量，既非经济学家亦非政界人士，而是中国工人的加薪。波士顿咨询集团预计，2015 年中国工厂时薪将增至 4.51 美元，高于 2000 年的均值 52 美分。波士顿咨询集团高级合伙人西尔金(Hal Sirkin)称，"一旦算上物流、供应链管理和运输成本，对于许多企业来说，'中国制造'的好处就更少，尤其是对生产大型或较重产品的公司来说"[②]。

　　"中国制造"已经失去了原本的成本优势，而且"中国制造"的成本优势很容易被其他成本相对变得更低的经济体所替代。[③]其可预见的后果便是在华外资正在寻求退出中国。据《参考消息》转引自日媒的报道："中国商务部 1 月 15 日公布的数据显示，2014 年日本实际对华直接投资额比上年减少 38.8% 至 43.3 亿美元。这是继 2013 年同比减少约 4% 后再次出现下滑。"报道称："不仅日本，来自美国的投资也减少 20.6%，东盟减少 23.8%，欧盟减少 5.3%。由于中国城市地区等工厂员工的工资、店铺及办公室租金不断上涨，许多企业将生产据点等转移至东南亚等地。"[④]

---

　　① 一米：《绝非吉兆——论 Adobe 突然关闭中国研发中心一事》，2014 年 9 月 30 日，http://www.cnbeta.com/articles/333169.htm。

　　② 路透社：《"中国制造"不再受宠，谷歌将在美生产 Nexus Q》，2012 年 7 月 14 日，https://cn.reuters.com/article/jw-usa-google-manufacturing-nexus-q-idCNCNE86307K20120704。

　　③ 当然，这并不意味着中国生产没有其特殊的优势。中国社会与"中国制造"所共同培育的复杂的生产者尤其是零部件供应商网络，仍是全球诸多生产尤其是电子产品生产中密不可分的一部分，这将帮助中国留住在华外资厂商。

　　④ 雷璟：《日媒：日本 2014 年对华投资减少 38.8% 下滑幅度罕见》，2015 年 1 月 16 日，http://finance.cankaoxiaoxi.com/2015/0116/630904.shtml。不过，该报道称，与日本对华投资大

从中国到东南亚等地的全球生产的转移，本质上仍然属于旧的全球生产与全球消费相分离的生产的转移。美国金融危机的爆发已经宣告这种全球生产模式的失败与终结。不过，这并不意味着短期内它会退出历史舞台。在新的全球生产模式兴起并占据主导地位之前，旧的全球生产及其转移如幽灵一般仍然会在全球飘荡。

值得注意的是，新的全球生产模式即回归本地化生产正在全球尤其是在发达经济体中兴起。本地化生产即面向本地消费者的生产，也即一种本地生产与本地消费相结合的生产。何以产生全球生产向本地生产的回归？这与知识经济及消费社会的进展有着直接的关联。一方面，随着知识经济的发展，要素成本尤其是用工成本在产品总成本中的比重下降①；另一方面，随着消费市场的分众和竞争的加速，商品中的"时间"要素——包括交货周期迅速准时、合作方反馈及时和知识产权能得到更好的保护等将越来越重要。由综合性商业环境所决定的时间（或速度）要素在市场营销中的地位日益显著。

2012年7月谷歌宣布旗下家庭娱乐设备 Nexus Q 在美国硅谷而非中国进行本土生产。次年，谷歌同样将数字眼镜——谷歌眼镜（Project Glass）和新一代旗舰级安卓智能手机 Moto X 选择在美国制造，突显电子产品的制造正在回归美国。更具象征性意义的，可能还是2012年12月，苹果公司首席执行官蒂姆·库克（Tim Cook）在接受《彭博商业周刊》采访时曾宣布，苹果公司次年将投资1亿美元在美国生产一部分"接单生产"的 Mac 电脑。这是十多年来苹果公司产品第一次除了在美国设计之外，也将在美国制造。这则消息——被视为苹果公司对奥巴马呼吁制造业回归美国的响应——让他登上了各大媒体的头版头条。无独有偶，据报道，富士康公司也相继

幅下降相反，"来自韩国等的投资有所增加"。这主要是由于日中关系恶化推助中韩经贸关系发展，包括2014年签署了双边自由贸易协议。

① Core Systems——一家为回归美国本土生产的惠而浦提供手持式搅拌器零部件的塑料模具生产商——总裁比尔·李奥巴卡（Bill Loebbaka）称：对于大多数产品来说，原材料成本，主要是塑料的成本，占到总成本的62%~78%，而劳动力成本所占比例只有8%~12%。他说，一家高效的美国制造商能够利用极少的人工生产出产品，这样的企业能找到办法给中国企业迎头痛击（华尔街日报中文网：《用美国生产取代中国制造？》，2012年5月31日，http://cn.wsj.com/gb/20120531/bch072123.asp?source=article）。

表示，因应客户需求它计划扩大美国工厂。富士康公司是苹果公司多数产品的代工商。苹果公司想要在美国制造产品，必然会促使其扩大在美国的代工厂规模。①

不仅在华投资的美国公司正在选择回归美国，即使是在美国市场被"淘汰"的公司仍然被收购者选择留在了美国。例如，2012 年在收购 IBM 个人电脑业务八年之后，联想宣布在美国北卡罗来纳州安装一条新的生产线，用于生产个人电脑。联想集团全球供应链高级副总裁盖里·史密斯（Gerry Smith）表示："在美国安装生产线的决定与公司在主要市场尽可能进行本地化生产的总体战略相符。联想作出此举的原因不外是：缩短供应链可加快产品交付速度，因为企业市场更看重交货速度而不是价格；美国和中国工人之间的工资差距正在缩小，中国工人工资在膨胀而美国工人（工资）基本停滞；因为自动化，工人工资占产品成本的比例在减少。"②

甚至，在中国生产的中国公司也选择加入美国制造。过去二十年来，中国成为全球的纺织业中心，许多纺织企业放弃在美国南卡罗来纳州等地的工厂来到中国，以利用中国似乎是取之不尽的廉价劳动力。然而随着国内劳动力和其他成本不断上涨，中国的纺织企业开始把目光投向太平洋彼岸，考虑是否应该将纺织厂从中国迁至美国。据报道，2013 年浙江省纺织企业科尔集团（Keer Group Co.）决定投资 2.18 亿美元，在南卡罗来纳州兰开斯特县（Lancaster Country）兴建一个纺纱厂。它的美国工厂将为中国工厂供货，也将为中美洲地区供货。报道称："目前美国的劳动力成本仍然比浙江的用工成本高。他估计南卡罗来纳州一个工人的成本要比中国高六倍左右，但到 2015 年这一差距有望缩小至三倍。而在美国建厂主要能节省棉花成本。为了提高国内农民收入，中国国家棉花储备库从 2011 年开始大规模收购国产棉花，从而推高了棉花价格。为了防止国内纺纱厂弃用国产棉而使用进口棉，中国政府对棉花进口征收高达 40%的关税。而且进口棉花还受到配额的限制。这导

---

① Solidot：《苹果部分产品美国制造，富士康扩大美国工厂》，2012 年 12 月 7 日，http://www.solidot.org/story?sid=32579。

② Solidot：《联想将生产线移到美国的意义》，2012 年 10 月 3 日，http://www.solidot.org/story?sid=31659。

致中国国内棉花售价高于全球其他地区。"①可见，国内劳动力和其他成本不断上涨，甚至已经在驱使中国本地企业将工厂迁往美国等发达经济体。"中国制造"这一全球生产的典范正在失去它傲人的光彩。

第三节　消费如何推动经济增长？

一、增长的路径

外部全球消费的终结和内部全球生产(中国制造)的衰退，共同宣告经济全球化的终结及其转向，即由全球生产-全球消费的分离模式转变为本地生产-本地消费的结合模式。经济全球化的转型无疑会对中国经济产生巨大而深刻的影响。目前最显著的冲击便是中国经济增长的下行。1978～2008年，中国经济增长年均达到9.7%。然而，全球金融危机终结了中国经济近三十年来的高速增长期。2008～2014年，中国经济的年均增长率已显著下滑至8.7%。美国谘商会发布报告预计，2015～2019年中国经济平均增长将会降至5.5%，2020～2025年将进一步降至3.9%。②

经济增长速度在中国有着不一般的理解。无论官方还是主流经济学家，似乎达成了一种共识，即认为在中国经济存在着一条不低于8%的增速底线。低于这条底线即被认为其将无法保证就业与民生，从而不仅影响市场预期，而且危及社会稳定。③

---

① 华尔街日报中文网：《中国纺织企业为何转向美国建厂》，2013年12月23日，http://cn.wsj.com/gb/20131223/rec152815.asp?source=rss。

② 潘凌飞：《谘商会：十年内中国经济增长将降至3.9%》，2014年10月20日，http://wallstreetcn.com/node/209613。

③ 2002～2012年所提的保增长的底线是8%，之后则将其下调到7.5%左右甚至7%。据报道，2013年10月21日，李克强应邀在中国工会第十六次全国代表大会上作经济形势的报告时，曾对中国GDP的增速问题作了阐述。他说，他请人力资源和社会保障部和有关方面反复测算，都认为要保证1000万的新增就业和4%左右的城镇登记失业率，经济增速不能低于7.2%。报道称，中国社会科学院人口与劳动经济研究所所长蔡昉曾对经济增长与就业的关系

　　不追求高经济增速，但保持一定的即中等速度的经济增长，已成为目前官方、学术界及主流媒体的共识。[①]那么，如何才能达到中等或较高的经济增速呢？主流经济学家大多从被称为拉动经济增长的"三驾马车"——投资、消费和出口等三大需求的比例关系及其变动中寻找影响经济增长的原因和对策。并且，一般用投资率[②]、消费率[③]和净出口率[④]来反映三大需求的比例关系；用投资拉动率[⑤]、消费拉动率[⑥]和净出口拉动率[⑦]来反映三大需求对经济增长的拉动作用。从支出角度看，国内生产总值(GDP)是投资、消费、净出口这三种需求之和，因此，在宏观经济分析中把投资、消费、出口比喻为拉动 GDP增长的"三驾马车"是有益的。不过，可以肯定"三驾马车"理论并不能说明经济增长的根源。这一点，曼库尔·奥尔森(Mancur Olson)在《国家兴衰探源——经济增长、滞胀与社会僵化》中早有相关论述：

　　　　诚然，这些著作都是十分令人信服的；例如爱德华·丹尼森(Edward Denison)关于资本积累、技术发展等要素对经济增长贡献的论述，而戴尔·乔根森(Dale Jorgenson)与其他许多经济学家则作出了巨大努力以进

做过测算。他发现，只要实际增长率不低于潜在增长率，生产要素得到充分的利用，就能实现充分就业，避免出现周期性失业现象。蔡昉等的研究显示，中国劳动人口的增长在 2010 年达到峰值，之后出现负增长。这意味着人口红利开始消失，潜在增长率将由"十一五"时期的平均 10.5%下降到"十二五"时期的 7.2%。这正是李克强在前述报告中提到的"新红线"(蔡如鹏：《中国的经济增速底线》，《中国新闻周刊》2014 年第 10 期，第 42—43 页)。

　　① 当然，怎样的经济增长速度才算中等速度，才合理有效，恐怕仍有争议。

　　② 又称资本形成率，指一定时期内资本形成总额(一般用全社会固定资产投资额来分析)占 GDP(一般用支出法 GDP 来表示)的比重。

　　③ 又称最终消费率，指一定时期内最终消费(一般用社会消费品零售总额来分析)占 GDP的比重。

　　④ 指一定时期内货物和服务净出口占 GDP 的比重。

　　⑤ 又称投资对 GDP 增长的拉动率，指在经济增长率中投资需求拉动所占的份额，也称投资对 GDP 增长的贡献率。

　　⑥ 又称消费对 GDP 增长的拉动率，指在经济增长率中消费需求拉动所占的份额，也称消费对 GDP 增长的贡献率。

　　⑦ 又称净出口对 GDP 增长的拉动率，指在经济增长率中净出口拉动所占的份额，也称净出口对 GDP 增长的贡献率。

行了更为详尽的定量估计。然而，不论这类分析如何精细、巧妙与实用，都未能说明发展的最终根源。它们并未能解答什么是造成储蓄与投资的动力，以及为什么在某一国或某一时期内的资金积累与技术创新比在另一国或另一时期更多。简而言之，这些论著中并未追溯到造成经济增长的最根本原因；打个比喻说，它们追溯到江河源头的小溪与湖泊，但没有解释注入这些源头的雨水是怎样生成的。同时，它们也没有说明经济发展的渠道是如何被堵塞的——即某些国家的经济增长为何受到阻碍。[①]

可见"三驾马车"理论并不触及经济增长的根源，然而，它却可能有助于说明经济增长的构成与实现路径。就当下中国经济增长而言，出口拉动由于前述全球消费的衰退而乏力；投资拉动则面临更为复杂的困难：一方面外部市场需求萎缩导致国内民营企业投资减少，另一方面国内营运成本的上升也促使外资撤离在华投资。因此，外需驱动的经济增长已基本终结。新的经济增长应当转变为内需驱动，这已成为共识。关键是内需驱动的路径何在？按照"三驾马车"的理论，则只剩下两条路可走：一是消费；二是政府投资。

二、政府投资的限制

通过扩大消费拉动经济增长，理论上似乎无懈可击。按照经济学的理论，消费需求是经济增长的核心和最根本的动力。因为，消费需求——作为消费性需求——是最终需求。没有消费需求增长的支持，投资需求——作为生产性需求——形成的新增生产能力将会大量闲置，不论是投资需求拉动的经济增长还是投资需求增长本身都不可能持续。然而，消费需求尤其是居民个人消费的增长不是没有条件的。居民个人收入增长很大程度上受制于其就业状况，而就业状况又主要取决于资本投资需求和投资效益。在内外民间资本投资缩减的情况下，个人收入及其对消费需求的拉动力会受到很大的限制。在这种情形下，当

---

① [美]曼库尔·奥尔森：《国家兴衰探源——经济增长、滞胀与社会僵化》，吕应中、陈槐庆、吴栋等译，商务印书馆1999年版，第7页。

私人消费的扩张速度不足以冲抵出口和制造业投资下滑带来的影响时，作为投资需求增长的另一个来源——政府投资便显得不可或缺。

这正是危机后，中国政府迅速成为保罗·克鲁格曼(Paul Krugman)所称的作为"扩大力量投入"之一的"对生产手段和基础设施投入大笔资金"的积极提供者的原因。①2008 年全球金融危机之后，中国政府迅速出台了两年 4 万亿元的刺激投资计划。"强刺激"维持甚至推助了经济增长。2010～2012 年的国内生产总值(GDP)同比增速均达到 10%以上。然而，另一方面它也造成了国内的投资过热，因为 4 万亿元中央投资计划会带来"乘数"效应，即带动大量地方政府和社会的投资跟进。据不完全统计，在 4 万亿元投资计划出台的第二年，仅半年之内各地出台的投资项目规模就超过了 20 万亿元。更重要的是，"强刺激"延缓甚至逆转了经济结构调整的步伐。随着时间的推移，它对经济增长的效应也在逐渐减弱，其表现是 2010 年之后经济增长速度一直在缓慢下降。

2013 年为稳定经济增长(简称"稳增长")期，中国政府出台了一系列"微刺激"(小规模经济刺激)计划，包括：对小微企业中月销售额不超过 2 万元的增值税小规模纳税人和营业税纳税人，暂免征收增值税和营业税；取消金融机构贷款利率下限；简化出口商的行政审批程序；支持铁路建设融资。2014 年 4 月初，国务院还宣布了一揽子计划，包括加快铁路建设、加快棚户区改造和减轻小微企业税负等。4 月末，在推出了一项意在吸引民间资本参与投资的 80 个重点项目计划后，中央开始定向降低除国有大型银行之外的城市商业银行和农村金融机构的准备金率。11 月，央行宣布降息，一年期贷款基准利率下调 0.4 个百分点至 5.6%。"微刺激"的力度不断加大，然而，它却仍然未能使中国经济增长保持在 10%的理想水平或者保持在 7.5%的目标水平。2013 年中国经济增速回落至 7.7%，2014 年更是下滑至 7.4%，创 24 年来的新低。

---

① 1994 年，经济学家保罗·克鲁格曼在《外交》(Foreign Affairs)杂志上发表了《亚洲奇迹的神话》一文。在这篇文章中，他把不寻常的经济增长率，例如中国的经济增长率归因于"扩大力量投入"，包括"多余的农业劳动力向生产力更高的工业生产转移"，以及"对生产手段和基础设施投入大笔资金"。

在这种情况下，中国政府不得不在 2014 年下半年"悄悄"（这一次没有做大张旗鼓的宣传）启动了新一轮大规模投资刺激计划。彭博新闻社称，中国政府到 2014 年底已批准了总投资额逾 10 万亿元的七大类基础设施项目。七类项目包括：信息电网油气等重大网络、健康养老服务、生态环保、清洁能源、粮食水利、交通、油气及矿产资源保障等。据称，中国政府批准的总投资超过 10 亿元的项目有 400 个，这些项目将从 2014 年底持续到 2016 年，有些项目在 2014 年底已经开工，2015 年开工的项目预计约 300 个，投资额将超过 7 万亿元。具体项目已经下发至各地方政府，项目投资资金预计来自中央和地方政府、银行贷款、国有企业及私营部门等。①如果这一报道属实，那么，人们不禁要问：这是否在重开 2008 年那样的"强刺激"？这是否会带来另一轮更严重的投资过剩呢？这需要我们对政府投资及其限制有更深的认识。

诚然，在其他引擎乏力的情况下，政府增加财政开支，以扩大公共消费和刺激公共投资，能够通过乘数效应创造数倍于政府投资本身的经济增长。②这在理论上是完全可能的。然而，实践表明，政府投资驱动型的经济增长并不可持续，并且还会带来大量的问题。

首先，政府投资存在效率上的限制。政府投资最具合法性的是对公共品，例如基础设施的投资。但即使是基础设施建设也存在着不可持续和使用效益的限制。基础设施建设是有限期的，且其使用寿命相对较长，因此不能指望一直以投资基础设施建设来拉动经济增长。经过几十年的建设，中国东部的基础设施建设已基本完备。中西部基础设施建设则普遍存在着诸如高速公路网的利用率低，地区性机场的客运量只达到一半，迅速扩大的高速铁路网无法靠票价收入来维持运行等使用效益问题。诚然，有关效益方面的限制，除了人口和市场需求的限制，还与基础设施建设大多是以国有企业的组织方式来利用投资有关。一些国有企业的垄断地位及其"天然"享有的政府庇护，

---

① 财经网：《彭博：中国批准基建投资超十万亿 今年开工超七万亿》，2015 年 1 月 6 日，http://economy.caijing.com.cn/20150106/3792183.shtml。

② 经济学家给出的理论逻辑是，"政府开支本身就是投资工程项目，这些项目创造了就业和对其他行业的需求，这些从业者又产生了新的需求，以此类推，理论上可以创造数倍于政府投资本身的经济增长"（维基百科："经济增长"，https://zh.wikipedia.org/zh-cn/经济增长）。

决定国有企业的效益明显低于私营企业。

其次，政府投资的扩张在一定程度上会排挤民营经济。受政治经济体制以及利益集团的制约，政府投资的范围很难限于非竞争领域，而是不断侵入竞争领域并依赖其庞大的资本力量和政府庇护挤压民营企业。中国的国有企业已经在能源、钢铁、交通、通信等领域实现绝对控制。一些大型国有企业集团不仅享有垄断卖方市场的地位，而且还从国家担保、低息贷款、税收优惠和原料补贴中得到好处。这种非市场竞争优势往往会将那些以市场竞争原则为基础的中小私营企业阻挡在市场之外或者挤出市场。[①]

再次，政府投资扩张可能造成政府支出的比例过大，甚至引发政府与国有银行的债务危机。中国政府全部收入占 GDP 的比例约为 24%，而政府储蓄(主要是资本形成)占 GDP 的比重为 10%。相比之下，其他国家政府资本支出的比例很少有超过 10%的。[②]政府投资尤其是信贷支撑的投资过度，会导致各级政府债务、国有银行债务。据估计，2011 年中国的国债约占 GDP 的 50%，票面上是 7.3 万亿美元。如果把国有企业的债务和地方政府投资公司的债务算在一起，那么，中国的国债将增加两倍，增加到 GDP 的 150%。美国的国债超过 GDP 的 80%。[③]

最后，政府投资扩张会加重国家税负，从而导致一系列问题。政府投资与债务最终要通过国家税收来负担。中国的宏观税负即税收与 GDP 的比值，从 1978 年的 31%锐减至 1993 年的 12%，这在很大程度上得益于 20 世纪 80年代的财政分权。然而，1993 年的分税制改革大大强化了政府的征税能力，致使政府收入数额返增到 GDP 的 25%左右。国家税收快速增长，支持了政府投资的扩张，也造就了中国投资拉动型经济增长的模式，并且可能已经达到了其投资推动的经济增长极限。有报道指出，中国劳动-资本投入占 GDP 的比例在过去 10 年高于 40%，在过去几年甚至高于 50%。日本、韩国、新

---

① 例如，房地产市场原本以民营企业为主。1993 年，分税制改革大大强化了政府对房地产市场的干预，国有资本开始进入；2009 年，房地产市场兴盛更是刺激了国有房地产企业的扩张，以至成为该市场的主力军。

② 姚洋：《中国经济成就的根源与前景》，《文化纵横》2010 年第 2 期，第 22 页。

③ Laing J R, Die Volksrepublik steht vor dem Absturz, 2012-07-04, https://www.welt.de/wall-street-journal/article107809053/Die-Volksrepublik-steht-vor-dem-Absturz. html.

加坡和泰国在其经济繁荣时期的劳动-资本投入占 GDP 的比例明显低于中国。它们在 7~8 年后达到了其投资推动的经济增长极限。[①]此外，税收的高增长近些年已经受到政府和广大民众的关注，要求降低税率的呼声不断。因为，高税收不仅损害了公司利润与再生产能力，也限制了居民个人的消费能力。

三、重新发现消费

很大程度上消费拉动经济增长的必要性是在政府投资拉动增长风险不断增加的情况下被重新发现的。越来越多的人认识到，消费拉动经济增长不仅具有合法性——消费乃是生产的目的，而且最具有效性——消费能够平衡和刺激更多的生产，尽管其可能不如政府投资驱动经济那样迅速和显著。

一些迹象表明，中国政府也开始转变思维和制定新的经济策略。例如，提出"新常态"，意味着承认和接受中国经济从高速增长期转入中低速增长期；强调"三重转型"，包括增速放缓、让市场力量在经济中扮演更大角色的结构改革，以及设法消化过去五年的过度投资造成的过剩产能；近期（2016年初）又提出"供给侧结构性改革"的策略。这些都表明，后金融危机时代，或者更准确地说，经济全球化转型时期的中国，其正在探寻建立一种以消费驱动为核心的新经济增长模式。

这说明，中国领导层将容忍增长放缓，从而减轻经济对由信贷支持的投资的依赖，并代之以提振内需，使后者成为关键的增长动力。困难的是，增长放缓仍然是有底线的。为了平稳转型即通过保持一个基本的增长以实现"软着陆"，中国领导人在未来几年中可能仍然会把精力主要放在鼓励出口和投资（包括政府和民间投资）上，这让他们在设计和实施提振内需的计划时变得愈加迟疑和困难。在这一转型的关键时期，我们（作为经济社会学学者）的任务应该是推进对消费拉动经济增长是如何可能的

[①] Laing J R, Die Volksrepublik steht vor dem Absturz, 2012-07-04, https://www. welt.de/wall-street-journal/article107809053/Die-Volksrepublik-steht-vor-dem-Absturz. html.

问题的认知。[①]

　　我们先来看看经济学对相关问题的研究。经济学者主张从消费占 GDP 的比重以及消费对 GDP 增长贡献的国际比较的角度，论证提高消费在中国经济增长中的地位的必要性和可能性。例如，他们认为，中国消费需求的提升及其对经济增长的贡献的空间依然很大。理由是，根据统计，目前中国的私人消费仅占 GDP 的 36%，相比之下，全世界的平均水平为 60%。[②]另外，在消费、投资和净出口对 GDP 增长的贡献中，我国最终消费对经济的贡献一般都在 50%以上，有的年份达到 60%以上，而在西方发达国家，这一比例高达 70%以上。

　　这样的分析当然不无道理和意义。然而，问题在于，这类分析都未能说明，消费究竟是怎样影响经济增长的。其中包括：是谁在消费？是什么决定消费者力量（权力）的增长？这些力量又是如何造成生产组织的改变和经济的转型，从而促进了经济增长的？这些微观层面上的问题如果得不到解答，那么，就难以走出一直存在的在宏观上低估消费在经济增长中的作用的陷阱。

　　根据宏观数据，人们难免得出在中国"通过刺激消费拉动经济增长的效果一直不显著"的结论。国家统计局数据显示，从 20 世纪 90 年代起，我国最终消费率（指最终消费占 GDP 的比重）开始降低，从 1991 年的 62.4%下降到 2014 年的 51.2%；相反，资本形成率（指资本形成总额占 GDP 的比重）则逐步上升，从 1991 年的 35.3%上升到 2014 年的 46.1%，净出口率（指货物和服务净出口占 GDP 的比重）则基本保持稳定，从 1991 年的 2.8%略降到 2014 年的 2.7%。另一组数据反映的情况基本一致：最终消费需求对 GDP 增长的贡献率由 1991 年的 61.7%降至 2014 年的 50.2%；相反，资本形成总额对 GDP 增长的贡献率由 1991 年的 37.9%上升至 2014 年的 48.5%；货物和服务净出口对 GDP 增长的贡献率则由 1991 年的 0.4%上升至 2014 年的

---

　　① 学者们应当常常回顾约翰·凯恩斯（John M. Keynes）的这段至理名言："经济学家以及政治哲学家之思想，其力量之大，往往出乎常人意料。事实上统治世界者，就只是这些思想而已。许多实行家自以为不受任何学理之影响，却往往当了某个已故经济学家之奴隶。"（[英]约翰·凯恩斯：《就业利息和货币通论》，徐毓枬译，商务印书馆 1983 年版，第 330 页）
　　② 纽约时报中文网：《中国经济"新常态"改变投资格局》，2015 年 1 月 21 日，http://cn.nytimes.com/china/20150121/c21investment/。

1.3%。[①]这两组数据，一方面呈现出了目前中国经济增长仍然具有显著的投资和出口驱动的特征，另一方面也隐藏了中国经济增长中的消费的实在的或真实的作用。这种作用不是仅仅通过宏观数据的比较分析就能发现的，而是需要下降到微观行动和组织的层面，通过分析消费者与生产者之间的关系及其变动，以及其对生产组织及其控制方式的影响来予以揭示。而这正是本书研究所欲达到的目的。

第四节　本书研究的立场、策略与结构

一、研究立场与策略

本书旨在从消费者与生产者关系的角度，研究它们之间关系的转变及其对生产的组织及其控制方式转换的影响，以说明消费是如何可能推动经济增长的。在本书，消费推动经济转型与经济增长并非我们分析的焦点(在图1-1中，我们用虚线箭头来表示)，但却是我们研究的出发点和意欲达到的目的。社会科学研究不能无视现实，而当下中国所面临的最大的现实，便是如何在经济全球化终结或转型的情形下，寻求一种新的经济发展模式。而这必须理解一个基础性的问题，即消费是如何可能推动经济增长的。

经济学对有关议题有着诸多重要的研究与贡献。细致回顾和评论这些研究与贡献是一项艰巨而庞大的任务，非本书所能胜任。当然，作为一种变通与简化，笔者会在下一章详细评论经济学和社会学有关该议题研究的最为关键的部分，即有关消费者与生产者关系的研究及其贡献。在此，笔者只是提出一些粗略的判断，以便能够突显本书研究所采取的不同的研究立场和策略。

经济学有关消费促进经济增长的研究，有两大阵营并各有其局限性。一是以古典政治经济学为代表，其肯定消费对生产的促进作用。例如卡尔·马克思(Karl Marx)有关经济四个环节即生产、消费、分配与交换的相互关系的论述就包含了消费与生产"两者之间存在着一种中介运动"的判断。

---

① 国家统计局："年度数据(1991—2014)"，http://data.stats.gov.cn/easyquery.htm?cn=C01。

生产直接是消费，消费直接是生产。每一方直接是它的对方。可是同时在两者之间存在着一种中介运动。生产中介着消费，它创造出消费的材料，没有生产，消费就没有对象。但是消费也中介着生产，因为正是消费替产品创造了主体，产品对这个主体才是产品。产品在消费中才得到最后完成……没有生产，就没有消费；但是，没有消费，也就没有生产，因为如果没有消费，生产就没有目的。[①]

马克思具体阐述了消费对于生产的两个方面的作用："①产品只是在消费中才成为现实的产品；②消费创造出新的生产的需要，也就是创造出生产的观念上的内在动机，后者是生产的前提。"这些论述对有关消费者与生产者关系的研究颇有启迪。不过，马克思的这一研究也有其局限性，即其总是以一种大背景的身份存在，而缺乏将其细化到关系过程与事件进行具体分析的能力。无论是后继者还是批评者都不应将本书研究继续悬置于"一般的抽象的规定"，而是应该下降到对具体关系与过程的分析中。

二是以当代主流经济学为典型，大多从定量的角度评估消费对于经济增长的作用。定量分析往往依赖于有关消费率、消费增长率和消费对于经济增长的贡献等宏观统计数据。由于统计方法的问题，所得的统计数据会相差甚远，由此估计的消费在经济增长中的作用也分歧巨大。例如，根据国家统计局的年度数据，2014 年最终消费支出占全国 GDP 的比重是 51.2%（其中居民消费占 GDP 的 37.7%），2010 年是 49.1%（其中居民消费占 GDP 的 35.9%），有所上升，但低于 1990 年的 63.3%（其中居民消费占 GDP 的 49.7%）。相比之下，在全球范围内，消费占 GDP 的比重平均为 80%。在美国 2014 年这一比例高达 84.8%（其中个人消费支出占 GDP 的 68.5%），欧盟则超过 78%（其中居民最终消费占 GDP 的 57%）。比较这些年度和国别消费率数据，会得出中国消费不足的结论，而根据这样的结论，便可以进一步探寻导致消费不足的原因及其解决之道。

流行的看法是，中国消费比重低是因为中国家庭的储蓄率太高。而开出

---

① ［德］卡尔·马克思：《〈政治经济学批判〉导言》，《马克思恩格斯选集》第二卷，人民出版社 1972 年版，第 93—94 页。

的提振消费与内需的方法，则是构建一个较高水平的社会福利与保障体系，以使国民减少储蓄意愿、增加消费信心。相反的观点，以黄亚生为代表，认为中国家庭的储蓄率并不高。相比之下，印度家庭储蓄约占 GDP 的 24%左右，中国的这一比例只有约 20%。中国家庭消费没有持续增长不是因为高储蓄率，也主要不是由于社保体系不健全，而是因为居民收入增长太慢，"现在没有更多的收入用于支出"[①]。所以，关键是如何通过真正的结构性改革提高民众收入。

上述两种观点的政策取向相左，但却都基于中国消费不足的判断，并且都假设消费可以推动经济增长。然而，并非所有的经济学者都同意这一判断和假设。张军和朱天就曾提出，中国消费不足是一个伪命题，因为官方统计数据大大低估了中国居民三个方面的消费支出：一是居住消费；二是由公司账户付费的私人消费；三是与住户调查方法有关的家庭实际消费。他们判断，"中国真实的消费率应该比官方公布的数据高 10 到 15 个百分点，达到 GDP 的 60%~65%"。另外，他们强调，中国消费的增长也保持了一个不俗的水平。"1990 年到 2010 年的二十年间，中国 GDP 年均增长率达到 10.5%，与此同时，消费的增长也达到了 8.6%(考虑通胀调整因素后)。虽然消费增长速度低于 GDP 的增长速度，但高达 8.6%增速已经非常了不起，因为世界平均水平还不到 3%！同一时期的印度——另一个快速增长的经济体，其消费的年均增长率为 5.8%，也低于其 GDP 6.5%的年均增长率。"[②]

上述消费增长率数据似乎没有区别家庭私人消费与政府公共消费。更主要的是，张军和朱天作出中国"真实的"消费率和消费增速并不低的结论，并不是为了检讨消费对于中国经济增长的作用。相反(尽管逻辑上令人困惑)，他们认为，消费或需求驱动经济增长的假设是错误的，是基于对约翰·凯恩斯理论的误读。

　　这种观点错误地假设了需求可以驱动增长。当经济在低于其潜在产能的水平运行时，需求可以决定一个国家当前或短期的经济增长率。这

① [美]黄亚生：《"中国模式"到底有多独特》，中信出版社 2011 年版，第 162 页。
② 张军：《被误读的中国经济》，东方出版社 2013 年版，第 70 页。

是传统的凯恩斯理论，我们对此都没有异议。但是一国长期的经济增长和发展依赖于其生产能力的扩张，而这取决于物质资本和人力资本的积累以及技术进步的速度。也就是说，投资而不是消费才是经济持续增长的引擎。如果消费需求就能推动经济长期增长的话，那么这个世界上就没有穷国了！[①]

张军和朱天揭示中国经济中真实的消费率是基本令人信服的。不过，他们没能给出消费率和消费增长率多少才是合理的标准及其理论依据，同时，轻率地否定了消费对于经济增长的可能的重要作用。为何经济萧条（"经济在低于其潜在产能的水平运行"）时，需求的驱动性是存在的；相反，当经济繁荣（"长期生产能力的扩张"）时，需求的作用便消失了？促使需求的作用发生逆转的因素是什么？在没有给出切实解释的情况下，重拾储蓄、投资（包括技术进步）增长论——这并非什么新见解——又如何直面前述奥尔森在《国家兴衰探源——经济增长、滞胀与社会僵化》中的质疑呢？

轻易怀疑消费对经济增长的作用（尽管我们大可拒绝那种将消费视为经济增长的唯一动力的观点）所引起的一个坏的效果是，忽视了生产与消费的可能的联系与相互作用。这种割裂式的思维（尤其是把投资或生产当作"独立自主的领域"）不仅抛弃了古典政治经济学相关研究贡献，而且也不能对主流经济学有关消费与经济增长的数量分析予以可能的修正，即可能补加一种基于行动与组织分析的逻辑实证。此外，也可推断，拒绝考察和分析消费对于经济增长的作用，将无法理解和应对当下全球化转型的现实：既不能在宏观上理解由经济全球化转型而来的全球本地生产的"回岸"，更无法在微观上说明这种基于新的本地生产即生产与消费重新"本地结合"的产业升级的新途径。[②]

---

① 张军：《被误读的中国经济》，东方出版社 2013 年版，第 69 页。

② 应当将全球生产条件下的产业升级之旧途径，即全球产业链内外部竞争，包括从低端走向高端，或者通过技术-品牌建设自主建构与控制全球产业链，与新的本地生产条件下的产业升级的新途径，即本书研究所要重论证的消费者支持和参与下的生产组织及其控制方式的转换区别开来。旧的产业升级之路随着经济全球化的终结已告结束，新的产业升级之路则要基于生产与消费的本地结合的实践与理论的探讨。

本书研究意在坚持消费推动经济增长的预设。与主流经济学习惯从宏观总体上定量分析消费在多大程度上影响经济增长不同，我们选择从微观行动与组织层面分析消费者和生产者是如何通过互动构建不同的生产的组织方式，以此促进经济转型和经济增长的。笔者把这一研究取向看成是对马克斯·韦伯(Max Weber)的结构-行动主义经济社会学方法的继承。韦伯在其著名的《新教伦理与资本主义精神》中[①]，已经初建这一方法，即欲揭示新教伦理是如何促进资本主义的，不能停留于宏观上的分类统计比较，而必须下降到微观行动与组织层面，以考察作为新教伦理的承载者的新兴资产阶级如何获得和执行一种新的经济伦理即资本主义精神，并通过合理的生产组织的建构与扩展，最终促进西方理性资本主义的兴起与发展。[②]

本书研究同样不能满足于主流经济学给出的消费驱动经济增长的定量估计，而是选择下降到行动与组织的层次，以侧重研究消费者与生产者的互动及其引致的生产组织方式的转换，由此解答消费是如何可能影响经济增长的。这一策略方法可以视为既是对古典政治经济学的具体化，也是对主流经济学的一种修正。古典政治经济学提供了一幅将消费与生产结合起来考察的抽象的图式，主流经济学则在总量上较好地说明了消费需求量及其变动对可实现的市场总供给量的变化的影响，然而，它们都未能做到一种因果关系的逻辑实证，即在行动与组织的层面上说明消费影响生产和经济增长的机制与过程。

为使这样的研究进路得以可能，我们必须采用一些研究变通或策略。首先，我们预设宏观层次上的经济增长是微观层次上的经济转型聚合的结果。微观层次上的经济转型意为生产组织方式的转换。生产组织方式也称为生产组织及其控制方式，其主要由生产组织形式和生产控制方式两个部分构成。生产组织形式表现为由谁来组织生产：是由消费者自我生产，还是委托他人即由生产者生产。生产控制方式则表现为由谁来控制生产：是由消

---

① [德]马克斯·韦伯：《新教伦理与资本主义精神》，于晓、陈维钢译，生活·读书·新知三联书店 1987 年版。

② 这一方法得到了詹姆斯·科尔曼(James Coleman)的富有创造性的归纳([美]詹姆斯·科尔曼：《社会理论的基础》，邓方译，社会科学文献出版社 1992 年版)。笔者早期有关交易秩序的结构的研究(汪和建：《迈向中国的新经济社会学：交易秩序的结构研究》，中央编译出版社 1999 年版)也参考了这一方法。

费者或生产者单边控制，还是由消费者-生产者双边控制。我们相信，生产组织方式的转换，构成了生产领域中最重要的创新。正是这一微观生产领域中的创新，促进了宏观社会范围内的经济转型与经济增长。创新-转型与增长的结合，构成了标准意义上的经济发展。这一预设也肯定契合约瑟夫·熊彼特(Joseph A. Schumpeter)的企业家创新与经济发展理论。①不同的是，我们假定生产组织方式的创新或转换，不是"企业家"或生产者单边建构，而是其与消费者互动或相互作用下的双边建构。消费者与生产者的互动决定着生产组织方式的转换，这构成了我们的第二个预设。

第三个预设，则是假定消费者与生产者的互动，或更一般地说，它们之间的关系的转变是一种"路径依赖发展"，即它是嵌入于一个重大的社会变迁即消费社会的演进并受之约束的。我们要将对消费者与生产者的关系的考察，追溯至消费社会演进的历史进程。这样，研究议题也不得不发生转化，即由主流经济学主导的有关消费影响经济增长的定量研究，便转化为经济社会学主导的有关消费社会如何影响经济转型的逻辑实证研究。读者们不要指望后一种研究可以取代前一种研究，但可以期望本书研究可以很好地弥补主流经济学在其议题上的不足。②

我们的研究意图和研究进路可以用图1-1来表示。

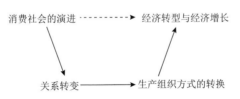

图1-1　消费社会影响经济转型：路径与过程

简单解读如下：本书旨在通过对消费社会影响经济转型的基本路径的研

---

① ［美］约瑟夫·熊彼特：《经济发展理论——对于利润、资本、信贷、利息和经济周期的考察》，何畏、易家详等译，人民出版社1990年版。

② 这也表明，我们采用的是"经济学的经济社会学"的研究取向，即以经济社会学分析"补充"经济学分析。与之相反的是一种"社会学的经济社会学"的研究取向，即试图以经济社会学分析"取代"经济学分析。

究，重新理解和解释主流经济学，提出了消费影响经济增长的命题。我们的策略是从宏观下降到微观，即从行动和组织的层次上，发现消费者与生产者的关系转变所带来的影响及其路径，即促使生产组织方式的转变，其中最重要的莫过于消费者参与的或者说生产者与消费者双边控制的生产组织方式的建构。正是新的生产组织方式的建构，从根本上推动着经济转型与经济增长，从而创造经济繁荣。而要探讨消费者与生产者的关系转变何以可能，则必须向上回溯到消费社会的历史。历史总能告诉我们一些秘密。这样，我们要论证的那些构成本书之结构的基本假设主要有以下几个。

　　假设 1：消费社会的演进促成了消费者与生产者的关系转变。

　　假设 2：消费者与生产者的关系转变，推动着生产组织及其控制方式的转换。

　　假设 3：生产组织及其控制方式的转换（其核心在于生产控制的转换）——主要取决于生产者-消费者对其双边关系性资源的投资与利用——决定着一个国家或地区的经济转型与经济增长。

　　消费者与生产者关系及其转变构成了整个研究的基本预设。而且，它不仅是一个研究预设，也是一个研究对象，甚至也是一个具有"承上启下"意义的研究节点："承上"之路是，研究消费社会的兴起与演进如何影响消费者-生产者关系；"启下"之路是，研究消费者-生产者关系如何造就新的生产组织方式，从而促进经济转型与经济增长。

　　然而，究竟为什么要建立这样的理论预设？它能帮助我们发现一些什么？其在理论与方法上究竟具有怎样的意义？这正是第二章我们所要首先解答的。

二、本书的结构

　　在第二章里，我们旨在为确立消费者与生产者关系及其转变这一预设寻找其在方法论上的意义。为此，我们首先要对已有的两种消费者与生产者的关系理论，即"消费者主权"理论和"生产者主权"理论进行评述与比较。

然后,尝试在整合这两种理论的基础上建立一种逻辑实证的消费者-生产者关系理论的可能性。

第三章将对本书提出的理论框架中的第一个环节,即假设 1——消费社会的演变促成了消费者与生产者的关系转变——进行论证。我们把它视为一种历时性的研究。这一研究同样需要借助一种新的理论视角。为此,我们首先要对由鲍德里亚建构并流行甚广的"消费社会"的概念进行重审,以便建立一种"需求-关系"的理论视角。然后,我们将在这一视角下,具体考察和分析消费社会演变的三个阶段,即前消费社会、消费社会和后消费社会及其呈现出的两个基本的轨迹:①消费者需求从以必需品需求为主导,转变到以他人导向的非必需品需求为主导,再转变到以自我导向的非必需品需求为主导;②消费者与生产者的关系从一体转变到分离,再转变到相互依存。

本书研究主题时间跨度大,且涉及中西方之比较。对于一个非历史学者而言,难度甚大。不过,笔者相信,在新的理论视角下,消费社会的起源与演进的历史可能会呈现出另一种不同的面貌。在对当代中国消费社会的兴起及其转型的考察中,笔者使用了 2012 年初由本书研究成员协同完成的一个全国范围内的有关中国居民消费实践社会调查(访问及问卷调查)所获得的统计数据。我们动员了南京大学、南京理工大学约 200 位社会学或社会工作专业的本科生和研究生。他们在寒假期间利用其家乡的人际关系典型性地选取 3~4 位消费者进行访谈及问卷调查。结果,调查获得了 813 个有效的分析单位(其中 27.7%为农业户口,72.3%为非农户口)。分析单位涵盖全国 22 个省(自治区、直辖市)。因此,其收集的数据能够作为一种大体估计和解释总体的非个例事实。此外,本书研究的志趣主要在于"理解"而非"说明"中国人的消费实践[1],因此,我们在处理调查资料时,只使用了最简单的统计方法和技术。

第四章,旨在对本书理论框架中的第二环节,即假设 2——消费者与生产者的关系转变,推动着生产组织及其控制方式的转换——进行分析与论证。与第三章相反,该章拟采用一种共时性的分析方法,即假设在消费者与生产者关系已经发生转变即由分离走向相互依存的背景下,探讨何以存在着各种

---

[1] 如果说"说明"(explaining)旨在判明社会现象之间外在的因果联系(相关关系),那么,"理解"(understanding)则重在阐明社会现象之间内在的因果逻辑(实在关系)。

不同的生产控制方式，以及其是否同时存在着某种生产控制方式转换的基本趋势。这意味着，我们首先要寻找决定生产者与消费者共同选择其不同生产控制方式的基本力量或维度；然后，从中辨识出与历史演进相符的生产控制方式转换的基本趋势(即从生产者或消费者的单边控制转变为作为生产者-消费者联合的双边控制)及其所需条件。这构成了该章从静态分析向动态分析的一种转变。

第五章将对本书理论框架中的第三环节，即假设 3——生产组织及其控制方式的转换，决定着一个国家或地区的经济转型与经济增长——中的核心议题，即生产者-消费者的双边关系性资源的投资与利用进行理论与经验相结合的分析。我们将通过对一个典型的 CSA 的经验个案——珠海绿手指份额农园的实地考察与分析，论证我们提出的一个基本假设：关系性资源投资与利用，在构建一种新的生产组织及其控制方式，即生产者-消费者双边控制的生产方式中具有重要作用。CSA 农场最大限度地体现了生产控制方式转换的基本趋势，即由生产者的单边控制转变为生产者-消费者的双边控制。诚然，实践逻辑比理论逻辑更为复杂。最后，我们将会得到这样的判断：实践中生产者会依据不同消费者的关系性资源的强度和专用性程度，选择和配置不同的交易治理方式。

最后(第六章)，我们将对本书研究进行总结。我们将概述本书研究可能带来的四个方面的影响。一是在后金融危机时代如何探寻消费促进经济增长或经济繁荣之路。我们提出了一种与主流经济学"消费数量论"相反的"消费结构论"。二是重新检视了消费社会的起源及其演变。我们依据的是一种称为"需求-关系"的新视角。三是关于生产组织及其控制方式的选择与转换的研究。我们构建了一个有两个维度——有效需求认知的一致性和关系性资源投资的程度——构成的决定不同生产组织及其控制方式选择的模型。四是本书的理论也会影响到社会学或经济社会学对于消费的研究，即将研究中心从"消费符号论"转变为"消费者与生产者关系论"。

第 二 章

迈向消费者-生产者关系研究

> 我们的基本主旨不变：至关重要的是要开展关于经济的学术讨论，真正纳入社会视角并把实现人们的互动放在其核心地位。
>
> ——理查德·斯威德伯格、马克·格兰诺维特*

在本书第一章设计的理论图式(图 1-1)中，消费者与生产者的互动关系具有承上启下的中介性地位与作用：关系的转变会引导生产组织方式的转换，同时关系的转变又是嵌入于消费社会变迁的历史过程中的。那么，消费者与生产者的关系研究在方法论上具有怎样的意义呢？这需要我们对已有的两种消费者与生产者的关系理论，即"消费者主权"理论和"生产者主权"理论进行评述与比较。

我们的观点和安排如下：首先，阐明消费者主权理论作为一种先验性规范理论的特征；其次，指出作为其批评性反应的生产者主权理论的经验实证的限制；最后，陈述在整合这两种理论的基础上建立一种逻辑实证的消费者-生产者关系理论的可能性。

---

* [美]马克·格兰诺维特、[瑞典]理查德·斯威德伯格：《经济生活中的社会学》，瞿铁鹏、姜志辉译，上海人民出版社 2014 年版，第二版导论第 1 页。

第一节　消费者主权："理想类型"分析

一、"消费者主权"概念

为了理解消费者与生产者的关系，我们必须首先探讨消费者主权（consumer sovereignty）理论。一般认为，消费者主权概念出自奥地利经济学派的一位学者威廉·哈特（William Hutt）。[①]他在1934年发表的论文《经济和竞争的概念》中提出了"消费者的主权"（the sovereignty of the consumer）概念，并将其作为自由市场分析的中心。在1936年出版的《经济学家与大众》一书中，哈特将"消费者主权"一词改写为consumers' sovereignty，并将其界定为一种在生产与消费关系中消费者的"至高无上"的地位。

> 作为一个公民，当消费者以决定或抑制需求的权力而拥有政府首脑都不具备的影响社会的特权时，消费者的地位是至高无上的……生产者是社会的仆人，他必须利用自己的财产与设备生产出社会所需要的商品，否则，他将一无所获。[②]

在哈特看来，消费者所拥有的对需求与生产的控制权包含着经济中的自由民主价值。这与另一位更早一些的奥地利学派经济学家弗兰克·费特（Frank A. Fetter）将市场中的购买行为比喻为政治社会中的投票异曲同工。费特被广为引述的话是："每一个买者都在某种程度上决定着工业生产的方向。

---

① Hutt W, "Economic and the Concept of Competition", *South African Journal of Economics*, Vol. 2, No. 1, 1934, pp. 3-23; Hutt W, *Economists and the Public: A Study of Competition and Opinion*, Oxford: Alden Press, 1936; Hutt W, "The Concept of Consumers' Sovereignty", *The Economic Journal*, Vol. 50, No. 197, 1940, pp. 66-77.

② Hutt W, *Economists and the Public: A Study of Competition and Opinion*, Oxford: Alden Press, 1936, p. 257.

市场是一种民主制度，每一分钱就是一票投票权。"①

正如哈特自我检讨的，我们其实很难确定是谁首先创造了消费者主权的概念。②的确，这并非是最重要的。或许可以说，提出这一概念是奥地利经济学派的集体智慧。甚至也难以排除古典和新古典经济学的先驱性的贡献。例如，亚当·斯密（Adam Smith）明确了消费作为生产的终极目的的原则："消费是一切生产的唯一目的，而生产者的利益，只在能促进消费者的利益时，才应当加以注意。"③新古典经济学代表阿弗里德·马歇尔（Alfred Marshall）同意"消费是生产的目的"，以及"一切需要的最终调节者是消费者的需要"，但认为消费者的需要要"以一个人为了实现或满足他的愿望而愿付出的价格来表现"，并且"只有当他愿出的价格达到别人愿意出售的价格时，他的需求才是有效的"。这意味着，需求推动生产是可能的，但却是有条件的："它必须是一种有效的需求，就是说，它必须对供给的人提供充分的报酬或其他某种利益，才会有效。"④

这一见解与奥地利学派有关价格机制在实现消费者主权中的核心作用的观点不谋而合。然而，其进一步衍生并最终在新古典经济学占据核心地位的作为静态模型的一般均衡理论，却并不受奥地利学派的欢迎（这个后面我们再讨论）。另外，更可能令奥地利学派不满的是，马歇尔也在同时为其"敌人"（辩论对手）——生产者主权理论提供支持。这就是，他相信在专利制度和资

---

① Fetter F, *The Principles of Economics with Applications to Practical Problems*, New York: The Century Company, 1904, p. 394.

② 在 1940 年发表的《消费者主权的概念》论文中，哈特写道："我不确定是不是自己最先提出了这个概念。市场理论本身就包含着'消费者永远是对的'这样的说法，在荷兰谚语中也有'消费者是国王'的说法。我在 1931 年的一篇未发表的文章中就在现有意义上使用这个概念，但直到 1934 年 3 月我才在一篇发表的论文中正式提出这个概念。1935 年 Dr. W. Ropke 采用了'消费者的民主'（democracy of the consumer）这个术语；同一年，哈耶克教授也在《集体主义经济规划》（*Collectivist Economic Planning*）一书中的一个节标题上使用了'消费者的主权'（sovereignty of the consumer）这一说法，至此这一概念才被广泛地使用。"（Hutt W, "The Concept of Consumers' Sovereignty", *The Economic Journal*, Vol. 50, No. 197, 1940, p. 66.）

③ ［英］亚当·斯密：《国民财富的性质和原因的研究》下卷，郭大力、王亚南译，商务印书馆 1974 年版，第 227 页。

④ ［英］阿弗里德·马歇尔：《经济学原理》上卷，朱志泰译，商务印书馆 1964 年版，第 86—114 页。

本投资的支持下工业家能够履行其"特殊任务"即通过设计或发明出"人们以前从未想到的东西","从而创造新的欲望"①。生产者可能"创造"消费者的欲望，在美国新制度主义经济学家约翰·加尔布雷思(John K. Galbraith)看来，是再现实不过的事情，但在奥地利学派经济学家路德维希·米塞斯(Ludwig von Mises)那里，却要么是不可能的，要么只是一条通向干预主义的危险之路。某种意义上说，马歇尔已成为消费者主权理论及其"敌人"共同争夺或共同批判的对象。当然，要弄清其中的原委，最好还是对这两大理论的代表性学者的观点进行探讨与比较。

二、门格尔的观点

消费者主权理论的代表无疑是被称为奥地利学派第三代掌门人的米塞斯。不过，要理解米塞斯，有必要追溯到该学派的创始人卡尔·门格尔(Carl Menger)。毫无疑问，门格尔是推动"边际革命"从而也是建立新古典经济学的"三驾马车"之一的人。②然而，门格尔采用的整体主观主义研究方法却使其不仅区别于杰文斯、瓦格拉斯，而且也开启了一个从消费者价值评估的角度理解经济或市场体系的过程，包括消费者与生产者关系的全新路径。门格尔的核心观点是，经济或市场是"一个完全地和独立地受消费者选择和价值评估的体系"。"消费者价值评估通过经济体系'向上'传递到'高阶财货'，以决定这些稀缺的高阶财货如何在产业间配置以及它们如何作为一个单个消费者驱动过程的一部分得到价值评估和获得回报。"③这一观点显然已经包含了一种具有革命性的消费者主权的观念(尽管其没有提出这一概念)——消费者评价统御整个市场过程。该过程包括以下步骤：首先，消

---

① [英]阿弗里德·马歇尔：《经济学原理》上卷，朱志泰译，商务印书馆1964年版，第292—293页。

② 在经济学思想史上，门格尔1871年出版的《国民经济学原理》与威廉姆·杰文斯(William S. Jevons)在同年发表的《政治经济学理论》，以及里昂·瓦尔拉斯(Léon Walras)1874年发表的《纯粹政治经济学纲要》一起，被世人公认为发起边际主义革命的三本经典之作，而其三位作者也被尊为引领该革命的"三驾马车"。

③ [美]伊斯雷尔·柯兹纳：《市场过程的含义》，冯兴元、景朝亮、檀学文等译，中国社会科学出版社2012年版，第96页。

费者根据自己的需要对财货进行估价；其次，生产者根据消费者的估价对其提供的稀缺资源的服务所可能获得的回报进行预期；最后，生产者决定整个市场的资源配置。

诚然，这是一种由消费者驱动或主导的市场经济模型。从这一模型中，我们有理由将门格尔及其后继者视为自由市场体系的坚定辩护者。因为，"它表明在不考虑错误和偏差的情况下，市场可以忠实地表达消费者主权而不是企业家控制。市场不但不被看作混乱而失调，而且被看成是消费公众的系统性、有效率的仆人"①。很容易看出，这种观念显著的古典自由主义特征在奥地利学派的后续者尤其是米塞斯、哈耶克（F. A. Hayek）那里得到了更为坚定的继承。我们将有机会再讨论这一价值性意涵的意义（它在很大程度上构成了消费者主权观念的合法性）和可能的限制。让我们先来看看它在有效性上的争议。

在 1871 发表的《国民经济学原理》序言中，门格尔对其采用的方法作了如下概括："我们曾经努力使人类经济的复杂现象还原成为可以进行单纯而确实的观察的各种要素，并对这些要素加以适合于其性质的衡量，然后再根据这个衡量标准，从这些要素中探出复杂的经济现象是如何合乎规律地产生着。"②显然，这是一种还原论个人主义方法。门格尔承认这是一种自然科学的研究方法，但认为这一方法并不仅仅适用于自然科学，而是"通用于一切经验科学，因而应该正确地称之为经验的方法"。将这一方法称为"经验的方法"，令人匪夷所思。或许它只是为了在表面上迁就他的咄咄逼人的德国同行们：历史学派经济学家。事实上，12 年后在为打破德国学术界对其并非批评而是更为可怕的沉默而发表的专著《对于社会科学，具体而言对于政治经济学的方法的探究》中，门格尔已明确地将自己的研究定位于"理论经济学"，并且为将其与"实用经济学"区别开来进行辩护。

我确实相信，只要我们就政治经济学中的真理性质获得比较可靠

---

① ［美］伊斯雷尔·柯兹纳：《市场过程的含义》，冯兴元、景朝亮、檀学文等译，中国社会科学出版社 2012 年版，第 102 页。

② ［奥］卡尔·门格尔：《国民经济学原理》，刘絜敖译，上海人民出版社 2001 年版，序言，第 2 页。

的结果，则一般性的理论探究对于我们将是非常有益的。这将有助于我们深入考察确定这些真理及实现这些结果的知识路径的形式化条件。[①]

门格尔并不否认政治经济学领域中还存在着特殊性实用研究的目标，即"将一般性理论探究的结果运用于解决我们这个学科的特殊问题"[②]。然而，门格尔的这一解释并没有带来历史学派经济学家的理解。他们仍然强烈质疑这种建立在假设和逻辑推论基础上的纯理论分析的可能性。这引发了著名的"方法论之争"。有关争论多有文献记述[③]，在此不再赘言。我们只需回顾一下在这场论战烟消云散三十年后，德国新一代经济学家和经济社会学家马克斯·韦伯对此所做的经典评论，即可了解一种与历史学派不同的观点：

> 纯理论的反对者提出两个主要命题，其中之一是：合理的结构是"纯粹的虚构"，它没有告诉我们有关现实的任何东西。如能正确地理解的话，那么这个论断是不错的。因为理论结构只是有助于达到绝不可能由实在自身提供的对于实在的认识，这种认识由于其他假定并未包括的环境和动机系列因素的参与，甚至在极端的情况下也只是接近于所建构的过程而已。如上所述，这当然丝毫没有证明纯理论的无用和不必要。他们提出的第二个命题是：无论如何，一门关于经济的价值无涉学说是不可能作为科学而存在的。这个命题当然是根本错误的。其所以错误的原因在于，价值无涉——在前面所说有意义上——恰恰是一切纯科学地对待政策，尤其关于社会政策和经济政策的做法的前提。[④]

---

① [奥]卡尔·门格尔：《经济学方法论探究》，姚中秋译，新星出版社 2007 年版，第 5 页。

② [奥]卡尔·门格尔：《经济学方法论探究》，姚中秋译，新星出版社 2007 年版，第 4 页。

③ [英]弗雷德里希·哈耶克：《导言：卡尔·门格尔》，见[奥]卡尔·门格尔《国民经济学原理》，刘絜敖译，上海人民出版社 2001 年版，第 1—33 页；Vaughn K, *Austrian Economics in America: The Migration of a Tradition*, New York: Cambridge University Press, 1994.

④ [德]马克斯·韦伯：《社会科学和经济科学"价值无涉"的意义》，《社会科学方法论》，韩水法、莫茜译，中央编译出版社 1999 年版，第 179 页。

显然，韦伯此刻已经决意与藐视理论性研究的历史学派经济学划清界限，同时，他也不想完全投入新古典经济学或奥地利学派的阵营，而是采取一种中间的立场，既要保持建立合理的抽象，又要能够对经验事件做出分析。在他看来，抽象的理论或纯理论是一种"观念产物"，一种"理想类型"，甚至可以称为"一种如此合理'正确的'乌托邦结构"。"纯理论作为方法论的有效手段，过去是并且将来也是必不可少的。"①然而，对于经济科学而言，除了纯理论研究，"还有其他一些任务"。"它应当通过关于历史和社会的经济解释来研究也受到经济原因制约的各种社会现象的总体。它还应当根据经济过程和经济形式诸种不同形式和不同发展阶段，来研究社会现象对这些过程和形式的制约，这便是经济史和经济社会学的任务。"②这说明，韦伯认为，可以通过扩展学科的方法来弥补纯理论研究的不足。然而问题是：在那些扩展性学科，例如经济社会学中，是否同样面临着一个理论的有效性或适当性问题呢？

三、米塞斯与主观主义的经济学理解

我们来看看奥地利学派的重量级传承人米塞斯是如何从内部做出反应与修正的。米塞斯被广泛公认为是门格尔主观主义思想路线最忠实的追随者。如前所述，门格尔开启了一种从个体或者说从消费者主观价值的角度理解市场运作过程的知识路径。同样，米塞斯将所有的经济活动都追溯到了采取行动的个体的主观价值那儿，并由此解释了形成商品和服务之生产市场的复杂过程。这一过程可以简单概括为以下几个方面。

首先，消费者的自由选择构成了整个经济活动或市场过程的起点。这一设定体现了米塞斯更为彻底的或"完全的主观主义"的方法论立场。难以确

---

① ［德］马克斯·韦伯：《社会科学和经济科学"价值无涉"的意义》，《社会科学方法论》，韩水法、莫茜译，中央编译出版社 1999 年版，第 177、179 页。在该文(第 178 页)，韦伯还指出："把'理想类型'运用于认识现代和过去社会的实在，乃是纯粹经济学理论的唯一一意义。经济学理论设立一些几乎任何时候都不能在实在中完全实现却又以不同程度接近它的前提条件，并且问道，如果人们的社会行动严格合理地进行，它将如何在这些前提条件下形成。"

② ［德］马克斯·韦伯：《社会科学和经济科学"价值无涉"的意义》，《社会科学方法论》，韩水法、莫茜译，中央编译出版社 1999 年版，第 180 页。

定是谁首先将该标签贴在了米塞斯身上，不过，米塞斯创造的"人类行为学"(praxeology)的观点，确实有表达其独特方法论的意涵，即除了具有一般性的个人主义方法论(通过还原到个人行为层次来解释经济现象)和主观主义方法论(只能通过参照当事人的知识、信念、感知和期望才能理解其个人行为)之外，还有一种"一贯而无条件地(unqualified)"先验主义。[①]笔者理解，这种先验主义最典型地表现在了他理想中的经济学理论是以人的行为总是存在一些"不变的范畴"为假设前提的：

> 经济学不是历史或任何其他历史科学的一个部门。它是人的一切行为的理论，人的行为有一些不变的范畴，这些范畴在所有可想得到的特殊情况下都会运作，经济学是陈述这些范畴和其运作的一般理论。因而它对于历史的和人种学的问题之研究，也提供了不可少的心智的工具。[②]

米塞斯无疑继承了门格尔将"理论"研究与"实用"研究区分开来的立场，并且把纯粹市场经济研究放在他研究的中心。不过，从门格尔到米塞斯，这种将两种研究完全区隔的立场，以及理论研究包括模型建构中是否一定要假设某些范畴不变或视为"给定"，一直都存在着不同程度的批评或质疑。[③]稍后，我们将看到来自生产者主权理论阵营中的学者对先验主义假设的批判。这里，我们要说，同处于主观主义立场的哈耶克也对米塞斯的极端的先验主义表示难以接受。正如伊斯雷尔·柯兹纳(Israel Kirzner)评论的：

---

① ［美］伊斯雷尔·柯兹纳：《市场过程的含义》，冯兴元、景朝亮、檀学文等译，中国社会科学出版社 2012 年版，第 128 页。

② ［美］路德维希·米塞斯：《人的行为》上卷，夏道平译，远流出版事业股份有限公司 1991 年版，第 362 页。

③ 我们可以回顾一下米尔顿·弗里德曼(Milton Friedman)在 1953 年因发表《实证经济学方法论》一文而在经济学内部引发的一场同样关涉这一问题的"方法论之争"。对这场当代最著名的方法论之争的再争论，参见［美］劳伦斯·博兰：《批判的经济学方法论》，王铁生、尹俊骅、陈越译，经济科学出版社 2000 年版。

在哈耶克作为经济学家的职业生涯的较早时期，同时也是比较重要的阶段，他就明确表示在这方面他对这位导师不敢苟同。在哈耶克看来，能够被科学所认知的经济规律性之所以可能存在，干脆依赖于一种经验基础。对哈耶克来说，单凭人类的逻辑并不能够就经济过程推导出系统的真理。①

其次，消费者选择是通过以价格机制为中介的消费者与生产者的相互作用实现的。我们看到，米塞斯的先验主义立场，并没有妨碍其在视某些范畴先验"给定"——如消费者拥有个人自由意志、消费者行为是启动整个市场的初始性的力量——的情况下，对市场运作过程也即消费者与生产者之间的"相互合作所必要的行为调整"做出卓越的分析。在米塞斯看来，市场过程可以分解为以下几个环节。

(1) 消费者选择与命令。市场过程是从消费者选择即其购买行动开始的。"消费者只照顾那些他们能够以最便宜的价格买到他们所想买的商店。他们的购买或不购买，决定了谁会保有和经营这些工厂和农场。他们会使穷人富有，富人贫穷。他们精密地规定应该生产什么、怎样的质量，以及多大的数量。"②对米塞斯而言，决定生产者的生产决策及其成功与否，只不过是消费者追求自我利益所产生的一种额外的非意料的效果。

(2) 价格信号的传递。消费者通过"价值判断，以及这些价值判断所指导的行为"即购买或不购买，来向生产者发出命令。不过，消费者的命令多是无形的，即通过市场价格结构传达的。市场价格结构"作为那些想买进和想卖出的人们相互作用所形成的全部交换率"，一方面反映消费者的现时的和未来可能的选择，另一方面也作为信号依次传递给不同环节的生产者以引导其未来的生产活动。③米塞斯如此描述价格信号由低级生产者向高级生产者的传

---

① ［美］伊斯雷尔·柯兹纳：《市场过程的含义》，冯兴元、景朝亮、檀学文等译，中国社会科学出版社 2012 年版，第 128 页。

② ［美］路德维希·米塞斯：《人的行为》上卷，夏道平译，远流出版事业股份有限公司 1991 年版，第 365—366 页。

③ ［美］路德维希·米塞斯：《人的行为》上卷，夏道平译，远流出版事业股份有限公司 1991 年版，第 354 页。

递："只有第一级的财货和劳务的出卖者，才是直接与消费者接触、直接接受消费者命令的。但是，他们会把所接受的命令，转到较高级的财货和劳务的生产者。因为消费财（consumer good，此为台湾译法，为消费财货之意——引者注）的生产者、零售商，以及提供劳务的职业，都不得不向那些定价最廉的供给者去取得他们业务上需要的东西。"①这说明，消费者不仅决定最终消费品的价格，而且也决定一切生产要素的价格。

（3）生产者的适应。人们经常引用米塞斯的一段话来说明米塞斯的"消费者主权"的立场，其中米塞斯强调了消费者与生产者的关系正犹如船主与掌舵人的关系。他写道：

> 在市场社会里面，一切经济事情的定向是企业家们的任务。他们控制生产，他们是这条船的掌舵者、驾驶人。肤浅的观察者以为，他们是至高无上的。但是，事实上并非如此。他们必须无条件地服从船主的命令。这位船主是消费者。决定生产什么的，既不是企业家，也不是农民，更不是资本家，而是消费者在作这个决定。如果一个企业家不严格地服从消费者经由市场价格结构传递出来的命令，他就要亏损、要破产，因而要从掌舵的高位退下来。另一位能够使消费者的需求更满足的人取代了他的地位。②

在米塞斯看来，表面上是企业家控制生产，然而，真正控制生产的是市场，而市场或市场价格是由消费者的需求最终决定的。企业家的生产无非是"把生产要素以最经济、最适合消费者需求的方法来利用"，利用失当，"他们就会被迫退出他们的行业，而由那些能善于购买和利用生产要素的能手来接替他们"①。正是在此意义上，米塞斯说："消费者是能够从心所欲的。企业家、资本家和农民让他们的手被束住；他们不得不遵照大众购买

---

① ［美］路德维希·米塞斯：《人的行为》上卷，夏道平译，远流出版事业股份有限公司1991年版，第366页。

② ［美］路德维希·米塞斯：《人的行为》上卷，夏道平译，远流出版事业股份有限公司1991年版，第365页。

者的命令来做事。如果违离了消费者的需求所规定的路线，就会赔本。稍稍违离——或者是由于故意，或者由于差误，或者由于坏的判断，或者由于缺乏效率——就可减低利润或造成亏损。较严重的违离，就会陷于破产或赔掉全部财富。"①

米塞斯没有详细说明消费者需求本身所发挥的作用。在这方面，马克思关于"消费创造生产的需要"的观点可以作为一个有益的补充。在《政治经济学批判》导言中，马克思写道："消费创造出新的生产的需要，因而创造出生产的观念上的内在动机，后者是生产的前提……同样显而易见的是，消费在观念上提出生产的对象，作为内心的意象、作为需要、作为动力和目的。消费创造出还是在主观形式上的生产对象。没有需要，就没有生产。而消费则把需要再生产出来。"②对米塞斯而言，消费者的需求是一种终极性的力量，更关键的是需要有一个合理的价格体系和竞争机制。因为只有在有市场价格和竞争的地方，才能使消费者既避免国家干预又免除生产者控制，甚至能够迫使生产者"只有好好地遵照消费者的命令，才可保存和增加自己的财富"①。这就是生产者适应，即只能沿着"消费者的需求所规定的路线"，用最适合消费者需求的方法来安排未来的生产活动的原因。

当然，这并不意味着可以将生产者视为一个被动的市场参与者。事实上，米塞斯极为肯定企业家的创造性生产的功能。他甚至把企业家称为"经济进步的推动者"。在他看来，企业家的功能，在于"应付未来的一些不确定的情况"。"特殊企业家的利润和亏损，并不是从实质的产量引起的，而是决定于能否把产量调整到适应消费者的迫切需求。换言之，决定利润和磨损的，是企业家对于将来市场情况的预测成功或失败的程度。将来的市场情况必然是不确定的。"③

---

① ［美］路德维希·米塞斯：《人的行为》上卷，夏道平译，远流出版事业股份有限公司1991年版，第366页。

② ［德］卡尔·马克思：《〈政治经济学批判〉导言》，《马克思恩格斯选集》第二卷，人民出版社1972年版，第94页。

③ ［美］路德维希·米塞斯：《人的行为》上卷，夏道平译，远流出版事业股份有限公司1991年版，第384、386页。

　　米塞斯认识到，无论是消费者还是企业家都会发生经济决策上的"错误"。企业家可能难以掌握所有可能的情况，而使其对一些不确定的事情预测不正确，也使其不能及时地为适应未来的情况预先调整好生产组织。这意味着所有的经济行动都存在风险。为降低风险，企业家自然会寻求一种克服不确定性的方法，即企业家特权。米塞斯认为，市场"独占"决定着企业家的特权。而"独占"的两种含义及其来源需要分别对待。

　　独占的第一个含义，"是指这种状态：独占者，或者是个人或者是一组人，绝对控制人们生存的基本要件之一。这样的独占者有权力使不服从他的人饥饿至死。他是发号施令者，其他的人，只有服从或死，没有其他的选择"①。不过，在米塞斯看来，这种"绝对的全体的独占"是不存在于市场经济中的，而只会发生于集权经济。在集权经济中，也会有所谓"经理"，但他们不是真正的企业家，而只是独占者的代理人或傀儡。

　　独占的第二个含义是与市场经济兼容的。"在这个意义下的独占者是一个人或一组完全联合行动的人们，对于某一货物的供给握有绝对的控制力。"这种控制力，或者来自其供应的产品或服务在技术、品质上的差异，或者因为其服务在地域上的特殊便利。结果，它们都能形成一种"独占价格"，即高于没有独占时可能的市场价格（习惯上称之为"竞争价格"）。独占者从卖出较少的数量和索取较高的价格中，能获得比卖出较多的数量和索取较低价格更多的净收入。在米塞斯看来，这样的独占行为是可以接受的。因为在市场经济中，独占价格并不能排除生产者之间的竞争。同时，消费者对其替代品的选择也是独占价格的一种有力的抑制。用米塞斯的话说就是："在市场里面，总是有交换竞争的。交换的竞争是竞争价格的决定因素，同样也是独占价格的决定因素。使独占价格的出现成为可能，并且指导独占者的行为的需求曲线的形状，是决定于争取购买者的金钱的其他所有的货物的竞争。独占者的售价定得愈高，潜在的买者把他们的金钱转到其他货物的卖者则愈多。在市

---

　　① ［美］路德维希·米塞斯：《人的行为》上卷，夏道平译，远流出版事业股份有限公司1991年版，第372页。

场里面，每样货物都在和其他所有的货物竞争。"①

所以，从长期看，生产者的特权只发生在交换竞争备受限制或妨碍的社会。当交换竞争难以或不足以抗拒或抑制独占价格时，消费者的利益必然受损。例如，"消费者不能以最便宜的方法来满足他们的欲望，因为价格的控制使卖者不能削价竞争。购买者只好听供给者的摆布。如果特权的生产者不使用最好的原料，不采用最有效率的生产方法，消费者也就不得不忍受这种顽固保守的后果"②。

米塞斯如此强调自由的市场对于个人包括其实现消费者主权的重要意义。然而，我们看到，作为一个自由主义者，米塞斯其实更为相信是个人选择的力量。他在《人类行为》一书第 15 章"市场"第 12 节"个人与市场"中写道：

> 我们说，一些自动的、无名的力量，发动市场"机构"，这是习惯上的比喻说法。我们用这样的比喻，是准备不触及这个事实，即指挥市场并且决定价格的，只是人们的一些有意的行为。市场里面没有什么自动，只有有意追求其所选择的目的的人们。没有什么神秘的机械力量；只有人的意志——消除不适之感的意志。没有什么无名氏，有的是我，是你，是张三、李四，和所有的他人。③

在米塞斯看来，"市场是一个社会体……它是每个人的行动所贡献的总结果"②。关键是，个人不仅要能够看到自己对于决定市场的作用，哪

---

① [美]路德维希·米塞斯：《人的行为》上卷，夏道平译，远流出版事业股份有限公司 1991 年版，第 374 页。

② [美]路德维希·米塞斯：《人的行为》上卷，夏道平译，远流出版事业股份有限公司 1991 年版，第 407 页。

③ [美]路德维希·米塞斯：《人的行为》上卷，夏道平译，远流出版事业股份有限公司 1991 年版，第 410 页。

怕是"很小很小的一部分"作用①，而且，更重要的是，要能够看清一些"事实"。而令米塞斯担忧的是，在他的那个时代(20 世纪 30～40 年代)，人们普遍因为认知上或观念上的错误而怀疑市场经济以及崇尚各种反市场的国家干预主义。②

> 因为他看不清这个事实，他在批评市场现象的时候，每每指责个人，而认为自己是对的，其实，别人的和他自己的行为模式是一样的。他骂市场冷酷，不讲人道，因而要求政府控制市场，使市场"人道化"。一方面他要求设法保护消费者，以对抗生产者。但在另一方面，他甚至更坚决地要求保护他自己这样的生产者，以对抗消费者。由于这些互相冲突的要求，就产生了许多政府干涉的现代方法，其中，最突出的例子就是德意志帝国的"社会政策"(Sozialpalitik)和美国的新政(New Deal)。③

如果说一般民众可能是因为"不能了解市场经济的运作"，或者说"不懂得保护的唯一后果是生产资源的错误配置"，即"从效率高的生产转变到效率低的生产。这是使大家更穷，而不是更富"④，那么，对于企业家来说，就不仅是单纯的认知问题，更是一个"良心"及其选择问题。他以一种既期待又无不惧怅的心境写道："如果一个人有重大的理由不管消费者的主权，他可试试看……如果他的良心反对的话。他也许要为他的信念支付代价；在这个世界里面，没有不要代价而可达成的目的。但是，在'物质利益'与'他认为

---

① 包括"不能预知自己的行为所引起的最后效果"([美]路德维希·米塞斯：《人的行为》上卷，夏道平译，远流出版事业股份有限公司 1991 年版，第 415 页)。这一观点与韦伯的"责任伦理"的观点极为接近。

② 在米塞斯看来，国家代理人(统治者)及一些知识分子宣扬各种干预主义，包括集权社会主义制度、通货膨胀政策、国家法西斯主义、政府干涉主义、民粹公平主义等等，都是在手段范畴之内出现了巨大的(认知)错误。因为他们所宣称的美好目标无法通过他们自己主张的手段来实现，他们注定要失败。

③ [美]路德维希·米塞斯：《人的行为》上卷，夏道平译，远流出版事业股份有限公司 1991 年版，第 410—411 页。

④ [美]路德维希·米塞斯：《人的行为》上卷，夏道平译，远流出版事业股份有限公司 1991 年版，第 413 页。

的他的天职'之间的选择，还是由他自己决定。在市场经济里面，关于个人满足的事情，他本人就是最高的裁决者。"①

然而，自由竞争的市场经济真的那么好吗？真的可以抑制生产者权力吗？真的令消费者处于至高无上的地位吗？米塞斯及奥地利学派的解释并没有能够说服所有人，尤其是处于那些作为论敌的生产者主权理论阵营中的学者。

第二节　生产者主权："现实世界"分析

尽管我们可以猜想存在着一个主张生产者主权的阵营，但是，最系统地论述生产者主权理论的却似乎只有新制度主义经济学代表加尔布雷思。他同时也被视为旧制度主义在当代的最后一位传人。他在 1958 年发表的《富裕社会》中，提出了生产者主权(producer sovereignty)理论，以反对在他看来已经完全不适合"现实世界"即新的富裕社会研究的陈腐的消费者主权理论。就像他以往及之后发表的众多"离经叛道"的著述一样，该书也给世人带来了经久不息的争论。1998 年，加尔布雷思在为该书撰写的"40 周年版导论"②中，重述了他的生产者主权的观点及其引发的批评：

> 据我所知，在现实世界中，生产过程与创造需求的生产方式紧密结合在一起，并受到时尚、社会期望和简单的模仿所推动。别人做什么或者拥有什么，自己就应该做什么或者拥有什么。产品供应者的广告和推销是消费需求最重要、最明显的来源。这些人先是制造商品，然后创造市场。这种做法与人们接受的经济思想发生了根本冲突。在这方面，消费主权概念是根本，这是人们对经济制度最后的

---

① [美]路德维希·米塞斯：《人的行为》上卷，夏道平译，远流出版事业股份有限公司1991 年版，第379—380 页。

② 作为该书的第四版。此前三版分别是 1958 年版(初版)、1969 年版和 1976 年版。

决定权。①

他紧接着写道：

　　在本书出版之后，那些为传统观念和消费者主权辩护的人就不满意了。他们非常坚决地反对，甚至有点愤怒。他们所修订的教科书把我视为异端，排斥我的观点。他们指出，福特曾经试图销售一款非常新潮的Edsel②，消费者有权不买它。这是真正的主权。

　　反对意见也随着时间的变化温和起来了。事实上，消费者如今远没有像主权那样被认可；生产者的广告和推销作为一种强大的力量已经得到人们的认可。Edsel案例似乎从课本中消失了。③

一、加尔布雷思：经验主义批判

从这几段回顾中我们能集中地看到加尔布雷思对消费者主权论的批判及消费者主权论的反批判。我们先来看加尔布雷思是如何批判消费者主权论的。首先，加尔布雷思旨在从经验主义认知论的角度对消费者主权理论的适宜性进行否证。他将"那些容易为人接受而在任何时候都受到重视的理念"定义为"传统智慧"（conventional wisdom）。在他看来，一种理念被接受的可能性取决于：①它是否"有助于提高自尊心"；②它是否是一种容易被人"理解"的理念。"人们会赞同大多数他们最明白的东西"，"就像救生艇贴着水面一样，我们始终坚持那些我们能理解的理念，这就是既得利益的重要表现形式"④。消费者主权理论即是一种被人们广为接受（熟悉的和已经定型的）且符合自由

---

　　① ［美］约翰·加尔布雷思：《富裕社会》，赵勇、周定瑛、舒小昀译，江苏人民出版社2009年版，第2页。

　　② 埃德塞尔牌汽车。1957年出厂时恰值经济衰退而销售惨淡，后成为"失败"的同义词。

　　③ ［美］约翰·加尔布雷思：《富裕社会》，赵勇、周定瑛、舒小昀译，江苏人民出版社2009年版，第2—3页。

　　④ ［美］约翰·加尔布雷思：《富裕社会》，赵勇、周定瑛、舒小昀译，江苏人民出版社2009年版，第7页。

主义者既得利益的理念。

然而，在加尔布雷思看来，任何被人们广为接受的理念都会随着环境的改变而变得不再适宜。他写道："传统智慧的敌人不是理念本身，而是事件的发展……现实世界在不停地发生变化，传统智慧始终处在过时的危险中。当传统理念明显不能处理偶然事件的时候，过时使它们不再具有适用性，这就成为对传统智慧的致命打击。这种打击迟早会来，这必定是那些理念失去了与现实世界关联的结局。"[1]可想而知，加尔布雷思对消费者主权理论的否证不是基于对其理念本身的检讨，而是基于一种经验主义认识论的一般性的推论，即相信任何理念都根源于经验并且都会或者应当跟随经验环境的变迁而改变。当经验事实发生变迁而理念未加改变，则用加尔布雷思的话来说，就是"理念的检验需要与事件的发展结合起来，通过它们克服惯性和阻力的能力来完成"[2]。

加尔布雷思没有提及他的认知论及其来源，但我相信，它应该受他的精神导师托斯丹·凡勃伦(Thorstein B. Veblen)的制度的进化主义观点的影响。对凡勃伦而言，"制度实质上就是个人或社会对有关的某些关系或某些作用的一般思想习惯"，"制度必须随环境的变化而变化，因为就其性质而言，它就是对这类环境引起的刺激发生反应的一种习惯方式"[3]。这样的认识论构成了新旧制度主义者聚焦外部环境的变化对人的思想与行为的影响的思维传统。然而，我们要问的是：应当如何理解作为研究起点的外部环境的变化呢？假设必须借助于某种理念或理论，那么又如何与加尔布雷思所说的"理念的检验需要与事件发展结合起来"相容呢？

二、需求创造与市场地位：主权判断

好在加尔布雷思并没有完全陷入经验主义认识论——或许可以将其概

---

① [美]约翰·加尔布雷思：《富裕社会》，赵勇、周定瑛、舒小昀译，江苏人民出版社2009年版，第11页。

② [美]约翰·加尔布雷思：《富裕社会》，赵勇、周定瑛、舒小昀译，江苏人民出版社2009年版，第5页。

③ [美]托斯丹·凡勃伦：《有闲阶级论——关于制度的经济研究》，蔡受百译，商务印书馆1964年版，第139页。

括为经验事实是检验理念或理论的唯一标准的这样的理念——悖论中。我们看到，尽管不够系统，但他仍然在理念的范围内开展了他与消费者主权理论的对话。概括而言，他主要从两个方面对消费者主权理论或新古典经济学进行了质疑①，并且由此提出了作为替代的生产者主权的判断。

第一个方面是，消费者的需求是否是内生给定的和完全自我控制的。加尔布雷思认为，新古典经济学将消费需求理论建立在两个隐含的命题之上。"第一个命题是：需求的紧迫性并不会随着更多需求量的满足而减小。"这一命题虽然表达了人类"欲望永远不可能满足"，但其实"当这种情况发生时，它是不可证明的"②；更何况它同时拒绝了"比较性地研究物质需求与心理欲望之间的关系"。"第二个命题是：需求产生于消费者的个性特征。"这一命题的含义是，需求是消费者自己生产的，"经济学家的使命就是要满足需求，而没有必要弄清楚这些需求是如何形成的"③。

然而，在加尔布雷思看来，事实恰恰是，消费者的需求是"别人为他创造的"。这包括两个重要的途径：一是"生产者创造了需求"；二是消费者"满足需求的过程创造了需求"。而需求之所以能被"他人"所创造，很大程度上是因为，随着富裕社会的实现，消费者的需求已经从必需品需求转向非必需品需求。而非必需品需求，相当于凯恩斯所说的"相对需求"④，是可能为"他人"包括生产者和其他消费者直接或间接地创造的。我们先看看，生产者是如何可能创造消费者需求的。

---

① 加尔布雷思基本上是将新古典经济学与奥地利学派等同起来。所以，在质疑消费者主权理论时，他对话的并非奥地利学派尤其是米塞斯的研究，而是较笼统地批判标准的新古典经济学。这给我们的评论带来了一些麻烦。

② 甚至也可以用明显的事实来予以反证："需求可能被广告综合，被推销催化，被劝说者的谨慎操纵，这表明它们并不是很迫切。"（[美]约翰·加尔布雷思：《富裕社会》，赵勇、周定瑛、舒小昀译，江苏人民出版社 2009 年版，第 128 页）

③ [美]约翰·加尔布雷思：《富裕社会》，赵勇、周定瑛、舒小昀译，江苏人民出版社 2009 年版，第 117 页。

④ 凯恩斯将人的需求分为两类："第一类是不管其他人的处境如何，对个人来说都是绝对的需要；第二类是相对的需要，也就是满足这些需要后，我们感觉到会超出其他人，或者说高人一等。"（转引自[美]约翰·加尔布雷思：《富裕社会》，赵勇、周定瑛、舒小昀译，江苏人民出版社 2009 年版，第 122—123 页）

没有人认为用来解释这种极度匮乏世界的理念同样适用于当代美国……如今的普通人在饮食、娱乐、个人交通和休闲方面生活闲适，而一个世纪以前富人也没有享受过这种生活。变化是如此之大，以至于个人的许多欲望都不是他自己想像出来的。这些欲望要经过广告和推销合成、设计和培育之后才能形成，与之相伴而生的是，广告和推销成为我们这个时代最重要、最有才能的职业。而在 19 世纪之初，几乎没有人需要一位广告商告诉他自己究竟需要什么。①

以上论述使我们相信，加尔布雷思实际上将消费者的需求的形成区别为两类：在匮乏社会，必需品需求即使不是自己生产的，也至少是能自我管控的；而在富裕社会，日益增加的非必需品需求则"不是自己想像出来的"，而是由生产者通过广告和推销形成的。在加尔布雷思看来，"饥饿的人不需要被告知他需要食物……只有当人们远超物质需要，已经不知道自己需要什么的时候，后者才有效。只有在这种状况下，人们才会被劝服"②。据此加尔布雷思得出结论：当代生产者尤其广告和销售机构的"核心功能是创造欲望——创造出以前不曾存在的需求"③。的确，这一判断日后引起了极大的争论：广告商是否真的威力如此巨大？消费者是否真的如此容易被"劝服"？是否需要考虑商品的多样性及生产者之间的竞争，可能使消费者有了更多消费选择的机会？对此稍后我们再作探讨。

需求创造的另一条路径，在加尔布雷思看来甚至更复杂，这就是"满足需求的过程创造了需求"。它包括三个可能的含义：一是需求水平是由消费者满足需求过程推动的，正如"松鼠跟车轮并驾齐驱"一样。二是消费满足过程中大多存在着与其他消费者的消费竞争，这正如凯恩斯注意到的人的"第二类相对的需求"，也即"那些努力保持与他的同辈人并驾齐驱或超越同辈人

---

① ［美］约翰·加尔布雷思：《富裕社会》，赵勇、周定瑛、舒小昀译，江苏人民出版社 2009 年版，第 2 页。

② ［美］约翰·加尔布雷思：《富裕社会》，赵勇、周定瑛、舒小昀译，江苏人民出版社 2009 年版，第 128 页。

③ ［美］约翰·加尔布雷思：《富裕社会》，赵勇、周定瑛、舒小昀译，江苏人民出版社 2009 年版，第 127 页。

的需求"。的确，有关消费者(地位)竞争的论点可以得到许多经济学家和社会学家研究的支持(我们在第三章会有详细的评介)。在加尔布雷思看来，"这常常意味着满足需求的过程也就是创造需求的过程。被满足的需求越多，新产生的需求也就越多"。三是商品的生产创造了标识一个人的社会声望的价值体系与象征。富裕社会人们往往根据一个人拥有的产品来评价他的生活水平的能力及其价值。生活水平越高，"为了维持适当声望需要拥有的也就越多"。总之，加尔布雷思得出结论：需求并不是给定的，而是"依赖其被满足的过程，这种方式可以被方便地称作'依赖效果'(dependence effect)"。在更广泛的意义上，则可以说需求是生产的结果，"需求依赖于生产"。①

　　第二个方面是，消费者与生产者在市场中的实际地位是不是平等的或相当的。新古典经济学包括奥地利学派预设了完全竞争市场的存在。在这种市场中，"无数的公司商号竞相为市场提供各种价格的商品，而这种价格是无人控制的。作为回报，高效而不断进取的公司就能生存和发展；作为惩罚，无效而不思进取的公司就会破产倒闭"②。加尔布雷思并不否认现实世界中竞争机制的存在(稍后我们将谈到，他相信这正是不确定性和经济风险的来源)。然而，总体上他还是质疑主流经济学所说的那种竞争在实际生活中的存在。

　　　　整个19世纪似乎显得特别漫长，公司和财富都得以大量增长。对于经济生活的控制也转移到了少数人手中——马克思曾预言这种发展标志着整个体系的最终崩溃。随着竞争的观念在认识上变得更加清晰，而经济的表现在经验上与竞争模式却产生了更多的矛盾。竞争模式要求市场上有更多的企业，而实际生活中却越来越少。竞争模式要求无人操纵价格，但在实际生活中，至少某些公司对于价格有相当程度的自由裁量权，工会也有其自身的权力。③

----

　　① [美]约翰·加尔布雷思：《富裕社会》，赵勇、周定瑛、舒小昀译，江苏人民出版社2009年版，第129页。
　　② [美]约翰·加尔布雷思：《富裕社会》，赵勇、周定瑛、舒小昀译，江苏人民出版社2009年版，第32页。
　　③ [美]约翰·加尔布雷思：《富裕社会》，赵勇、周定瑛、舒小昀译，江苏人民出版社2009年版，第34页。

正如加尔布雷思指出的，到了 20 世纪，主流经济学家已经开始正视现实生活中与完全竞争（perfect competition）模式不同的垄断竞争（monopolistic competition）或不完全竞争（imperfect competition）模式。①米塞斯曾认为，垄断竞争不可能消除竞争。然而，事实上竞争同样也不可能消除垄断。垄断竞争模式的普遍而稳定的存在，无论如何都构成了对消费者主权理论及其实践的严峻挑战。

在加尔布雷思看来，生产者在市场中的实力地位，还体现在其通过消费信贷而可能控制消费者的意愿和能力。如前所述，广告和（消费者之间的）竞争已经构成生产者对消费者的消费需求或意愿的有效控制，而实施消费信贷包括抵押贷款、分期付款等，除了可以进一步刺激消费者的欲望并改变其需求步骤如将未来的需求提前至现在之外，还会使生产者控制消费者尤其是那些缺少支付能力的人的购买行动。"每个社会都包含着支付能力有很大差异的个人。有支付能力的人作为榜样，会立即影响没有支付能力的人。如果没有支付能力的人想保持与有支付能力的人一致的话，他们必须借贷。"②加尔布雷思的观点是，债务创造已成为生产构成部分："劝说人们负债，并安排他们这样做的过程，也和生产商品和满足需求的过程一样，是当代生产的一部分。"②我们或许会同意消费信贷的建立是消费社会兴起——以消费大众出现为主要特征——的一个独特的机制。然而，在加尔布雷思看来，通过增加消费债务而维持的消费需求方式，尽管会让消费者迈进更好的生活水平，但必然会带来"悲惨的结果"：它改变了自己对债务的看法（清教徒要求遵循储蓄在先、享受在后的格言）；它给商业和消费支出都带来不确定性；最终，它会破坏整个经济的稳定性和经济安全。③

---

①　［美］爱德华·张伯伦：《垄断竞争理论》，周文译，华夏出版社 2013 年版；Robinson J, *The Economics of Imperfect Competition*, London: Macmillan, 1933.

②　［美］约翰·加尔布雷思：《富裕社会》，赵勇、周定瑛、舒小昀译，江苏人民出版社 2009 年版，第 143 页。

③　［美］约翰·加尔布雷思：《富裕社会》，赵勇、周定瑛、舒小昀译，江苏人民出版社 2009 年版，第 143—149 页。

三、竞争的限制与政府干预

加尔布雷思将生产者主权之下的需求创造和消费债务创造皆视为"本质上不稳定的创造过程"。然而，这并没有令其寄望于谋求相反的消费者主权。因为，前面已有提及，在他看来，竞争模式更是不确定性和经济不安全的来源，而这正是其力证第三种力量即政府干预的必要性的根本原因。

加尔布雷思认为，完全竞争被 19 世纪后半叶以来的主流经济学理想化了。事实上，"在竞争模式中，那些不确定的因素达到了多么显著的程度。对于在追求效率的竞赛中落后者的惩罚就是破产……对工人而言……最幸运的工人可能在老板不明智的运营中不受损害，而同样的雇主的不幸可能毫无理性地降临到他忠实的员工身上。这些员工又可能由于自己或他人的缺点失去工作，因而丧失赖以生存的手段"①。消费者主权对此只会推波助澜。"当消费居于主导地位，对于那些产品符合当下潮流的生产者必然受到奖励，而那些落于潮流之后的生产者就要受到惩罚。"②

当然，如同卡尔·波兰尼(Karl Polanyi)描述的"保护主义的反向运动"③，各种力量都会努力采取旨在消除或减轻经济不安全的行动。垄断组织可以通过完全控制供给，进而控制价格，来达到最大限度地消减不确定的作用。然而，控制价格或分割市场(寡头组织之间会采取这种协议)这样的策略会受到国家法律和舆论的制止。更可行的大型公司控制消费者的策略是控制消费者的品位："消费者的品位和需求可能发生转变，现代大型公司可以通过广告来对抗这种转变的趋势，因此它能部分地控制消费者的品位。"大公司还有其他降低或控制商业风险的策略，如多元化经营、技术研发与控制、资本市场上的融资与操纵，以及公司管理的集体控制等。正因为如此，"现代企业与工人、农民或其他个人不同，它无需公开地寻求政府的帮助就能大幅减少它的不确

---

① ［美］约翰·加尔布雷思：《富裕社会》，赵勇、周定瑛、舒小昀译，江苏人民出版社 2009 年版，第 32—33 页。

② ［美］约翰·加尔布雷思：《富裕社会》，赵勇、周定瑛、舒小昀译，江苏人民出版社 2009 年版，第 33 页。

③ ［英］卡尔·波兰尼：《大转型：我们时代的政治与经济起源》，冯钢、刘阳译，浙江人民出版社 2007 年版，第 66 页。

定性。它要求精密细致的组织形式，但它也是早先的企业家组建的企业持续演化的产物。与此相反，农民、工人和其他公民必须公开地寻求政府的帮助，或者他们必须为了减少不安全性而特别组织起来(例如组建工会)。"①

早在《美国资本主义：抗衡力量的概念》一书中，加尔布雷思就提出了"抗衡力量"(countervailing power)的概念。②他认为，制衡一种市场力量的最有效的方法是建立与之抗衡的另一种力量。例如，面对大的食品公司以及生产商所拥有的市场力量，大型连锁超市的建立就成为一种必要的制衡；在劳动力市场上，工会的存在——"除了提高自身的谈判能力，工会为工人提供的保护包括免遭反复无常或意外的解雇或降级"——同样是一种抗衡的力量。不过，"抗衡力量"的发展并不足以消除个人的经济风险，因此才推促国家经济干预的发展。例如，20世纪30年代的大萧条，促使美国"联邦政府首次出面干预，并通过救济和福利基金等方法来保护个人免遭经济上的不幸。接下来是社会保障，包括失业保险、养老金和工伤保险。农民则通过公共支付和价格补贴等方式以保证不受与市场价格竞争相关联的经济风险的影响……即使对于小工商业者，也有通过罗宾逊-帕特曼法案、公平贸易法以及禁止低于成本销售立法，此外还通过贸易协会等都为他们保障了一定程度的安全，使他们免遭市场竞争不确定性的危险。"③上述措施都属于微观经济范围之内。"到30年代末，在约翰·梅纳德·凯恩斯以及'新政'产生的实验性乐观心态的共同作用之下，终于产生了一种普遍的信心：经济萧条至少可以部分地得以缓解。那种认为萧条应当听任其发展的论调也最终销声匿迹了。"④从此之后，通过宏观经济措施如实施积极的财政与货币政策来减少

---

① [美]约翰·加尔布雷思：《富裕社会》，赵勇、周定瑛、舒小昀译，江苏人民出版社2009年版，第33页。

② [美]约翰·加尔布雷思：《美国资本主义：抗衡力量的概念》，王肖竹译，华夏出版社2008年版，第121页。

③ [美]约翰·加尔布雷思：《富裕社会》，赵勇、周定瑛、舒小昀译，江苏人民出版社2009年版，第84—85页。

④ [美]约翰·加尔布雷思：《富裕社会》，赵勇、周定瑛、舒小昀译，江苏人民出版社2009年版，第86页。

经济不安全，已成为政府公共政策的主要目标。①

　　不仅如此，加尔布雷思进一步认为，随着社会福利的增加，所有人都会提升其对经济安全的需求。企业家的公司愈大、股东愈多，其"赌博式冒险"的可能性愈小。同样，工人、农民的收入增加了，就业变得稳定了，那么他们就会考虑，如果失去这些东西那将是多么可怕。

　　　　随着工资的增加，人们可能开始想到自己老年的时光：每一个人都希望活下去，但老年的时候没有收入就是另外一番光景了，这与过去是不同的。随着健康的威胁和事故的危险逐渐下降，人们将它看成非正常的苦难，而不是正常的苦难。正是那些富有农民而不是那些贫穷的农民首先感到，市场的不确定性让人难以忍受。②

　　主流经济学的信念是，竞争模式的不确定性对效率和经济成长至关重要。然而，加尔布雷思认为，这种观念是"一种重大的失算"。因为，比较20世纪30年代前后的劳动生产率，即每人每时生产的国民收入，可以看到，"对经济安全关注的增强，远远不是与生产力的增长相矛盾，反而与生产率的加速增长相一致"③。

　　最后，加尔布雷思提出人类有四种最迫切的需求：食物、衣服、住所和有序的环境。④并且认为，"前三者依赖于以市场为导向的私人生产，只要有良好的秩序，这种生产在通常的情况下就能以一定的效率先前推进"。而后者

---

　　① 在加尔布雷思看来，是财富增长和大萧条共同促使了美国人对经济安全的兴趣："大萧条在美国和加拿大的危险是最大的。大萧条刺激了对经济安全的关注，正好像火灾刺激了人们对火灾保险的兴趣和洪灾刺激了人们对控制洪水的兴趣一样。大萧条对人们产生的影响，与他们在大火蔓延或洪水泛滥地区的财产数量成正比。"（[美]约翰·加尔布雷思：《富裕社会》，赵勇、周定瑛、舒小昀译，江苏人民出版社2009年版，第89页）

　　② [美]约翰·加尔布雷思：《富裕社会》，赵勇、周定瑛、舒小昀译，江苏人民出版社2009年版，第88页。

　　③ [美]约翰·加尔布雷思：《富裕社会》，赵勇、周定瑛、舒小昀译，江苏人民出版社2009年版，第92—93页。

　　④ 加尔布雷思似乎没有告诉我们前述"经济安全"的需求是否应该包括其中，或者，是否可以将其归入"有序的环境"这一范畴之中。

即有序的环境，除了极少数例外的情况，它通常只能由政府来提供。然而，受 19 世纪以来的两种传统智慧，即社会达尔文主义和经济自由主义的持续影响，美国人普遍对政府提供公共服务持有一种强烈的不信任感。社会达尔文主义影响的一个结果是，产生了一种明确的信念，"即任何一个美国人——最低限度上，作为盎格鲁-撒克逊及新教先驱的后裔中的任何一个充满活力的美国人——都能凭借自身的努力过上心安理得的富足生活"[①]。而渗透在现代经济学经济自由主义的目标则是，"国家就是要提供可靠而廉价的秩序，除此之外，国家应当尽可能地无所作为"[②]。因为，"公共服务的任何增长都被看成是一种内在的邪恶趋势的表征。如果说人类的整体活力并未因此而处于危险之中的话，至少个人自由已经受到了威胁，经济结构也可能处于危险之中"[③]。在加尔布雷思看来，正是这些态度一直在阻碍政府以更多的方式提供公共服务，尽管这些服务反映了日益迫切的需求。而这正是其在《富裕社会》中表达的中心思想：尽管美国社会进入了富裕时代，但却存在着严重的社会不平衡，即私人生产的商品的日益富足与政府提供的公共产品、服务的贫乏并存。加尔布雷思这样描述两者之间的差别：

> 全家开着内饰桃木、装有空调、使用动力转向和具有机动刹车功能的汽车出游，穿过路面不平、垃圾横飞、房屋破败、广告牌东拉西扯、电线横七竖八架在空中的城市，到达充斥商业艺术的乡村。他们拿出便携式冰箱里包装精美的食物在被污染的河边野餐，然后在不符合公共卫生和道德的停车场里过夜。他们置身于腐烂垃圾的恶臭中，躺在尼龙帐篷下的充气床上，睡前可能会反思自己的幸福有如此反差。他们真的是

---

① ［美］约翰·加尔布雷思：《富裕社会》，赵勇、周定瑛、舒小昀译，江苏人民出版社 2009 年版，第 52 页。

② ［美］约翰·加尔布雷思：《富裕社会》，赵勇、周定瑛、舒小昀译，江苏人民出版社 2009 年版，第 110 页。

③ ［美］约翰·加尔布雷思：《富裕社会》，赵勇、周定瑛、舒小昀译，江苏人民出版社 2009 年版，第 111 页。

美国的精英吗？[①]

这段被广为引用的描述可能会使人相信：①私人生产与公共服务之间的需求应该得到平衡；②政府应当增强其提供公共服务的能力。然而，私人生产的商品与服务和政府提供的商品与服务之间的边界在哪里呢？公共产品与服务是否一定要由政府来提供呢？政府提供公共服务又如何才能保证其效率？有关这些问题，加尔布雷思却没有给出令人信服的回答。

第三节　生产者-消费者关系研究：评论与假设

一、跨越"敌对世界"观

我们回顾消费者主权理论与生产者主权理论，目的不是为了展示它们之间的对立，相反是要寻求它们之间可能的结合。许多人会认为，这是不可能的事，因为它们属于敌对的理论。它们无法相容，后学者也只能择其一而跟随之。然而，正如维维安娜·泽利泽(Viviana A. Zelizer)所批评的这种非此即彼的"敌对世界"观(a view of "hostile worlds")[②]，恰恰是经济社会学所要克服的。我们相信，可以在这两种貌似敌对的理论中找到它们各自的优势及其可能的共同的限制，以便进一步探索如何在其限制之处开拓出新的研究路径。

首先，我们有充足理由相信，米塞斯最为系统地构造了一个由消费者驱动或主导的市场经济模型。在这一模型中，消费者的需求是启动整个市场过程包括企业家生产的动力源。消费者被假设知道自己的需求，并且能够根据自己的需求对产品或服务进行估价。而处于生产者竞争状态的企业家则只能

---

① [美]约翰·加尔布雷思：《富裕社会》，赵勇、周定瑛、舒小昀译，江苏人民出版社2009年版，第181—182页。

② [美]维维安娜·泽利泽(泽利泽尔)：《亲密交易》，见[美]纪廉等编《新经济社会学：一门新兴学科的发展》，姚伟译，社会科学文献出版社2006年版，第372—408页。

根据消费者的估价进行生产的配置。因此，生产是隶属于需求的，市场表达的是消费者的意志而非企业家的控制。可以看到，这一模型至少包含了两个关键性的假设：①消费者的需求是消费者自我控制的，他人无法对其有实质性的影响；②生产者处于生产者竞争的卖方市场，因而无法对消费者施以商品选择和价格等方面的操纵。这两个假设应该符合米塞斯所说的"不变的范畴"。

如前引述，米塞斯坚信，经济学是陈述"在所有可想得到的特殊情况下都会运作"的"不变的范畴"和"其运作的一般理论"，因而，其他"错误和偏差的情况"都不予考虑。诚然，纯粹的理论(逻辑演绎)分析对于我们了解基于消费者主权的市场过程及其结果是非常有益的。然而，它却牺牲了更贴近现实的研究。缺乏对现实世界近距离分析的一个后果是，忽视了对在其他一些情况下存在并且发挥重要作用的因素的分析，而使其研究缺少了对"他做什么"的研究，并使其将笔墨更多地用于"他应该做什么"的问题。这就是米塞斯的消费者主权理论给人一种浓厚的规范性意涵的原因。①

其次，我们可以把加尔布雷思的生产者主权理论看作是对消费者主权理论的一种激进的修正，即在同一的有关消费者与生产者关系的议题上采用"现实世界"分析的方法。从"现实世界"及其变迁出发，加尔布雷思发现米塞斯眼中的两个"不变的范畴"都在发生变化。社会财富的增长——作为"富裕社会"兴起的重要标志——正在改变人们的需求结构：消费者的基本需求或者说必需品需求得到广泛满足之后，下一步想要实现的是"一些华而不实的东西"如"对更豪华汽车的渴求，还有更多的异国食品、更性感的服饰、更奢华的娱乐"等非必需品的需求。②在这样的情况下，消费者很容易接受广告和推销的宣传，而人为地产生某些兴趣和偏好。而当消费者被改变了消费意愿同时又有一部分人难以支付商品价格时，厂商则能够通过消费信

---

① 其规范性主要涉及对结果的评估。消费者主权——"需求创造供给"——无论在逻辑还是在道义上都符合人们对消费为目的、生产为手段的共识。从目的出发能够很好地控制手段，反过来，承认或容许生产者主权——"供给创造需求"——则可能导致手段控制目的，即生产异化(生产者控制消费者)的发生。

② [美]约翰·加尔布雷思：《富裕社会》，赵勇、周定瑛、舒小昀译，江苏人民出版社2009年版，第115页。

贷来改变他们的购买能力与计划。这意味着"现实世界"中生产者处于实际的主权者的地位：它不仅控制着消费者，也支配着整个私人生产领域；它不仅带来了个人消费和国家经济的不安全，也带来了私人生产的富足、公共服务匮乏这样的社会平衡问题。这就是加尔布雷思透过"现实世界"的观察而归纳出的有关消费者与生产者之间的关系及其影响的知识图景。当然我们也看到，与米塞斯最后滑入规范性分析相似，加尔布雷思也走向了一种价值判断。[①]

不同的是，米塞斯通过肯定消费者主权来维护自由市场经济，而加尔布雷思则意在通过批判生产者主权力证国家干预主义的正当性。结果不幸的是，他们的主权理论——它们也都可以被视为消费者与生产者的关系理论——之争被完全掩盖在了他们关于市场与国家关系的争论之下。而且，市场与国家的关系的争论极易陷入是要个人自由还是要公共利益的价值之争。这样的争论，用韦伯的话说，即所谓"诸神之战"，基本上与本书欲探讨的经济发展模式的转变没有关系。虽然加尔布雷思曾辩护说，经济安全的增强是有助于经济增长的，但是其并没有给出有力的逻辑证明。同样，米塞斯一方面坚信消费者驱动的市场最有利于效率和经济成长，另一方面却承认在这一市场上企业家利润将趋向于消失。他这样写道："企业家利润的唯一来源，是他对消费者将来的需求预料得比别人更正确些的这个能力。如果每个人都正确地预料到某一货物将来的市场情况，那么，它的价格以及一切有关的生产要素价格，就会在今天为适应这将来的情况都预先调整好了。这样一来，则从事这一行业的人既无利润也无亏损。"[②]然而，如果企业家利润为零，那么靠什么激励企业家去组织生产呢？毕竟生产才是经济增长的直接动力。

最后，我们必须强调要回归到从消费者与生产者之间的关系的角度来审视这两种看似对立的主权理论。本书研究的最终目的是要找寻基于生产的组织方式转变的经济增长的可能的路径，而这必须通过对消费者与生产者关系

---

① 例如，他将富裕社会中的人们对经济安全（或免除不确定性）和秩序环境的需求置于优先的地位，但却无法对此作出必要的逻辑实证，同时，也因为这两项需求的边界不明，而使其引导的国家干预的范围有无限扩大的可能。

② ［美］路德维希·米塞斯：《人的行为》上卷，夏道平译，远流出版事业股份有限公司1991年版，第384页。

的研究才能达到。这就是我们希望从消费者与生产者关系的角度看待两种主权论的原因。我们相信，关于消费者与生产者关系的经济社会学研究应该建立在理论研究与经验研究更为紧密地结合的基础之上。基于主观抽象而建立的消费者主权理论，以及基于对"现实世界"的概括而建立的生产者主权理论的整合，能够为建立一种新的消费者与生产者关系理论开辟道路。那么，如何才能达到一种可能的理论整合呢？较好的办法是在这两种主权理论的交集之处寻找可能的整合，从而建立本书研究新的理论假设。

二、需求、可支配资源与互动-组织

1. 第一个交集点

第一个交集点是关于消费者的需求的形成及其边界的问题。

消费者主权理论先验地假定需求是消费者自我形成的。消费者知道自己的消费意愿，并且能够对为满足这种意愿而对需要交易的商品或服务进行估价和货币投票。生产者或企业家则按照由消费者的投票所形成的价格体系进行成本和利润的预期，并由此配置生产要素。从逻辑上说，消费者需求是完全自主的(其自主性还表现在消费者能够对其需求的时间结构即"现时消费"与"将来消费"做出安排)，并且构成了引导经济活动或市场过程的终极力量。

与其不同的是，生产者主权理论提出了消费者需求依赖于生产者创造的假设。这一假设建立在两种经由经验观察与归纳所得的事实基础之上：一是在富裕社会中消费者的需求构成发生了实质性的改变，即在必需品需求满足的基础上，新生了非必需品需求；二是生产者通过广告、推销和消费信贷，可以对消费者的非必需品需求的愿望和能力进行控制和管理。由此，生产者主权理论强调是生产者控制着生产，从而也控制着消费者，包括决定消费者需要的是什么，以及构造提供给消费者的选择。生产者主权理论展示了一幅生产者在与消费者的市场交易中拥有绝对权势的图景。然而，批评者几乎都认为，它高估了生产者包括其所利用的广告、信贷等力量，而低估了消费者自我认知、自我追求的力量，并且也在很大程度上忽视了生产者之间的竞争所产生的抑制作用。

　　在有关消费者需求的形成的假定上，我们看到了这样一种变化的轨迹。新古典经济学将需求假定为是给定的。这一假设太过机械和静态而被认为是无效的。奥地利学派或者说消费者主权论者假设需求是一种结构性的和动态的存在，例如它包含着现时的消费和将来的消费的安排，但是，它是消费者自我决定的。消费者需求的自主性决定了消费引导生产的逻辑。尽管我们相信新制度主义者并不反对消费者主权的规范性意涵，但是，在他们看来消费者主权只是一种不可能实现的"神话"，因为，消费者需求不仅是结构性的(它表现为必需品需求和非必需品需求两个层次)和动态的(它经由富裕社会兴起或社会财富的增加而得以改变)存在，而且非必需品需求部分是由生产者所创造的。需求被创造，意味着消费从属于生产，从而不仅导致了消费债务被创造及经济的不安全，而且产生了私人生产和公共服务不均的社会平衡问题。

　　我们愿意指出，消费者主权理论太过肯定消费者需求的自主性，而生产者主权理论太过强调消费者需求的被创造或被建构。更为符合实际的消费者需求状况，可能是介于完全自主和完全被创造之间，也即我们假设消费者需求具有弱可创造性，或者说有限的可创造性。我们的假设是，消费者需求的结构是长期稳定的，但其满足的目标安排或次序在短期内是可以自我独立或配合他人劝服而调整的。该假设包括以下三个要点。

　　第一，我们可以引用、设定必需品需求与非必需品需求这一需求结构，但是未必要将其限定于富裕社会，而是认为它可能形成于人类文明的最初阶段。我们有充分的理由相信，即使在物质极为贫乏的原始社会，人类也发明了各种具有"浪费性"的或享乐性的"非必需的"消费，如宗教、艺术甚至夸富宴(potlatch)这样的炫耀性消费。①富裕社会的到来，只不过增加了必需品和非必需品需求的内容和水平(在此过程中，新的非必需品被不断开发出

_____

　　① 鲍德里亚总结了非必需品消费作为在任何时代都存在的"浪费"或"消耗"的一面："印第安人在交换礼物的宗教节日就是这样，巩固社会组织是通过对宝贵财富的竞相破坏来实现的。克瓦基于特尔人放弃棉被、独木舟和刻有花纹的铜器，把它们焚烧掉或扔进大海，以此来'维系他们的血液'与证明他们的价值。在任何时代，君主贵族阶级都是通过无益的浪费(wasteful expenditure)来证明他们的优越感的。"当然，鲍德里亚承认，"浪费远远不是非理性的残渣。它既有积极的作用……成了表现价值、差别和意义的地方"([法]让·鲍德里亚：《消费社会》，刘成富、全志钢译，南京大学出版社2008年版，第22页)。

来，而旧的非必需品被不断"下流"转变为新的必需品）。

第二，消费者个体是可以根据自己的意愿和条件(能力)自主做出实现其需求结构的安排的。例如，是先满足作为基本需求的必需品需求，再寻求满足作为地位性需求的非必需品需求，还是为了满足地位性需求而节省压缩基本需求，这样的决策是可以被消费者自主或能动地做出的。一般而言，一个人越是独立和理性，就越可能做出前一类的决策；反之，一个人越是受他人影响或越是受其激情的支配，就越可能采取后一类决策。

第三，我们坚持给予消费者基本的自主性或能动性，同时承认在某些条件下消费者是可能臣服于他人的劝说或强制而改变自己的需求目标安排的。消费者能够在消费过程（满足旧欲望过程)中自我发现和预备待实现的新的欲望。另外，在工业社会和消费社会中，唤起或激发消费者新需求的更多的是"他人"，即主要是企业家或工业家。正如马歇尔所说的，工业家的特殊任务就在于设计和制造"人们以前从未想到的东西给他们看，从而创造新的欲望"[①]。我相信，与加尔布雷思不同，马歇尔是在弱意义上使用"创造"一词的，因而更接近于韦伯所说的"唤醒"和"指导"：

> 对于经济理论来说，边际消费者(marginal consumer)[②]是生产方向的指导者。事实上，根据实力情况，这对当前来说，只是在一定条件下是正确的，因为"企业家"在很大程度上在"唤起"和"指挥"着消费者的需求，——如果后者有能力购买的话。[③]

我们认为，韦伯将企业家的作用限定为"唤起"和"指挥"而非"创造"消费者的需求，是因为他承认市场社会中的消费者的需求在根本上是无法为他人所创造的，并且，从长远来看，消费者必定是"生产方向的指导者"。米塞斯也正是在维护消费者的终极的主权地位的意义上，强调需求对生产的引

---

① [英]阿弗里德·马歇尔：《经济学原理》上卷，朱志泰译，商务印书馆1964年版，第293页。

② 原译文将 marginal 译为"边缘"，恐有误。

③ [德]马克斯·韦伯：《经济与社会》上卷，林荣远译，商务印书馆1997年版，第113页。

导作用。不过，根据柯兹纳的考证，米塞斯早在其 1920 年发表的《社会主义共同体的价值计算》一文中就指出了市场作为企业家过程的观点，即市场具有能够激发企业家对市场(需求与价格)变化的"警觉"与"发现"的能力。[①]而在 1940 年发表的《国民经济学》和 1949 年在此基础上改写翻译的《人的行为》中，米塞斯更清晰地表达了"市场是一个企业家过程而不是固定的状态"[②]。当然，这也是柯兹纳作为当代奥地利学派传人对米塞斯的一种发现过程。柯兹纳的一个贡献就是将"动态的企业家-竞争性发现过程"作为奥地利学派有关市场观点的最重要的特征看待。[③]

如果说韦伯、奥地利学派经济学家仅将企业家的作用局限于对消费者需求的"唤起"和"发现"，那么比较而言，熊彼特——他受过韦伯和第一、第二代奥地利学派经济学家如门格尔、庞巴维克的影响，但并未成为他们的忠实追随者——对企业家"创新"则持一种更积极肯定的态度。

> 诚然，我们必须永远从需要的满足出发，因为需要是一切生产的终点，而且任何时候的一定经济形势都必须从这一方面去理解。不过经济体系中的创新一般并不是按下面这种方式发生的，那就是，首先新的需要在消费者方面自发地产生，然后生产工具通过它们的压力转动起来。我们并不否认存在这种联系方式。可是，一般是生产者发动经济的变化，而消费者好像是被教导去需要新的东西，或者在某些方面不同于，或甚至完全不是他所习惯使用的东西。[④]

---

① ［美］伊斯雷尔·柯兹纳：《市场过程的含义》，冯兴元、景朝亮、檀学文等译，中国社会科学出版社 2012 年版，第 6 章。

② 转引自［美］伊斯雷尔·柯兹纳：《市场过程的含义》，冯兴元、景朝亮、檀学文等译，中国社会科学出版社 2012 年版，第 112 页。

③ 柯兹纳认为，企业家可以通过广告活动来了解消费者可能的需求类型，进而投其所好，赢得产品的竞争优势（［美］伊斯雷尔·柯兹纳：《市场过程的含义》，冯兴元、景朝亮、檀学文等译，中国社会科学出版社 2012 年版，第 112 页）。

④ ［美］约瑟夫·熊彼特：《经济发展理论——对于利润、资本、信贷、利息和经济周期的考察》，何畏、易家详等译，人民出版社 1990 年版，第 73 页。

处于工业社会或消费社会早期的熊彼特，更看重生产者的力量。但是，与加尔布雷思不同的是，熊彼特并不反对"把消费者的需要看作是循环流转理论中的一种独立的和确实是基本的力量"，但他认为"一旦我们分析变化时，我们就必须立即采用不同的态度"①。现在可以认为熊彼特可能低估了消费者"需求的自发性"力量的普遍存在，尤其是在如今有互联网支持的后消费社会时代。有关消费者"需求的自发性"力量值得我们这一代学者格外重视。②

2. 第二个交集点

第二个交集点涉及消费者与生产者权力关系中的可支配资源问题。

消费者主权理论相信消费者在其与生产者的关系中拥有主权地位，即消费者在市场中能成为决定一切的最终权力，是因为他相信，基于市场中的货币投票的消费者主权是一种"市场民主"。用米塞斯的话说，就是"消费者不仅决定消费财（consumer good，此为台湾译法，为消费财货之意——引者注）的价格，而且也决定一切生产要素的价格。他们决定市场经济里面每个份子的所得……消费者每花一文钱，对于一切生产程序的方向和生产活动的组织，都会发生影响。这种情况曾经被称为市场民主，在这种民主里面，每一文钱就代表一次投票权"③。另外，他们也相信，市场法则即供求关系与竞争机制，会迫使企业接受市场价格的指导，从而保证消费者拥有支配生产者的最终权力。可见，消费者主权理论不仅强调规范性意涵，而且也指出了消费者主权实现的两个重要条件：一是消费者需求的自主性；二是市场法则的存在。消费者自主性有其内在自觉的一面，也有其外在制度规定的一面。后者与市场法则这一制度环境有着密切的关联。

生产者主权理论更为看重现实世界中那些影响生产者或消费者市场地位的具体的条件和机制。在加尔布雷思看来，主流经济学家大多把市场法则或竞争机制神话，而忽视了"各种类型的市场的不完善性"。不仅在垄断、

---

① ［美］约瑟夫·熊彼特：《经济发展理论——对于利润、资本、信贷、利息和经济周期的考察》，何畏、易家详等译，人民出版社1990年版，第73页。

② 我希望在后面的研究中能够表达这样的观点：不仅生产者在致力于发现消费者的需求；消费者本人也在努力"发现"和"调整"自己的最适宜的需求。

③ ［美］路德维希·米塞斯：《人的行为》上卷，夏道平译，远流出版事业股份有限公司1991年版，第366—367页。

寡头市场，即使是在竞争性的市场，大公司同样可以凭借其拥有的经济资源及其转化的各种条件，而取得对市场和消费者的实际的控制。在《新工业国：企业经营者如何左右经济与政治大局》中，加尔布雷思进一步提出了现代经济由少数大公司和众多小公司组成的二元体系的观点，并且认为大公司体系已经完全脱离了市场法则的支配：

> 那些大公司的总数在一千左右，当时其产量达到所有工业生产总量半数以上。它们并非一般规模逐渐扩展的街角杂货店可比；它们大不相同。它们不单设法控制价格，设法控制所有影响其业务的一切重要因素，譬如成本、劳力供给、政府行动或干预等等。或许最重要的，是它还设法控制消费者或其他买主的反应。它们根据一项巨细靡遗的计划程序进行所有这一切行动，而计划成败唯公司主管是问。①

加尔布雷思始终认为，"在现代经济中，大型经济机构的权力日益增长，而设想中本应拥有控制权的消费者和市民的权力却在日渐消退"②。出现这种局面的原因就在于现实世界中的市场体制，既不是新古典经济学最早描述的纯粹的竞争性市场，也不是此后热衷于探讨的一般性垄断和寡头垄断市场，而是"企业垄断、寡头独占和市场竞争的混合物"。他认为，"这样看问题，就可以更好地解释公司和企业的行为"③。

我们赞同这一看问题的方法，因为这将有助于一般性地讨论在一个市场中决定消费者或生产者权力或控制权的因素到底有哪些。比较而言，米塞斯强调市场法则这一公共的制度性资源，而加尔布雷思强调的是技术、资金、独占地位等个别的组织性资源。或许我们还需要对他们的研究作进一步的归纳，但有一点是无可置疑的，即要对现实世界中的消费者与生产者的权力关

---

① ［美］约翰·加尔布雷思(高伯瑞)：《新工业国：企业经营者如何左右经济与政治大局》，谭天译，智库股份有限公司1997年版，第14页。

② ［美］约翰·加尔布雷思：《经济学和公共目标》，于海生译，华夏出版社2010年版，第4页。

③ ［美］约翰·加尔布雷思：《经济学和公共目标》，于海生译，华夏出版社2010年版，第2页。

系进行考察和分析，离不开对双方的可支配资源进行分类，从而辨识出那些对它们之间的关系的变动有着显著或微妙作用的资源类型。按照我们的判断，在如今后消费社会时代，消费者权力可能正在重新上升，原因之一在于消费者利用互联网技术而自我发现或被生产者"发掘"的可支配资源在不断增加，这包括：①已有的但被重新集结的资源如小额储蓄；②新开发的潜在的资源，如家庭中闲置的汽车、空余的沙发，甚至个人的业余时间等；③共同建构与投资的新的共有资源，如由消费者-生产者通过持续的互动交易而形成的消费者忠诚与支持等关系性资源或资产。可支配资源的种类和数量（规模）的变动将极大影响消费者与生产者之间的权力关系的变迁。这一假设我们将在第三章和第四章予以具体的讨论。

此外，我们还将假设资源的可转移性在消费者-生产者关系中的重要性。资源的可转移性，由资源的可转让性和资源的可流动性构成。资源的可转让性是由一个社会中的有关财产权或产权的法律体系决定的，它决定着消费者和生产者可动员和利用的资源的种类和范围。资源的可流动性则属市场-技术的范畴。它同样能够决定在一种市场的交易中买卖双方力量的对比。

3. 第三个交集点

第三个交集点涉及消费者-生产者的动态的互动过程及其生产组织的选择的问题。

不能否认上述两种主权理论对消费者和生产者之间的互动关系做过一些有益的探讨。消费者主权理论强调消费者的价值评估及其货币投票行为的始发作用，以及企业家发现和适应消费者需求并为此配置生产要素等反应性行动。消费者与生产者通过价格机制得以连接和沟通。这是一个动态的消费者和生产者相互作用的过程[①]，而非新古典经济学家理解的静态均衡的结果。不过，总体而言，至少在米塞斯-哈耶克那里，分析的中心并不在消费者与生产者的互动，而是在被认为可以完全支配其互动的市场竞争

---

① 柯兹纳将其概括为"动态企业家发现过程"的好处是突出了企业家"发现"的功能，坏处则是屏蔽了更为广泛的消费者与生产者的动态的互动过程，企业家发现只不过是其互动中的一个环节或仅仅是作为生产者的一种行动策略（[美]伊斯雷尔·柯兹纳：《市场过程的含义》，冯兴元、景朝亮、檀学文等译，中国社会科学出版社 2012 年版，第 109 页）。

或价格机制。

形式上似乎完全颠倒，生产者主权理论着力描述的是生产者创造需求，包括生产者借助广告和推销的创造及消费者通过消费过程的自我创造，以及其对市场价格的操纵或至少是部分的控制。《富裕社会》中创造需求的过程是着墨最多的，它被加尔布雷思视为"依赖效果"：

> 当社会越来越富裕时，满足需求的过程创造出来的需求也越来越多，这可能被消极地运用。通过建议或者竞争去创造需求可以使消费增加。需求得到满足后，又产生了期望。生产者可能通过广告和销售，继续积极创造需求，这样需求开始依赖生产……人们常常提及需求如何依赖其被满足的过程，这种方式可以被方便地称作"依赖效果"。①

至于消费者是否可能产生"自发的消费需求"以及其他非依赖的积极的反应，加尔布雷思基本予以否认。因为，他的任务并非真正是为了研究消费者与生产者的互动关系，而是为了陈述生产者支配的存在及其带来的种种恶果，诸如创造人为的消费者需求、制造危险的消费债务，从而引导经济的不确定性和不安全性，以及私人生产与公共服务的不平衡等，并由此力证国家干预的必要性。

与米塞斯相似，加尔布雷思最后同样离开了消费者与生产者关系研究，而将研究的中心转移至市场与国家关系的研究，从而最终陷入是选择"经济配置"还是采取"政治配置"——包括是要更多的个人自由还是要维护更多的社会民主②这样的价值判断。我们并不否认制度-意识形态论战在学术与政治中的不可分割的意义。但是，这一偏向③对于本书研究的志趣，

---

① ［美］约翰·加尔布雷思：《富裕社会》，赵勇、周定瑛、舒小昀译，江苏人民出版社 2009年版，第 129 页。

② 所谓"政治配置"主要是主张通过民主制下的社会再分配机制保护那些受经济不安全性威胁最多的工人、农民等弱势群体（［美］约翰·加尔布雷思：《富裕社会》，赵勇、周定瑛、舒小昀译，江苏人民出版社 2009 年版，第 8 章）。

③ 我们或许有理由将这种偏向制度层次的关系研究——它们本来就没有自称是关系研究——称为"虚假的关系研究"。

即试图从消费者与生产者互动关系的角度理解生产组织方式的转变，从而可能从行动-组织的层次上理解经济增长或经济发展模式的转变，则无疑是一种遗憾。

我们假设消费者与生产者互动关系的改变，是可能影响生产的组织方式的选择与转变的。我们注意到，米塞斯曾经指出："消费者每花一文钱，对于一切生产程序的方向和生产活动的组织，都会发生影响。"[①]可惜他并没有循着这一条路径追究下去。继凡勃伦[②]、伯利(Adolf A. Berle)和米恩斯(Gardiner C. Means)[③]之后，加尔布雷思在其《新工业国：企业经营者如何左右经济与政治大局》中重新探讨了大公司中的权力结构的变迁，即公司的控制权正在从所有人(股东)手中转移到职业经理人手中，并且认为这一转变除了改变企业经营目标和更可能偏离市场法则之外，就是进一步伤害消费者的至高主权。[④]加尔布雷思从未考虑从消费者与生产者的互动关系出发，研究生产的组织方式的改变。原因或许在于，在他看来，消费者与生产者之间除了支配与被支配的关系之外，并无其他值得关注的互动关系与过程。

我们的立场有所不同。我们认为消费者与生产者之间(单方面)的权力关系只是其互动关系的一种形态。要理解消费者与生产者之间的各种关系形态，需要对他们之间的一般的互动关系及其过程进行观察与分析。为此，我们提出一个基本的假设，即消费者与生产者在大多数情况下都处于依赖-互动的状态，所不同的只是相互依赖的程度和互动的方式。这一假设将有助于改变主权论的绝对的权力观，即要么是消费者处于主权者地位，要么是生产者处于绝对控制者地位。我们的观点是，无论消费者还是生产者都有实施权力的可能，只不过权力实施的方式和效果有不同，因而控制地位有差别。

真正需要深入探究的是影响或决定消费者和生产者相互依赖的程度(或

---

①　[美]路德维希·米塞斯：《人的行为》上卷，夏道平译，远流出版事业股份有限公司1991年版，第367页。

②　[美]托斯丹·凡勃伦：《企业论》，蔡受百译，商务印书馆2012年版。

③　[美]阿道夫·伯利、加德纳·米恩斯：《现代公司与私有财产》，甘华鸣、罗锐韧、蔡如海译，商务印书馆2005年版。

④　[美]约翰·加尔布雷思(高伯瑞)：《新工业国：企业经营者如何左右经济与政治大局》，谭天译，智库股份有限公司1997年版。

者说它们之间依赖的相互性及其程度)和互动方式的那些关键性的力量。我们假设需求、资源和互动策略等三个因素在其中发挥着最为重要的作用。在第四章,我们将具体给出由这三个因素构成的消费者与生产者关系的类型图式。如果说需求的结构——必需品需求与非必需品需求的比例——及其变动,以及可支配资源的结构——个别性资源和关系性资源的比值——及其变动,构成消费者与生产者关系建构的基本条件,那么,互动策略则是一个依据需求、资源做出的选择性的动态的过程。

作为双方策略互动的结果,生产的组织方式会呈现出三种主要的形态或模式:生产者控制、消费者控制和生产者-消费者联合控制。这三种模式在现实世界中都存在,只是在不同的时代,其主流的生产控制模式有所不同。基本的判断是:在前消费社会,是(精英)消费者控制;在消费社会或曰消费社会早期(其与工业社会相交织),是生产者控制;而在后消费社会或消费社会晚期,则主要是生产者-消费者联合控制。那么,导致这一转变的基本力量是什么呢?要追溯这一力量,就需要先回到历史,看看消费社会是如何形成与演进的。

第 三 章

消费社会的演进：需求-关系的视角

> 消费社会宛如被围困的、富饶而又受威胁的耶路撒冷。
> 其意识形态就生产于此。
>
> ——让·鲍德里亚*

消费者与生产者相互依赖-互动的判断，可以通过观察和分析一个作为长期演进过程的实践逻辑——消费社会演进的基本轨迹——而得以证实。我们相信，"消费社会"如同"工业社会"或"市场社会"等概念，都既是一种客观的实在，又是一种主观的建构，即它同样是我们为更好地认知现实而复杂的社会世界而做的一种韦伯式的"理想类型"分析。并且，学术活动已经进步，我们必须同时考虑不同理想类型之间的关联，而不是简单地固守一种理想类型，或者用一种理想类型去反对或替代另一种理想类型。

由此，我们判断，消费社会演进的基本轨迹是，它是在与工业社会的交叉与相互促进中不断演化的①，且表现为三个基本阶段。第一阶段，消费社会的起源。消费社会起源于前工业社会，并且对工业社会的成长起着重要的(即

---

* [法]让·鲍德里亚：《消费社会》，刘成富、全志钢译，南京大学出版社 2008 年版，第13页。

① 这意味着，消费社会既非与工业社会并行，亦非全然是工业社会之后的另一个社会阶段。

使不是关键性的)推动作用。[①]第二阶段，消费社会的兴盛。消费社会兴盛于工业社会，在这一时期，工业社会对消费社会起着巨大的促进作用。第三阶段，消费社会的转型，即后消费社会的兴起。在这一阶段，消费社会反过来支撑着工业社会的更新改造。那么，是什么力量在引导消费社会在与工业社会交叉与相互促进中不断演进呢？笔者的观点是，从一开始消费社会就同时存在着两个相互作用的力量，即消费者需求和消费者与生产者关系的转变。

本章，我们将首先通过重审消费社会的概念，预设推动消费社会演进的两个基本力量，同时也是审视消费社会演进的两个视角，即需求结构和消费者与生产者关系的转变。然后，我们将依此需求-关系的视角，具体考察和分析消费社会演化的三个阶段及其呈现出的三个基本轨迹：①消费者需求遵循从必需品需求到他人导向的非必需品需求，再到自我导向的非必需品需求的演变；②消费者与生产者的关系遵循从一体到分离，再到相互依赖或依存的变迁；③伴随这一变迁而发生的主导性生产模式的转换，即从消费者控制到生产者控制，再到消费者-生产者联合控制的转变。

第一节　重审消费社会

"消费社会"(consumer society)是由谁最先提出的，尚需考证。[②]不过，

---

① 这方面有著名的韦伯与桑巴特之争，尽管他们不是在"消费社会的起源"而是在"资本主义的起源"的名义下展开争论的([德]马克斯·韦伯：《新教伦理与资本主义精神》，于晓、陈维钢译，生活·读书·新知三联书店1987年版；[德]维尔纳·桑巴特：《奢侈与资本主义》，王燕平、侯小河译，上海人民出版社2000年版)。

② 第二次世界大战之前，新的消费现象就已在欧美广受瞩目。例如，在1939年，英国已经有人注意到社会生活中出现的新消费现象，并将其描述为一种"消费经济"。在20世纪20年代末和30年代初，美国出现了一个新的消费者保护运动，达美隆(Kenneth Dameron)将其称为"消费运动"。第二次世界大战以后，"消费社会"这样的称谓已经呼之欲出。1958年加尔布雷思发表了《富裕社会》；1960年美国经济史学家罗斯托(Walt W. Rostow)出版了《经济成长的阶段：非共产党宣言》。几乎同时，1959年夏季，美国社会学家丹尼尔·贝尔(Daniel Bell)在奥地利的一次学术讨论会上首次使用"后工业社会"的名称，提出了他对未来社会的设想，其后，在1962年和1967年又撰写了《后工业社会：推测1985年及以后的美国》和《关

社会学界一般认为，这一概念是经由法国社会学家鲍德里亚的阐发而得以广泛使用的。在 1970 年发表的同名著作《消费社会》中，他系统地阐述了消费社会的特点及其产生的原因和后果。虽然鲍德里亚从来没有给"消费社会"下定义，但是我们还是能从他阐述的诸多消费社会的特点(包括一些模棱两可的描述)中概括出这一社会的最根本性的特性，即它是围绕着符号消费及其消费者地位竞争而组织起来的。

一、鲍德里亚的立场

很大程度上，我们可以把鲍德里亚的《消费社会》看成是他对加尔布雷思的《富裕社会》的一个既肯定又批评的回应。与加尔布雷思不同，鲍德里亚从不关注消费社会中可能存在的私人产品与公共服务的生产不均的社会平衡问题，尽管后者也对消费社会中不可消除的等级现象抱持批评。而与加尔布雷思一致的是，鲍德里亚在《消费社会》中几乎重述了生产者主权理论。首先，鲍德里亚将富裕社会条件下的消费者的需求定义为对物的"符号价值"的追求：

> 人们从来不消费物的本身(使用价值)——人们总是把物(从广义的角度)用来当作能够突出你的符号，或让你加入视为理想的团体，或参考一个地位更高的团体来摆脱本团体。[①]

我们相信，几乎所有的消费物都可以根据其使用的目的而具有不同的价值：当它作为占有者本人消费的对象时，它具有使用价值；当它作为交易者转让的物品时，它具有交换价值；而当它作为占用者与他人开展地位竞争时，它就具有了一种象征性地位的符号价值。一般而言，使用价值与交换价值是不可以并存的。占有者要取得某消费物的交换价值，就必须放弃它的使用价

于后工业社会的札记，乃至 1973 年出版了《后工业社会的来临——对社会预测的一项探索》这一代表作。虽然他们没有使用"消费社会"的概念，但相关问题已开始被讨论了。有关消费社会这一概念来源的探讨，可参见张卫良：《20 世纪西方社会关于"消费社会"的讨论》，《国外社会科学》2005 年第 5 期，第 34—40 页。

① [法]让·鲍德里亚：《消费社会》，刘成富、全志钢译，南京大学出版社 2008 年版，第 41 页。

值。然而，使用价值与符号价值却是可以相容的。占用者可以通过对某种消费物的消费同时获取其使用价值与符号价值。重要的是，不同消费物其使用价值与符号价值的比值是不一样的。必需品的使用价值通常大于其符号价值，相反，奢侈品的符号价值则大于其使用价值。鲍德里亚的问题是夸大了消费物中的使用价值与符号价值之间的断裂，即将富裕社会或消费社会中的消费视为完全转变为对符号价值的追求："现在，我们已经看到当代物品的'真相'再也不在于它的用途，而在于指涉，它再也不被当作工具，而被当作符号来操纵。"①

其次，鲍德里亚将消费者需求的这一转变视为生产者蓄意的、系统性的支配即"符号操纵"的结果。与加尔布雷思同样，鲍德里亚强调了大众传媒和广告在符号操纵中的中坚性的作用："广告加剧了消耗：去除商品的使用价值，去除它的时间价值，使它屈从于时尚价值并加速更新。"②在他看来，生产者正是通过构建和控制消费的"欲望逻辑"，而使消费者的个人需求转变为"生产范畴的需求"，并最终使消费从属于生产秩序。鲍德里亚认为，与原始社会中的个体或集体的炫耀消费相似，以时尚为目的的耗费无异于"浪费式消费"。不同点是，现在"浪费式消费已经变成一种日常义务，一种类似于间接赋税的通常无形的强制性指令、一种对经济秩序束缚的不自觉的参与"②。

最后，笔者相信鲍德里亚最低限度地表达了消费者具有一种能动性，即他们存在着一种地位性的需求,而通过符号消费恰恰可以令其开展地位竞争，从而生产和再生产出其所需要的社会等级或特权。③正如鲍德里亚所说的，"我们承认需求从来都不是对某一物品的需求而是对差异的'需求'（对社会意义的欲望），那么我们就会理解永远都不会有圆满的满足，因而也不会有需求的

---

① ［法］让·鲍德里亚：《消费社会》，刘成富、全志钢译，南京大学出版社2008年版，第108页。

② ［法］让·鲍德里亚：《消费社会》，刘成富、全志钢译，南京大学出版社2008年版，第26页。

③ 如果这一判断正确，那么鲍德里亚就可能面临一种理论不一致的质疑，即他在讨论消费者需求的形成时假定消费者已经失去其自主性，而在讨论消费者竞争时则假定消费者都会顽固地追求或维护其意愿中的地位和特权。

确定性"①。承认人们对"差异"的需求或地位性需求是永无止息的，是否意味着鲍德里亚也同时认可消费者的需求具有某种内在的稳定性与自主性呢？这可能只是我们的一种期许。事实上，鲍德里亚更愿意将消费者的地位性需求视为一种"对社会意义的欲望"：它是由生产者通过具体的"符号操纵"即广告媒介而激发产生的；尽管它是一种人为的需求，但由其引导的消费则加速了消费者之间的等级性关系的生产或再生产。

> 广告的窍门和战略性价值就在于此：通过他人来激起每个人对物化社会的神话产生欲望。它从不与单个人说话，而是在区分性的关系中瞄准他，好似要捕获其"深层的"动机。它的行为方式总是富有戏剧性的，也就是说，它总是在阅读和解释过程中，在创建过程中，把亲近的人、团体以及整个等级社会召唤到一起。②

可见，鲍德里亚的消费社会理论是建立在两个最基本的假设基础之上的。一是消费者的需求是外生的，即主要是受生产者操纵和建构的。二是消费者与生产者之间的关系是单向的，即只存在着生产者对消费者的控制，而不存在消费者对生产者的影响。

总结一下我们对鲍德里亚关于消费社会的符号价值论立场的概述。鲍德里亚把消费社会看成是一个围绕着符号消费而组织起来的意义与关系的体系。符号价值已成为消费者新的需求，也成为消费者的一种目的或意义，然而，这一新的需求却不是消费者自发形成的，而是由生产者按照自己的需要和根据符号法则创造的。③消费者只能适应生产者所制定的生产秩序，并且其消费的结果又恰好生产出了维持这一秩序所需要的社会等级。

---

① ［法］让·鲍德里亚：《消费社会》，刘成富、全志钢译，南京大学出版社 2008 年版，第 59 页。

② ［法］让·鲍德里亚：《消费社会》，刘成富、全志钢译，南京大学出版社 2008 年版，第 45 页。

③ 鲍德里亚只是因为厌恶生产者对人的消费目标的这种控制，而引用大卫·里斯曼（David Riesman）的话将其称为"无目的的渴望"（［法］让·鲍德里亚：《消费社会》，刘成富、全志钢译，南京大学出版社 2008 年版，第 59 页）。

二、构建需求-关系的视角

社会学界对鲍德里亚的消费社会理论有着高度的评价。不过，在笔者看来，它在总体上并没有超出加尔布雷思在《富裕社会》中所奠定的生产者主权的立场。这一立场是由两个隐含的假定——无论是加尔布雷思还是鲍德里亚，都没有对其做过明确的表述——所支撑的：一是假定消费者有关地位性需求或非必需品需求是外生的，即它主要是受生产者操控和建构的；二是假定消费者与生产者之间的关系是单向的，即存在着生产者对消费者的绝对的控制，而不存在消费者对生产者的可能的影响。表面上这两个假定是逻辑一致的：消费者需求的外生性，决定了生产者控制的可能性；生产者的单边控制，又决定了消费者需求的外生依赖的命运。然而，这一逻辑却可能是虚构的和不符合事实的。

我们的看法是，消费者的需求结构——正如人的动机结构——不可能是在没有行动者的主观能动性包括认知和选择的条件下生成的。并且，其需求结构尤其是有关必需品需求和非必需品需求的生成可能在人类文明之初就已经奠定了其结构性的基础。例如，当人类在生产之余学会休闲、娱乐和彼此进行精神交流时，就已经发生了最初的非必需品的需求与供给的活动。凡勃伦有关非生产业务与有闲阶级的研究颇具说服力。[①]他将有闲阶级的产生追溯到人类从野蛮部落发展到未开化阶段而出现的生产业务与非生产业务的分化上。业务分化，尤其是政治、战争、宗教、信仰和运动比赛这些非生产业务产生并归上层阶级掌握，显示了在这一阶段(未开化的较高阶段)劳动生产率的发展已经超出了团体中必需品的供应，从而可能支持诸多非必需品的生产与供应，只不过非必需品的需求与供应从一开始就掌握在了少数上层阶级手中。之后的发展，无非是非生产业务或我们所说的非必需品生产与消费经历的不同形态的变化。依照凡勃伦的研究，我们推断，构成当代消费者最重要的需求结构——必需品需求和非必需品需求——并不是在当代生成的，更不是由大型的生产企业透过现代广告

---

① [美]托斯丹·凡勃伦：《有闲阶级论——关于制度的经济研究》，蔡受百译，商务印书馆 1964 年版。

媒介一手创造的。当然，这完全不意味着我们否定大型生产企业在促使消费者需求结构的"不同形态的变化"上起着重要的作用。只是我们不能忽视需求演变的"路径依赖发展"，更不能让消费者在其过程中失去主体性和能动性。

因此，我们的立场与鲍德里亚和加尔布雷思有很大不同。我们假定（第一个假定）：消费者自始至终都存在着一个完整且稳定的需求结构，即既有必需品的需求亦有非必需品的需求；消费者能够在这一结构框架中根据自身的愿望、条件以及他人的期待做出其（主观上）较为合理的需求满足次序的选择与安排。例如，在一般条件下消费者通常会面临是选择优先满足必需品需求，还是选择为了优先满足某些非必需品需求而压缩或牺牲其必需品需求。①显然，消费者的这类结构性的选择是普遍的，并且对生产者会产生重大的影响。我们在第四章将详细考察和分析消费者的这类选择策略所给予生产者的影响。我们将其定位为一种共时性研究。在该研究中，我们同样会看到生产者反过来会力图影响和支持消费者的消费意愿的改变，从而使其做出有利于生产的需求满足次序的新安排。

总之，透过假定消费者需求结构的历史起源及其稳定性，才能证伪消费者需求的生产者建构论，也才能构建并证实我们的第二个假定：消费者和生产者始终是处于相互性（相互影响）的关系状态的；只不过，因为互动双方所拥有的条件和愿望不同，而呈现出不同的关系状态。在本章，我们想优先透过一种历时性的研究，以说明特定条件下消费者的需求与在这一条件下消费者和生产者之间的关系状态的某种关联。笔者将其视为一种需求-关系的视角。这一视角与鲍德里亚研究消费社会的符号-价值的立场有很大不同。鲍德里亚将研究的中心放在了生产者如何构建一种符号消费及其带来的关系生产的后果。在其研究中，消费者的需求完全失去了应有的力量，而关系的生产也局限了消费者之间的地位竞争及生产者对消费者的单方面的控制。这一研究倾向在加尔布雷思那里就已非常突出。在鲍德里亚

---

① 现实生活中，人们选择"压缩必需品需求，以提高非必需品需求"的例子，从储蓄买房到卖肾买 iPhone，不胜枚举。

之后，这一倾向则几乎统治了整个消费社会学的研究。①消费者要么被视为从属于生产者，要么被视为只懂得与其他消费者竞争。消费者与生产者之间的相互性或互动性关系消失了。然而，这只是被以往的研究者所持的观念所遮蔽罢了。

三、消费社会演进：图式与断代

我们的任务就是力图还原消费社会演化过程中的消费者与生产者之间关系的变动。这需要我们从单纯的消费领域走入生产-消费相结合的领域及从当下走入长期的中西方历史过程，以找寻有关需求-关系可能的知识脉络。为便于读者把握，我们在此简略勾画一幅下文即将详细考察与分析的构成全球(中西方)消费社会演化过程的三个阶段的进路图(图 3-1)。

第一个阶段：前消费社会时期。这一时期的早期，消费者大多以必需品需求作为其主导需求，消费者和生产者处于一体或合一的关系状态，因而，消费者处于实际的生产控制的地位。而在其晚期，随着他人导向的——以他人期待和认同为目的——非必需品需求逐渐在精英阶层兴起，在局部的非必需品生产和消费领域，消费者与生产者开始有限分离，即精英消费者不再从事生产但却始终控制着其所需要的消费品的生产，并且诱导着中下层消费者对其消费的模仿。

---

① 消费社会学主要关注消费社会所带来的作为消费主义的"生活方式"的改变([英]齐格蒙特·鲍曼：《立法者与阐释者》，洪涛译，上海人民出版社 2000 年版；[英]齐格蒙特·鲍曼：《工作、消费、新穷人》，仇子明、李兰译，吉林出版集团有限责任公司 2010 年版；[英]迈克·费瑟斯通：《消费文化与后现代主义》，刘精明译，译林出版社 2000 年版；[日]三浦展：《下流社会——一个新社会阶层的出现》，戴铮译，文汇出版社 2007 年版)，或者消费者之间的"权力的转移"，即从精英消费向大众消费的转变(Bourdieu P, *Distinction: A Social Critique of the Judgement of Taste*, Cambridge: Harvard University Press, 1984；赵卫华：《地位与消费——当代中国社会各阶层消费状况研究》，社会科学文献出版社 2007 年版)。因而其研究范围大多局限于消费和消费者([法]尼古拉·埃尔潘：《消费社会学》，孙沛东译，社会科学文献出版社 2005 年版)。至于消费与生产以及消费者与生产者之间的关系则被视为超出了社会学研究的范畴而予以拒绝。

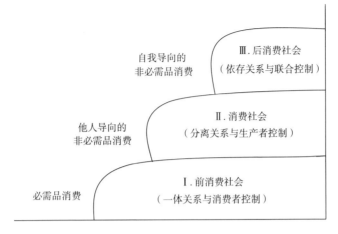

图 3-1 消费社会演进的三个阶段

第二个阶段：消费社会早-中期。这一阶段，消费大众普遍以他人导向的非必需品需求为主导需求，消费者与生产者处于分离的关系状态。与前消费社会晚期不同的是，生产者大多不仅摆脱了精英消费者的控制，而且反过来成为消费大众的控制者。不过，任何绝对的控制都不可能。由技术引导的生产者之间的竞争，决定着无组织的消费者力量的不断增强与集聚。

第三个阶段：消费社会晚期或后消费社会时期。这一时期，消费大众出现分化并大规模转向自我导向的——以本体性安全和自我实现为目的——非必需品需求，消费者与生产者回归相互依存，即生产者开始从过去对消费者的单边控制，转变为寻求与消费者联合的双边控制。

为便于分析，我们还要对消费社会进行一个基本的界定，即将其指定为那些消费大众已普遍进入非必需品消费的社会。如果我们肯定社会总消费是由必需品消费和非必需品消费两部分构成的，那么理论上就可以把非必需品消费在社会总消费中的比重超过必需品消费在社会总消费中的比重的那一点，视为一个国家进入消费社会的起始点。这样的测量是可能的，但是目前会遇到一个技术上的障碍，即如何区分必需品消费和非必需品消费的边界。因为，在任何时代，必需品和非必需品的划分都具有相对性和"流动性"。在非必需品消费增长的同时，必需品也在扩大，其中许多是过去的非必需品"下流"转变为必需品。

　　当然，这一困难并不妨碍我们依据这一标准对全球不同社会进入消费社会的历程进行粗略的判断，即如同大多数学者的判断一样，我们将工业社会兴盛之后即20世纪以降尤其是第二次世界大战之后的西方国家视为真正进入了消费社会，因为只有出现大规模的工业生产才能造就普遍进入非必需品消费的消费大众。同样，我们将经历改革开放之后也即20世纪90年代之后的中国，视为总体上进入了消费社会，尽管其水平尚低且地区间不平等显著。

　　确定了消费社会的基本标准和断代，我们才可以定义前消费社会，即将其定义为那些尚未出现消费大众，也即消费者尚未大规模进入非必需品消费的社会。按照这一标准，工业社会兴盛之前的中西方社会都属于前消费社会，而不论它们所经历的历史时间有多长、在人类文明的其他进程方面有多不同。当然，前消费社会并非一成不变。恰恰相反，正是它内在的变迁，孕育了新的社会时代即消费社会的最终诞生。

第二节　前消费社会：合一性生产体制的转变

一、有限资源与需求控制

　　前消费社会的一个重要特征在于其普通民众之日常消费大多限于必需品的范围之内。这并不是说那时在民众的需求结构中只有必需品需求而没有非必需品需求。如前所述，我们假设人类的双重需求结构即必需品和非必需品需求，是伴随着人类文明的兴起而塑造形成的。只不过在原始和古代社会，限于有限的资源和生产能力，人们往往要通过文化和生产体制对其消费需求进行控制，即将日常消费控制在必需品范围，而将非必需品消费限定于少数礼仪或仪式性的场合。

　　人类学研究提供了诸多证据。例如，弗朗兹·博厄斯（Franz Boas）描述了美洲西北太平洋沿岸夸丘特尔印第安人（Kwakiutl Indians）的夸富宴。[①]在夸

---

① Boas F, "The Indians of British Columbia", *The Popular Science Monthly*, Vol. 32, 1888, pp. 229-243.

富宴仪式中，主人除了举办盛大的宴会外，还会展现他所积蓄的财富，甚至会大量毁坏它们，或者将其慷慨地馈赠给来宾。夸富宴看似浪费，但却符合夸丘特尔印第安人对这种特定消费——实质上的非必需品消费——的文化认同，即它追求的不是物质消费本身，而是非物质的声望和社会地位。同样，费孝通在 20 世纪 30 年代的一个早已进入"较先进文化"（马林诺夫斯基语）的中国苏南农村即开弦弓村，看到了地方性文化对村民"消费的数量和类型的控制"：

> 节俭是受到鼓励的。人们认为随意扔掉未用尽的任何东西会触犯天老爷，他的代表是灶神。例如，不许浪费米粒。甚至米饭已变质发酸时，全家人还要尽量把饭吃完。衣物可由数代人穿用，直到穿坏为止……但在婚丧礼仪的场合，节俭思想就烟消云散了。人们认为婚丧礼仪中的开支并不是个人的消费，而是履行社会义务。孝子必须为父母提供最好的棺材和坟墓。父母应尽力为女儿的婚礼准备最好的彩礼与嫁妆，在可能的条件下，摆设最丰盛的宴席。[①]

诚然，文化承担了消费控制的作用："文化提供了各种手段来获取消费物资，但同时也规定并限制了人们的要求。它承认在一定范围内的要求是适当的和必要的，超出了这个范围的要求是浪费和奢侈。"[②]然而，值得深究的是，文化何以承担将非必需品消费限定在特殊场合而不是整个日常生活的角色与作用呢？如果说文化是社会为达到某一共同的目的而达成的一种约定，那么，文化对必需品与非必需品消费安排的控制也应当有某种特定的意涵或功能。

可能的解释是，文化是一种资源配置的工具。在前消费社会阶段，人们所能动员和利用的资源有限，需要最大限度地将其配置到最为重要的必需品的生产中去。必需品生产与消费关乎安东尼·吉登斯（Anthony Giddens）所说

---

① 费孝通：《江村经济》，戴可景译，江苏人民出版社 1986 年版，第 84—85 页。
② 费孝通：《江村经济》，戴可景译，江苏人民出版社 1986 年版，第 84 页。

的社会成员的"本体性安全"①，而文化担当了限定消费的数量与类型的职能，也即通过特定的观念、礼仪的规定抑制非必需品消费的数量与范围，以保证整个社会将有限的资源尽可能多地用于必需品的生产与消费。夸丘特尔印第安人将炫耀性消费设定于夸富宴仪式是如此，开弦弓村村民将奢侈性消费局限于礼仪开支同样如此。而在西方社会，基督教虽然历经变革——包括 16 世纪的新教改革，但其苦行禁欲教义从未改变。这是否反映了日益世俗化的宗教也仍然秉持着一种理性和保守的态度，即可以肯定人们投身获取利益的世俗工作，但任何时候都要预防社会将有限的资源过度配置到非必需品生产与消费所带来的系统性的风险。

与文化软约束相比，前消费社会中的生产与消费合一的生产体制对消费的控制更具硬约束的特性。在前消费社会尤其是农业社会时期，土地是最稀缺、最重要的资源。土地私有制，更确切地说，小规模土地私人占有，最易造就那种主要为自家消费而生产的小农或自耕农生产体制。在此，我们将其视为一种生产与消费合一的生产体制，并且假设这种生产体制之所以在前消费社会普遍存在，正是因为其有助于人们将有限的土地资源最大限度地配置到必需品的生产与消费中去。因为，在这种生产体制下，生产者与消费者是一体的：作为消费者，他能够通过控制生产(包括生产什么、生产多少及如何生产)使其能够直接满足家庭成员的各类需求；而作为生产者(当然，也作为家长)，他能够根据其实际拥有的土地及其他资源的数量来限定和规划其家庭成员消费需求的数量和类型。

黄宗智曾将华北地区不同阶层的农户区分为两类：一类是贫穷的依赖家庭劳力的小农场或家庭农场；另一类是富裕的经营式的和使用雇佣劳力的大农场。②比较而言，小农场或家庭农场更符合我们所说的那种将生产限定在必需品生产与消费，也即生产与消费合一的生产体制。在该体制下，一方面消费者因为拥有土地所有权，而使其能够控制生产；另一方面，生产者因为占有的土地及其他资源数量有限，而决定了只能将其资源优先用于必需品的生产。例如，家庭农场会选择种植那些最适宜的农作物，并且尽可能多地投入

---

① [英]安东尼·吉登斯：《现代性的后果》，田禾译，译林出版社 2000 年版。
② [美]黄宗智：《华北的小农经济与社会变迁》，中华书局 1986 年版，第 6 页。

劳力以提高其总产量。家庭人口的增加会刺激劳力的集约化（单位面积中更多劳力的投入），然而，正如黄宗智及其他学者所发现的，在生产技术不变以及缺乏"机会成本"（其他的就业可能）的情况下，持续的劳力投入导致的却是一种不合理的结果，即单位劳动的边际报酬递减。

在生计的压力下，这类农场在单位面积上投入的劳力，远比使用雇佣劳力的大农场为多。这种劳力集约化的程度可以远远超过边际报酬递减的地步。蔡雅诺夫指出，革命前俄国农业中曾存在过这种现象。克利福德·吉尔茨（今多译作"克利福德·格尔茨"——引者注）给爪哇水稻农作中这种集约化到边际报酬收缩的现象，冠以一个特别的名称："农业内卷化"[①]。本书（即《华北的小农经济与社会变迁》——引者注）将证实人口压力常使冀-鲁西北平原贫农农场劳力的边际报酬，降至雇佣劳动工资和家庭生计需要之下。[②]

在黄宗智看来，面对人口压力，依赖家庭劳力的家庭农场比使用雇佣劳力的大农场更少适应性。大农场能够通过调节雇佣劳力的数量来适应家庭的需要甚至市场的变化（它的生产许多部分已经商品化）。然而，小农场却无法作此调整："面积太小的家庭农场，无法解雇多余的劳力；面对剩余劳力的存在和劳力的不能充分使用而无能为力。"[②]结果，为了养活更多的人口而不得不选择将剩余劳力尽可能多地投入在既有的土地面积上以求更多的产出，致使单位劳力投入的边际报酬在不断缩减。可见，家庭农场能够保证一种安全的也即优先满足家庭基本需要的生产。也就是说，生产和消费合一的生产体制能够保证其生产处于资源所有者、生产者和消费者的一体性的控制之下，从而使其能够将有限的生产资源配置到其最为重要（适应其生存需要）的必需品生产中。然而，正如"农业内卷化"效应所表明的，生产与消费合一的生产体制却不能突破生产资源数量的限制，从而也难以增加其必需品和非必需

---

① 有关"农业内卷化"（agricultural involution）概念，参见 Geertz C, *Agricultural Involution: The Processes of Ecological Change in Indonesia*, Berkeley: University of California Press, 1963.

② ［美］黄宗智：《华北的小农经济与社会变迁》，中华书局 1986 年版，第 6 页。

品生产的能力。换言之，它无法应对人口增长与土地短缺之间的矛盾。

二、两种转移配置

正因为如此，封闭的和依赖家庭劳力的家庭农场这种合一性的生产体制不能不进行某种适应性的变革。根据已有的研究，可以肯定，家庭农场内部是能够产生两种旨在解决这一矛盾的变革的，这就是剩余劳力的内、外部转移配置。两种转移配置的结果都将转变生产和消费合一的生产体制，这一转变也将开启工业社会和消费社会的序幕。

第一种转移配置，是在行业内转移配置剩余劳力，即将家庭农场中的剩余劳力转变为大农场中的雇佣劳力。当一些家庭农场中劳力边际报酬发生递减(通常也是这些家庭濒临贫穷)时，他们就可能将剩余劳力转让给那些土地多而劳力不足的其他家庭农场。后者就成为黄宗智所说的"使用雇佣劳力的大农场"。较大而富裕的农场，其生产大多已不局限于必需品范畴，而是为了获得更多非必需品的生产和消费。当然，绝大多数非必需品都不可能由大农场自我生产来获得，而是需要通过专业化生产和市场交易来间接获得满足，这就决定了大农场的生产方式的转变，即由过去为自家消费而生产转变为现在主要为他人(市场)消费而生产。以盈利为目的和以市场需求为导向的经营式大农场由此诞生。

经营式大农场的出现，意味着生产与消费合一的生产体制的转变。也就是说，在这一生产体制下生产者与消费者都开始分离。生产者不再能够按照自家的消费需要——没有谁比自己更懂得自家的消费需要了——而是必须了解和适应他人即市场需求进行生产。这意味着生产者将其传统上拥有的某些生产的控制权，例如生产什么、生产多少、如何生产等决策间接转让给了市场即其他消费者。原来的家庭农场内的具体的和个别的消费者/生产者(他们是一体的)控制，转变为了市场中抽象的和大众的消费者控制。正是这种来自市场的消费者控制，创造了一个大众市场，从而反过来支持着经营式大农场及之后不断出现的经营式大工业企业的出现。可见，在农业社会(作为前消费社会的高级阶段)出现经营式大农场具有重要意义。

诚然，经营式大农场的维持需要剩余劳力的持续供给，而这同样取决于它们之间供需的均衡。一方面，经营式大农场雇佣多少剩余劳力及给付的报酬，取决于这些劳力所可能带来的利润的高低；另一方面，雇佣劳力的报酬不能低于那些剩余劳力在自家农场生产所可能获得的边际报酬。低于这一报酬，剩余劳力将停止其劳力的转移，或者可能迫使其转移到自家农场的非农经营中去。一旦作为双方力量均衡的雇佣劳力的报酬形成，它又能为区域范围内所有农业劳力建立起一个统一的农业劳动的机会成本的标准。根据这一标准，即可判断其在自家土地上的劳力投入在多大范围内是有效的，超出这个范围则是无效的和必须转移的。

第二种转移配置，是向行业外转移剩余劳力，即将家庭农场中从事农业生产的剩余劳力转移配置到具有经营性的家庭手工业的生产与经营中。在中国农业社会，传统的为满足自家生产与消费需要的家庭手工业是普遍存在的。以费孝通的江村调查为例，他曾这样描述农户中手工技艺的作用：

> 缝纫、做鞋、碾磨等工作，是各户自己劳动的普通工作。比较粗糙的木工、竹工和泥水匠的工作不需非常专门的知识和技巧，所用工具在大多数住家中都自备。现代抽水机尚未被广泛使用，主要在紧急时用。生孩子也不一定需要专家的帮助……除了现代抽水机操作者外，也许只有理发匠、和尚、庙宇看守人和合作丝厂的职工的工作比较专业化，农民自己不能兼任。
>
> 此外，人们不一定都要村里供应他们所需的物品或依赖这个村里的人来解决他们生活服务的问题。质量较好的木器、竹器或铁器可以在城镇里买到。甚至于有一次理发匠对我抱怨说，村民逐渐倾向于到镇里去剃头了。有丧事时，人们往往到远处庙宇去请和尚。妇女难产时不能信托村里的接生婆来接生。①

这些文字说明：①家庭农场或一般农户都存在着具有副业和自给自足性质的家庭手工业；②当家庭手工业不能胜任自家的日常生活需求时，才向本

---

① 费孝通：《江村经济》，戴可景译，江苏人民出版社 1986 年版，第 100 页。

村或外村较专门的商人和手艺人进行购买，由此，也在村庄内形成了最初级的市场；③农民除了日常生活需求之外，还有在特殊场合下的消费也即某种非必需品的需求。当村级商人和手艺人难以提供这类特殊场合下的消费需求时，农民会通过向城镇中拥有更专门技艺的手艺人购买较优质的产品或服务来获得满足。

值得深究的是，城镇中那些更具专门技艺的手艺人从何而来，为何不同技艺的手艺人会有城乡不同的分布。按照费孝通的描述，"所有住在村里的外来人都是商人和手艺人，他们实际上占这个群体总人数的三分之一"。外来人大多拥有"一些新的手工艺"，并且"由于技术知识通常是通过亲属关系传授的，本地人不易很快地吸收这种知识"[①]。笔者理解，外来人在村子里能以某种新职业谋生，是因为其职业所提供的手艺——其具有技艺较独特且产品或服务品质较一般的特征——既能与本地农民或手艺人自有的手艺相区别，又能以较低廉的成本和供给价格赢得小规模的也即村庄范围内的市场需求。假如手艺人——无论他是本地人还是外地人——的技艺独特且产品或服务品质优良，那么其生产成本和供给价格也会较高，而村子里支付得起的村民有限，因此，他们只能在更大规模也即在城镇包括周边村庄市场范围内寻求其生存与发展的机会。这就是具有专门技艺的手艺人集中于城镇，而周边村民需要购买他们的较独特和较优质的产品或服务时便只能去城镇中心市场的原因。

关于城镇中的手艺人的来源与构成，费孝通未能提供相关的资料。不过，笔者猜测，城镇中的外地手艺人占这个群体的比重可能比在村子里还要高。原因一是外地手艺人更能够带来与本地手艺人不同的新手艺；二是按照费孝通的观察，本地人对从事手工艺职业仍然存在一种较低的认同："即使师傅可以公开传授手艺，但那些有条件让孩子们种地的父母仍愿意让他们种地。"[①]这或许与中国古代形成的重农轻工商的文化传统有关。当然，人口增长和土地短缺仍然会迫使本地和外地那些较贫穷的农户将其"多余"的孩子(剩余劳力)转移到某一经营性手工业行业中去。如果他拜师学习的是一种较专门的和品质较高的新手艺，那么，他通常就只能在城镇中谋生

---

① 费孝通：《江村经济》，戴可景译，江苏人民出版社1986年版，第100页。

与发展了。经营性手工业的出现，同样意味着一种新的生产体制即生产与消费分离的体制的建立。当手工业者从为自家生产或消费服务转变成为他人需要或者市场需求时，其生产的直接目标就已经不是消费而是盈利。以盈利为目的的生产恰恰是工业社会的特征。

至此，我们可以对来自家庭农场内部的两种转移配置所带来的后果给出基本的判断。第一种后果是保守性的，即两种剩余劳力的转移配置都在一定程度上抑制或缓解家庭农场伴随人口增加而陷入的"农业内卷化"的困境，但其不能也不意在对家庭农场原有的农业生产合一性的生产体制及其劳力配置进行变革。为自家消费而生产的家庭农场因而成为前消费社会转向工业社会和消费社会的一种保守的组织与力量。第二种后果则是革命性的，即两种转移配置都共同促进了迈向工业社会与消费社会的两种力量——大众消费与大众生产——的萌芽与初始成长。

大众消费，意味着一个社会中的普通消费者已将非必需品消费作为其日常的和主导性的消费。按照西方社会的经验，大众消费是非必需品消费从精英消费者向普通消费者或消费大众不断扩散的过程。大众消费扩散的过程也即大众市场的形成过程，而大众市场的形成乃是工业社会和消费社会成长中来自需求方的力量。另一个与之相对的来自供给方的力量则是大众生产。大众生产，意味着在大众消费或大众市场的刺激下，生产者已经开始面向消费大众的非必需品消费进行生产。当非必需品消费成为消费大众的日常消费需求时，面向他人消费而进行的生产也会从小规模的手工业生产向大规模的和标准化的大工业生产转变。此时，工业社会和消费社会也就降临了。

按照这一逻辑，我们有理由相信，上述农业社会也即前工业社会和前消费社会中发生于家庭农场的剩余劳力的两种转移配置恰恰是其转向工业社会和消费社会的一个入口。首先，第一种转移配置，即在行业内转移配置剩余劳力，不仅促进了一种新的农业生产体制即生产与消费基本分离的经营式大农场的发展，而且，更值得注意的是，这一转移配置以及经营式大农场的发展又可能支持一个新兴的富裕消费者阶层即地主阶级的成长与壮大。以非必需品消费作为日常消费的阶层的壮大，是大众消费市场建立的重要力量，因而也是工业社会和消费社会诞生的重要力量。其次，第二种转移配置，即向行业外转移剩余劳力所引致的经营性手工业的出现与发展则更具有革命性：一方面，与经营式大农场的出现一样，它标志着一种生产体制的转型，即从家庭农场这种生产与消费合一的生产体制，转变为经营性手工业这一生产与消费相分离的生产体制；另一方面，手艺人从作为副业的家庭农场中独立出来成为市场化和专业化的职业，将可能引导社会以前所未有的规模开展针对新兴的富裕消费者阶层的非必需品的生产供应。总之，两种转移配置的结果是产生了两种可促进前消费社会转型为工业社会和消费社会的关键性力量，即新兴消费者阶层的出现以及为满足这一阶层的非必需品消费而进行独立生产的经营性手工业的成长。

三、起点之后：中西比较

依照上述分析，近代中国(20 世纪 30 年代)因为存在着新兴消费者阶层和经营性手工业，而使其处于了从农业社会和前消费社会向工业社会和消费社会转变的一个发展的起点。然而，从这一起点出发，未来是否会必然朝向实现这一转变的方向发展呢？当我们把眼光向后回溯中国更久远的历史时，我们不得不对这一展望有所质疑了。因为，尽管有限但已知的资料已经足以让笔者相信，我们从近代中国看到的两种关键性的发展力量，即以地主阶级为核心的新兴消费者阶层的出现和作为其生产供给的经营性手工业的兴起，其实在古代中国尤其是在明清时期早已存在。如果这一判断确实，那么，我们所发现的发展的起点则应该不是在近代而是在前近代，甚至是在古代。这样，问题便可能转变为：为何中国早已出现了某种发展的起点，但却没有真正步入转型发展呢？换言之，中国为何会"起个大早，赶个晚集"呢？

笔者的判断是，在中国古代和近代，一方面，新兴消费者阶层的规模、稳定性(地位的稳固性)和扩张速度都非常有限，并不足以支持一个能引发转型发展的大众市场的形成；另一方面，经营性手工业的成长也受到诸多的限制(下面将详述)，而始终未能转型成长为一种引发大规模生产的工业革命的力量。两种力量各有限制，然后相互牵制，结果造成中国迟迟未能从前消费社会转型为工业社会和消费社会。

诚然，中国古代并不缺乏精英消费者阶层，以及为这一阶层提供特定服务的生产者阶层，只不过这两个阶层的消费与生产活动都局限于上流社会，其规模有限且具有极大的封闭性，因而不能有效刺激和促进中下层社会中消费与生产的市场化与社会化。古代中国精英消费者阶层，主要由最上层的皇室、王公贵族等世袭统治集团，以及次上层的官僚、士人等士大夫阶层组成。最上层统治集团，可以凭借政治权力攫取大量的资源，并且通过制定如下三种专供制度，以保证其集团家族对非必需品尤其是奢侈品的日常消费需要。

(1)强制贡纳。除了属国的朝贡——作为其臣服于宗主国的象征——更常规的贡纳是来自本国各地方的名、特、优产品的进献。贡纳制度是否会有助于地方经营性手工业的成长，尚需考证。历史文献记载更多的则是，强制贡纳会导致百姓不堪重负而奋起反抗。例如，"北宋末年，宋徽宗从朱勔之议，设立苏杭应奉局，命两浙百姓岁贡奇花异木和太湖石供自己玩赏，称为'花石纲'.不堪花石纲盘剥的浙江民众在方腊的领导下举行了起义,被童贯镇压。宋钦宗即位，罢花石纲，诛杀朱勔以平民愤"①。

(2)官方采购、督造。中央王朝会直接或间接(作为地方贡赋)采购其所需的各种物质，包括皇室和王公贵族所需要的各种消费品尤其是各种奢侈品。以瓷器为例，《新唐书·地理志五》记载，越州会稽郡的土贡就包括瓷器。为保证所采购物品的质量，唐宋时期普遍"设官监窑"。两宋时期，官方采购更采取由中央设立窑务、地方官员受命督造的强制定制的方式，并且严禁民间仿效生产。

　　官方督造已经渗透到瓷器制造的各个环节，例如在钧窑发掘的各式瓷器底部都标记有明确的尺寸、大小、规格，目的在于官方采购严格按照标准化进行，以便宫廷配套使用。另外，瓷器的样式、形制，也完全由官方颁发"官样"，以满足宫廷需要："宣和中，禁庭制样须索，益加工巧"。

　　而最重要的是，这些受命烧造的窑厂，已经完全被垄断为官方采购进行生产。唐末和吴越国的贡窑生产，在完成了政府采购订单之后，还可以从事自主生产，产品流向市场；而宋代开始，窑厂一旦"受诏命烧

---

① 维基百科："中华朝贡体系"，https://zh.wikipedia.org/zh-hans/中华朝贡体系。

造"成为官窑,则其产品就不能再流向市场,例如汝窑所生产的天青釉,钧窑所生产的钧红窑变釉,原先都是民窑产品,但是被官方指定为采购品之后就成为"宫中禁烧",不得在民间流传,其目的就是为了维护皇室用器的尊严,不得僭越。[①]

(3)官办作坊。为了更有效地排他性供应皇家消费需要,官方还具资设立直接隶属于中央的官府作坊。例如,北宋时期的汴京官窑和南宋的修内司、郊坛下官窑,其生产都是由宫廷中专门设立工场,由宫中的捏塑待诏等艺学设计官样,从民间雇匠,由兵卒承担力役进行烧造。而这些官窑的产品大多是礼器和祭器,专供皇家使用。元明清各朝官用瓷器大多由各地官府窑厂烧造、统一办理。

更登峰造极的是,明清两朝官窑生产中还独树一帜地创立了御器厂(清代改称御窑厂),专门为皇家生产御用瓷器,而且派遣内室中官专门管辖,所生产的瓷器也必须悉数送往皇家使用,不仅不能外流,也要和上述官窑生产的"官用"瓷器加以区分。《明史》和《明实录》中都有记载:"西南有景德镇,宣德(明宣宗年号)初,置御器厂于此。""江西饶州府,浙江处州府,见派内官在彼地烧造瓷器。诏书到日,除已烧造完者悉数起解……差遣官员,即便回京,违者罪之。"宣德年间曾有一位叫张善的内官受上命监造瓷器,但"所造御用器,多以分馈其同列,事闻,上命斩于都市"。可见御用瓷器是绝对专属皇家使用,任何僭越都是重罪。[①]

当然,官办作坊并不限于官用或御用瓷器。唐宋明各朝都有各种官办手工业。清朝养心殿造办处——其内分不同的"作""处""房""厂""馆"——就专责制作、修缮、存储帝后及宫廷需用的各项器物。例如,金玉作、匣裱作、油木作、盔头作、鞍甲作、铜镀作、舆图处、做钟处、炮枪

① 中国网:《烧成专供帝王家》,2014年11月5日,http://finance.china.com.cn/roll/20141105/2773230.shtml/。

处、灯裁处、铸炉处、舆图房、玻璃厂、如意馆等等。养心殿造办处在康熙、雍正、乾隆年间达到鼎盛，乾隆年间更是达到高峰。作为御用作坊，养心殿造办处可以购置最好的材料，例如，木材便有紫檀木、黄花梨木、鸡翅木、铁梨木、乌木、红木、花梨木、金丝楠木等珍稀品种，辅助材料则可取优质的藤、棕、鱼鳔、蜂蜡、金、银、白铜、宝石、玉石、螺钿等等。更主要的是，它能够集中全国最优秀的工匠进行设计、制作。另外，从《钦定总管内务府现行则例·造办处卷》《造办处活计库各作成做活计档》等文献中可见，养心殿造办处的许多家具均是在皇帝亲自授意及修改、参与下设计并制作的。清代包括家具在内的许多精品器物，都出自养心殿造办处。[①]

从上述专供制度演变的简述中，我们可以归纳出一个关键性论题：中国古代最上层统治集团凭借其政治权力而建立的消费品专供制度，是一种封闭性和排他性的非必需品消费制度。这一制度使少数政治精英得以满足当时最高水平的非必需品即"极奢品"的消费需求，同时又保证这一消费限制在统治集团的范围内，从而使其能够发挥鲍德里亚所强调的作为一种标识社会等级和证明其优越感的符号区分的作用。[②]

当然，统治集团的消费封闭与排他并非是绝对的，因为存在着一个其统治的代理人阶层即由官僚和其作为预备群体组成的所谓士大夫阶层，统治集团的政治权力需要得到士大夫阶层的支持，其消费特权也需要得到后者的认可，因此，最上层统治阶级的专供制度中便不能不允许作为次上层的统治代理者阶层分享其部分非必需品及其特权。例如，明代初年，朝廷就曾制定与品级身份相对应的严格的乘轿礼制，目的"乃刻意利用乘轿之特权，来塑造少数官僚阶层的优越性，以彰显其身份地位"[③]。不过，明中叶以降，由官

---

① 例如清代家具中的精品，几乎全都在这一时期制作，比如紫檀荷叶荷花纹大宝座（《明式家具珍赏》第 59 件）、紫檀四开光坐墩（《中国美术全集·竹木牙雕卷》第 135 件）、四开光香草纹坐墩（《中国美术全集·竹木牙雕卷》第 133 件）、黑漆描金靠背（《中国美术全集·竹木牙雕卷》第 140 件）、紫檀嵌桦木大云头靠背扶手椅（《中国美术全集·竹木牙雕卷》第 148 件）、紫檀嵌剔红靠背宝座（《中国美术全集·竹木牙雕卷》第 157 件）（维基百科："养心殿造办处"，https://zh.wikipedia.org/zh-cn/养心殿造办处）。

② ［法］让·鲍德里亚：《消费社会》，刘成富、全志钢译，南京大学出版社 2008 年版。

③ 巫仁恕：《品味奢华——晚明的消费社会与士大夫》，联经出版事业股份有限公司 2007 年版，第 20 页。

方规定的乘轿的等级差异已被其他中下层阶级的仿效行为——"皆僭乘轿子"[①]——日益频繁地打破了。

明中叶以后发生在中下层阶级特别是富裕的新兴消费者阶层中的僭越消费行为，不胜枚举。[①]但是，首先，新兴消费者阶层——由地主、商人、匠人和其他专业人士以及绅士等民间富裕阶层组成——的经济地位和收益却不稳固。一是在"家产制"(借用韦伯的术语)统治下，他们的财产和经营活动并不能得到法律的有效保护。二是地主的收益来源(即地租)会受多种不确定性因素(如农业收成、税收、佃农的交租意识等)的制约而具有不稳定性。其次，富裕的新兴消费者阶层的确有通过模仿统治阶级和士大夫阶层的消费方式以提升自己的社会地位的需求，但是上层阶级的符号区隔与排他性又决定了这种模仿是僭越的和不具有合法性的，甚至会招致惩罚。总之，明代以降的新兴消费者阶层的模仿消费并不足以引导产生出一个有效的大众化市场。中国古代最上层统治阶级的奢侈品消费的示范作用是有限的，其对社会生产的刺激作用应该更小。由此，可以判断，中国古代最上层统治阶级的奢侈品消费，并没有通过示范-扩散的机制过程，促进消费的大众化，而这却是西方在发展的起点进一步促进工业社会和消费社会来临的重要力量。

按照维尔纳·桑巴特(Werner Sombart)的研究，13～18世纪，欧洲发展了一种几乎完全以铺张浪费原则为基础的高度世俗化的文化。[②]这种文化是13、14世纪从封建关系和殖民贸易中产生的大额财富的积累开始的。然而，更关键的是，15世纪在意大利、法国等国家的宫廷中兴起了一种完全以铺张浪费为原则的消费方式。首先，奢侈性消费方式的兴起被认为与肇始于宫廷和贵族社会中的"爱情的世俗化"直接相关，不过，其本质上被视为是人类追求感官快乐和性快乐的产物。

　　　　所有的个人奢侈都是从纯粹的感官快乐中生发的。任何使眼、耳、

---

① 巫仁恕:《品味奢华——晚明的消费社会与士大夫》,联经出版事业股份有限公司2007年版。

② [德]维尔纳·桑巴特:《奢侈与资本主义》,王燕平、侯小河译,上海人民出版社2000年版。

鼻、舌、身愉悦的东西都趋向于在日常用品中找到更加完美的表现形式。而且恰恰是在这些物品上的消费构成了奢侈。归根到底，可以看到，我们的性生活正是要求精制和增加感官刺激的手段的根源，这是因为感官的快乐和性快乐在本质上是相同的。不容置疑，推动任何类型奢侈发展的根本原因，几乎都可在有意识地或无意识地起作用的性冲动中找到。①

其次，这一方式通过加入到宫廷消费中的旧贵族的示范以及新近致富的城市资产阶级(商人和资本主义企业家)的效仿(包括与旧贵族的联姻)而逐渐扩散到了整个社会。新富人对奢侈消费的追逐被归结于其"野心和享乐"两个动因：

> 激发暴富的店主和势利小人(除非他是守财奴，我们可以在别的地方看到他在这方面的作用)追求奢侈的因素，一方面是蒙昧无知的人除了从生活中得到诸如大量享乐品提供的那种纯粹的物质快乐外，别无所能；另一方面是急切想跻身于有教养社会的愿望。野心和享乐，这两个刺激奢侈需求的因素一起推动着新贵的奢侈需求。②

最后，新兴暴发户们对奢侈品的巨大需求，被认为创造了一种"新市场"，从而有力推动了诸如糖、咖啡、茶、织锦、瓷器、珠宝、家具、马车、地毯、高档成衣和制鞋等奢侈品行业的海外贸易和/或地方性加工业的大规模的扩张，以及伴随而来的为国家和商业提供贷款的信贷银行的成长。现代资本主义由此被桑巴特认为诞生于奢侈消费，正如其最后断言的："奢侈，它本身是

---

① [德]维尔纳·桑巴特：《奢侈与资本主义》，王燕平、侯小河译，上海人民出版社2000年版，第81页。

② [德]维尔纳·桑巴特：《奢侈与资本主义》，王燕平、侯小河译，上海人民出版社2000年版，第104—105页。

非法情爱的一个嫡出的孩子，是它生出了资本主义。"①

　　桑巴特开启了从特定的消费需求的角度，准确地说，是从奢侈品需求增长的角度——它被桑巴特自称为采用的是一种"历史实证方法"②——探讨现代资本主义起源的先河。这与同一时期韦伯从文化与生产关联的角度——作为一种发生学研究——对资本主义起源的社会学因果关系进行研究有很大不同。③不过，在韦伯晚年对资本主义演变所做的历史/发展学研究中，他已在很大程度上肯定了桑巴特的需求为取向的研究，即承认奢侈品需求的扩散，尤其是源于16世纪法国宫廷和贵族的"奢侈品的大众化"，对于资本主义生产的兴起具有"决定性的作用"④。

　　　　就宫廷和贵族的奢侈品需求来说，法国变成了典型的国家。在16世纪时，法王直接或间接用于奢侈品的款项一度曾年达1000万利弗尔。王室和社会上最上层的开支对于不少种工业都是一种强有力的刺激。除巧克力和咖啡之类的享受物品外，最重要的品种是刺绣(16世纪)、麻织品(17世纪)、为处理这些东西而发展出来的熨斗(17世纪)、长筒袜(16世纪)、伞(17世纪)、靛蓝染色(16世纪)、帐幔(17世纪)和地毯(18世纪)。就需求而言，最后两种是奢侈品工业中最重要的，它们说明了奢侈品的大众化，它

---

　　①［德］维尔纳·桑巴特：《奢侈与资本主义》，王燕平、侯小河译，上海人民出版社2000年版，第215页。

　　②［德］维尔纳·桑巴特：《奢侈与资本主义》，王燕平、侯小河译，上海人民出版社2000年版，第156页。

　　③［德］马克斯·韦伯：《新教伦理与资本主义精神》，于晓、陈维钢译，生活·读书·新知三联书店1987年版。

　　④ 其实，桑巴特也是将其奢侈与资本主义的研究定位于资本主义兴起阶段的："这些讨论将揭示资本主义初期阶段结束之前，奢侈对它的决定性影响……奢侈曾从许多方面推动过现代资本主义的发展。比如，贵族的财产主要以债务的形式转移到资产阶级手中，在这一过程中，奢侈扮演着重要的角色。然而，在这种联系中，我们唯一感兴趣的是奢侈创造市场的功能。"(［德］维尔纳·桑巴特：《奢侈与资本主义》，王燕平、侯小河译，上海人民出版社2000年版，第154—155页)

对资本主义生产趋势起着决定性的作用。[①]

这说明，西方资本主义经历了一个需求创造生产的革命性的过程。[②]首先是最上层统治者的奢侈性消费创造了所谓"需求的大众化"。一方面，最上层统治阶级的开放性及其在道德上对奢侈性消费的认可，构成了其奢侈性消费的示范性和可模仿性。另一方面，旧贵族的衰落、新兴中产阶级的兴起，以及他们地位的竞争与联盟，使得奢侈品消费的大众化也即非必需品消费的社会普及过程得以开展。其次，需求的大众化创造了某种程度的大众市场，并且刺激了一种模仿性的和更大规模的奢侈品工业生产。为宫廷消费服务的手工业生产因此过渡到为大众市场需求服务的资本主义工业生产。这正如韦伯所言：

> 走向资本主义的决定性作用，只能出自一个来源，即广大群众的市场需求，这种需求只能通过需求的大众化，尤其是遵循生产上层阶级奢侈品的代用品的路线，而出现于一小部分奢侈品工业中。这种现象是以价格竞争为特征，而为宫廷进行生产的奢侈品工业则遵循质量竞争的手工业原则。[③]

比较而言，中国古代王朝中的宫廷消费——其奢华程度不逊于任何古代和中世纪的欧洲宫廷消费——既没有透过需求的大众化创造出某种大众市场，更没有刺激出以大众市场需求为导向和以价格竞争为原则的资本主义生

---

① ［德］马克斯·韦伯：《经济通史》，姚曾廙译，上海三联书店 2006 年版，第 194 页。

② 格兰特·麦克拉肯（Grant McCracken）指出，欧洲消费行为第一个重要的变化出现在伊丽莎白一世时期的英国（16 世纪末）。那时女王为了集权而时常召集贵族们举办盛大的庆典仪式，一边大加赏赐，展示其威武的统治，一边要贵族们为这些奢侈的聚会买单。贵族们为了赢得在女王面前的面子与荣耀，则彼此开展斗富竞争。于是一种不同于 patina（一种象征家底和祖上荣耀的消费物或消费方式）的另一种名为 fashion 的消费方式（一种既炫耀也容易为他人模仿和超越的消费）诞生了（McCracken G, *Culture and Consumption: New Approaches to the Symbolic Character of Consumer Goods and Activities*, Bloomington: Indiana University Press, 1988.）。

③ ［德］马克斯·韦伯：《经济通史》，姚曾廙译，上海三联书店 2006 年版，第 195 页。

产。中国的宫廷消费是封闭性的和排他性的，它的生产和供应同样是通过垄断的也即主要是通过贡赋、官方采购和官办作坊等途径实现的。无疑，专供制度下的生产遵循的是韦伯所言的"质量竞争的手工业原则"，而非"以价格竞争为特征"的资本主义的生产原则。①

此外，前已言之，中国古代城市中不乏来自家庭农场之剩余劳力的转移配置而形成的经营式手工业。但是，其生产服务的对象并非是最上层统治阶级而是新兴的消费者阶层以及可能更主要的是城乡一般居民，后者在日常生活中也会有偶然的特殊场合的非必需品需求。这两部分消费者所构成的大众市场其需求的质量和规模都未能刺激这些民间手工业普遍的规模化生产与发展。诚然，阻碍民间手工业成长的原因还有：中国古代城市民间手工业既因为民众固守重农轻工商的观念而导致缺乏人才②；也因为缺少像西方古代和中世纪城市行会那样的自治性而要么缺少组织，要么仍然难以克服主要由政治权力干预而致的种种不确定性③，因而其生产组织扩张的能力是极为有限的。

---

① 韦伯也曾对此有过清晰的判断："在中国和印度，宫廷奢华的程度是欧洲向所未闻的，然而并没有从中产生出任何对于资本主义或资本主义工业有意义深远的刺激。其所以如此是因为这种需求是通过强制贡纳而以经理制的方法安排的。"（［德］马克斯·韦伯：《经济通史》，姚曾廙译，上海三联书店 2006 年版，第 194 页）

② 中国古代以来始终存在的重农轻工商的文化观念，阻止了社会精英转入工商业界。正如费孝通所观察的，除非贫穷，否则村民并不愿意离开土地从事手工业职业（费孝通：《江村经济》，戴可景译，江苏人民出版社 1986 年版）。在缺乏文化"拉动"的状况下，中国人从事手工业主要是受到作为一种克服"农业内卷化"的方法即所谓剩余劳力转移配置的"推动"的结果，而非基于对该职业的社会地位的认同，或者基于对某种手工技艺纯粹的热爱。所有这一切都导致将从事的手工业活动作为不得已的临时的或短期的经济活动，基于这样的心态是难以全力投入以开发精湛技艺和发展合理的劳动组织。相比之下，西方却不存在这样的障碍。韦伯曾把"渴求创造发明"而非"如何降低生产成本"作为西方前工业社会中发明家或手工匠人的一种普遍的观念和动力："……如果对资本主义时期以前最伟大的发明家利奥纳多·达·芬奇——就创始于艺术领域而不是科学领域的试验而言——的创造发明加以研究，我们就看出他所孜孜不倦的并不是要降低生产成本，而是要把技术问题加以合理地掌握。"（［德］马克斯·韦伯：《经济通史》，姚曾廙译，上海三联书店 2006 年版，第 195—196 页）

③ 按照韦伯的见解，中国古代城市中的工商业者没有西方中世纪城市行会所有的那种"自由"和"自治"。尤其是，公共权力采取"礼治"的方式，中国工商业没有一种"公认的、正规的、牢固可靠的法律基础"，从而使得任何一种工商业活动都充满了不确定性与风险（［德］马克斯·韦伯：《儒教与道教》，王容芳译，商务印书馆 1995 年版，第 58—59、64 页）。

他们所能提供的产品或服务未必能满足城乡居民尤其是较富裕的新兴消费者阶层的某些特殊的例如由模仿上层阶级的消费而产生的较高品质的需求。

到了近代，新兴消费者阶层及一般城乡居民在特殊场合下的消费，已经主要由外国输入的产品和服务或者是由外资或内资兴办的本国现代工业企业生产的产品或服务所供应了。本国传统的手工业并没有在技术和组织结构方面发生革命性的变革而内源性地转化为现代工业企业。而那些残存的为宫廷消费服务的官办作坊更不可能自主性地过渡为市场需求尤其是为新兴的消费者阶层进行生产和服务。

第三节　消费社会：市场化与生产者控制

消费社会不是社会突生而是演进积累的产物。准确地说，它诞生于漫长的前消费社会逐步孕育成长的"需求创造生产"的过程，即，一方面最上层阶级的奢侈消费的向下扩散最终导致了"需求的大众化"，另一方面经营性手工业的兴起又适应和支持了大众市场需求的不断扩展。需求与生产的变革及其相互促进，构成了人类从前消费社会向消费社会转型的基本力量。我们将其视为近代之前中国和西方共同存在的一种发展的起点。

然而，一个事实是，在达到发展的起点之后，只有西方得以继续前行——中国则基本处于原地踏步的状态——从而率先在18世纪中叶进入工业社会，由此催生出消费社会，并在20世纪50～60年代达到其标准化的状态，即大众消费(非必需品消费成为大众消费者的日常消费)与生产者主权(即生产者控制)并存。那么，西方何以能实现这一转型发展的飞跃？西方国家自上而下的"需求的大众化"进程——包括上层社会的奢侈性消费的示范以及中下层社会对其进行模仿的双向过程——较少宏观制度-文化的限制，无疑是一个重要的条件。不过，在此笔者更想强调的是，在需求发生变革时，西方国家的生产组织方式也在发生适时的转变，即经营性手工业日益成长和转型为一种独立的面向大众消费的市场化的生产组织。来自生产领域的变革即企业的市场化，才是西方率先实现从前消费社会转型发展为消费社会的最根本的力量。

一、企业市场化

我们将"企业市场化"理解为各种准现代企业朝向独立的、为市场需求而生产的方向转型的过程。这一过程同时包括生产者从各种与经济和非经济力量相联系的"消费者控制"中摆脱出来，以及使其生产臣服于市场需求，这样两种不同方向的运动。并且，从更高层次上看，这一过程也意味着在前消费社会中占主导地位的生产与消费合一的生产体制，彻底转变为在消费社会占主导地位的生产与消费分离的生产体制。

诚然，在前消费社会例如农业社会中存在着不同类型的生产体系。占主导地位的莫过于自耕农或家庭农场这种生产与消费高度合一的生产体制。在这一生产体制中，生产是为了满足生产者自家消费的需要。有限的资源决定了其日常家庭消费主要为必需品消费需求。而为保证其有限资源能够配置到最为重要的(关乎生存的)必需品生产中去，生产以及其他(分配、消费等)经济活动的控制权都掌握在既是生产者也是家长的消费者手中。总之，我们有理由把家庭农场这一合一性生产体制中的生产视为一种"消费者控制"。

相比之下，前消费社会中的其他三种生产体制即大农场、经营性手工业及官办作坊，则处于不同程度的生产与消费分离的生产体制中。如果生产与消费分离的程度可以用其商品化率——出售产品占全部生产产品的比重——来表达与衡量，那么我们就有理由相信，在这三种分离性生产体制中，经营性手工业的分离程度最高，大农场其次，官办作坊最低。

经营性手工业——作为一种从家庭农场中脱离出来的生产组织——未必最早但却最大限度地走向了为市场需求而生产的道路，而这决定了其将全部或部分生产的控制权转让给了市场消费者。生产控制权转让的程度，可能视其与消费者相互依赖的程度而定。生产者愈是依赖消费者，其生产控制权让渡的愈多；反之则让渡愈少。所以，我们常常可以看到，那些技艺精湛、独特的手艺人比工艺一般的工匠们更能够在市场中保持其卖方的地位和生产的控制权。当然，技艺高超的手艺人往往也会吸引那些拥有极大经济和政治资源的精英消费者的青睐，从而受制于他们所施加的各种非经济强制。

使用雇佣劳力的大农场其生产体制具有混合性：一类生产是为满足自家消费的需要，它天然地需要将生产控制在作为家庭首脑的消费者手中；另一类生产则是为了满足市场消费的需要，因此它需要将这一部分的生产控制权即生产什么、生产多少和如何生产让渡给市场消费者。后一种生产占全部生产的比重——即所谓商品化率——决定了大农场生产体制的分离性程度。一般而言，那些占有土地多、使用雇佣劳力多的农场比那些占有土地少、使用雇佣劳力少的农场分离性程度更高。而且，从理论上说，分离性程度愈高，其货币化收益愈高，就愈会促使其放弃第一类生产，甚至通过购置更多的土地开展第二类生产，而这意味着大农场走向完全经营式的市场化生产。当然，这一转型除了需要有一个较稳定的大众化的农产品消费市场之外，还在很大程度上取决于一个社会的土地所有权制度是否能对农场的市场化经营予以激励。

根据费孝通的研究，中国东部农村大多存在着一种田底所有权和田面所有权可以分割处置的土地所有权结构。①任何人都可以在农村购置土地，但大多可能仅仅限于土地在法律上的所有权即田底所有权，土地的实际使用权即田面所有权仍然保留在佃农手中。佃农有义务向地主即拥有田底所有权者缴纳地租，同时他也有权利将其拥有的田面所有权转让给其他佃农。这样，购地地主并不能实际使用土地，除了有权征收地租，他并不拥有土地生产的控制权。而在分成制下，拥有土地生产控制权的佃农，对土地的市场化生产经营的兴趣，可能远远低于其考虑如何在与地主谈判中降低租金的冲动。而这对地主而言，显然增加了其土地投资的风险。这就是中国大农场难以转变为更大规模的市场化经营,而只是衍生出一批具有土地投资(实则作为一种金融投机)性质的不在地主阶级的原因。

官办作坊，作为王朝官方凭借其政治权力建立的一种高度封闭的生产体制，其生产除了满足国家政治和军事上的特殊需要之外，就主要是为了满足上层统治阶级对奢侈品消费的需要。这一生产目的决定了官办作坊必然是

---

① 费孝通：《江村经济》，戴可景译，江苏人民出版社 1986 年版，第 11 章。

一种生产与消费相分离的生产体制，并且也决定了作为统治精英的消费者对这一体制中的生产采取最为严格的控制。前述中国宋、明、清三代都十分盛行的官办作坊尤其是御用作坊即是例证。家产制下的统治阶级能够凭借其几乎无限的权力来满足其对奢侈品消费的需求，同时，反过来他们也需要通过这种消费来表达其特殊的地位与权力。为此，他们必须将其奢侈性的消费限制在统治阶级的范围之内，并且严禁其他中下层阶级的消费与生产的模仿。

结果，上层统治阶级的保守封闭性造就了两种阻碍中国朝向转型发展方向演进的力量。一方面，法律规定非统治阶级不得僭越身份进行消费，既阻碍了最上层阶级的奢侈消费的下流与扩散，也窒息了来自下层社会的消费方式对上层社会消费的可能的竞争与影响，从而减缓了中国古代至近代的"需求大众化"进程。另一方面，将社会最优质的资源尤其是拥有最佳技艺的手工业者强制性地配置到一个封闭的生产体制中，并且既限定他们的自由创造，又不容许其将新的生产技艺传播扩散到其他生产体制例如民间经营式手工作坊中，因而，尽管官办作坊可以制造出当时最为优质的手工艺品，但有理由相信，其在总体上妨碍了中国古代手工业技艺的进步与发展。①

西方国家的社会演进却幸免了上述中国式困境。在中世纪的欧洲，王公或领主大多通过两种途径来供应自己的需要：一是依靠自己的庄园工业来自我生产。在庄园里，领主或地主可以利用那些具有依附性的手艺人或农民（他们可能是外来人或者是保有地不足的本地农民）为其需要而进行生产。二是利用在农村或在城市中的那些为市场而进行专业化生产的手艺人。这些手艺人既有附属于领主或商人的"非自由的劳动者"（奴隶劳动力），也有"自由的劳动者"。随着农民地位的提高、市场的扩大，尤其是城市获得独立与取得市场特许权，后一种建立在城市自由手艺人基础上的手工业在 12 和 13 世纪有

---

① 也许每一位参观过中国城市博物馆和民俗馆的人都会产生这样的疑惑：为何博物馆展出的文物大多精美异常，而各类民俗馆中陈列的物品大多"粗劣不堪"？现在笔者相信可以有一个初步的答案了，即古代中国存在着一个内部分割的手工业系统：高品质的手工业为上层统治阶级所控制并为之服务；低品质的手工业则为下层阶级所有并为之提供服务，两者之间横亘着一道难以逾越的鸿沟。

了迅速发展。

> 皇帝为奠定"城市空气使人自由"的原则，格外赐给城市以特权。他昭告全国，任何一个人，不论是来自哪里或哪一个阶级，一旦定居于城市，就属于城市。城市的公民权一部分就是这样得来的。在市民之中有一部分是贵族，一部分是商人，还有一部分是独立的熟练手艺人……自由手艺人……他们都是为顾客进行生产，并且原来都是以订货方式进行的；至于他们究竟是作为雇佣劳动者还是逐渐变为计件劳动者，就要看市场条件而定了。①

城市手工业和贸易的发展(包括他们征收的地租的货币化)为王公、领主们的奢侈性消费提供更多的选择，这促使他们更多地采用市场定制的方式来供应自己的需要。而这些上层阶级的奢侈性消费的扩散所引起的"需求的大众化"又反过来支持了城市经营式手工业的成长。奢侈品需求的大众化所创造的大众市场对于手工业的规模化成长具有重要作用。正如韦伯指出的，"要想从这种情况(指依附于帝王的作坊式生产——引者注)过渡到为顾客和为市场而进行生产，就必须有一批具有购买力的消费者来吸收产品；也就是说交换经济必须有一定程度的发展"②。同样，桑巴特早已指出欧洲国家上层阶级的奢侈需求对其产业发展的促进作用："我只提及这些宫廷的奢侈需求中一个特别值得注意的方面：瓷器。18世纪初，欧洲已经能制造瓷器。王侯们对瓷器的喜好带动了对瓷器的狂热需求，特别是在王侯们大量订货的促动下，为欧洲工业中最大规模的行业之一奠立了基础。"③而这些都基于西方一个独特的事实：上层阶级奢侈性需求的扩散所创造的巨大的市场需求，以及其通过市场化定制而满足其需求的方式，都有力地刺激了民间手工业的市场化与规模化的发展。而在古代和前近代中国却相反，上层阶级的奢

---

① ［德］马克斯·韦伯：《经济通史》，姚曾廙译，上海三联书店2006年版，第83—84页。

② ［德］马克斯·韦伯：《经济通史》，姚曾廙译，上海三联书店2006年版，第79页。

③ ［德］维尔纳·桑巴特：《奢侈与资本主义》，王燕平、侯小河译，上海人民出版社2000年版，第102页。

侈性消费主要是通过封闭性的官办作坊生产供给的，它基本无助于民间手工业的发展。

需求的大众化，或者说市场需求的扩张，刺激了那些自由的手艺人走上了为盈利而进行规模化生产的资本主义发展的道路。市场需求的增长为规模化生产创造了条件，不过，要使手工业者能够适应这一外部条件的变化，还必须转变其生产方式，即从主要为少数精英消费者而生产，转变成为大众消费者而生产。为此，手工业者必须从少数精英消费者控制中解放出来。这构成了17～18世纪西方企业市场化的重要进程。正是这一进程拉开了18世纪中叶的工业革命，也即大众生产和大众消费的序幕。

诚然，一方面，由上层富裕阶级构成的精英消费者的定制，对于促进民间经营性手工业的成长起到了非常重要的作用。首先，它提高了手艺人生产与经营的合法性及其经济社会地位。自由的手艺人尽管有其合法的身份，甚至如果其隶属于某一城市行会则会有来自该行会组织的保护，但是如果能受其服务的王公贵族的庇护，则会有更多的市场地位和社会声誉。其次，它鼓励了手艺人的专业化技艺和生产水平的成长。精英消费者有着对奢侈品消费品质的近乎苛刻和不计成本的追求，这在物质利益上激励了手艺人对精良技艺的追求（降低了追求技艺甚至发明创造的风险），并且使那些能够适应这些高品质需求的手工作坊脱颖而出，并成为其他工匠仿效的对象。① 桑巴特曾经描述了这样一幅欧洲早期奢侈品生产示范-扩散的生产图景。

　　那些采用资本主义组织形式的部分手工业门类都生产奢侈品……在早期资本主义阶段，手工业大都发生了分化：高质量的精美商品从工匠生产的普通粗糙的商品中脱颖而出，并形成自己的企业。当这些企业显示出资本主义的特征时，工匠们却仍然在不断生产普通商品，直到资本

---

① 甚至改变了那些老的手工业行业中流行的懒散的作风。用韦伯的话说，即产生了一种由"经济理性主义"替代"传统主义"的心态的转变（[德]马克斯·韦伯：《新教伦理与资本主义精神》，于晓、陈维钢译，生活·读书·新知三联书店1987年版）。

主义组织已完全占领该领域的今天，它才退出历史舞台。①

　　但是，另一方面，精英消费者的定制也带来了所谓精英消费者的控制，从而禁锢了经营式手工业向现代资本主义企业进一步的转型发展。我们可以总结一下由定制带来的消费者控制及其后果，它包括：①自定产品式样、规格，限制手艺人独立设计和开发。精英消费者为追求消费品的精致与品位，大多要求手艺人重新设计或按照自己的设计进行生产。这使得手艺人失去了独立设计和开发其他消费者潜在需求的机会。②自备原材料，直接或间接地阻碍手艺人之独立经营。精英消费者为监督手艺人生产的品质，大多会要求手艺人上门服务，并且提供其生产所需的场地及各种价格昂贵的原材料，结果，手艺人可能沦为只简单出卖劳动力的工资收入者而非独立的经营者。②③小范围定制的生产方式，不利于技术发明和合理经营。只为少数消费者定制生产，其规模不经济与手艺人对降低成本、提高经济效益的方法包括"渴求技术发明"的追求存在着显著的矛盾。韦伯对此曾有洞见："在17世纪，有了为降低同成本相对而言的价格而使技术和经济关系合理化的倾向，从这种倾向之中产生了一个渴求创造发明的浪潮。这个时期的所有发明家服从于如何降低生产成本这个目标；永恒运动作为能源这个观念只不过是这个十分普遍的运动的许许多多目标之一。"③④按照桑巴特的研究，这一时期赊销体制也已不适应经济环境的变化。精英消费者"要求最精致的商品、最完善的服务"。但是，随着王公贵族的衰落及在经济不景气的年代，"这些追求时尚的顾客从不支付现金，甚至根本就不付钱……结果，由于赊销体制大大降低了资本周转速度，使经营奢侈品的商人被迫不断地聚集大

---

　　① ［德］维尔纳·桑巴特：《奢侈与资本主义》，王燕平、侯小河译，上海人民出版社2000年版，第197页。

　　② "……现代工厂的真正突出的特征一般并不是所使用的劳动工具，而是劳动场所、劳动手段、动力来源和原料的所有权一并集中在同一个人之手，也就是集中在企业家手里。在18世纪以前，这种所有权的合并是非常罕见的。"（［德］马克斯·韦伯：《经济通史》，姚曾廙译，上海三联书店2006年版，第190页）

　　③ ［德］马克斯·韦伯：《经济通史》，姚曾廙译，上海三联书店2006年版，第195页。

量的资本"①。

总之,有理由相信,17～18世纪的西方手工业者经历了一个从精英消费者控制中解放出来,从而转向更为自主地为大众消费者生产的过程。诚然,这一过程也伴随着一个各国手工业者从其城市手工业行会中解放出来的更为普遍和漫长的历程。前已言之,城市行会曾是一个将自由的手艺人结合起来通过斗争(革命或赎买)向城市领主争取自治(选择自己首脑和制订自己行规的权利)和市场特许权的集体组织。对外,行会无疑是所有手工业者的庇护所,然而对内,它却成了控制所有单个手艺人的经营与发展的垄断力量。正如韦伯详细描述的:

> 行会遵循一种生活政策。但是它也力求为所有会员争取并维持机会平等。为此,对自由竞争需加以限制,所以行会制定了各种章程:①工业技术。它们规定了每个会员可以雇佣的工人人数,特别是学徒的人数,尤其在已经出现了把学徒当作廉价工人雇佣的地方,每个工人只限收学徒一或二人。②原料的规格。尤其是在像铸造钟铃那类必须使用合金的工业中,为了保持成品的质量并排除不公平的竞争,控制是相当严格的。③工业技术和生产方法,从而对于制造麦芽、制革、整理布匹和加染等等的方式不能不有所规定。④控制使用工具的式样。各个行会通常都握有某种工具的垄断权,不准其他行会使用这一种工具,工具的式样是照传统规定的。⑤产品必须在供应市场以前送请行会检验质量。
>
> 行会也规定了工业的经济关系:①对资本的数量加以限制,使任何一个雇佣工人的企业主都不能在行会内发展到压倒其他工匠师傅并迫使他们为自己服务的程度。为了这个目的,同行会以外的手艺人的一切联系都是禁止的,虽然这项禁令很少执行。②凡加入行会的人一律禁止为其他工匠师傅劳动,以防他们降到帮工的地位;为商人劳动也是同样禁

---

① [德]维尔纳·桑巴特:《奢侈与资本主义》,王燕平、侯小河译,上海人民出版社2000年版,第175—176页。

止的，因为这必然会立刻引向发料加工制；最后产品必须是为工资而劳动的行会手艺人作为为顾客进行的工资劳动而提供出来的；至于计件劳动者，则以自由销售作为计件劳动的产品为理想。③行会控制了购买的机会。它们禁止垄断，这也就是说，没有一个行会会员敢先于同行而自行抢购原料。它们常常树立平等分配的权利，遇有缺货情形，任何行会会员都可以要求行会中的兄弟会员按进货价格供给他以原料。④行会也反对个别会员先于其他会员而进行销售。为达到这项目的，往往进行强制销售并以禁止削价和禁止招揽顾客的方法来加强管理，这样就堵塞了价格竞争。⑤禁止出售会外人的产品。会员如违反这项规定，即视为商人，逐出行会。⑥通过价格表来限制销售，以保证传统的生活标准。①

显然，随着大众市场的扩张，城市行会实行的控制生产与压制竞争的政策，已经日益与手工业者对独立经营和开展大规模生产的意愿发生冲突。因此，逃避行会控制和退出行会的现象日渐普遍，结果行会禁令无法实施而告瓦解。中世纪结束以后，行会手工业者已普遍向更为自主的家庭工业制度过渡，原城市行会已被各种专业性的"同业公会"或商人行会所替代。②

手工业者从城市行会和少数精英消费者的控制中解放出来，才使其能够建立一种韦伯所谓的"合理的劳动组织"，从而才能自主地转向为更大市场范围的大众消费者进行大规模生产。在韦伯看来，一种合理的劳动组织至少应该包含三个特征：①内部经济成员之间"不存在经济行动的自由的问题"；②"消除内部经济和外部经济、对内道德标准和对外道德标准之间的界限"；③建立的是一种"企业家（所有与支配）的劳动组织"。③在他看来，这种合理的劳动组织的转型和发展只出现于西方，其原因就在于西方所特有的理性的文化特征：

---

① ［德］马克斯·韦伯：《经济通史》，姚曾廙译，上海三联书店 2006 年版，第 88—89 页。
② ［德］马克斯·韦伯：《经济通史》，姚曾廙译，上海三联书店 2006 年版，第 11 章。
③ ［德］马克斯·韦伯：《经济通史》，姚曾廙译，上海三联书店 2006 年版，第 196 页。

　　只有西方懂得什么是现代意义的国家，它既有专职行政机关又有专业化官员和以公民概念（the concept of citizenship）为基础的法律。这种建制要想在古代以及在东方发端是绝无发展可能的。只有西方才懂得什么是法学家所制定并予以合理解释和适用的合理法律；只有西方，才有公民的概念（Civis Romanus Citoyen，Bourgeois），因为也只有西方才有那种特殊意义的城市。而且也只有西方才有现今这个词义上的科学。神学、哲学和对人生的最终问题的思考，都是中国人和印度人所理解的，也许比欧洲人理解得更加深刻些。但是理性的科学和与之有关的技术却依然是这两种文明所不能理解的。最后，西方文明更因为有具备这样一种指导生活的道德标准的人，而与其他文明有所不同。巫术和宗教固然是到处都可以看到的，但是像这样一种生活有条理的宗教基础而那种有条理的生活，只要能始终坚持不渝，就必然会引向明确的理性主义——则仅仅是西方文明所固有的。①

　　诚然，西方文明所固有的理性主义为西方企业市场化转型发展创造了不可多得的制度与文化环境②，这也正是西方中世纪结束以后受行会和精英消费者控制的手工业能够转变为自主的家庭手工业，进而逐步转变为能够开展大规模生产的现代企业，从而引领工业社会和消费社会来临的原因。相反，由于缺乏西方的城市自治以及建立在公民概念基础上的法律保护，中国古代以至近现代城乡手工业者尽管出现很早、规模也不小，但却未能在整体上从统治阶级的政治-经济的控制中解放出来，形成推动生产与消费转型的独立的力量。单个工商业者即使发展壮大成规模巨大的家族企业，如清代胡雪岩，也大多庇护于官僚统治阶级并受之支配。

---

　　① ［德］马克斯·韦伯：《经济通史》，姚曾廙译，上海三联书店 2006 年版，第 196—197 页。
　　② 例如，1623 年英国颁布《独占法》是一项对鼓励创造发明有着深远意义的改革。"没有这项专利权法的刺激，对于 18 世纪纺织工业领域内资本主义发展具有决定性的那些创造发明就未必会有可能。"（［德］马克斯·韦伯：《经济通史》，姚曾廙译，上海三联书店 2006 年版，第 196 页）

公共权力虽然一再采取礼治，但是从来没有创造出一种能与鼎盛的（西方）中世纪媲美的行会特权系统。正是由于没有这种法律保护，才使中国的职业团体走上了西方闻所未闻的冷酷的自助道路。这种自助也决定了，中国没有一种互助式地调节自由工商业的受到公认的、正规的、牢固可靠的法律基础，这种基础为西方所熟知并且促进了中世纪手工业中的小资本主义的发展。①

这种状态直到晚清引入西方文明尤其是现代工业企业和相应的法律体系的移植与建设才得到改变。但是，社会主义"三大改造"完成后，中国的传统手工业者和现代的私营工商业企业失去了对生产资料的所有权，在一程度上削弱了大众不断增长的消费需要和生产的扩张。

真正的改变，即一方面出现刺激大众对非必需品需求增长的诱惑，另一方面又提供了满足这一需求增长的生产（大多是模仿生产）的扩张，是在1978年启动改革开放之后。刺激大众非必需品需求增长的力量主要来自两个方面：一是官方对实现"四个现代化"愿景的宣传及对"致富光荣"的肯定和对"下海致富"的鼓励；二是国外及我国港台地区的新的奢侈品或时尚品（影视、电子消费品和时装等）的输入及其包含的现代生活方式的示范。激励和示范激发出了国民空前的消费欲望，从而开启了一个前所未有的需求大众化的进程。这预示着中国这个全球人口最多的国家迎来了一个巨大的大众消费市场。所有这些都推动20世纪80年代中国掀起了一股城市干部、工人"下海"（从原有的企事业单位辞职或留职停薪）、乡村农民"转移剩余劳动力"（"离土不离乡"或"离土又离乡"）进入市场经商致富的热潮。而这成为同期（改革开放后）中国企业市场化的重要组成部分。

中国的企业市场化，或许应该追溯到改革开放前即20世纪70年代的乡镇企业的兴起与发展。中国尤其是东部沿海地区农村一直就存在着作为副业的家庭手工业生产与经营。②土地集体化之后，农民个体失去了从事副业生产与经营的权利，但是，土地短缺及农业劳动的边际收益递减，并不随着农业

---

① ［德］马克斯·韦伯：《儒教与道教》，王容芳译，商务印书馆1995年版，第64页。

② 费孝通：《江村经济》，戴可景译，江苏人民出版社1986年版。

集体化这一新的生产组织方式的建立而改变，甚至因为普遍的激励机制的失灵而使农村"人地矛盾"日益加剧。为应对这一现实困难，20 世纪 70 年代中后期农村集体便尝试以大队或公社(改制后称乡镇)为单位，利用队社集体资金及其他剩余资源(土地、人力及"关系"等)建立起种种"乡镇企业"(最早称"队办企业""社办企业"等)。1979 年农村实行土地承包制改革以后，私人资金开始以独资或参股的方式进入名义上(即注册中)的乡镇企业，俗称"红帽子企业"，这样可以规避私人资本投资的风险。

　　乡镇企业是成长于国家正式经济体制即城市计划经济和乡村集体经济之外的一种非正式的"隙缝经济"①。20 世纪 80 年代末 90 年代初，随着改革开放范围(从农村扩展到城市)的扩大以及"隙缝经济"自身规模的壮大，它的合法性才逐步得到官方的肯定。原因可能是，城市全民所有制企业已经开启而集体所有制企业已大规模进入民营化转制的改革，加上其他非国有经济(私营企业、外商投资企业)也已取得合法性并快速成长。这样，乡镇企业便不再被视为一种威胁原国有经济("挖社会主义墙脚")的力量，反而作为了一种社会主义集体经济的代表而得到赞扬。②然而，此时乡镇企业因为其产权的模糊和管理的粗放，加上市场竞争的日益加剧，已普遍出现投资效益下降、企业成长减缓的态势。结果，20 世纪 90 年代中期，乡镇企业便迎来了一轮大规模的"摘帽"与转制运动。21 世纪初，作为农村集体经济的乡镇企业已基本转制为大多由原有企业管理层个人或联合所有的私营企业。③

　　中国企业市场化的改革与发展，有着明显的"增量"与"存量"两条路径之分。乡镇企业、个体和私营企业以及各类外资、合资企业等构成了企业市场化中的"增量"部分，而城市全民所有制企业、集体所有制企业以及农

---

① ［德］何梦笔：《网络、文化与华人社会经济行为方式》，山西经济出版社 1996 年版；汪和建：《自我行动的逻辑：理解"新传统主义"与中国单位组织的真实的社会建构》，《社会》2006 年第 3 期，第 24—45 页。

② 天津的大邱庄、河南的南街村以及江苏的华西村等，都曾被作为中国社会主义农村新集体经济的典范，受到官方的肯定与推崇。

③ 刘世定：《占有、认知与人际关系——对中国乡村制度变迁的经济社会学分析》，华夏出版社 2003 年版。

村原有的集体经济等组成为其中的"存量"部分。中国渐进式市场化遵循的是从"增量"到"存量"的改革与发展路径。其中，前期"增量"改革路径中外资(包括合资企业)的引进，以及后期"存量"改革路径中国有企业(主要是各级全民所有制企业)的转型，具有特别重要的意义。

外资企业的引进，既可以克服本国资本的短缺，也能够因此获得相应的新技术与新的企业管理和市场营销方法。然而，较隐性也更为重要的是，外资企业所生产的产品大多属于本国企业难以生产的具有较高品质的非必需消费品，作为一种具有价格优势的替代(进口)的生产方式它可以供应本国正在开启的大众消费市场。这一消费市场的扩展与繁荣对于刺激更多生产企业的进入具有极大的推动作用。有理由相信，正是因为有外资和合资企业撬动的大众消费市场的先行发育与扩展，才促使国有企业至20世纪90年代中期全面进入转制改革时期。因为，国有企业要想脱离国家主义的庇护，必须先存在一个可靠的市场。这样的市场不可能在国外，只能是在新兴的国内市场。

20世纪90年代中期开始的"存量"改革路径中的国有企业改革的意义在于，一方面，它开启了全面市场经济改革与转型的序幕。在这之前，计划经济与市场经济并存，即"双轨制"已给转型中的中国政治-经济带来了诸多负面影响，如市场价格的扭曲、资源的低效配置、计划部门的权力寻租和腐败等。另一方面，改革规模庞大但大多效益低下的国有企业，不仅可以减轻各级政府的财政压力，而且可以将其再造为一支可在国内外市场上与外国大企业竞争匹敌的本土力量。

自20世纪90年代中期开启国有企业改制至21世纪初，中国很多国有企业已经改制为私营企业或上市公司。那些被改制的原国有企业已成为一种为市场而生产的真正的企业，从而极大地推动了中国企业的市场化。当然，国有企业改制并不完全。保留的国有企业尽管数量有限但却占据了国民经济重要的尤其是基础性的部门。2008年，中国政府为抵御全球金融危机带来的各种不利影响，采取了空前规模也即4万亿中央财政投资干预。这些追加的国家投资绝大部分都流向了国有企业，从而推助其地位包括在竞争性领域的地位再度增强。

国有企业在竞争性领域的扩张一定程度上会挤占民营企业的发展空间；

其在基础性部门的垄断会推升下游产业的生产与经营成本。此外，以劳动密集型为主的民营企业能够提供更多就业岗位。民营企业发展受到限制，必然影响普通大众的收入增长。中下层阶级收入增长缓慢，又会限制中国大众消费市场的扩展。而缺乏一个不断扩展的大众消费市场，那么从事中国制造的各类企业都会不得不选择或转变为"外向型经济"，即为外部市场而生产，或者加入某个跨国公司控制的生产链，从而可能失去其生产的控制权。至 21 世纪第二个十年，中国经济便不得不面临我们在第一章中所述的种种困境。

二、大众生产如何可能?

现在让我们返回到消费社会的入口，看看西方是如何率先演进到大众生产与大众消费阶段的。显然，我们相信，大众生产与大众消费构成了消费社会的两个最为显著的特征。

"大众生产"，我们将其定义为是为满足大众消费而进行的大量生产。而"大众消费"则特指作为大众消费者之日常需求的非必需品消费。一方面，只有大量生产也即建立在标准化、流水线装配基础上的大规模生产，才能生产出能够为大众消费者所接受的非必需消费品；另一方面，只有当大众消费者——以中产或中等收入者为核心的新兴富裕者阶层——已经有所成长，也即作为日常需求的非必需品消费已经从由上层阶级组成的少数精英消费者下降扩散到以中产阶级为核心的大众消费者①，才能为这种大量生产提供有效的大众市场需求。前已言之，"需求的大众化"最初是由上下阶层之间示范-模仿造就的。然而，其规模化发展以及其可持续性则必须依赖从精英消费者和城市行会中解放出来的企业的成长及其通过大量生产所创造的"生产或供给的大众化"来予以实现。

企业市场化的过程，我们已有所考察。在此，我们要深究的是，在企业已经取得面向大众消费者进行生产的权利与机会后，它们是如何创造大众生产的，也即企业是如何实现大量生产的。影响企业生产规模的因素十

---

① 这一过程也即前消费社会转向消费社会的过程。在前消费社会中，中下层阶级并非完全没有非必需品消费，但只限于"特殊场合下的消费"而非日常消费。

分复杂，例如，有收益、成本、资源、风险、公共权力、制度文化等诸多因素。要想详尽具体地展示这些影响因素，的确"无异于把船驶向无垠的大海"（韦伯语）。因此，我们不可能也没必要一一解析与企业生产规模相关联的因素，而是指出决定企业如何可能普遍进入大量生产的关键性的力量。我们提出的假定是：生产组织方式的创新及其扩散是企业大量生产成为可能的关键性因素。生产组织方式的创新与扩散亦包括创新型企业与模仿型企业之间的互动与竞争。我们的确很容易想到，汽车消费是工业社会与消费社会兴起的象征。汽车进入大众生产正是企业生产组织方式创新与扩散的典范。

广泛公认的是，1885 年德国工程师卡尔·本茨（Karl Friedrich Benz）设计和制造了世界上第一辆能实际应用的内燃机发动的汽车。然而，一个不争的事实是，在汽车这一新兴非必需消费品的初创时期，无论是本茨（在中文中其注册为"奔驰"）公司还是稍后（1890 年）成立的德国戴姆勒公司，其生产和销售规模都非常有限。本茨公司一开始只有 25 名雇员，1899 年增加到 430 名。年产量也从一开始的 25 辆，增加到 1899 年的 572 辆。期间，1894 年推出改进的"维罗"型，曾成功地卖出 1200 辆。20 世纪 20 年代，本茨公司历经再造，但生产规模并未有大的突破。同样，其竞争对手戴姆勒公司 1923 年的生产量也只有 1020 辆，每辆车的成本高达 2500 万马克。1926 年两家公司正式合并为戴姆勒-本茨公司。次年，新公司共售出汽车 7918 辆。①

的确，初创时期的汽车被公认是一种奢侈品。不仅售价昂贵（包括被征收 15%的高税），而且使用成本不菲（第一次世界大战前后汽油匮乏）。因此，其市场仍然仅仅局限于少数"开明的"（可以接受新技术、新发明的）精英消费者及作为团体的消费者（如政府、军队、出租车公司）。真正让汽车从精英消费市场流动到大众消费市场的生产者不是本茨、戴姆勒这样的技术初创型公司，而是后起的在生产组织方式方面进行创新的公司即美国福特汽车公司。

1903 年亨利·福特（Henry Ford）合资创办了福特汽车公司。一开始，福特公司仍然沿用旧的生产组织方式，即两到三个人为一组，从零件制造到组

---

① 维基百科："卡尔·本茨"，https://zh.wikipedia.org/zh-cn/卡尔·本茨。

装甚至到销售都由该组工人负责的方式进行生产。结果生产效率低下，每天只能生产几部车。1908 年，公司开始探索以新的生产组织方式设计和生产福特 T 型车。其中涉及数项革新：一是进行标准化零部件设计与生产，提高零部件生产的精确性和规模性；二是以流水装配线作业代替传统个体或小组手工制作，从而大大提高工人的生产效率[①]；三是对工人进行岗位培训，同时增加工人的福利待遇，例如将日薪从 2.38 美元加至 5 美元，将工作时间缩短至每天 8 小时，以提高工人的工作热情，同时也旨在从本厂做起从熟练工人中培育中产阶级，以创造其产品新的市场需求。[②]革新获得成功，困扰公司多年的生产效率低下的问题迎刃而解。

　　到了 1914 年，经过优化的流水装配线已经可以在 93 分钟内生产一部汽车，而同期其他所有汽车生产商的生产能力总和也不及于此。在这一年里它的第 1000 万辆汽车问世，此时全世界十分之九的汽车都是福特汽车公司生产的。该车型是如此的成功，以至于在 1917～1923 年居然没有做过任何的广告。直到 1927 年停产，全世界共有超过 1500 万辆 T 型车被生产，而这个纪录保持了将近一个世纪。T 型车的起初售价是 825 美元，而同期与之相竞争的车型售价通常为 2000～3000 美元。到了 20 世纪 20 年代，由于生产效率的提高和产能扩大，价格已降至 290 美元（考虑到通货膨胀，大概相当于今天 3300 美元）。[③]

　　正是生产组织方式的改变，使福特 T 型车的生产规模不断扩大、生产效率大幅提高，从而使每辆车的售价快速下跌。这样，汽车才得以走进中产阶级的家庭，成为大众消费的一种标志性非必需消费品。消费社会也就从汽车这一消费品的转型，即从作为少数精英消费者的非必需品转变为能够为大众

---

　　① 资料显示，福特 T 型车的革命性创举流水装配线是由威廉·克莱恩（William Klein）在参观芝加哥的一个屠宰厂动物肢解与传送带传送的过程后将其引进福特汽车公司的。这说明，福特汽车只是将装配线生产模式引进到汽车生产业，而非发明者。但是，这并不妨碍它对汽车生产的革命性的贡献。

　　② 维基百科："福特汽车"， https://zh.wikipedia.org/zh-cn/福特汽车。

　　③ 维基百科："福特 T 型车"，https://zh.wikipedia.org/zh-cn/福特 T 型车。

消费者接受的日常消费的非必需品，拉开了一个时代的序幕。

毫无疑问，这一切都源于以福特公司为代表的企业对其生产组织或控制方式的变革，换言之，即从过去由少数精英消费者对生产的控制及之后由雇佣劳动者对生产过程某种程度的控制，转变为由企业家和管理者对生产过程进行完全控制。企业从少数精英消费者支配中解放出来，仅仅表明企业拥有了自主决定为谁而生产这一经营权。在取得这一经营权之后，如果依然按照传统的手工制作的方式，那么具体的生产很可能落入操作生产的工匠或工人手中。结果，不仅生产效率有限，而且产品生产的质量也具有极大的不稳定性。而这种依赖于个体技术和意志的生产将严重制约面向大众消费者的生产，因为，小规模的个体手工制造不可能生产出价廉物美的产品。正因为如此，生产过程或劳动过程的控制权必须最大限度地从具体的生产者（雇佣的劳动者）那里转移到企业家或管理者手中。

福特公司的革新，本质上即企业家或管理者实现了对生产过程的完全控制。首先，一方面，标准化零部件的设计与生产，可以提高零部件生产的机械化和自动化水平，从而使生产达到精确性并由此提高产品品质的稳定性；另一方面，也可由此提高单个零部件生产的规模效应，从而降低生产成本。零部件或其他生产材料的采购同样会追求规模效应。例如，福特公司生产的大多数的 T 型车都是黑色的，这并非因为亨利·福特对黑色有什么特殊癖好，真正的原因在于福特公司使用的日本黑涂料干燥迅速，可以使汽车在落地后第一时间卖出去，同时使用单一涂料可以增加采购量从而最大限度地压低采购价格。其次，以流水装配线作业代替传统个体或小组手工制作，改变了劳动分工的组织结构，即将以个体或团队为单位的垂直性的劳动分工转变为以一条生产线为单位的水平式的劳动分工。后者将工作任务分割为小块，以使几乎任何经过简单训练的工人都可胜任。同时，分工的细致、工作规程的明确，也大大便利了管理者对生产质量的监督与控制。总之，如果说标准化零部件设计与生产是企业家和管理者利用具有专门知识的工程师对零部件生产环节中的生产者实施的一种潜在的控制，那么，流水装配线作业则是企业中下级管理者对组装环节中的生产者所采取的一种显在的控制。

事实证明，对生产者的控制有助于提高企业生产效率并且能够有效提高生产质量的稳定性。而这是大众生产适应大众消费所需要达到的要求，即必须生产出价廉物美的也即能够实现作为日常需求的非必需品。当然，对生产者和生产过程的控制也付出了代价：潜在的控制即标准化生产使过去手工业生产时期个体的专门性的生产技艺陷于无用武之地；显在的控制则更使雇佣工人沦为只会重复劳动的低技能的"机器"，从而会给工人阶级个体价值（包括自主、平等与尊严等）的追求乃至身心健康都带来损害。①为防止劳资之间的紧张关系，福特公司 1914 年 1 月做出了提高工资和缩短工作时间的变革，并且设立了专门负责雇佣工人的管理者。这一举措对于建立和谐的劳资关系意义重大。

诚然，可以肯定，这一举措的意义已经远远超出劳资关系的范畴，即它对于培育新兴的大众消费者，从而推助大众消费的扩展同样具有非凡的价值。我们已经说过，大众生产必须要有以大众消费者为主体的大众消费的有效支持。在西方中世纪结束以后新兴的富裕者阶层（地主、商人、企业家、管理者、知识阶层等）构成了大众消费者的最初部分，他们可以凭借强大的支付能力有效支持企业面向大众消费的产品的创新，但是，这一阶层的人数并不能支持企业的大规模生产。因此，如何培育和扩大大众消费者阶层，对于大众生产的可支持性至关重要。福特公司将工人薪资加倍（从日薪 2.38 美元加至 5 美元）及将工作时间缩短为每天工作 8 小时，即旨在将普通工人培育为有效的即具有支付能力的大众消费者。大众消费由此伴随着大众生产而得以真正来临。当然，这也标志着"生产者对消费者控制"时代的来临。这点我们稍后详述。

当然，大众生产和大众消费的兴起与扩展，并非某一家企业（例如福特公司）所能完全造就，而是因为这家企业创造了一种有效的生产组织方式以后，其他竞争性企业乃至其他行业中的企业对其进行了模仿和再创新。仍以汽车产业为例。在福特 T 型车大获成功之后，福特公司开始依赖于那种为大众消费者提供价格低廉但规格、款式单一的生产模式，而忽视了高端消费者（包括从大众消费者中成长出来的新的精英消费者）对豪华汽车的需求。

---

① 正因为如此，当时以至当今社会舆论和学术界都不乏对"福特主义"及所谓的"科学管理"（泰勒制）提出了批评（[意]安东尼奥·葛兰西：《现代君主论》，陈越译，上海人民出版社 2006 年版）。

相反，后起的通用、克莱斯勒以及其他小型竞争性企业开始为消费者提供与T型车相比拥有更多豪华设备的汽车。例如，通用公司在当时就有各种价位的车型，从而将高低端市场一网打尽。同时，这些竞争者又实行了一种新的销售方法即分期付款的方法，使消费者在每个月只交一笔钱的情况下能够购买到原先支付不起的昂贵车辆。模仿-创新企业最终迫使不断丢失市场份额的福特公司在1927年做出调整其生产模式的决策：停产T型车，全面转向生产较豪华的A型车。这说明，作为创新性的福特公司，在受到竞争性公司的挑战后，也会采取模仿-竞争的策略。事实上，福特公司一开始也是作为先模仿后创新的竞争性企业登场的。可见，行业内外企业之间总是存在着创新与模仿的交替循环。

三、大众消费者崛起：消费者主权及其限制

通过模仿-竞争，新的、有效的技术和生产组织方式会不断扩散到全行业以至其他行业。一方面，以标准化零部件生产和流水线装配作业为核心的新的生产组织方式的创新，实现了大众生产(其以生产出价廉物美的非必需品为基本特征)，而由此引致的其他企业的模仿-竞争又将该创新和再创新扩散、传播到全行业以至其他行业；另一方面，由大众生产带来的低廉的价格、更多的就业以及大幅增加的薪资又创造出了有效的大众消费，从而可能在全社会乃至在全球范围内实现大众生产与大众消费相互促进的繁荣局面。这就是20世纪50年代末加尔布雷思提出"富裕社会"以及稍后沃尔特·罗斯托提出"大众高消费时代"已在美国初步实现、西欧和日本正在步入的背景。

> 我们现在考察大众消费时代。这时，主导部门转向耐用消费品和服务业……美国可能是以1913~1914年亨利·福特的流水装配线作为转折点。但实际上，只是在20年代，后来再一次在战后10年，即1946~1956年间，这个阶段才到达逻辑终点。由于战后几年经济的迅速增长，西欧和日本在50年代似乎已完全进入了这一阶段。苏联是在技术上为这个阶段做准备，各种迹象表明它的人民也渴望它来临，但是如果要开启

这个阶段，共产党领导人则面临困难的政治和社会调整问题。[①]

比较而言，中国进入大众消费时代——值得重申，大众消费的本质特征是非必需品需求成为大众日常消费的主导性需求[②]——已经是在 20 世纪 80～90 年代，即中国进入以城市改革为中心的改革开放时期。不过同样，中国的大众消费也是由大众生产所带来的，而大众生产又直接是作为"增量"的私营企业的发展和外资企业的引进，以及作为"存量"的国有企业的民营化改革的结果。前已言之，大众生产能够通过大规模生产价廉物美的商品、创造更多的就业和不断增加的工资及其他收入，来推进大众消费时代的到来。这一点，在中国同样不例外。可以简单比较一下 1979～2007 年中国居民消费支出的增长与其可支配收入增长的情况。统计分析表明，"1978 年，我国农村居民人均纯收入只有 133.6 元，到 2007 年达 4140.4 元，比 1978 年增长近 30倍，年均增长 12.6%，扣除价格因素，实际年均增长 7.1%；1978 年，我国城镇居民人均可支配收入为 343.4 元，到 2007 年达 13 785.8 元，比 1978 年增长 39 倍多，年均增长 13.6%，扣除价格因素，实际年均增长 7.2%"。随着收入的增加，城乡居民消费水平也得以大幅度提高。"2007 年，农村居民人均生活消费支出为 3224 元，比 1978 年的 116 元增长 26.8 倍，扣除价格因素，年均增长 6.4%；城镇居民人均消费支出 9997 元，比 1978 年增长 31.1 倍，

---

① ［美］沃尔特·罗斯托：《经济增长的阶段：非共产党宣言》，郭熙保、王松茂译，中国社会科学出版社 2001 年版，第 10—11 页。

② 这与罗斯托将"大众高消费时代"视为"耐用消费品和服务的大众化普及时期"是一致的（［美］沃尔特·罗斯托：《经济增长的阶段：非共产党宣言》，郭熙保、王松茂译，中国社会科学出版社 2001 年版，第 3 页），但与鲍德里亚主张消费社会的本质特征是"符号消费"有所不同（［法］让·鲍德里亚：《消费社会》，刘成富、全志钢译，南京大学出版社 2008 年版）。首先，符号消费与非必需品消费有很大的一致性，例如，符号消费通常都属于非必需品消费。然后，反过来，非必需品消费则未必一定会作为符号消费。这要取决于消费者追求消费认同的类型（是他人认同型消费还是自我认同型消费。有关这一分类，容后详解）。其次，无论是符号消费还是非必需品消费都不能简单地视为消费社会或大众消费时代的特征，因为它们都并不只存在于消费社会，而是同样存在于前消费社会。因此，我们的上述表达——大众消费时代最根本地表现为通过非必需品或奢侈品消费的流动即从精英消费者扩散到大众消费者，从而实现非必需品消费范围与规模的扩大——或许更为本质与精确。

扣除价格因素，年均增长 6.4%。"①可见，中国居民消费支出的增加与其可支配收入的增长是基本同步的。

值得注意的是，大众生产以及精英消费者的示范（在中国主要表现为改革开放后国外或境外商品及生活方式的引进所产生的示范）都是创造大众消费的外部力量。这一力量固然重要，但我们也要看到"外因必须通过内因"——大众消费者自身的力量——才能发挥作用。

1. 消费者的解放

第一种力量来自大众消费者的"解放"。事实上，无论在西方还是在中国，大众消费者都经历了一个从禁锢其消费意愿和选择的宗教和/或国家中解放出来的过程。我们先看西方消费者的解放过程。在中世纪结束之前，欧洲社会的主流消费观几乎无一例外地受制于基督教禁欲主义。然而，按照桑巴特的研究，这种状态在 13、14 世纪已经发生了变化。②这一时期欧洲在与非洲、美洲的贸易（包括奴隶贸易）和掠夺中积累了巨额财富。更主要的是，在 15、16 世纪欧洲各国从所谓的"宫廷社会"开始形成了一种奢侈消费之风，并且逐步蔓延到了整个上层社会（旧贵族）和新崛起的中层社会即中产阶级（新贵族）。这一变化必然对宗教禁欲主义产生根本性的冲击。16、17 世纪的新教改革运动在某种程度上正是对正在兴起的工商业活动以及正在改变的世俗消费观念的一种适应性的变革。毫无疑问，新教改革赋予了教徒从事工商业活动及获得利润的正当性。虽然新教教义仍然坚持禁欲主义的宗教基础，但其对日常世俗中的禁欲主义的标准已经大大降低，甚或可以说，新教伦理主张禁欲主义的自我约束，只是为了保持信徒们的工作精神及将财富导向持续的职业活动。③

接下来，17 世纪及 18 世纪在欧洲发生的一场知识及文化运动即启蒙运动则更是从政治道德和社会功效的角度论证了人们追求利益和进行消费的正

① 国家统计局：《改革开放 30 年报告之五：城乡居民生活从贫困向全面小康迈进》，2008 年 10 月 31 日，http://www.stats.gov.cn/ztjc/ztfx/jnggkf30n/200810/t20081031_65691.html。

② ［德］维尔纳·桑巴特：《奢侈与资本主义》，王燕平、侯小河译，上海人民出版社 2000 年版。

③ ［德］马克斯·韦伯：《新教伦理与资本主义精神》，于晓、陈维钢译，生活·读书·新知三联书店 1987 年版。

当性。托马斯·霍布斯(Thomas Hobbs)阐述了自利观在构建一种契约型政治秩序中的作用。[①]约翰·洛克(John Locke)则以财产神圣不可侵犯的天然权利观对个人追求自我利益予以辩护。[②]与这两位先驱仍然从道德的角度进行辩护不同,伯纳德·曼德维尔(Bernard Mandeville)开启了从社会功利主义的角度论证个人追求利益的合理性。[③]曼德维尔旨在阐明"私人恶德即公众利益"。不过,其巧妙又似是而非的论证——他把某些不该成为"恶"的行为划为"恶德"之列,同时其赞美的"私恶"中又有一些真正的恶德——在当时及之后备受质疑,即使是深受其影响的一些后续启蒙思想,例如休谟和斯密,亦不例外。[④]

广泛公认的是,亚当·斯密比曼德维尔以及休谟都更为系统地揭示和论证了个人追求自我利益何以达到社会利益的内在机制,即市场交易中存在着"一只看不见的手",或者说存在着一种自发生成的竞争与价格机制的作用。而促使个人加入分工与交易的动力就来自其对自利的追求。[⑤]斯密不反对适度的奢侈,但显然更赞赏节俭,因为在他看来,节俭和储蓄才是"增加财产的最适当的方法"[⑥]。的确,正如桑巴特评论的,17、18 世纪的经济学家"唯一担心的是害怕奢侈品的过度消费会损害资本积累。但是,就像亚当·斯密那样,每当他们想到总会有足够数量的节俭者在保障必要的资本再生产和积

---

① [英]托马斯·霍布斯:《利维坦》,黎思复、黎廷弼译,商务印书馆 1985 年版。

② [英]约翰·洛克:《政府论》下篇,叶启芳、瞿菊农译,商务印书馆 1964 年版。

③ [荷]伯纳德·曼德维尔:《蜜蜂的寓言:私人的恶德,公众的利益》,肖聿译,中国社会科学出版社 2002 年版。

④ 例如,斯密并不反对曼德维尔的结论,但却反对将这样的结论建立在"诡辩"的基础之上:"把每种激情,不管其程度如何以及作用对象是什么,统统说成是邪恶的,这是孟德维尔那本书的大谬所在。他就这样把每样东西都说成是虚荣心,即关系到他人的情感是什么或者他人的情感应当是什么的那种虚荣心;依靠这种诡辩,他作出了自己最喜爱的结论:个人劣行即公共利益。"([英]亚当·斯密:《道德情操论》,蒋自强、钦北愚、朱钟棣等译,商务印书馆 1997 年版,第 412 页)

⑤ [英]亚当·斯密:《国民财富的性质和原因的研究》上卷,郭大力、王亚南译,商务印书馆 1972 年版。

⑥ [英]亚当·斯密:《国民财富的性质和原因的研究》上卷,郭大力、王亚南译,商务印书馆 1972 年版,第 314 页。

累，就会聊以自慰"①。

节俭和储蓄不仅是美德，而且也是增加投资的必要手段。这样的观点在古典和新古典经济学中可谓根深蒂固。值得注意的是，19世纪已有少数异端经济学家对此进行了质疑。例如，托马斯·马尔萨斯（Thomas R. Malthus）在晚年已经发现储蓄过度会造成有效需求不足，从而带来种种经济后果："如果人们想积财，而且想积得很快，则不生产的消费必大形减少，于是生产动机乃大受妨碍，而财富之扩张在时机未成熟时即遭阻遏……而日增之人口，亦无法就业谋生。"②此外，正如约翰·凯恩斯所回顾的，西尔维奥·格赛尔（Silvio Gesell）、约翰·霍布森（John A. Hobson）等人也都从需求不足的角度提出了对节俭或过度储蓄的质疑。③不过，这样的声音并未受到正统经济学的重视，直到20世纪30年代末诞生了旨在挽救资本主义经济危机的凯恩斯经济理论。

与以往认为消费不足会引起投资过度不同，凯恩斯强调有效需求不足会导致投资引诱不足，进而会带来失业："若消费倾向相当薄弱，则可以引起失业，因为一个相当薄弱的消费倾向，需要但得不到充分的新投资量以资补充。"消费倾向薄弱主要受边际消费倾向递减之趋势的影响。而要弥补边际消费倾向递减，就必须"要使消费倾向与投资引诱二者互相适应，故政府机能不能不扩大"④。尽管并非所有人都同意凯恩斯的学说，但一个不争的事实是，第二次世界大战以后，消费不足之说已蔚然成风。凯恩斯不仅成功说服了欧美

① ［德］维尔纳·桑巴特：《奢侈与资本主义》，王燕平、侯小河译，上海人民出版社2000年版，第150页。按照艾伯特·赫希曼（Albert Hirschman）的解读，这一时期另一些思想家，例如孟德斯鸠、詹姆斯·斯图亚特的观点显得较为"消极"，他们对个人追求利益大加赞颂，仅仅是因为他们提出了一种制衡欲望的方法："区分不同的欲望，以其人之道还治其人之身——利用一些相对无害的欲望来制衡另一些更具危险性和破坏性的欲望，换言之，借助欲望之间的相互残杀来弱化和驯服欲望。"（［美］艾伯特·赫希曼：《欲望与利益：资本主义走向胜利前的政治争论》，李新华、朱进东译，上海文艺出版社2003年版，第15页）

② 转引自［英］约翰·凯恩斯：《就业利息和货币通论》，徐毓枬译，商务印书馆1983年版，第311页。

③ ［英］约翰·凯恩斯：《就业利息和货币通论》，徐毓枬译，商务印书馆1983年版。

④ ［英］约翰·凯恩斯：《就业利息和货币通论》，徐毓枬译，商务印书馆1983年版，第320、328页。

国家的政治家，而且也使民众普遍相信：消费而非节俭创造经济繁荣。20世纪50～60年代的繁荣，似乎印证了这一信念，而这一信念亦最终将人们从古老的禁欲苦行的宗教束缚中解放了出来。至此，享乐主义开始代替禁欲主义，成为支持西方消费社会的新的价值体系。诚然，这一新的价值体系或许未必能够真正代替旧的宗教道德体系(例如，前者并不能给予人们一个关于消费意义的超验价值观)，并且与工业社会所要求的严谨、谨慎的工作规范并不相容，从而使西方进入了一个丹尼尔·贝尔所称的"资本主义文化矛盾"的时代。[①]有关新时代的观察和引起的争论，容后再述。

中国消费者同样经历了一个从禁锢其消费意愿与选择的意识形态和国家权力中解放出来的过程。只不过时间已经是在20世纪70年代末80年代初，并且开启消费者解放进程的恰恰是过去作为大众消费的禁锢者的国家。改革开放之前(1949～1978年)，中国实行中央集权(包括地方分权)的计划经济体制。不同于自治的或"自生自发"的市场经济，计划经济必须建立在国家(中央和地方)通过权力动员和利用社会资源[②]的基础之上。

一方面，为了降低动员和利用社会资源的成本，国家通过对农业和私营工商业的社会主义改造实现了资源的国有化，即在全社会范围内将土地、矿产及其他生产资料等私有资源转变为国有资源(集体所有制资源仅仅是一种名义)。资源国有化断绝了消费者自主生产(与生产者的自我结合)与消费的可能性。另一方面，为了将已占有的资源及其利用所得最大限度地转化为再生产投入尤其是重工业部分的投入，国家采取了严格抑制消费的政策。比如，通过编制国民经济计划，提高积累在国民收入中的比重及重工业投入在全部财政支出中的比重。通过建立城乡户籍制度、统购统销制度、工农业产品"剪刀差"政策及消费品票证制度，保证其对城乡生产、流通的分割、控制与汲取，同时也可应付各地出现的不同程度的经济短缺现象。此外，国家也通过建立不同所有制企事业单位，以及通过管理劳动者就业、流动及其收入和福

①　[美]丹尼尔·贝尔：《资本主义文化矛盾》，赵一凡、蒲隆、任晓晋等译，生活·读书·新知三联书店1989年版。

②　注意，这里使用的"社会资源"指的是社会范围内的资源，而非结构社会学所指的嵌入在社会关系中可利用的资源。

利，将消费者的消费水平和选择范围严格控制在其工作的单位制组织中。

抑制消费的制度安排不可避免地会带来劳动激励问题，而劳动激励事关劳动效率和整个国家的再生产能力。为此，国家不能不采取两种应对性措施。一种是将劳动者及其全部收益固定或束缚于其生产单位。农民固定于其生于斯、长于斯的社队，职工固定于其分配所得的企事业单位。劳动者的劳动(工资)收入和其他福利收入，主要取决于其生产单位的性质：是农村社队还是城市单位，是集体所有制单位还是全民所有制单位，是地方性单位还是中央直属单位，等等。一般而言，城市及单位级别越高，其职工的工资收入和福利收入也越高，且福利收入占全部收入的比重也越大。等级性和单位制安排的结果，是在就业阶段就激发劳动者为争夺好单位而彼此展开"走后门"的竞争。好单位既是一种保障("铁饭碗")也是一种威慑和束缚。而在单位组织内部，由于劳动者的福利收入的分配很大程度上控制在单位领导手中，结果，正如华尔德(Andrew G. Walder)所观察到的，造就的是一种"新传统主义"的劳动激励，即上下间(领导与工人之间)庇护-依赖的关系。①

与此同时，国家还努力构建一种节俭-奉献主义的意识形态。一方面，非必需品消费往往被贴上"贪图享受"的标签而被判定为资产阶级消费观，最低限度的必需品消费则被视为"艰苦朴素"的无产阶级消费观，通过消费观念的宣传来抑制人们的消费需求增长。另一方面，通过宣传工作中的无私奉献精神来激励人们为了集体利益和国家目标而劳动。国家希望通过建构这种禁欲-利他的意识形态来克服消费抑制与劳动激励之间的内在冲突。然而，随着时间的推移，这种禁欲-利他的意识形态逐渐失去了效力。原因在于：在生产力未充分发展、人们的精神水平还未达到足够高度的社会主义初级阶段，

---

① [美]华尔德：《共产党社会的新传统主义：中国工业中的工作环境和权力结构》，龚小夏译，牛津大学出版社1996年版。米塞斯也曾这样描述计划经济体制下国家权力对每个人的生活和工作的各方面的控制："以经济计划替代市场经济，那就是消除一切自由，而留给个人的只是一个服从的权利。指挥经济事务的那个权威，控制每个人的生活和活动的各方面。它是唯一的雇主。所有的劳动都成为强迫劳动，因为被雇者必须接受这个头儿指派他的工作。这个经济的独裁者决定每个消费者可以消费什么、消费多少。在人生的任何方面，都没有让各个人按他的价值判断来作决定的余地。这个权威指派他一定的工作，训练他适合这个工作，然后按照它所认为方便的地区和方式，来雇用他。"([美]路德维希·米塞斯：《人的行为》上卷，夏道平译，远流出版事业股份有限公司1991年版，第380页)

这种禁欲－利他的意识形态缺乏必要的物质与精神基础，作为对一部分先进分子的要求是可行的，但作为对全体国民的普遍性要求和一种基本的制度性安排，则难以持久。因为：第一，它违背了人追求自我利益的自然本性；第二，需要进行自上而下的动员，成本巨大且效果难以持久保持；第三，难以阻止一些人尤其是领导干部的"搭便车"行为，结果造成巨大的信仰危机——人们一旦发现领导干部们一边号召别人无私奉献，一边自己却享受特殊待遇或以权谋私，他们对这种意识形态的信任便会迅速瓦解。正如华尔德考察的，20 世纪 70 年代，中国国营工厂工人尤其是普通工人逃避政治学习、偷懒怠工已十分普遍。来自意识形态的劳动激励失效，增加了计划经济的困难，与其他因素叠加，造成了巨大的经济与社会问题，迫使中国走向改革开放之路。

改革开放意味着中国回归世界主流经济体制即市场经济体制。市场经济依赖的主要资源动员与配置机制是市场价格而非国家权力。市场经济不仅不需要抑制消费，反过来要以消费导向安排和组织生产。市场经济同样需要劳动激励，但却不需要依赖意识形态的动员，而是依赖现实利益的诱导。20 世纪 70 年代末肇始的中国改革开放正是以赋予所有的经济行动者以追求自我利益的合法性开始的。而这也是中国消费者解放，即拥有合法的权益地位的开始。

2. 有效需求的力量

第二种内在力量来自大众消费者的有效需求。所谓有效需求，指的是有货币支付能力的需求。大众生产的扩散，增加了劳动者的就业，也提高了他们的工资收入，这是消费者增强其有效需求能力的最重要的来源。反过来，有效需求能力的增强，也提高了大众消费者整体的市场地位，即他们能够通过大众购买（大量市场）来影响产品或服务的市场价格，从而引导生产者的决策，甚至因此决定生产者或投资者的命运。关于这一点米塞斯早有其洞见：

> 生产手段的保有不是一个特权，而是一个社会责任。资本家和地主不得不把他们的财产利用到使消费者得到最大可能的满足。如果他们迟缓、愚钝，以致不能完成他们的责任，他们就受到亏损的惩罚。如果他们不接受这种惩罚的教训，他们就要丧失他们的财富。投资没有永久是安全

的。凡是不能把他的财产最有效地为消费者服务的人，注定要失败。[①]

如果说"使消费者得到最大可能的满足"构成了一种生产者的"社会责任"，那么，消费者的社会责任就在于行使其"主权"即通过符合其消费意愿的购买来使"利润与亏损"得以发生，从而引导生产手段或生产资源转移到更有效率的生产者或企业家手中。这正如米塞斯所说的，"企业家追求利润是市场经济的推动力。利润与亏损是消费者在市场上行使其主权的手段。消费者的行为使利润与亏损出现，因而把生产手段的所有权从效率低的企业家转移到效率高的企业家。它使那愈善于服侍消费者的人成为企业界愈有影响力的人物。在没有利润和亏损的场合，企业家将无从知道消费者最迫切的需要是什么"[②]。

诚然，消费者发挥有效需求的力量是有条件的，即它要依赖于存在一个接近完全竞争模型的市场。具体而言，这一市场至少需要满足以下条件：第一，生产者众多且彼此都在为争夺同一市场中的消费者而竞争；第二，消费者同样众多，他们的购买或不购买行为所合成的力量足以使某产品或服务的生产者的利润或亏损出现；第三，价格和其他信息传递机制足够完善，从而一方面使企业家能够知道或预料消费者最迫切需要什么，另一方面使消费者能够知道生产者为了消费者的"最大可能的满足"做了怎样的调整与改变。在上述市场条件下，消费者通过大众购买或大量购买的确具有某种控制生产者的优势。正是在这样的市场条件下，米塞斯强调了"消费者命令"也即消费者主权的可能性：

> 消费者是能够从心所欲的。企业家、资本家和农民让他们的手被束住；他们不得不遵照大众购买者的命令来做事。如果违离了消费者的需求所规定的路线，就会赔本。稍稍违离——或者是由于故意，或者由于差误，或者由于坏的判断，或者由于缺乏效率——就可减低利润或造成亏损。较

---

① [美]路德维希·米塞斯：《人的行为》上卷，夏道平译，远流出版事业股份有限公司1991年版，第406—407页。

② [美]路德维希·米塞斯：《人的行为》上卷，夏道平译，远流出版事业股份有限公司1991年版，第393页。

严重的违离，就会陷于破产或赔掉全部财富。资本家、企业家、地主，只有好好地遵照消费者的命令，才可保存和增加自己的财富。①

然而，现实中这样的市场条件是否总是能够得以满足？大众消费者是否总能处于"命令"或控制生产者的地位？甚至，我们要问：生产者是否完全依赖消费者，以致只有"遵照消费者的命令"，才可获得保全与发展？这正是我们下面要予以深究的。

3. 消费者地位竞争："主权"的自我限制

第三种力量来自大众消费者之间的地位竞争。某种意义上说，大众消费者就是在与精英消费者地位竞争的过程中兴起的。在前消费社会，受旧的社会政治地位的限制，新兴的中产阶级——作为大众消费者的先锋——凭借其新富的经济地位可以通过模仿消费及其他途径例如通婚，取得旧贵族阶级的某种认可。而在消费社会，由于大众生产的兴起，更多的人通过职业劳动得以进入中产阶级的行列，同时，越来越多的过去仅为少数精英消费者独占的奢侈品转变为了能够为中产阶级普遍享用的作为日常消费的非必需品。

这意味着，大众消费者与精英消费者之间的距离在逐渐缩小，尽管其没有也不可能完全消解。因为，第一，正如齐奥尔格·齐美尔（Georg Simmel）早已指出的，上中下阶层之间是存在既流动又区隔的"门与墙"式的博弈的。②一方面，中下阶层可以通过开放的"门"（门槛就是对上层阶级的生活方式与品味的认同与模仿）进入上层阶级；另一方面，上层阶级为了维护自己已有的地位，又会维持或增设许多"墙"（旧的或新的地位获得标准），以尽力阻止他者的入侵或分享。③进入消费社会以后，借助大众生产——正如我们分析的，

① ［美］路德维希·米塞斯：《人的行为》上卷，夏道平译，远流出版事业股份有限公司1991年版，第366页。

② ［德］齐奥尔格·西美尔：《时尚的哲学》，费勇、吴菷译，文化艺术出版社2001年版。

③ 鲍德里亚描述了消费社会中精英阶级可以通过创建新的消费方式与风格维系其特权："城市工业界的影响使得新的稀有之物出现：空间和时间、纯净空气、绿色、水、宁静……在生产资料和服务大量提供的时候，一些过去无需花钱唾手可得的财富却变成了唯有特权者才能享用的奢侈品……日常消费品的社会地位愈来愈低。收入本身因巨大差异的不断缩小，已失去作为明显标准的价值……至此，我们看到社会等级来自于更为微妙的社会标准：工种

其在很大程度上是企业市场化的结果——中产阶级或大众消费者在与精英消费者的外部地位竞争中赢得了空前胜利：涌入精英者阶层之"门"的大众消费者日益壮大。第二，不断壮大的大众消费者阶层开始了其内部的地位竞争。如果说大众消费者参与外部上层精英的竞争是为了"进入"即获得跨入上层社会之"门槛"的机会，那么，在这之后或同时进行的内部彼此之间的竞争则是为了"区分"，即证明自己或自己所属的小团体比他人或其他团体具有更高或更优越的地位，例如，一些人要证明他们有能力翻越旧贵族或旧精英设定的"墙"，另一些人则想自建标准成为某种新贵或新精英，等等。人类的社会性及追求社会地位和权力的本性，决定了他们不会停止地位竞争。[①]同时，非必需品消费大多具有的符号价值的特性，决定了人们可以通过消费的方式开展和平、有序的地位竞争。

　　为理解这一判断，有必要澄清一下消费品的价值构成问题。我们假设所有的消费品都包含三类价值，即使用价值、交换价值和符号价值。[②]然后，就可以根据符号价值和使用价值在消费品交换价值中所占的比重来区分消费品的类别，即其属于必需品还是非必需品。当一种物品的交换价值主要来自其使用价值的贡献，或者说，其符号价值与其使用价值之比小于1时，该物品通常属于必需品；相反，当一种物品的交换价值主要来自其符号价值的贡献，或者说，其符号价值与其使用价值之比大于1时，该物品通常属于非必需品，且比值越大，非必需品等级越高，例如，极奢品。

和责任类别、教育和文化水准，以及参与决策。知识化能力是或即将是我们这个丰盛社会的两个重要的财富。"（[法]让·鲍德里亚：《消费社会》，刘成富、全志钢译，南京大学出版社2008年版，第37页）

　　① 查尔斯·库利（Charles Cooley）和马克·格兰诺维特（Mark Granovetter）都有承认与论述（[美]查尔斯·库利：《人类本性与社会秩序》，包凡一、王源译，华夏出版社1989年版；Granovetter M, "The Old and the New Economic Sociology: A History and an Agenda", In Friedland R, Robertson A F, *Beyond the Marketplace: Rethinking Economy and Society*, New York: Aldine de Gruyter, 1990, pp. 89-112.）。

　　② 马克思系统地论述了商品中价值二因素即使用价值与交换价值（[德]卡尔·马克思：《资本论》第一卷，人民出版社1975年版）。鲍德里亚则提出，在消费社会中，商品除了使用价值和交换价值外，更重要的是还具有符号价值（[法]让·鲍德里亚：《消费社会》，刘成富、全志钢译，南京大学出版社2008年版）。

这意味着，在市场社会中，消费品的这三种价值即使用价值、交换价值和符号价值之间存在着某些可转化性：①使用价值可以转化为交换价值，并且，使用价值越大，交换价值也越大，例如沙漠中的水。②交换价值可以转化为符号价值，并且，交换价值越大，符号价值也越大，例如黄金、钻石等。③符号价值可以转化为交换价值，并且，符号价值越大，交换价值也越大。例如，Apple 1 型电脑 2013 年 5 月在德国 Breker 拍卖行曾以 67.14 万美元(约合人民币 411.4 万元)的价格拍卖成功。这款由史蒂夫·乔布斯(Steve Jobs)、斯蒂芬·沃兹尼亚克(Steve Wozniak)和罗恩·韦恩(Ron Wayne)1976 年手工制造的苹果第一代电脑最初售价 600 美元，当时生产了大约 200 台，现存世 50 台。①④符号价值并不必然但也不排斥建立在高度的使用价值的基础之上。例如，现存 Apple 1 只有 4KB 内存，目前只有 6 台可运行，但已不能真正发挥电脑的功能。不过，我们也看到大多数奢侈消费品都同时具有高品质的使用价值。

可见，消费品的三种价值之间的可转换性是有限的。特别是符号价值，它更具有独立于其他两种价值的特征。那么，符号价值从何而来呢？笔者的观点是，它来自对消费品意义的社会建构，即消费者与生产者通过某种嵌入互动而对某种消费品所包含的社会意义尤其是其指涉的地位性意涵进行构建与传播。其步骤如下。首先，消费者提出某种地位竞争的需求，例如寻求与某一人群的相互认同，或者谋求与其他人群的区别。消费者提出的这类需求往往不是个别的，而是有其群体性，即是嵌入在同类消费者的某种共识中的。其次，生产者会通过发明或新的设计，生产出某种新的产品或服务，以满足这种特定的需求。生产者一方面会采用更优质的使用价值、更少的市场供应，另一方面通过广告宣传来表达这种商品及其消费所蕴含的符号价值。最后，当认同其符号价值的消费者愿意为此支付通常更高的交换价值(市场售价)时，即表明消费者认可生产者新的商品及其包含的符号价值的生产。符号价值的社会建构得以有效实现。这说明，符号价值不是生产者单方面建构的，它最终要经受消费者对生产者的行为能否有助于其实现地位竞争的评价。只

---

① 环球网科技：《苹果第一代电脑拍出 67 万美元惊世价格》，2013 年 5 月 28 日，http://news.ccidnet.com/art/950/20130528/4959705_1.html。

不过，在符号价值的社会建构中，生产者通常更为主动。因为，符号价值大多可以转化为高额的交换价值，而这正是生产者热衷于建构商品的符号价值的根本动力。这一点我们后面还将进一步分析。

在此，我们要着重指出的是，大众消费者之间地位竞争的必然性及其引发的消费者与生产者之间的关系控制的变迁。前已言之，人类追求社会地位的本性决定了不同消费者，包括大众消费者与精英消费者及大众消费者内部各群体之间的地位竞争。这里，我们要进一步指出的是，正是大众消费者之间的地位竞争，从内部自我限制了正在成长中的消费者主权，并且，更主要的是，它使得一种相反的力量即生产者主权得以可能发挥更大作用。

消费者主权的实现，很大程度上取决于消费者在市场交易也即在与生产者关系中的"结构自主性"（structural autonomy）。[①]假定市场上只有一个消费者且其面对的生产者众多，则消费者能达到完全的"结构自主性"，并拥有绝对的主权地位。如果这一假设成立，那么，我们同样可以相信，当众多大众消费者的市场需求一致(无差异)时，其相当于集合成为一个唯一的且拥有巨大购买力的消费者，它将对处于相对分散的生产者构成完全自主的状态，也即其能够对相互竞争的生产者构成绝对的控制。然而，现实情况是，大众消费者之间发生了地位竞争，致使其市场需求的一致性成为不可能。换言之，消费者之间的差异化的市场需求，瓦解了一致性的和更大数量的购买，从而使生产者得以通过区分和控制消费者的差异化的市场需求及其满足的方式，达到抑制消费者主权之实现的目的。而这一反运动，也就是生产者主权或控制得以实现的过程。

四、生产者控制及其后果

我们再次强调，消费者追求社会地位的本性决定了消费者之间难以改变的地位竞争，而地位竞争又决定了生产者控制，即生产者对消费者支配的可能性。因为，生产者可以为消费者地位竞争提供其实现的两个重要条件：①通过分众生产向有着差异性需求的消费者提供满足其需求的机会；②通过

① Burt R, *Corporate Profits and Cooptation*, New York: Academic Press, 1983, pp. 58-59.

消费信贷向支付能力不足的消费者提供即时消费的资金支持。生产者正是通过改变生产组织方式和提供新的服务来获得生产者控制的可能性的。在这一过程中，一方面消费者福利显著提高，另一方面消费者主权也为此付出了减损的代价。

1. 控制消费者需求

首先，让我们看看生产者是如何通过分众生产控制消费者需求的。分众生产，意指生产者根据大众消费者尤其是中高端消费者特定的需求，而开展的差异化生产或服务。随着工业社会和消费社会的扩张，大众消费者必然发生经济收入与经济地位的分化。与其同时，那些流动到较高位置的中高收入者，会对其社会地位的升迁产生相应的需求。而在消费社会下，参与高品质的消费已被公认为是一种获得和维持新的社会地位的有效途径。这样，过去曾广受大众消费者欢迎的大量生产及其同质化消费已不再被中高收入者所认可，他们开始追求与自己的收入、职业相称的较高品质的消费。正是这一消费需求的变迁决定了生产组织方式的更新，分众生产由此成为可能。

再以汽车生产及福特汽车公司 T 型车的兴衰为例。1923 年，福特 T 型车曾以其大量生产和最低价格占取美国汽车销售总量的 57%。①然而，随着大众消费的发展，一方面，T 型车款式单一、设备简陋的缺陷逐渐显现，与中高收入者对汽车消费的舒适性和炫耀性的需求日趋背离；另一方面，旧车市场的兴起与扩张又促使较低收入者转向对二手车的需求。结果，1924 年起 T 型车销售量出现下滑，单车销售利润不断降低（每售出一辆车福特只能赚到 2 美元，公司 95% 的利润都来自备件和配件）。其他竞争厂商如通用、克莱斯勒则因为有较好的市场预见，从而将其生产定位为中高端消费市场而日渐成功。市场竞争迫使福特公司改变策略。1925 年，福特收购了林肯汽车公司，

---

① ［美］伦德尔·卡尔德：《融资美国梦：消费信贷文化史》，严忠志译，上海人民出版社 2007 年版，第 185 页。T 型车如此成功，以致埃德塞尔·福特（Edsel Ford，亨利·福特的曾孙，又译"埃兹尔·福特"）曾说："我曾祖父时代有一句话说得好，努力超过一辆福特车没有用，因为前面总还会有一辆福特车。"（新浪汽车：《福特 T 型车：一款改变了世界的汽车》，2003 年 6 月 12 日，http://auto.sina.com.cn/news/2003-06-12/38841.shtml）

开始打入高档车市场。两年后，福特公司将 T 型车停产，全面投向较豪华的 A 型车的生产。

生产者根据消费者的成长与分化预见其市场需求的变化并及时进行生产组织方式的调整，这一点至关重要。正如米塞斯所说的，生产者必须"遵照大众购买者的命令来做事。如果违离了消费者的需求所规定的路线，就会赔本"[①]。诚然，米塞斯并没有着意大众生产向分众生产转型的议题。此外，他简单化地处理了有关消费者需求认知的问题。事实上，一方面，尽管生产者可以预见消费者需求发展的总趋势，但作为个体的消费者并非总能对其需求发展的方向有明确的认知，或者，即使其有所认知，但要付诸行动即产生适应这一方向的产品购买还需受到额外的动员与激发；另一方面，对于生产者而言，根据消费者的需求发展之预见安排新的投资与生产，将面临是否存在有效的市场需求的风险。为了控制风险，生产者必须开展一种动员与激发消费者购买的行动，即通过广告说服消费者建立或增强其某种特定的消费意愿，以最终促使其将消费意愿转变为实际的购买。

第二次世界大战之后，报纸、杂志、广播，尤其是电视等大众媒体的兴起，推助了广告业的迅猛发展。然而，决定企业广告发展的根本力量却是其内在的生产组织方式的变迁，即由标准化、大量生产转变为分众化、差异化生产。而且，无论大众传播技术如何转变，企业广告的本质并未发生根本性的变化，即企业广告仍然是生产者按照其对消费者需求发展的预见及依此所做的生产的安排说服消费者。这一观点，可以从福特公司的广告策略的改变得到验证。资料表明，福特公司在1917～1923年居然没有做过任何广告，之后则不得不卷入与其竞争对手的各种营销包括广告竞争之中。

说服，在此意指生产者引导消费者认同或接受其提供的产品或服务。其通常包括两个过程：一是增强其消费意愿。首先，广告通常都通过一些参照物例如香车美女、豪宅游艇等的展示来对人的本能性欲望予以刺激。其次，更为巧妙的是，它会引导消费者接受一种特殊的消费理念——他人认同型消费理念，即消费的目的并非是或主要不是为了获得它的使用价值，而是或

---

① ［美］路德维希·米塞斯：《人的行为》上卷，夏道平译，远流出版事业股份有限公司1991年版，第366页。

主要是为了获得一种符号价值,即达到他人的认同或实现他人的期待。①"他人"——例如,广告中扮演的父母、妻子、女友、同事甚至"路人"等——的眼光所表达的期望,都是消费者所应达到的消费或生活方式的标准。按照广告的说辞,消费者只有达到这一标准,才能获得他人的认可与赞许,从而才能对自己的地位与能力有充分的自我肯定。二是说明消费品的功效。也即证明生产者所提供的产品或服务如何能够满足消费者的他人认同型消费的意愿或需求。为此,非必需品消费广告展示的重点通常不是其使用价值,而是其符号价值,也即透过它的区别于其他同类商品的各种优点所能够获得的他人认同的程度。当然,广告也会让消费者明白这样的逻辑:你的消费越能得到他人的认同,你的地位才越能得到他人和自我的肯定。

消费者地位竞争的需求决定了生产者分众生产的可能;反过来,生产者为获得一个有效的分众市场(既寻求获得最大的利润,也控制分众生产的风险),其必然会通过广告说服目标消费者进入生产者设定的分众生产与消费之中。这是消费社会进入第二阶段发生的"故事"。消费社会的批评者,大多谴责这一过程中生产者所建构的"专断"与"控制",例如,在鲍德里亚和加尔布雷思看来:

> 在这一阶段,体制必须不仅控制生产机器而且控制消费需求;不仅控制价格而且控制这一价值所要求的东西。这一点至关重要。总的结果是,要么通过先于生产行为本身的手段(民意测验、市场研究),要么通过后续手段(广告、市场营销、包装),"从购物者(在此能逃避任何控制)那里剥夺决定权并将它转让给企业。它可以在企业那里得到控制"……这就是与"传统序列"相对立的、被加尔布雷思称做"颠倒了的序列"。以往,主动权被认为是在消费者手里,而且通过市场反映到生产企业那里。这里恰恰相反,生产企业控制着市场行为,引导并培育着社会态度

---

　　① 与其相对的另一种消费理念,可以称为自我导向或自我认同型消费理念。有关该理念的含义及其行动效果,我们将在后面详述。

和需求。这就是生产秩序专断的一面，至少是有这种倾向。[①]

不可否认生产者控制的可能与力量，但是，我们究竟要将这种控制强调到何种程度，却是一个问题。生产者是否能够完全按照自己的意志安排生产，然后"驯化他们"，即让消费者"无条件"地接受这种专断的生产；反过来，消费者是否会完全被"劝导"甚至丧失自主选择，甘愿进入这种单方面控制的"游戏规则"而沦为生产者操纵的"消费机器"。我们的观察与分析可能会否定这种臆断[②]，尽管我们毫不怀疑生产者控制的存在与扩展。

首先，不能低估消费者追求地位、满足欲望的主动性。消费者的需求始终是生产的原动力。生产与其说是在"创造"需求，不如说是在"适应"需求。正是在此意义上，熊彼特承认："生产资料和生产过程一般没有真正的领导者，或者宁可说真正的领导者就是消费者。主管工商企业的人只是执行由需要或需求以及由给定的生产资料和方法为他们所规定了的事情。"[③]其次，不能忽视生产者之间的竞争。广告是生产者对消费者的一种说服，同时，广告也是生产者之间的一种竞争。广告竞争之所以出现，是因为存在着一种"垄断竞争"的市场。[④]在这一市场中，同类产品之间既有差异性亦有替代性。广告者力图通过劝导消费者认同其产品的差异性并乐于为此付费，从而获得对其产品需求和价格一定程度的控制力。然而，在垄断竞争条件下这种控制力是有限的。因为他的产品既非必需品亦非垄断供给品，换言之，他的产品同其他人相比，既有差别又可相互替代。广告竞争的作用因此变得复杂：一方

---

① [法]让·鲍德里亚：《消费社会》，刘成富、全志钢译，南京大学出版社 2008 年版，第 52 页。

② 鲍德里亚更多是将广告的效应建立在臆断式验证的基础之上，即认为广告能通过"自我实现的预言(通过其自身表白而自我实现的话语)"验证其预言([法]让·鲍德里亚：《消费社会》，刘成富、全志钢译，南京大学出版社 2008 年版，第 119 页)。然而，"自我实现的预言"并不能代替其后真正发生的事实。

③ [美]约瑟夫·熊彼特：《经济发展理论——对于利润、资本、信贷、利息和经济周期的考察》，何畏、易家详等译，人民出版社 1990 年版，第 26 页。

④ [美]爱德华·张伯伦：《垄断竞争理论》，周文译，华夏出版社 2013 年版。

面广告者可以说服消费者产生对其产品差别性的偏好，从而增加购买其产品的可能性；另一方面也会使消费者获得该产品及同类甚至相关产品的更多信息，从而可能在比较的基础上做出更为理性的选择。

　　理论的逻辑更多反映的是理论者的偏好与假设。实践的逻辑到底如何还需要我们进入历史和现实，尤其是当下的情形。2012 年我们在全国范围内组织了一次城乡居民消费实践社会调查。这一调查问卷表可见附录二。这次消费实践社会调查支持了上述判断，当然，这只是在中国范围内的某种证实，并且也仅仅反映的是中国转型时期的情况。在调查问卷表中，我们设计了如下一道问题："有人说：'归根到底是生产者(通过广告和推销)决定着我们的需求和购买。'您是否同意？"结果，统计表明(表 3-1)，有 22.7%的人选择"赞同"，有 37.4%的人选择"不赞同"，同时有 40.0%的人表示"不确定"。这说明，广告和推销的确在影响着人们的需求和购买，但其远未达到使绝大多数人承认其具有"决定性"的程度。

表 3-1　"归根到底是生产者(通过广告和推销)决定着我们的需求和购买。"您是否同意？

选择	数量/人	调整的百分比*/%
非常赞同	10	1.3
比较赞同	171	21.4
说不清 / 不确定	320	40.0
比较不赞同	227	28.4
很不赞同	72	9.0
未答	13	——
合计	813	100

资料来源：2012 年访问调查。
注：百分比数据之和由于四舍五入造成在 99.9%～100.1%，此类数据全书余同。
*只包括那些作答的。

　　我们推测，人们相信自己具有最终选择商品或服务的自主性，而广告无非是提供了一种认知和选择商品或服务的通道。这从受访者对我们设计的另一道问题，即"'市场经济的发展会使我们对商品和服务拥有更多的选择权。'您是否赞同？"的回答中，可见一斑。如表 3-2 所示，有高达 69.5%的人赞同"市场经济的发展会使我们对商品和服务拥有更多的选择权"。在中国市场转型情景下，人们对"市场经济的发展"的理解大多是与摆脱国家或单一厂商的垄断供应相近的。

表 3-2　"市场经济的发展会使我们对商品和服务拥有更多的选择权。"您是否赞同？

选择	数量/人	调整的百分比*/%
非常赞同	98	12.3
比较赞同	457	57.2
一般	194	24.3
比较不赞同	40	5.0
很不赞同	10	1.3
未答	14	—
合计	813	100

资料来源：2012 年访问调查。
*只包括那些作答的。

　　另外，我们的调查显示，广告和推销仅仅是消费者获取其所购买的商品或服务的一种渠道，并且，在当今时代还可能存在着其影响力不断下降的趋势。如表 3-3 所示，受访者获得购买商品或服务信息最多的渠道，依次是"商场或超市"（66.3%）、"互联网"（62.2%）、"亲朋好友"（49.6%）、"广告和推销"（25.7%）、"专业机构或人员"（6.2%）和"其他"（0.6%）。"商场或超市"居首，表明人们的日常消费信息获取恰恰来自其自身的消费实践过程。"互联网"第二，反映了互联网作为信息流通与网络购物平台正在发挥愈来愈大的作用。可以预见，其很快会超越"商场或超市"成为人们获取消费信息的主要来源和购物主要场所。"亲朋好友"第三，表明人际关系仍然承担着重要的获取信息来源的作用，而且，比较而言，人们可能仍然更相信来自亲朋好友的信息。因为，强关系可以带来更多的信任。[①]"专业机构或人员"居后，反映出专业机构如消费者保护组织、消费信贷公司等已经开始向中

---

　　① Granovetter M, "The Strength of Weak Ties", *American Journal of Sociology*, Vol. 78, 1973, pp. 1360-1380; Krackhardt D, "The Strength of Strong Ties: The Importance of Philos in Organizations", In Nohria N, Eccles R（Eds.）, *Networks and Organizations: Structure, Form, and Action*, Boston: Harvard Business School Press, 1992, pp. 216-239.

国消费者提供有关信息与财务帮助，但尚未成为中心的力量。总体而言，广告与推销——作为生产者单方面劝说的力量——的地位不是在增加而是可能在下降，相反，那些可引发消费者体验与互动的渠道，尤其是互联网却在不断增强其影响力。诚然，互联网也已成为广告和推销的新阵地，但其已在很大程度上改变了广告传播的单向性。这意味着，生产者不可能完全控制消费者的需求，但也不是说他们的控制力会无限减退，相反，他们也会在新的形势下（互联网条件下）寻求新的影响方式，即通过建构与消费者更为紧密、互动的方式传播它的影响力。

表 3-3   "您购买商品或服务时，一般从哪里获得相关信息？"（最多选 3 项）

选择	数量（未作答）/人	调整的百分比*/%
商场或超市	537（3）	66.3
互联网	504（3）	62.2
亲朋好友	401（4）	49.6
广告和推销	208（4）	25.7
专业机构或人员	50（5）	6.2
其他	5（4）	0.6
受访者（合计）	813	—

资料来源：2012 年访问调查。
*只包括那些作答的。

2. 提供消费信贷

生产者控制的另一个途径是提供消费信贷。分众生产造就"垄断竞争"市场，而"垄断通常意味着对供给进而对价格的控制"。[①]然而，这一有限垄断即超越纯粹竞争条件下的价格是否能够为消费者所接受呢？这就需要生产者从两个方面开展工作。一是通过广告和推销进行"劝说"，即说服消费者认同其产品或服务差别性的意义，也即其产品所具有的的符号价值。一旦消费者认同其符号价值，则其可能为此支付较高的价格。二是通过消费信贷——以

①　［美］爱德华·张伯伦：《垄断竞争理论》，周文译，华夏出版社 2013 年版，第 5 页。

消费购买为目的的借贷①——向消费者尤其是那些认同度高而支付能力低的消费者提供资金帮助。

　　生产者为什么需要向消费者提供消费信贷，通过对消费者进行类型学分析，能够获得说明。我们设计认同与支付能力两个维度。如图 3-2 所示，就可以将某一产品潜在的消费者区分为四类：①高认同、高支付能力；②高认同、低支付能力；③低认同、高支付能力；④低认同、低支付能力。对于生产者而言，第一类消费者(++)最为优质，因为其不仅认同其产品的符号价值，而且完全具备消费购买的能力。第二类消费者(+-)较优质，因为这类消费者认同其产品但却不具备或不完全具备购买能力。这类消费者正是生产者需要通过提供消费信贷即有关财务帮助才能使其真正成为其产品的使用者。第三类消费者(-+)虽然具备购买其产品或服务的能力，但在价值上却不认同其产品。这类消费者作为潜在的优质消费者，正是生产者需要通过广告和推销予以说服的目标。当然，要改变这部分消费者的立场尤其是想让他们放弃原有的选择并不容易。第四类消费者(--)既不认同其产品也缺乏相应的支付能力，因此最可能为生产者所忽视。不过，消费者的观念及其经济社会地位并非不可改变。对于有远见的生产者而言，他们都不应被排除在施加广告与消费信贷影响的范围之外。

		支付能力	
		高	低
认同程度	高	＋＋	＋
	低	－ ＋	－ －

图 3-2　消费者类型

---

① 相反，用于获取生产资料为目的的借贷例如用于购买土地的贷款，则称为生产信贷。

　　那么，消费信贷究竟是如何可能的，以及其为何直到消费社会真正兴起之际也即 20 世纪 20 年代之后才得以普及呢？诚然，正如伦德尔·卡尔德（Lendol Calder）指出的，消费信贷活动——借款、放贷、赊购等——在 19 世纪末的美国就已普遍存在，并且，那时候的消费信贷主要是低收入家庭和无固定收入的家庭用来"设法应付贫穷生活中的迫切需要"。然而，直到 20 世纪 20 年代之后，消费信贷才成为"现代美国（中产阶级家庭）生活方式的一个组成部分"①。究其原因，在于随着消费社会的演进即由大量生产向分众生产的转变，美国社会出现了更大范围的对增进消费者支付能力的供求，同时，这一时期有关消费信贷的法律制度和道德基础已经到位。

　　首先，作为消费信贷的第一种力量，即无论是大量生产还是作为其演进的分众生产，都内生有生产者谋求提高消费者支付能力的动力。大量生产固然可以提高生产效率，从而降低产品生产成本及其零售价格，但是，如果社会中的中产阶级的收入水平不能提高，则其仍然难以成为消费这些新工业品（非必需耐用消费品）的主力军。而缺少有效的市场需求，则大量生产难以维系。事实上，正是基于这样的判断，才促使亨利·福特在 1914 年做出将员工工资加倍，同时缩短工作时间的决定。

　　将熟练工人"培育"为中产阶级（中等收入人士）体现了企业家的远见与良知，然而，其并非没有限制：提高员工工资会直接增加企业的生产成本，而生产成本的增加会使其在与竞争厂商的价格竞争中处于不利境地。诚然，福特汽车公司在提高员工工资的同时仍然做到了不断降低 T 型车的售价，即由起初的每辆 825 美元降至 20 世纪 20 年代的 290 美元。然而，它的单车销售利润也在不断降低（每售出一辆车福特只能赚到 2 美元）。正是市场价格竞争的限制，使福特开创的通过增加员工工资提高消费者支付能力的方法，不可能无限制使用，并且，也难以在短期内得到大规模的推行。这样，另一种更为有效的提高消费者支付能力的方法，即向消费者提供分期付款购买的方式被厂商越来越广泛地利用了。

　　分期付款销售是如何在汽车营销过程中开启消费信贷革命的值得回顾。

-----

　　① [美]伦德尔·卡尔德：《融资美国梦：消费信贷文化史》，严忠志译，上海人民出版社 2007 年版，第 39、113 页。

率先向消费者提供分期付款方式购买 T 型车的企业不是福特汽车公司而是它的销售商（包括其二手车销售商）及其他竞争厂商。亨利·福特因为"对银行家、借钱、股东以及金融资本主义所持的反感态度"而反对以分期付款的方式购买福特车，结果"每一辆车的销售都是现金交易——买主是销售商。但早在 1914 年，福特汽车销售商们就已经以当地融资公司约定的分期付款信贷方式销售 T 型车了。埃兹尔·福特在 1919 年估计，在福特公司生产的汽车和卡车中，至少有 65%是以定期付款为基础进行销售的"①。

亨利·福特在 1908 年提出制造"面向大众的汽车"，然而，现实是并非人人都买得起福特车。福特 T 型车旅行版第一年售价为 800 美元，虽然以后价格下降，但"甚至 1916 年贴出的 360 美元的价签也超出了大多数人的预算范围。按照 1916 年的价格，购买一辆廷利齐(Tin Lizzie，即福特 T 型车)汽车花掉一般产业工人的几乎半年收入，而一名白领会计要花掉一年工资的 1/4。汽车在家庭收入中占这么高的比例，即便低档汽车的高花费也树立了一道明显障碍，阻碍了真正的汽车大众市场的形成"②。由于这一原因，少数福特车销售商在 1910 年开始尝试向"符合条件的买主"提供分期付款赊销。一开始，他们借贷的是自己的钱。1913 年，韦弗(L. F. Weaver)成立了第一家销售融资公司，以帮助汽车销售商解决信贷和赊销问题。"销售融资公司起到银行、卖主和客户之间的中介人的作用。银行给销售融资公司提供资本，融资公司向销售商提供信贷，这样，销售商就能向客户提供赊销。"③一位名叫爱德华·鲁梅利(Edward Rumely)的独立财务顾问写信给埃德塞尔·福特，建议福特组建一家金融公司，它单独运作，但是仍在福特公司的掌控之下。但是，亨利·福特否决了这一提议。

与福特的态度不同，新组建的通用汽车公司认识到了它们需要利用分期付款赊销的方式与福特一争高下。通用公司使用了福特开创的标准化生产，

---

① ［美］伦德尔·卡尔德：《融资美国梦：消费信贷文化史》，严忠志译，上海人民出版社 2007 年版，第 182、183 页。

② ［美］伦德尔·卡尔德：《融资美国梦：消费信贷文化史》，严忠志译，上海人民出版社 2007 年版，第 178 页。

③ ［美］伦德尔·卡尔德：《融资美国梦：消费信贷文化史》，严忠志译，上海人民出版社 2007 年版，第 179 页。

也在大量生产低档汽车。不过，它们生产的汽车在技术含量、舒适性和款式上已经超越 T 型车，并且正在尝试部署更多品牌的高档汽车的生产。通用汽车公司的经理们相信"更多舒适性、更大动力和更新款式"及更多差异化和分众生产，比福特固守一款只保证"基本运输功能"的 T 型车更能满足不同消费者尤其是高收入者的需要，当然，要使他们(尤其是中等收入者)能够认可并接受为此支付比福特 T 型车稍贵一些的价格，则必须采用分期付款的方式进行销售。正是基于上述理念，通用汽车公司于 1919 年 3 月组建了自己的金融公司——通用汽车金融服务公司(General Motors Acceptance Corporation)。金融服务公司的成立极大促进了通用汽车的销售与扩张。通用汽车公司分期付款销售的新车从 1919 年的 33%上升到 1923 年的 46%。[1]到 1926 年，通用汽车公司终于击败福特首夺市场领先地位。诚然，正如卡尔德指出的："通用汽车金融(服务)公司的组成开始了汽车融资的繁荣时期。1917年春季，大约有十家提供汽车贷款的销售融资公司；到了 1922 年，这个数字上升到1000；到了 1925 年，销售融资公司的数量达到了巅峰时期的 1600~1700 家。"[2]

　　市场地位的下滑，迫使福特汽车公司于 1923 年 4 月重启长期被忽视的营销议题。不过，福特仍然拒绝利用分期付款销售，而是创造出了一种被称为周付购买的方法。按照周付购买方法，顾客订购某款福特车需先在销售商那里实施一项储蓄方案，只需 5 美元的"首付"。销售商将这笔钱和将来的所有周付交给本地银行，用购车人的名字开户存起来，为购车人生息。当存款累积到所选汽车的购买价格时，客户得到汽车。福特周付购买方法的理念，是想让消费者在保持传统的节俭观——"作出小小牺牲的"储蓄——的同时，可以"无债一身轻地"享受到"更高生活标准"。然而，事实证明，这样的理念未能得到客户和销售商的认同。"在计划推行的头 18 个月中，仅仅有 40万人参加，而且其中仅有 13.1 万人坚持到交车的日子(这个数字低于一个月

---

　　① [美]伦德尔·卡尔德：《融资美国梦：消费信贷文化史》，严忠志译，上海人民出版社2007 年版，第 186 页。

　　② 据估计，在整个 20 年代，60%~75%的美国人是用分期付款的方式购买汽车的。中产阶级成为用分期付款购买汽车的主力军([美]伦德尔·卡尔德：《融资美国梦：消费信贷文化史》，严忠志译，上海人民出版社 2007 年版，第 185 页)。

的正常销量）。"①

福特汽车公司的周付购买方法何以失败？反之，通用汽车公司的分期付款方式何以成功？这与下面我们要论述的消费信贷兴起的第二种力量——随着消费社会的兴起尤其是伴随着其由大量生产向分众生产的转变，消费者同样内生有对消费信贷的不断增强的需求——有着密切的关联。

如果说大量生产向分众生产转变，对于生产者而言意味着需要在一种"垄断竞争"市场中重新开拓市场，以及迎接更为激烈的厂商之间的竞争，那么，对于消费者而言则首先意味着在一个丰裕的、可选择的商品世界中如何增强其购买力或支付能力。诚然，提高个人收入是增强其购买力的主要途径，然而，这一方法会受制于整个宏观经济发展以及微观企业价格竞争的压力，因而（至少在短期内）是有限制的。这样，在收入既定的条件下，消费者如何可能增强其消费购买力呢？有两种可能的方法，即上述通用汽车公司的分期付款购买的方法，以及福特汽车公司的周付购买的方法。

分期付款购买，能够通过信贷机制在短期内增强个人或家庭的消费购买力。所谓信贷机制，即银行、金融公司与客户的合作。银行向金融公司放贷，金融公司再向客户借贷，客户就能在支付少量"首付"的条件下，提前购买到所需要的商品。分期付款信贷通过给那些介于具有一定购买力和购买力不足的人——他们大多是中产阶级人士——提供资金，从而既增强了消费者的"即时"购买力，又令生产者各方均受益：银行收取了贷款利息、销售商提高了销售利润、制造商扩展了市场。正因为分期付款购买的方法能令各方受益，它才能在通用汽车公司采用后迅速成为一种势不可挡的潮流。

那么，增强"即时"购买力对于消费者有着怎样非同寻常的诱惑力呢？首先，它能够让消费者实现"享受在前""即时满足"。对于消费者而言，商品现在的使用价值总是大于其未来的使用价值。为了"享受在前"即获得商品现在的使用价值，消费者甘愿为之"购买"（支付利息）。这样，汽车——或者其他难以用现金一次性支付的耐用消费品——就可以现在被享用。这正是分期付款信贷得以被消费者接受的一个主要原因。

---

① ［美］伦德尔·卡尔德：《融资美国梦：消费信贷文化史》，严忠志译，上海人民出版社2007年版，第188页。

　　分期付款信贷的正当性因为其"先享后付""即时满足"的特征，而在20世纪20年代以后遭遇许多批评者的质疑。他们将分期付款信贷视为生成一种正在击败原有节俭文化的"享乐主义"的根源。[①]的确，追求舒适、安逸甚至所谓的感官刺激，都是人性自然的组成部分。正因为具有这样的人性，才存在着对超越一般生存条件的非必需品的需求。更重要的是，人性中还有一种社群性，即追求他人的认同甚至对他人的控制。正如我们在第二章分析的那样，在消费社会中，人们可以通过消费——追逐其符号价值——开展地位竞争。而分期付款方式通过提供资金给予了那些收入较欠缺的中产阶级跨越"规定性界限"（商品价签）去进行地位竞争的机会，尽管他会因此冒负债的风险。如果说过去富人垄断了享受几乎所有非必需消费品的权力，那么，现在借助分期付款方式，普通中产阶级甚至都可能拥有享用大多数耐用消费品的机会。[②]不能否认，这是一种社会进步，一种前所未有的大规模的消费民主化。

　　其次，消费者接受分期付款购买而放弃福特的周付购买，是因为前者更符合家庭理财（财务策略）的理念，即将家庭资金优先配置到能带来更大价值或效益的地方。正如卡尔德指出的：

　　　　福特眼中的节俭在他人看来显得像浪费。在许多人心里，储蓄买车的代价和好处与购买其他耐用消费品没什么两样。在攒钱购买住房的过程中，人们得支付房租。在攒钱购买冰箱的过程中，人们得花钱买冰。在攒钱购买戒指的过程中，求婚者可能会失去将来的未婚妻。同理，在攒钱买

---

　　① 正如丹尼尔·贝尔在《资本主义文化矛盾》中的断言：在破坏新教伦理过程中，起到最大作用的是分期付款方式的发明（[美]丹尼尔·贝尔：《资本主义文化矛盾》，赵一凡、蒲隆、任晓晋等译，生活·读书·新知三联书店1989年版）。

　　② "大多数耐用消费品是以'分期付款方式'购买的。到20世纪30年代为止，汽车销售量的60%～75%、家具的80%～90%、洗衣机的75%、吸尘器的65%、珠宝首饰的18%～25%、收音机的75%、电唱机的80%是由分期付款信贷提供资金的。"（[美]伦德尔·卡尔德：《融资美国梦：消费信贷文化史》，严忠志译，上海人民出版社2007年版，第191—192页）另据统计，到1926年，美国销售的每3辆汽车中，就有2辆是以信贷方式购买的（Olney M, *Buy Now Pay Later*, Chapel Hill: University of North Carolina Press, 1991, p. 96.）。

车的过程中，人们要么花钱使用其他交通工具，要么不享受汽车带来的诸多好处。许多人盘算，干吗不利用分期付款方式，在使用中支付欠款，从而避免没有汽车所带来的开销？在整个 20 年代，这一思路获得了许多的信奉者，尽管有的人在行动上反应迟缓。[1]

公众对选择何时消费——现在还是将来——以及是使用自有资金消费还是借贷消费，已经有了更为理性也即盘算其比较经济利益的考量。哪种方式受益更多（包括感官上更能享受、地位竞争价值更大，以及经济上更合算），愈来愈成为公众选择的标准。诚然，"福特周付购买是对公众需要的一种十分错误的估计"[1]。因为它空有节俭的理念却无实质性的经济核算。而生活中真正节俭的理念，正如费孝通在《江村经济》中指出的那样，既是一种价值观，也是一种家庭财务的策略。1926 年福特汽车公司首次将市场领先地位让给了通用汽车公司。福特汽车公司历经磨难，最终认识到自己在生产与营销上的错误。1927 年末，福特推出了期待已久的 A 型车，接着在 1928 年初福特资助的分期付款销售融资公司——万能信贷有限公司（Universal Credit Corporation）宣告成立。然而，这一步为时已晚，无法帮助福特汽车公司重获市场领导地位。

消费信贷兴起的第三种力量，即 20 世纪 20 年代以来，有关消费信贷的法律制度、组织机构和道德基础的不断建构与发展。消费信贷的法律制度的建构是与 20 世纪初慈善改革者们对高利贷的反对联系在一起的。对高利贷者的批判和法律起诉，激发了一些以慈善原则为基础的无息或低息放贷机构的建立。人们常常把这些机构称为"补救性贷款协会"（remedial loan society），因为它们旨在解决信贷民主化——穷人无法从合法渠道贷款——的问题。为此，小额贷款是为小生产者服务的，是一种补救性生产贷款。

然而，到 20 世纪 20 年代，小额贷款机构的生意日渐衰微，而零售分期付款购买正在改变家庭的经济意义。在对这一潮流做出回应的过程中，小额贷款机构为它自己找到了一种新的身份：消费者的"财务顾问"。放贷机构过

---

① [美]伦德尔·卡尔德：《融资美国梦：消费信贷文化史》，严忠志译，上海人民出版社 2007 年版，第 188 页。

去一直灌输节俭和储蓄的价值，现在却要放贷让客户购买汽车。为重建其业务合法性，小额贷款公司提出了一种为求自我认同的新的工作伦理："与其说是发放贷款，宁毋说是改善家庭理财。"①给消费者提供财务帮助，构成了消费信贷的合法性基础。1916 年，美国颁布《统一小额贷款法》，进一步增强了慈善性补救贷款的改革。

当然，推动分期付款销售的还有前述由大公司组建起来的金融公司，如通用汽车金融服务公司、商业投资信托公司（Commercial Investment Trust Corporation）、商业信贷公司（Commercial Credit Company）等。大金融公司几乎垄断了大型耐用消费品例如汽车的批发和零售贷款，小额贷款公司则多将其业务限制在小额零售贷款范围内。不过，它们在推动消费信贷的扩展和法律制度建设及观念的改变上，并无多少差别。

第二次世界大战以后，美国消费信贷在 20 世纪 20～30 年代奠定的基础上进一步发展。这一时期最显著的是信用卡这种旨在提供零售和即时现金支付的信贷方式，被各种金融和非金融放贷机构开发出来，使其成为美国市场上接受范围最广的支付手段。②信用卡的流行有效地刺激了第二次世界大战后消费信贷的增长。资料显示，第二次世界大战期间实施的信贷限制将美国消费信贷降到了 57 亿美元；1978 年 7 月则已攀升到令人无法想象的高度——1.266 万亿美元。③随着信用卡使用领域的扩展以及使用人群（范围）的扩大——那些过去被认为不具有良好信用和还债能力的低收入群体也被放贷机构认定为"值得发放信贷"——新的信贷方式在 20 世纪 50～70 年代迎来了新一轮对消费信贷的批评。

批评首先指向新旧消费信贷方式所带来的消费债务剧增问题。据加尔布雷思引用的数据，第二次世界大战以后的若干时期，美国消费债务的增加均超过个人收入的增长："1952～1956 年间，全部债务（不包括不动产抵押借贷）

① ［美］伦德尔·卡尔德：《融资美国梦：消费信贷文化史》，严忠志译，上海人民出版社 2007 年版，第 145 页。

② 信用卡被认为起源于 1915 年的美国，并且最早发行信用卡的机构并不是银行，而是一些百货商店、饮食业、娱乐业和汽油公司。但是，真正使其流行起来成为一种主要的支付性信贷工具的是在第二次世界大战之后尤其是 20 世纪 50 年代。

③ ［美］伦德尔·卡尔德：《融资美国梦：消费信贷文化史》，严忠志译，上海人民出版社 2007 年版，第 290 页。

从 274 亿美元增至 425 亿美元，或者说增加了 55%。分期付款增加了 63%，汽车分期付款几乎增加了 100%。即使是在这些繁荣年代，个人可任意使用的收入仅增加了 21%。1956～1967 年，消费债务从 425 亿美元增至 991 亿美元，增加了 133%。分期付款从 317 亿美元增至 779 亿美元，或者说增了 146%，汽车债务从 144 亿美元增至 312 亿美元，增加了 117%。正是在这 12 年中，可任意处理的个人收入从 2932 亿美元增至 5446 亿美元，增长了 86%。这种趋势持续到了 20 世纪 70 年代，甚至在此之后仍存在。到 1974 年，全部消费债务超过了 1900 亿美元，其中 1560 亿美元是分期贷款，520 亿美元是汽车债券。可随意支配的个人收入增加了 80%，达到 9800 亿美元，然而全部贷款增加了 92%，分期贷款增长了 100%。受汽油价格和汽油短缺的影响，汽车债券增长了 64%。"[①]

不过，值得注意的是，同比而言这些时期个人收入的增长速度都要比消费债务的增长速度快。这意味着消费债务的增长并不是不受各种力量制约的（稍后我们将说明和分析这些力量）。遗憾的是，加尔布雷思有意无意地忽视了这些力量，而只是单纯强调消费债务的不断增长及它带来的"经济危险"，即破坏经济稳定性和经济安全这一"根本利益"。他认为：

> 需求得以综合的过程，是经济不稳定的一个潜在根源。生产、就业和社会安全依赖于消费债务创造这种本质上不稳定的创造过程。这在某一天可能失效，竞争义务或者综合需求能力的衰退可能使消费减少，失业增加，并带来再调整的困难。[②]

加尔布雷思呼吁人们正视消费债务增长过快所带来的潜在风险并不错，关键是，他的论证——消费债务既是增强综合需求能力的一个来源，又是经济不稳定的一个潜在根源——仍然缺乏逻辑，也缺乏精确性。消费债务到底

---

① ［美］约翰·加尔布雷思：《富裕社会》，赵勇、周定瑛、舒小昀译，江苏人民出版社 2009 年版，第 143—144 页。

② ［美］约翰·加尔布雷思：《富裕社会》，赵勇、周定瑛、舒小昀译，江苏人民出版社 2009 年版，第 199—200 页。

是好还是坏？或者，占个人收入比到底多大才是利或弊？或许，还应当从总
需求与总供给均衡的角度分析消费债务的作用及其规模边界。因为依照凯恩
斯的理论："若消费倾向相当薄弱，则可以引起失业，因为一个相当薄弱的消
费倾向，需要但得不到充分的新投资量以资补救。"①消费债务可以弥补消费
倾向的不足，而其规模边界应该视其与新投资量的均衡为定。这或许正是在
前消费社会人们大多赞成生产性信贷而反对消费性信贷，而在消费社会人们
日益对消费性信贷表示理解和支持的原因。②

　　前已言之，消费社会中人们支持消费信贷，不仅因为它能实现"超前享
受"，而是其已成为家庭理财中的一部分。随着个人收入的增加以及消费信贷
将利用其他货币(实质是其未来的收入)的机会推向了生活的中心位置，家庭
理财的重要性日益增加，甚至已成为每个家庭至关重要的责任。可见，消费
信贷和消费债务的增长是必然的。当然，这也并不意味着家庭理财中无须顾
及一种区分适当负债与不适当负债的观念与方法。卡尔德认为，"节约、节俭
以及计划"构成了"维多利亚时代理财伦理的三项首要原则"③。可以相信，
在消费社会或消费信贷时代，这三项原则仍然是家庭理财的首要原则。因为，
这是一种人类在谋求更好的地位或处境中所普遍具有的理性。亚当·斯密对
此早有洞察：

　　　　我们一生到死，对于自身地位，几乎没有一个人会有一刻觉得完全

---

① ［英］约翰·凯恩斯：《就业利息和货币通论》，徐毓枬译，商务印书馆 1983 年版，第
320 页。

② 在前消费社会，即使像亚当·斯密、李嘉图和穆勒这样的崇尚自由市场的经济学家也
都表示对消费性信贷的反对。除了认为"用于即期消费的信贷与人们自己的利益和天生节俭
品质完全相悖"(转引自［美］伦德尔·卡尔德：《融资美国梦：消费信贷文化史》，严忠志译，
上海人民出版社 2007 年版，第 93 页)，更因为，在这一时期社会总供给小于总需求，因而生
产性投资较消费更为重要："资本增加，由于节俭；资本减少，由于奢侈与妄为。一个人节省
了多少收入，就增加了多少资本。这个增多的资本，他可以亲自投下来雇用更多的生产性劳
动者，亦可以有利息地借给别人，使其能雇用更多的生产性劳动者。"(［英］亚当·斯密：《国
民财富的性质和原因的研究》上卷，郭大力、王亚南译，商务印书馆 1972 年版，第 310 页)

③ ［美］伦德尔·卡尔德：《融资美国梦：消费信贷文化史》，严忠志译，上海人民出版社
2007 年版，第 86 页。

满意，不求进步，不想改良。但是怎样改良呢，一般人都觉得，增加财产是必要的手段，这手段最通俗，最明显。增加财产的最适当的方法，就是在常年的收入或特殊的收入中，节省一部分，贮蓄起来。所以，虽然每个人都不免有时有浪费的欲望，并且，有一种人，是无时不有这欲望，但一般平均说来，在我们人类生命的过程中，节俭的心理，不仅常占优势，而且大占优势。[1]

这一时期批评者的另一个观点是，消费信贷的兴起是"一种明显脱离节俭历史的(享乐主义)行为"。加尔布雷思在《富裕社会》中写道："对于清教徒要求储蓄在先、享受在后的格言，现在出现了一种模糊，但很现实的后退。"虽然有些混乱，但他还是相信，"人们并没有放弃清教徒的精神气质，它只不过被当代销售的巨大压力掩盖了"[2]。十几年后，丹尼尔·贝尔在《资本主义文化矛盾》中同样断言："造成新教伦理最严重伤害的武器是分期付款制度，或直接信用。从前，人必须靠着存钱才可购买。可信用卡让人当场立即兑现自己的欲求。"结果，"新教伦理曾被用来规定节俭的积累（虽不是资本的积累）。当新教伦理被资产阶级社会抛弃之后，剩下的便只是享乐主义了。资本主义制度也因此失去了它的超验道德观"[3]。

那么，消费信贷现实是否真的如此令人担忧呢？现实并非像贝尔所说的那样悲惨。正如卡尔德对此质疑的，"针对分期付款购买方式的哀诉一味强调时间中的一瞬间——购买时物欲得到满足那一瞬间——但却忽视了签下分期付款合同那天以后长达数月或数年的时间"。他继续写道：

> 一旦消费者踏上每月定期还款的艰辛道路，显而易见的是，消费信贷的含义远远大于即时满足。它也涉及克制、勤奋工作以及将自己的生

---

① ［英］亚当·斯密：《国民财富的性质和原因的研究》上卷，郭大力、王亚南译，商务印书馆1972年版，第314页。

② ［美］约翰·加尔布雷思：《富裕社会》，赵勇、周定瑛、舒小昀译，江苏人民出版社2009年版，第143页。

③ ［美］丹尼尔·贝尔：《资本主义文化矛盾》，赵一凡、蒲隆、任晓晋等译，生活·读书·新知三联书店1989年版，第67页。

产能力引向耐用消费品的行为。分期付款信贷的性质能够确保如果消费文化中存在享乐主义，它也是一种克制的享乐主义；如果说在消费文化中存在享乐主义者，他们不太可能在海岛沙滩上懒洋洋地躺着，而是在一个或更多就业场所拼命地工作。所以，我将消费信贷视为贪心和控制的工具。而且，我在此所说的"控制"不是李尔斯在广告中见到的控制言辞，而是对消费债务人在生活中必须履行的经济责任的一种实际强制。①

卡尔德相信，消费信贷让人们更易过上追求及时满足和消费享乐的生活，但却没有使传统道德失去稳定性。"消费信贷将过去时代的理财价值和实践——克制、勤奋工作、预算约束以及储蓄——带入了消费文化。"这是一种克制的享乐主义，或者，也可称之为"基于信贷的消费主义"，"它的突出特点是，在即时满足与使人清醒的按月还款之间，在销售人员的甜言蜜语与收账员的约束之间存在着不断的紧张状态；这种消费主义已经成为美国生活方式的典型特征"②。

事实也证实了这一判断。朱丽叶·斯格尔（Juliet B. Schor）在《过度劳累的美国人》中指出，"近 100 年来，它（即美国人的工作时间——引者注）一直在减少，但这种势头到了 20 世纪 40 年代晚期戛然而止……在 1990 年，一个普通美国人拥有的产品和服务是他 1948 年的 2 倍以上，不过他的空闲时间比当年要少得多"。数据表明，"从 1948 年到 1969 年，人均工作时间从 1069 小时增加到 1124 小时，增加了 55 小时"③。她认为，工作时间的增加与消费主义的兴起密切相关。

消费主义的跑步机与长时间工作形成了工作-消费的隐性循环。雇员

①　［美］伦德尔·卡尔德：《融资美国梦：消费信贷文化史》，严忠志译，上海人民出版社 2007 年版，第 25、26 页。

②　［美］伦德尔·卡尔德：《融资美国梦：消费信贷文化史》，严忠志译，上海人民出版社 2007 年版，第 26、27 页。

③　［美］朱丽叶·斯格尔：《过度劳累的美国人》，赵惠君、蒋天敏译，重庆大学出版社 2010 年版，第 2、3 页。

主动要求长工时：长工时带来高薪酬，高薪酬带来高消费。人们贷款买房，奢侈品成了必需品，人与人相互攀比。每年，随着生产率提高，我们在"进步"，但是这种进步体现为老板给雇员额外收入，而不是缩短他们的工时。工作-消费已经成了强大的推动力，把我们拖离了更闲适的生活方式。[①]

斯格尔随后指出，工作量的增加已经造成了一系列社会问题，包括工作压力增大、睡眠不良、工作与家庭顾此失彼等等。这些都构成了她所说的，"我们为繁荣付出的代价"[②]，这值得所有人反思并对此进行改革。不过，在此我们意在说明的是，消费主义或消费信贷的兴起，并没有如批评者所质疑的那样，会令人们沉溺于享乐主义的乐园[③]，相反，它更多的是将消费者诱导上了一架永不止息的跑步机："我们要想待在上面还得比过去工作更长时间才行。"[①]笔者相信，这也正是卡尔德所欲表达的观点，即消费信贷的扩展并没有造成一种无节制的享乐主义文化，相反，它本身就以"一种存在方式形成了其自身的限制机制和控制机制"：

分期付款融资使借款人受到严格的还款时间安排的约束。消费信贷以这种方式限制了消费主义内部的享乐主义冲动，同时维护了诸如"预算""储蓄""努力工作"——甚至还有"节俭"——这类传统价值的关联性。由此可见，消费信贷对个人理财所起的作用类似于弗雷德里克·W.泰勒(Frederick W. Taylor)的科学管理对工厂里的工作惯例产生的影响。

---

① [美]朱丽叶·斯格尔：《过度劳累的美国人》，赵惠君、蒋天敏译，重庆大学出版社 2010 年版，第 11 页。

② [美]朱丽叶·斯格尔：《过度劳累的美国人》，赵惠君、蒋天敏译，重庆大学出版社 2010 年版，第 12 页。

③ 加尔布雷思即持这样的判断："在越来越富裕并且高度发达的社会，相对于辛劳而言似乎有三种明显的趋势。由于商品的生产已经不那么紧迫了，个人也不急迫地争取收入以购买更多的商品，人们每一周工作的时间将越来越少。他们也许不再像以往那样工作努力了。或者，作为第三种可能，工作的人越来越少了。"([美]约翰·加尔布雷思：《富裕社会》，赵勇、周定瑛、舒小昀译，江苏人民出版社 2009 年版，第 234 页)

它将严格的外生财务克制强加在消费者头上，以便改善他们在成为消费者的"工作"过程中的效率。由于"轻松付款"结果并不那么轻松——需要工作和克制来支付它们——消费信贷使美国人将消费视为"工作"，这促进了以生产为导向的社会转向以消费为目的的社会。通过保存许多与 19 世纪生产文化价值的关联性，它使消费文化不太像享乐主义者的乐园，而更像马克斯·韦伯的被克制理性的"铁笼"。①

由此可见，消费信贷发展——从分期付款到信用卡支付——所带来的问题，不是节约、节俭、计划等传统价值观的消失(某种意义上说它们已经转化为消费信贷时代的一种新传统)，而是消费者被无限的消费欲望所诱导，而走向了一种"过度消费"与"过度劳累"并存的双重生活。②而这也是造成齐格蒙特·鲍曼(Zygmunt Bauman)眼中的那些被消费欲望所主导的——尤其是那些极度依赖于信贷消费的——"新穷人"的根源。③

不能否认，这其中有消费者个人的克制力方面的缺憾。尽管(前已言之)消费信贷本身就具有自我限制的机制——财务控制，但是，这种外部控制机制还需消费者内部观念的控制，例如，规划好自身的信贷与收入的比例，做到量入为出。没有这样谨慎的观念和财务上的自我克制，便很容易陷入过度消费-过度借贷的恶性循环。信贷消费给予了人们释放欲望的更多机会，同时也使个人面临了更多债务甚至破产的可能。④这正是卡尔德将消费信贷——作为消费文化和控制机制——"理解为许可与限制之间紧张状态的

---

① [美]伦德尔·卡尔德：《融资美国梦：消费信贷文化史》，严忠志译，上海人民出版社 2007 年版，第 24 页。

② [美]朱丽叶·斯格尔：《过度劳累的美国人》，赵惠君、蒋天敏译，重庆大学出版社 2010 年版；[美]朱丽叶·斯格尔：《过度消费的美国人》，尹雪姣、张丽、李敏译，重庆大学出版社 2010 年版。

③ [英]齐格蒙特·鲍曼：《工作、消费、新穷人》，仇子明、李兰译，吉林出版集团有限责任公司 2010 年版。

④ 那种利用信用卡恶意透支的行为同样存在，甚至可能有扩大的趋势。不过，对此种行为、后果及其社会防御的讨论，超越了这里所强调的自我控制的观念与能力的范畴。

一种平衡"的原因。①

3. 中国经验：政府与消费者

中国消费信贷发展的经验，可以更好地说明这种紧张平衡的存在。中国消费信贷发展的力量与 20 世纪 80 年代重构整个中国生活发展的力量相同，即经济全球化及中国的市场化、工业化和城市化转型。不过，从中国消费信贷步入起飞阶段的历程——其兴起于 1997 年亚洲金融危机后——来看，它还表现出了另一个显著的特征，即中国消费信贷的发展是在政府推动下开展的，并且(很大程度上)是中国政府在面临国际金融危机后所做的调整国内经济发展政策的一个结果。

中国的消费信贷始于 20 世纪 80 年代。然而，在发生亚洲金融危机之前，中国消费信贷业务处于一种试点探索阶段，消费信贷业务发展缓慢。不仅信贷规模小——1997 年底，中国首次统计的消费信贷余额仅有 172 亿元——而且信贷业务品种少，仅限于住房、汽车、教育助学等有限的领域。这一阶段无论是中国政府还是中国企业都沉浸在外向型经济发展的模式中，而忽视了面向国内市场的消费信贷的建设与发展。

1997 年亚洲金融危机的爆发改变了这一切。危机后中国出口规模锐减，而国内消费需求严重不足，就业压力增加，从而直接影响了经济增长和社会稳定。为此，中国政府制定了以扩大内需为目标的宏观经济政策，其中包括支持和鼓励商业银行开展消费信贷业务的设计。1998 年 5 月，中国人民银行先后颁布《个人住房贷款管理办法》及《关于改进金融服务、支持国民经济发展的指导意见》。次年 2 月又出台了《关于开展个人消费信贷的指导意见》。自此，消费信贷业务摆上了各家商业银行的重要议事日程。中国消费信贷进入起飞阶段：不仅个人住房贷款大规模开展，其他个人消费信贷业务(个人汽车贷款、个人小额贷款、个人耐用消费品贷款、国家助学贷款等)也逐渐发展起来。到 2006 年底，消费信贷规模已增长到 2.27 万亿元，比 1997 年增长了131 倍。

2007年发生的美国金融危机给中国的外部市场造成了更大的冲击，因而

---

① [美]伦德尔·卡尔德：《融资美国梦：消费信贷文化史》，严忠志译，上海人民出版社 2007 年版，第 25 页。

也再一次激发了中国政府将外需驱动型经济转变为内需驱动型经济的决心，而这也在很大程度上促进了中国新一轮消费信贷的发展。数据显示，截至2014年底，中国消费信贷规模已达15.37万亿元，是2006年的6.78倍。其中，中长期消费性贷款12.12万亿元，占78.85%；短期消费性贷款3.25万亿元，占21.15%[①]。不过，目前个人消费贷款在中国市场的渗透率仍然很低：2014年个人消费贷款占GDP不到25%，低于亚洲发达市场如韩国的40%～50%。中国消费性贷款规模的占比（占全部信贷的比例）只有20%左右，远低于欧美发达国家的50%。另外，中国以住房贷款为主导的中长期消费贷款一直占主导地位。乐观的是，近年来中国信用卡的发行和使用在快速增长。截至2014年末，全国累计发行信用卡4.55亿张，人均持有信用卡0.34张。北京、上海人均持有信用卡分别达到1.70张和1.33张，远高于全国平均水平。信用卡信贷规模和授信使用率持续上升。截至2014年末，信用卡授信总额为 5.60 万亿元，信用卡卡均授信额度 1.23 万元，授信使用率41.69%。[②]信用卡的普及和使用率的上升，不仅能推动中国消费信贷的发展，而且有助于改变短期消费性贷款比例长期低下的局面。

诚然，中国消费信贷的发展是后金融危机时代国家经济发展策略调整的一个结果，但是，不可否认它适应了中国消费者和生产者的共同需求：消费者最主要地能够获得先行消费、即时满足的机会；生产者则能够由此赢得国内新的市场。消费与生产的扩张共同维持了后金融危机时代中国经济的基本繁荣。那么，1997年以来消费信贷在中国的发展到底给中国消费者的消费观念和消费行为造成了怎样的影响呢？我们可以通过本书研究所做的中国城乡居民消费实践社会调查获得某些认知。

在调查问卷中，我们曾询问受访者"过去 5 年您自己或家庭有过借贷消费吗（包括向亲友借钱、银行等贷款、信用卡消费等）？"，结果，统计显示，有418位受访者回答"有"，占全部受访者（806 位）的51.9%。这说明，借贷

---

① 中国人民银行：《金融机构人民币信贷收支表（按部门分类）》，2015 年 7 月 14 日，http://www.pbc.gov.cn/eportal/fileDir/defaultCurSite/resource/cms/2015/07/2014s03a.htm。

② 中国人民银行：《2014 年支付体系运行总体情况》，2015 年 2 月 12 日，http://www.pbc.gov.cn/goutongjiaoliu/113456/113449/2810660/index.html。

消费在当下中国城乡居民的日常消费中是普遍存在的。我们当然感兴趣借贷的用途及其借贷的来源。所以，紧接着我们设计了两道问题："您所借的钱主要用在哪些地方？"及"您所借的钱主要来自哪里？"。结果，统计表明（表 3-4），按占借贷者的比例，所借之钱依次用于"购房和装修"（62.8%）、"日用品"（22.8%）、"教育"（18.1%）和"购车"（11.3%）。可见，"购房和装修"这类大宗消费是城乡居民借贷消费的主要用途所在，反过来说，借贷消费主要用于解决居民日常消费中的大宗支出之困难。

表 3-4　"您所借的钱主要用在哪些地方？"（限选 3 项）

选择	数量(未作答)/人	调整的百分比*/%
购房和装修	262(1)	62.8
购车	47(2)	11.3
家电	17(2)	4.1
教育	75(3)	18.1
日用品	95(1)	22.8
休闲	16(1)	3.8
电子产品	41(1)	9.8
娱乐	23(1)	5.5
保健	3(1)	0.7
人际交往	32(1)	7.7
其他	17(2)	4.1
受访者(合计)	813	—

资料来源：2012 年访问调查。
*只包括那些作答的。

那么，借贷者究竟是从何处借到这些钱的呢？表 3-5 显示，按借贷者所选之比例，"金融机构贷款"（53.6%）、"亲朋好友借款"（51.1%）和"信用卡"（30.1%）是最主要的三大消费借贷的来源。可以推测，"亲朋好友借款"曾经是最重要的消费借贷的渠道，然而，随着消费社会的兴起，制度化的"金融机构(如银行、信用社、典当行等)贷款"已经逐渐成为中国居民日常消费信贷的最主要来源，并且，我们看到"信用卡"借贷甚至透支消费也在不断进入居民日常消费的中心地位。

表 3-5　"您所借的钱主要来自哪里？"（最多选 3 项）

选择	数量（未作答）/人	调整的百分比*/%
亲朋好友借款	213(1)	51.1
金融机构贷款	224(0)	53.6
厂商分期付款	9(0)	2.2
信用卡	126(0)	30.1
民间小额贷款	1(0)	0.2
其他	2(0)	0.5
受访者（合计）	813	—

资料来源：2012 年访问调查。
*只包括那些作答的。

　　中国消费者是否真的开始偏向于从制度化的金融机构借贷呢？我们从受访者回答的另一道问题——"如果都可以的话，您最倾向于向谁借钱？"——中获得了某种印证。如表 3-6 所示，"银行等信贷机构"已经超越"父母"成为受访者最偏好借贷的组织。其原因，我们推测，一是制度化的金融机构比亲属更能够满足消费者消费信贷的需求，因为前者所能提供的资金帮助的量更大、期限也可以更长。所以，像购房这样的大宗借贷消费往往都更倾向于向银行等金融机构借贷。二是观念的改变。人们开始倾向于将亲属关系或人情关系与经济交易关系区分开来。这样，会有助于避免交易中的利益纠葛影响甚至损害亲情关系。这也是陈志武在其《金融的逻辑》中所倡导的理念[①]。

表 3-6　"如果都可以的话，您最倾向于向谁借钱？"

选择	数量（未作答）/人	调整的百分比*/%
父母	185	22.9
兄弟姐妹	156	19.3
亲戚	78	9.7
朋友	141	17.5
同学/同事	55	6.8
银行等信贷机构	188	23.3
其他	4	0.5
受访者（合计）	813(6)	—

资料来源：2012 年访问调查。
*只包括那些作答的。

[①]　陈志武：《金融的逻辑》，国际文化出版公司 2009 年版。

既然信贷消费如此快速地获得了中国消费者的认同，那么，一个可能令人担忧的问题就出现了：它会不会损害我们传统的勤劳、节俭的价值观呢？笔者认为，信贷消费会改变国民许多消费甚至生活的理念，比如，会追求更多的生活享受、更快捷的消费品获得，然而，这并不意味着他们会甚至能够放弃勤劳、节俭的观念和行为。因为，首先，从我们调查的情况看，目前中国的消费者对信贷消费的认同程度仍然是有限的。在调查问卷表中，我们设计了如下一道问题："在日常购买与消费中，下列获取资金的方式，哪种最能使您拥有成就感和满足感？"结果，统计表明（表 3-7），有 67.5%的作答者认同"通过工作获得更多收入"；而认同"通过借贷获得超前消费"的只有 17.5%。这说明，工作勤劳、努力仍然是人们最为崇尚的价值观，相反，依靠借贷实现超前消费在价值观上并没有太多的崇高感。另外，我们注意到，"通过节俭积累资金"只获得了 9.5%的作答者的认同，相反，"通过理财投资获得更多收入"获得了 20.5%的作答者的肯定。这意味着，传统的节俭观的确正在发生改变：人们开始相信"开源"比"节流"更能获得更多收入，从而更利于消费水平的提高。

表 3-7　"在日常购买与消费中，下列获取资金的方式，哪种最能使您拥有成就感和满足感？"

选择	数量（未作答）/人	调整的百分比*/%
通过节俭积累资金	77	9.5
通过工作获得更多收入	547	67.5
通过理财投资获得更多收入	166	20.5
通过借贷获得超前消费	16	17.5
其他	4	0.5
受访者（合计）	813（3）	—

资料来源：2012 年访问调查。
*只包括那些作答的。

中国相当一部分消费者仍然保持着现金付款的习惯与信仰，因为，这不仅体现了一种经济（支付）能力，而且也符合先劳后享的传统美德。当然，这也并不意味着，他们会完全反对或抵制消费信贷。在问卷调查中，我们设计了这样一道命题——"信贷消费是合理的，如果自己能够偿还它"，以请受访者做出赞同与否及其程度的选择。结果，有80.5%的受访者表示赞同（包括"有点赞同""比较赞同"和"非常赞同"），仅有4.6%的受访者表示反对（包括"有点反对""比较反对"和"强烈反对"），其余14.9%选择中立。可见，人们并不一概反对借钱消费，只要消费者能够将其数额控制在合理的范围内。事实上，中国人一直就把借贷视为一种应付日常生活中的不时之需的工具性策略。所以，在中国人看来，信贷消费尽管没有崇高的道德上的意义，但也绝非没有工具性的实用的意义。这样，我们就可以理解为何中国消费者在进行大宗消费或当资金周转出现困难时，会毫不犹豫地接受借贷。在问卷调查中，我们曾询问受访者："假如未来几年有购车或买房的打算，您倾向于用哪种方式付款？"结果，如表3-8所示，在购车选择中，受访者选择"自己存够钱后全额付款"的最多，占43.7%，其次是"以信贷方式分期付款"，占36.2%。而在买房选择中，占第一位的是"以信贷方式分期付款"，约占70.4%，远远超过其他选项。这一数据与有关宏观消费信贷结构数据显示的中长期消费信贷占比非常一致，即迄今为止中国消费者都倾向于将消费信贷限制在中长期消费或大宗消费中。这既是个人或家庭在大宗消费中受支付能力限制的结果，也是中国消费者已经意识到信贷消费作为家庭理财的重要组成部分的一种反应。

表3-8　"假如未来几年有购车或买房的打算，您倾向于用哪种方式付款？"

选择	数量（未作答）/人		调整的百分比*/%	
	购车	买房	购车	买房
自己存够钱后全额付款	353	111	43.7	13.8
钱不够的话向亲朋好友借点，然后全额付款	148	106	18.3	13.1
以信贷方式分期付款	292	568	36.2	70.4
其他	15	22	1.9	2.7
受访者（合计）	813（6）		—	

资料来源：2012年访问调查。
*只包括那些作答的。

我们的问卷调查显示中国消费者已初具信贷消费理念。如表 3-9 所示，受访者对于我们给出的假设性命题"贷款买房、买车说明一个人精明、善于理财"，有 38.3%表示赞同，持反对态度的仅有 14.9%，其余 46.7%表示中立。而对于给定的另一道假设性命题"经济条件不好的人才会借钱或贷款消费"，如表 3-10 所示，受访者表示反对的达到 72.6%，而赞同和中立者分别只有 9.4% 和 18.0%。可见，信贷消费作为一种家庭理财的策略已为大多数中国消费者所接受。

表 3-9　"贷款买房、买车说明一个人精明、善于理财"

选择	数量(未作答)/人	调整的百分比*/%
强烈反对	14	1.7
比较反对	30	3.7
有点反对	76	9.5
中立	375	46.7
有点赞同	173	21.5
比较赞同	105	13.1
非常赞同	30	3.7
受访者(合计)	813(10)	—

资料来源：2012 年访问调查。
*只包括那些作答的。

表 3-10　"经济条件不好的人才会借钱或贷款消费"

选择	数量(未作答)/人	调整的百分比*/%
强烈反对	124	15.5
比较反对	234	29.2
有点反对	224	27.9
中立	144	18.0
有点赞同	57	7.1
比较赞同	10	1.2

选择	数量(未作答)/人	调整的百分比*/%
非常赞同	9	1.1
受访者(合计)	813(11)	—

资料来源：2012年访问调查。
*只包括那些作答的。

当然，信贷消费不仅意味着超前消费的机会和家庭理财的策略，而且意味着消费债务的增加及伴随而来的还款压力。可以想象，除传统价值观之外，惧怕消费债务及其财务风险同样是抑制消费者使用消费信贷机制的一个重要因素。更值得注意的是，正因为存在偿还消费债务的压力，其中，还包括其对个人信用记录的影响，信贷消费不仅没有摧毁勤劳、节俭这样的传统价值观，而且反过来加强了这样的观念，尤其会赋予借贷者更多努力工作的动力，尽管这主要是一种来自外部的消极性约束(压制性激励)的结果。如表3-11所示，对于我们假设的"债务会使我的工作、生活更有动力"的说法，受访者有32.4%表示赞同，32.7%表示反对，34.9%表示中立。虽然尚有将近1/3的受访者表示反对(反对者可能反感还贷的压力，甚至质疑这种"动力"的压制性或强制性的一面)，但总体上，还是可以支持前述卡尔德提出的观点，消费信贷实际上起到了对享乐主义加以制衡的作用，或者说，基于信贷的消费主义只不过是一种"克制的享乐主义"。

表 3-11　"债务会使我的工作、生活更有动力"

选择	数量(未作答)/人	调整的百分比*/%
强烈反对	43	5.4
比较反对	64	8.0
有点反对	155	19.3
中立	280	34.9
有点赞同	161	20.0
比较赞同	83	10.3

续表

选择	数量(未作答)/人	调整的百分比*/%
非常赞同	17	2.1
受访者(合计)	813(10)	—

资料来源：2012 年访问调查。
*只包括那些作答的。

4. 弱控制的后果：消费者失望

现在我们可以检视我们的基本观点了，即生产者是在向消费者提供满足新的需求即差异性需求的机会，以及提供获得这一机会的条件即消费信贷的过程中实现其生产者控制。消费者需求是引导生产者行动的终极力量，并且，我们看到，在这一过程中消费者不仅增加了即时消费的机会，而且增加了消费者选择的可能性。这表明，我们原先的两个预设是可能成立的：①生产者控制提升了消费者的福利；②生产者控制既非生产者单方面规划、实施的结果，亦非能够对消费者进行完全的控制。

显然，这两个预设与之前的一些研究尤其是加尔布雷思和鲍德里亚的见解有很大不同。[①]在他们看来，无论是广告运作还是消费信贷，都构成了对消费者需求的"操纵"和对消费者选择的"剥夺"。然而，正如我们观察与分析的，事实并非如此。如果说加尔布雷思和鲍德里亚代表了一种生产者"强控制"的假说，那么，我们的研究则旨在建立一种生产者"弱控制"的假设：生产者是在既能满足消费者需求又可能改变消费需求的方向和次序的过程中实现其控制的，并且，其一方面提升了消费者的福利，另一方面却又造成了对消费者福利的进一步提升的限制，从而造成消费者的失望。

下面，就让我们看看生产者(弱)控制究竟是如何造成对消费者福利的进一步提升的限制的。

首先，分众生产并没有真正解决大众生产所遗留的同质化消费问题。前已言之，分众生产(即差异化生产，以通用汽车公司为代表)是对大众生产(即大量生产，以福特汽车公司为典范)的一种生产组织方式的革新。如果说大众

---

① [美]约翰·加尔布雷思：《富裕社会》，赵勇、周定瑛、舒小昀译，江苏人民出版社 2009 年版；[法]让·鲍德里亚：《消费社会》，刘成富、全志钢译，南京大学出版社 2008 年版。

生产很大程度上解决了消费者对降低非必需品价格的需求，那么，分众生产则旨在满足不同收入层次的消费者对提高非必需品品质的需求。然而，不幸的是，这两种需求是存在内在矛盾的：追求低价，便难求品质；反之，追求品质，便要牺牲价格。因此，生产者和消费者都不得不在价格与品质之间做出平衡。分众生产便是一种对价格与品质进行折中的分类生产策略。

分众生产的确缓解了大众(大量)生产所造成的同质化消费问题。然而，其并非能完全解决这一问题。分众生产没有根除同质化消费，而只是缩小了其消费的范围，也即局限于具有相同经济地位的同一阶层内部。显然，价格是决定某人能否进入其同质化消费的几乎是唯一的门槛。从这个意义上说，小范围的同质化消费与消费者的地位竞争的需求并不矛盾，因而是完全可行的。然而，问题是，消费者的地位竞争是无限的：他们的经济社会地位越高，就越倾向于缩小同质化消费的范围。但是，消费者的范围越小，降低产品价格的可能性就越小。产品定价直接影响市场容量，而市场容量又决定着生产者获得的总利润。一旦产品定价损害生产者的总利润，那么，消费者缩小同质化消费范围的需求便难以满足。

不仅如此，消费信贷的发展又成为一种扩大同质化消费范围的机制。因为，随着分期付款信贷的普及，不仅同一阶层内部而且不同阶层之间尤其是下层收入者也能够获得金融机构的资金帮助，而得以进入到上一阶层的同质化消费之中。而这意味着同质化消费范围的扩大。苹果手机(iPhone)消费范围的扩散即是说明。iPhone 自 2007 年 6 月正式发售以来，一直以其高技术和高品质吸引着不同年龄层消费者的青睐。虽然价格不菲[①]，但这并不影响中低收入者通过各种方法包括苹果公司推出的分期付款购买计划而得以进入拥有和使用该手机的行列。[②]2014 年 iPhone 6 和 iPhone 6 Plus 帮助该公司创下全球销售第一的记录。2015 年第二季度 iPhone 市场占有率已达 14.6%。其中，

[①] 第一代 iPhone 两个型号分别售价 499 美元和 599 美元；第四代 iPhone 4S 平均售价 622～660 美元。据统计，有 40%的用家的家庭收入超过 100 000 美元(维基百科："iPhone"，https://zh.wikipedia.org/zh-cn/IPhone)。

[②] 一个流行甚广的故事是，中国有一位青年为买 iPhone 而用极低的价钱卖掉了自己的一只肾。结果，人们将那些不具有实际购买能力却想要买 iPhone 的人都戏谑为"卖肾"了。

中国市场的 iPhone 销量在第二季度实现了同比 68% 的增幅，为 1190 万部。[①]有迹象表明，全球智能手机的增长正在回落，但是 iPhone 的销售表现仍然强劲。然而，对于其用户尤其是高收入用户而言，则无疑陷入了 iPhone 同质化消费不断扩大即所谓已沦为"街机"的尴尬。

其次，是"科学生产"导致的安全性认同的危机。基于满足消费者需求的生产者控制的一个重要方面是价格的控制，也即将价格控制在具有市场竞争优势的水平。虽然分众生产能够通过非价格竞争获得某种垄断利润，但这并不能使生产者去除价格竞争。因此，生产者即使是开展了某种程度的分众生产，也还是必须采取价格控制的策略。而基于科学技术与科学管理的大量生产，即标准化、规模化生产仍然是价格控制的重要条件。因此，不同层次的生产者包括高端生产厂商，至少在原材料生产环节几乎都会采取这种科学的生产方式，从而可以最大限度地控制价格，以扩大最终产品的利润空间。然而，正是这种"科学生产"导致了前所未有的安全性认同的危机。

"速成鸡"事件可资说明。[②]2012年11月23日，媒体曝光了山西粟海集团养殖的一只鸡从孵出到端上餐桌，只需要45天，是用饲料和药物喂养的，而粟海集团正是肯德基与麦当劳的大供货商。据报道，粟海集团所喂养肉鸡的饲料共有三种，前十天吃一号饲料，长营养的；接下来二十天吃二号饲料，长骨骼的；最后十五天吃三号饲料，长肉的，一天甚至能长2~3两（1两=50克）。报道称，仅在养殖的一个阶段10天中，就有多达11种药物喂给肉鸡。而喂食药物的原因是，肉鸡被放在狭小的空间高密度地喂养，并且在45天的喂养周期中，甚至不会清理养殖场，只有通过不断地喂药才能提高鸡的抗病能力。只要45天内鸡不发病，就能顺利地被拉走屠宰，并且流入市场被人食用。

报道迅速引发了网络和街头巷尾的热议。媒体和民众普遍质疑这种速生养殖方式是否违背生物正常的生长规律，更担心它会不会对人的身体造成危

---

① 华尔街见闻：《智能手机的黄金时代落幕：中国销量史上首度下跌》，2015 年 8 月 21日，https://wallstreetcn.com/articles/222492。

② 百度百科："速成鸡"，http://baike.baidu.com/view/9658179.htm。

害。2012 年 11 月 29 日中国肯德基公司率先发布声明称，山西粟海集团在肯德基鸡肉原料供应体系中仅占鸡肉采购量的 1%左右。肯德基理解人们对山西粟海集团白羽鸡（"速成鸡"）养殖安全情况的关注，但"不希望没有科学事实依据的片面信息造成的恐慌和质疑情绪困扰大家"。声明说："目前没有任何证据显示山西粟海集团在白羽鸡的养殖过程中有违规操作现象。""大众根据常规经验认为鸡在养殖过程中要多走动、不吃药、周期足够长，喂养没有任何添加的饲料等，这样长成的鸡才够健康，才能安全食用。殊不知随着社会对鸡肉需求量的大幅增加，以及现代科技的进步，家禽养殖领域早就发生了天翻地覆的变化。""白羽鸡 45 天的生长周期是正常现象，这是选育优良鸡种和科学养殖的结果。"之后，粟海集团也回应表示，白羽鸡 45 天的生长时间属于正常生长期，并承诺该公司严格执行国家相关标准、肉鸡养殖全过程实行标准化管理等。

山西省农业厅很快介入调查。2012 年 12 月 4 日，山西省农业厅发文称，对山西粟海集团的饲料、饲料原料和鸡产品样品的调查和检验检测工作全面完成，所检项目符合国家标准规定。一些专家也向公众解释称：媒体报道的"速成鸡"，也就是老百姓所说的"快大鸡"，是国外引进的品种，完全可以在适当的条件下达到 45 天出栏的效果。而之所以长得比国内本地鸡快得多，除了品种方面的原因外，更重要的是"营养合理"，每一个生长阶段都有不同的饲料配比。如严格按照农业部要求养殖，未添加影响健康的物质，45 天速成鸡可放心食用。[①]

然而，可以相信，这些调查和解释并没有完全解除媒体和公众对"速成鸡"安全性的种种质疑。养殖户是否会滥用抗生素？"速成鸡"是否影响人的健康？如果说前者关系到人们对企业和政府的道德与责任的某种怀疑，那么，后者则涉及人们对现代性的风险和后果的更为深远的疑虑。[②]

再次，是由信贷消费带来的消费者紧张感的剧增。一方面，生产者可以

---

① 裘颖琼、杜丽华：《45 天速成鸡激素催大有害健康？ KFC：言论耸人听闻》，2012 年 11 月 29 日，http://sh.eastday.com/m/20121129/u1a7028193.html。

② ［英］安东尼·吉登斯：《现代性的后果》，田禾译，译林出版社 2000 年版；［德］乌尔里希·贝克：《风险社会》，何博闻译，译林出版社 2004 年版。

通过广告宣传说服消费者改变消费需求的方向和次序，比如，将某种未来的消费愿望提前到当下来实现，并且通过向其提供消费信贷即财务帮助，使其可能实现超前之消费。诚然，信贷消费提高了消费者的福利（人们对当前消费的价值评价总是大于其对未来同一消费之价值的评价）。然而，另一方面它却因此让借贷者付出了代价，即增加了还债的压力。借贷者除了自我克制及谨慎处理家庭财务，更重要的是，必须努力工作以提高其偿还债务的能力。

　　然而，在市场社会中个人的谨慎与努力，并不能完全抵御生活中的一些不确定性，比如经济危机、失业、家庭成员的疾病和意外事故的发生等等。一旦发生不可抗拒的事件，原有的工作和还贷计划势必会受到影响，从而可能陷入消费债务的危机。在风险社会中，人们越是理性与聪明，就越可能预见种种的不确定性及其后果，从而就越使其生活充满紧张感。结果，正如斯格尔观察的，消费主义社会中的"工作-消费已经成了强大的推动力，把我们拖离了更闲适的生活方式"[①]。或者，正如鲍曼所批评的，消费社会会让曾经的穷人拥有某种消费自由，但也会使其失去身体和精神的确定性，也即面临被重新估价为"有缺陷的消费者"（flawed consumer）的困境。[②]

　　本书研究中的问卷调查也从一个方面证明了信贷消费带给人们的某种"奴役"感或压迫感。我们试图询问受访者："信贷消费（如贷款购房、信用卡消费等）会给人们的生活带来的最大改变是什么？"结果，如表 3-12 所示，选择最多的是"大多被'奴役'（成为'房奴''车奴''卡奴'等）"，占 35.5%；其次才是"更注重生活享受"，占 24.1%，以及"为还贷更加努力地工作"，占 23.2%。

---

　　① ［美］朱丽叶·斯格尔：《过度劳累的美国人》，赵惠君、蒋天敏译，重庆大学出版社 2010 年版，第 11 页。

　　② ［英］齐格蒙特·鲍曼：《工作、消费、新穷人》，仇子明、李兰译，吉林出版集团有限责任公司 2010 年版。三浦展的"下流社会"理论，也是这种紧张感的反应（［日］三浦展：《下流社会——一个新社会阶层的出现》，戴铮译，文汇出版社 2007 年版）。

表 3-12 "信贷消费(如贷款购房、信用卡消费等)会给人们的生活带来的最大改变是什么?"

选择	数量(未作答)/人	调整的百分比[*]/%
更注重生活享受	193	24.1
为还贷更加努力地工作	186	23.2
为还贷生活更节俭、克制	120	15.0
大多被"奴役"(成为"房奴""车奴""卡奴"等)	285	35.5
其他	18	2.2
受访者(合计)	813(11)	—

资料来源:2012 年访问调查。
*只包括那些作答的。

最后,消费者"抗衡力量"不足。大众生产和作为其调整的分众生产,一方面促进了大众消费者的福利,另一方面也造成了消费者对生产者的依赖:消费者的需求依赖于生产者建立和调整的生产组织方式[①];消费者购买的实现则依赖于生产者构建的消费信贷机制。需求和资金的依赖,造就了生产者对消费者的控制,尽管我们认为这种控制是一种弱意义上的控制:生产者能够引导或诱导但无法创造消费者的需求;生产者可以说服但却不能操纵消费者的选择。

然而,尽管生产者的控制是有限的,但作为个别的生产者而言,它总是倾向于通过改变生产组织的方式以扩大其对特定消费者(目标消费者)的影响力或控制力,只要这种控制能够给它带来更多利润。例如,分众生产就是一种通过调整生产的组织方式实现对目标消费者更多控制的生产策略。为特定收入者进行商品的设计与生产,并且通过广告说服这些消费者对此商品产生特殊的偏好,如此造就的就是爱德华·张伯伦(Edward H. Chamberlin)所说的"垄断竞争"市场。[②]这一市场的奥秘在于,通过品牌、专利等区隔其他竞争生产者,以降低其面临的价格竞争;通过制造其商品的偏爱者(粉丝)区隔其他消费者,以提高其非价格竞争的能力。总之,在这一市场中,生产者有着

---

① 作为普遍的"大众生产"的方式,即以标准化、规模化生产满足消费者对不断降低商品价格的需求;作为其调整的"分众生产"的方式,则以差异化、准个性化生产满足消费者对商品的不同品质的需求。

② [美]爱德华·张伯伦:《垄断竞争理论》,周文译,华夏出版社 2013 年版。

比消费者更多的定价能力。消费者为了商品偏好——其往往自我估价为某种"信仰"或"情怀"——而甘愿或不得不付出更多的金钱。这一过程虽然没有被操纵或强制，但被过度"诱导"，与被操纵已无本质区别。这是消费者需要警惕的。

此外，涉及生产者的机会主义或"道德风险"。生产者会利用其对生产组织的控制——这种单方面控制的结果之一必然是所谓的信息不对称——对消费者实施欺诈。例如，为降低商品价格而使用劣势原材料；为诱导消费者购买而肆意夸大商品的品质与功效。在这种情形下，消费者如何维护自己应有的权益呢？

不得不说，消费者面临着"抗衡力量"不足的难题。按照加尔布雷思的观点，制衡一种市场力量的最有效的方法是建立与之抗衡的另一种力量。[①]如此，制衡生产者最好的办法是消费者团结起来，例如，建立某种消费者组织以维护其正当权益。现实生活中，无论是西方国家还是中国，都存在这样的组织。但是，实际上这样的组织不是数量很少就是难以有效地发挥作用。原因在于，消费者之间存在着某种联合的不可能性，这就是消费者地位竞争。地位竞争是一种基于人性的也即难以改变的社会行为。消费物品区分了消费者不同身份地位的层级，它引导不同层级的消费者更多地相互轻视与争斗而非相互尊重与团结。更何况在消费社会，正如仇子明、李兰在译介鲍曼《工作、消费、新穷人》的观点时所说的，"消费主义的尝试使他们无法相互团结和组织起来，每个人都试图证明自己更有能力获得资源的机会，而不是力图把个人的困境转化成公共议题并通过公共手段解决"[②]。

我们的问卷调查在某种程度上证实了这种状态。我们询问受访者："当您遇到有关商品或服务质量等问题时，您通常的做法是什么？"结果，如表3-13

[①] ［美］约翰·加尔布雷思：《美国资本主义：抗衡力量的概念》，王肖竹译，华夏出版社2008年版。

[②] 仇子明、李兰：《译者导言：现代政治秩序解构的伦理危机》，见[英]齐格蒙特·鲍曼《工作、消费、新穷人》，仇子明、李兰译，吉林出版集团有限责任公司2010年版，第18页。鲍德里亚同样深感在生产者操纵下消费者竞争使消费者沦为"无意识且无组织"的状态，并且最终"成为了仅仅满足于消费的消费者"（[法]让·鲍德里亚：《消费社会》，刘成富、全志钢译，南京大学出版社2008年版，第68—69页）。

所示，受访者选择最多的是"与卖方联系，寻求问题的解决"，占 67.4%。其次是"暗下决心，不再选购该商品"和"损失不大，自认倒霉"，分别占 50.5% 和 46.6%。选择"向消费者协会投诉"的只有 11.2%，占第四位。选择其他方法包括"向媒体投诉""在互联网发帖控诉"及"联系相同遭遇消费者，寻求联合抗诉"的则更少。可见，当下中国的消费者同样倾向于通过个人协商的方式，而非通过消费者组织、更非通过消费者联合的方式解决问题或纠纷。

表 3-13　"当您遇到有关商品或服务质量等问题时，您通常的做法是什么？"（最多选 3 项）

选择	数量（未作答）/人	调整的百分比*/%
损失不大，自认倒霉	377（4）	46.6
暗下决心，不再选购该商品	409（3）	50.5
与卖方联系，寻求问题的解决	547（2）	67.4
向消费者协会投诉	91（4）	11.2
向媒体投诉	33（2）	4.1
在互联网发帖控诉	48（2）	5.9
联系相同遭遇消费者，寻求联合抗诉	16（2）	2.0
其他	2（3）	0.2
受访者（合计）	813	—

资料来源：2012 年访问调查。
＊只包括那些作答的。

　　消费者组织或联合的困难，是否意味着必须通过第三方强制的方式也即国家立法的方式来对生产者的控制尤其是对其机会主义进行约束呢？的确，有关规范企业营销尤其是广告宣传以及保护消费者权益的立法是必要的，它们将有助于增强消费者的"抗衡力量"。但是，不能完全指望这种来自外部的抗衡力量能够解决根源于消费者与生产者关系的问题。消费者需求不"解放"（从地位竞争及生产者规定的有效需求中解脱出来），生产者对生产组织与活动的单方面控制不改变（转变为生产者与消费者双边控制），消费者对生产者的依赖以及生产者由信息不对称而诱致的机会主义行为便会始终存在。因此，重要的是，消费者需求及生产组织方式的转变。

　　生产者控制的后果引发消费者失望，而消费者失望恰恰是消费者行动的开始。

第四节 后消费社会：转向相互依存

自 20 世纪 90 年代起，消费社会正在朝向晚期消费社会或后消费社会阶段演进。一个日益显著的特征是，消费者与生产者之间的关系正在发生转变，即从分离转向相互依存。如果说早中期消费社会确立的是一种消费者与生产者相分离的生产体系，即消费者退出生产，而由生产者对其全面控制，那么，正在形成中的晚期消费社会或后消费社会所要建立的则是消费者与生产者相互依存的生产体制：消费者重返生产过程，并与生产者合作实现对生产的联合控制。

有几个例子或许有助于我们认识这一趋势。

事例 1：英媒称，三年前，上海为历史上最成功的垃圾食品之一——奥利奥饼干——的 100 周年诞辰举行庆祝活动。他们在外滩放烟花，把几层楼高的霓虹灯广告投射到摩天大楼上。但现在中国人开始控制对奥利奥饼干的摄入。英国《金融时报》网站 2015 年 8 月 18 日报道，在过去的几年里，中国开始发现在零食中重金属不是唯一要避免的东西，还有脂肪和糖的问题。上周，中国媒体报道说奥利奥饼干的生产商亿滋国际正关闭在上海的一些生产点，因为人们不再热衷于吃饼干。

报道称，遇到这个问题的不只是奥利奥饼干：许多世界上最成功的品牌早早打入中国市场，并在很长一段时间里几乎没有竞争对手，但现在它们正在失去自己的先发优势(肯德基也有这个问题,再加上食品质量方面的负面宣传)。

与此同时，中国大陆人发展出了世界上最善变的口味之一：美国人可能希望放学后吃到妈妈给他们的同样口味的饼干和牛奶，但中国人希望每天都有新花样。在推出绿茶或者紫薯产品来替代传统口味方面，中国公司往往比跨国公司做得更灵活。

甜品公司甚至面临来自家庭烘焙的竞争——这个竞争对手听起来似乎有些不可思议。当笔者刚搬到中国的时候，烤箱在普通家庭中还很罕见，但现在许多中国家庭主妇坚持要买一个烤箱。自打笔者在中国使用烤箱以来，大陆人所喜爱的台面烤箱的销售已经翻了两番以上。在阿里巴巴旗下的淘宝网上，只需花上137元就能买到一个318件的烘焙工具套装，里面出售烹饪者所需的一切。[①]

事例 2：2013 年 3 月 13 日谷歌工程师 Alan Green 在 Google Reader Blog 发表公告：我们刚刚在官方 Google 博客里宣布我们将很快让 Google Reader 退休（准确的时间是 2013 年 7 月 1 日）。我们知道那些曾经忠诚地追随 Reader 的人们看到这个消息会非常伤心，我们也同样伤心。

这么做的原因有两个：Google Reader 的用量在减少，作为一家公司我们正在将全部能量浇筑在更少的产品上；我们认为这种专注将创造出更好的用户体验。[②]

事例 3：美国《大西洋月刊》报道：福特和其他美国汽车公司一样，尝试解决困扰已久的问题：如何向千禧一代年轻人（也就是 Y 世代）推销汽车？

不用说，交通和住房消费滑坡部分要归咎于经济萧条，同时也是一系列经济现象和人口因素导致的结果——高油价、城市重新规划、工资冻结、带领新型消费的新科技。所以企业需要针对千禧一代调整自身，适应新规则。美国历史上人口最庞大的一代人的消费观念可能不同于他们的父辈，他们不会砸大钱，也不愿意买有些商品。第二次世界大战结束后，汽车和城郊房屋行业的发展带动了美国这个世界最大经济体，走出战争阴霾，迎来繁荣盛世。而现在千禧一代对这两个商品都没有兴趣。

2000 年，Zipcar 租赁服务出现了，当时平均油价是 1.5 美元/加仑（1

---

① 参考消息网：《英媒称中国人口味太善变：奥利奥失宠仅用三年》，2015 年 8 月 22 日，http://www.cankaoxiaoxi.com/china/20150822/912987.shtml。

② Google Reader Blog, "Powering Down Google Reader", 2013-03-13, http://googlereader.blogspot.com/2013/03/powering-down-google-reader.html.

加仑＝3.785 43 升），iPhone 也还没出现。此后，Zipcar 成长为世界最大的汽车共享租赁公司，拥有 70 万会员。Zipcar 的成功可以总结为两点：第一，汽油价格上涨了一倍，汽车共享非常有吸引力；第二，智慧手机普及率高，使得共享也更便捷。

　　生活成本的上升和信息交流的便捷催生了"共享经济"——这类服务将平时闲置的商品信息放到网上，让公司和家庭能够共享。Zipcar 是其中的佼佼者。Airbnb 也属于这类公司，它的分享平台为旅行者提供住宿场所；另一个代表公司是 thredUP，父母可以在它的网站上买卖小孩的二手服装。①

　　事例 1 说明中国消费者已经愈来愈注重食品的安全性。他们开始拒绝过去非常热衷但现在却被认为是垃圾的食品。一旦他们没有找到理想的替代消费品，他们便倾向于自己动手进行生产。当然，消费者自制也需要生产者的支持，例如提供家庭烘焙的工具。事例 2 引人思考的问题是：谷歌为什么会关闭 Google Reader（GR）？GR 是深受用户喜爱的 RSS（Really Simple Syndication）阅读器。它可以汇集读者自己的订阅，也可以根据读者的阅读习惯推荐其比较关注的文章源。然而，谷歌为什么会停止向用户提供这种"个性化阅读"的产品与服务呢？尽管公告称 GR 的用量在减少，但人们仍然猜测其真实的原因是，提供这一服务没有获得应有的商业报酬。事例 3 说明年轻一代美国人消费观念已经发生了巨大的变化，加上互联网技术的发展，资源社会化的可能性大大提高，从而正在催生出一种基于消费者联合的共享产业。这些事例都显示了消费者正在用自己的改变和行动迎接一种以消费者参与（生产）为核心特征的后消费社会的来临。

　　那么，何以会发生这一转变呢？我们在上一节结尾已经对此有所回答，即旧的生产体制已令消费者失望。正如我们分析的，消费者-生产者分离的生产体制，会造成生产者对生产以及消费者的全面控制（尽管并非绝对控制），结果，一方面它会增进消费者福利，例如给大众消费者带来了前所未有的价

---

　　① 199IT 互联网数据中心：《大西洋月刊：美国廉价的一代》，2012 年 8 月 31 日，http://www.199it.com/archives/66264.html。

廉物美的商品，同时也使那些处于支付能力边缘地位的消费者得以"提前消费"；但是，另一方面也带来了种种后果——同质化消费、安全性危机、生活压力倍增及生产者的机会主义行为的侵害等等，从而使消费者产生失望。我们的问卷调查，对此也有所反映。我们询问受访者："在消费活动中可能会遇到下列问题，其中最让您感到失望的是什么？"结果，如表3-14所示，"质量问题"第一，占60.2%；"安全问题"第三，占10.0%。这两类问题并没有严格的区分，但都能反映消费者在安全性和生产者机会主义方面的不满或失望。

表3-14 "在消费活动中可能会遇到下列问题，其中最让您感到失望的是什么？"

选择	数量(未作答)/人	调整的百分比*/%
安全问题	81	10.0
质量问题	489	60.2
商家服务态度问题	66	8.1
售后服务问题	118	14.5
使用过于复杂的问题	17	2.1
商品价值贬值问题	20	2.5
价格问题	21	2.6
受访者(合计)	813(1)	—

资料来源：2012 年访问调查。
*只包括那些作答的。

面对失望，按照赫希曼的研究，消费者大多采取两种反应：一是退出，即放弃继续消费某一物品；二是呼吁，即通过批评甚至抗议督促生产者改进。而无论是退出还是呼吁，都可能促使消费者转变参与的方式，即从私人利益转向公共行动。而当公共行动遭受挫折，他们又会从公共领域转向私人领域，如此循环。[1]聚焦消费者如何从私人利益转向公共行动，的确有其重要意义。不过，关注消费者在私人领域内部的参与转变，即从一种私人利益转向另一种私人利益，同样重要。本书着重研究的是当消费者普遍对一种生产体制产

---

① ［美］艾伯特·赫希曼：《转变参与：私人利益与公共行动》，李增刚译，上海人民出版社 2008 年版。

生不满或失望时，他们是如何可能转向建立或重建另一种生产体制的。在笔者看来，不满或失望只是形成消费者参与转变一种生产体制的主观动力。要使这种动力转变为实际行动还必须具备一些关键性条件。那么，这些可能已经或正在推动生产体制转变的条件究竟有哪些呢？这正是我们要予以研究的。

一、有效需求的扩展：消费者需求的自我控制

笔者相信，推动生产体制转变和后消费社会转型的第一个条件，是有效需求的扩展。按照之前的分析，我们看到，在旧的消费者-生产者分离的生产体制下，消费者需求基本上是掌控在生产者手中的，即生产者能够通过产品开发和广告宣传将目标消费者的需求诱导到其设定的有效需求范围内。换言之，消费者的需求形式上是具有自主性的，然而，实际上却大多被锁定在了有效需求范围内。

所谓有效需求，即有支付能力的需求。在市场社会里，生产者几乎无一例外地只认可消费者的有效需求而不认可消费者超出其支付能力的其他需求。这一点马歇尔有过精到的论述：

> 在经济界中，对于任何工业设施的需求，不一定会引起供给，除非它不光是对这种设施的一种愿望或必要而已。它必须是一种有效的需求，就是说，它必须对供给的人提供充分的报酬或其他某种利益，才会有效。光是雇工们要参与他们工作的工厂之经营和赚钱的愿望，或是聪明的青年对于优良的工业教育所感到的需要，如果照我们使用需求这个名词的意义——就是说供给自然地和必然地随着需求而来——来说，都不是一种需求。这似乎是一个苛刻的真理。[①]

我们或许不能不承认，市场社会必须依赖这一"苛刻的真理"。按照这一

---

① [英]阿弗里德·马歇尔：《经济学原理》上卷，朱志泰译，商务印书馆1964年版，第258页。

真理，消费者的需求要有效，即要使其能够引发生产者供给，必须是他愿意为此付费，且其支付的价格要达到生产者愿意出售的价格。可见，在理论逻辑中，消费者需求的有效性是消费者和生产者共同建构的，也即他们要通过一种市场谈判或协商达成供应某种商品或服务所需要的双边都可接受的价格。然而，在消费者-生产者分离的生产体制下，消费者的有效需求却愈来愈成为生产者单方面控制和建构的产物。

其过程大约如下，生产者按其生产成本和预期利润先确定供给价格（这一步通常是在生产前就做好的），然后，通过广告宣传说服消费者"同意"这一价格。如果有足够多的消费者接受这一价格，那么所谓消费者的需求价格也即其"愿意支付的价格"也就自然形成了，而生产者也就可能就此确定该产品的有效需求的规模（具有潜在消费购买的人数），并开始安排生产。当然，生产者会估计到一些在支付能力上处于边缘地位的消费者，他们或者经过生产者的说服而能够通过重新分配其个人或家庭支付安排来适应这一价格，或者通过生产者提供的消费信贷帮助而能够适应这一价格。总之，在生产者支配的生产体制下，消费者的需求大多是被限定在有效需求的范围内的，而有效需求更多的是生产者的建构而非生产者与消费者的相互建构。正如鲍德里亚所批评的，"在物质增长的社会里得到满足的东西，以及随着生产力的提高愈来愈得到满足的东西，是生产范畴的需求本身，而不是人的'需求'。而整个体制恰恰就是建立在这个对需求不甚了解的基础之上的"①。

按照鲍德里亚的见解，在生产者支配的体制下，"生产范畴的需求"与"人的需求"是矛盾的。我们可以把鲍德里亚所说的"生产范畴的需求"视为有效需求，而把"人的需求"视为消费者的需求或总体性需求。总体性需求由两个部分构成：一部分是已经被生产者选择并确认的有效需求；另一部分则是消费者自我选择但却未被生产者确认的那些需求，例如消费者对自主、尊重、情感、安全、个性化等的消费需求。这些需求在未被纳入到生产者认可的有效需求之前，我们都可以将其界定为非有效需求。在此，一系列的问题显露出来了：消费者为什么现在开始强调"人的需求"或其总体性需求？既

---

① ［法］让·鲍德里亚：《消费社会》，刘成富、全志钢译，南京大学出版社 2008 年版，第 47 页。

然消费者提出了更为广泛的需求，为什么生产者不能通过生产予以满足呢？如果有效需求的建构是一个"永恒的真理"，那么，将那些已经提上议事日程的非有效需求纳入有效需求的条件和机制又何在呢？我们将逐一解答。

首先，笔者相信，是消费者自觉在促使消费者对既有的有效需求进行反思，并寻求对其进行修正与扩展。消费者自觉，可以将其定义为消费者所拥有的一种对自己的观念和行为进行的反思与纠正的能力。笔者将其视为是对熊彼特提出的有关"自觉理性"概念的运用。熊彼特曾将企业家视为一类拥有"自觉理性"的人，即他们"不那么依靠传统和社会关系"，并且勇于"打破旧传统，创造新传统"①。在笔者看来，消费者行动同样可能是"企业家行动"，消费者中也不乏反思者和创新者。事实上，后消费社会中的新一代消费者正在反思旧生产体制下有效需求的建构及其运作的限制，并寻求其解决之道。

前已言之，旧的有效需求的最大的特征是生产者的单方面建构与控制。由此导致的限制主要表现在三个方面。一是基于人性弱点的有效需求的建构。消费者作为人同样拥有人性中的某些弱点，如对虚荣与权力的追求。"虚荣"旨在遵从他人的期待和/或得到他人的认可；"权力"则试图将自己的意志强加到他人身上。这两种人性体现在消费社会中便是通过消费进行无休止的地位竞争。消费社会来临，使非必需品消费成为一种日常性消费，而非必需品消费内在的(同时也被建构的)一大特征便是符号消费，即其消费的目的不是或主要不是为了获得使用价值而是其象征性价值及显示身份、地位的价值。这样，消费社会中的消费便被导入到一种旨在参与地位竞争——追求认同与权力——的游戏之中。②生产者正是利用了消费者的人性弱点——对地位竞争的普遍追求——掌控了有效需求的建构。

二是有效需求的"循环流转"。"循环流转"在熊彼特那里，意指没有创新与发展的简单循环的经济生活："这种生活年复一年地基本上同样地在渠道

---

① ［美］约瑟夫·熊彼特：《经济发展理论——对于利润、资本、信贷、利息和经济周期的考察》，何畏、易家详等译，人民出版社 1990 年版，第 102 页。

② 我们也将其定义为一种他人认同型非必需品消费。

中流动着——就像血液在生物有机体中循环一样。"①在此，我们指的是那种没有结构性改变与扩展的重复的有效需求的生产与实现。基于地位竞争的有效需求之所以能够循环，是因为在市场社会中竞争者之间的身份、地位是可能变动的。一个人既要力图超越对手，又要尽力保护好自己不被超越。因此，他必须加倍工作，不断消费以保证在竞争中胜出。另外，消费物的符号价值同样是流动的，且在很大程度上是由生产者控制的。这样，具有新的符号价值的消费物会被不断再生产出来，而消费者也会被说服不断地购买消费，由此，便陷入了挣钱—消费—再挣钱—再消费的无休止的循环购买游戏中。循环购买游戏除了"把我们拖离了更闲适的生活方式"②，甚至一有不慎就会陷入消费信贷债务的危机，并不能在提升消费者的需求层次方面改变什么——它只是在牵引消费者在地位竞争的圈层中不断兜圈。③

　　三是对"非有效需求"的漠视。当有效需求能够不断循环流转，生产者便可能漠视任何非有效需求，甚至可能会有动力去损害某些非有效需求，例如，对安全性的需求。前已言之，非有效需求是那些消费者虽然有意愿但却未能在交易价格上与生产者达成协议的需求，例如安全性需求、个性化需求等。我们相信，这类非有效需求正在迅速成为这一时期即后消费社会时期的具有核心性的消费需求。我们从本书研究所做的中国城乡消费实践社会调查中可见一斑。在调查问卷中，我们询问受访者："平时购买商品或服务时，您比较看中哪些方面？"结果如表 3-15 所示。"质量是否可靠"成为受访者选择最多的选项，即有 91.6% 的受访者将其选择为消费中最为看重的因素。质量问题关系到使用功效，更关乎消费安全。因此，可见中国消费者对产品质量与安全的超强需求。这既反映了中国消费者一贯讲究实惠的消费实用主义态度，也反映了这一时期生产者在提供产品可靠性和安全性方面的缺失。有

① ［美］约瑟夫·熊彼特：《经济发展理论——对于利润、资本、信贷、利息和经济周期的考察》，何畏、易家详等译，人民出版社 1990 年版，第 68 页。

② ［美］朱丽叶·斯格尔：《过度劳累的美国人》，赵惠君、蒋天敏译，重庆大学出版社 2010年版，第 11 页。

③ 或者正如斯格尔所说的，消费者"挣钱—消费—再挣钱—再消费"不断恶性循环，"就像是在跑步机上枯燥无味地原地踏步"（［美］朱丽叶·斯格尔：《过度劳累的美国人》，赵惠君、蒋天敏，重庆大学出版社 2010 年版，第 11 页）。

关消费者失望的问卷调查(表 3-14)，可以作为印证。

表 3-15 "平时购买商品或服务时，您比较看中哪些方面？"（最多选 3 项）

选择	数量（未作答）/人	调整的百分比*/%
质量是否可靠	742(3)	91.6
价格是否便宜	488(4)	60.3
是否符合自己的身份	274(2)	33.8
是否能展示自己的个性	143(5)	17.7
是否流行时尚	81(2)	10.0
是否名牌	97(2)	12.0
是否与周围人的看法一致	54(2)	6.7
服务是否热情	120(3)	14.8
外观款式是否合适	249(2)	30.7
其他	8(3)	1.0
受访者（合计）	813	—

资料来源：2012年访问调查。
*只包括那些作答的。

在表 3-15 中，我们注意到"价格是否便宜"和"是否符合自己的身份"是占第二位和第三位的选项，而"是否能展示自己的个性"则只占第四位。这说明，中国消费者是复杂的、多种需求并存的。这正是转型期中国各种社会及其不同阶段的特征并存的反映。尽管如此，我们看到，有 17.7%的受访者将个性化需求视为其购买消费中最重要的因素之一。这仍然能够说明，个性化需求正在成为中国消费者的一项重要的消费需求。

为什么我们要关注安全性需求、个性化需求等非有效需求？一个重要的理由是，这类非有效需求与作为有效需求的地位竞争需求在性质上有很大的不同，它们的实现不仅可以让消费者过上"更闲适的生活方式"，而且也给生产者带来新的市场需求，从而促进经济的增长与繁荣。按照我们的分类，如果说地位竞争属于"他人认同型非必需品消费"，即消费是为了满足他人的期待和得到他人的认可，那么，个性化需求和安全性需求则属于"自我认同型非必需品消费"，即消费是为了自我认同和自我实现。

我们可以将个性化需求定义为个体按照自己的原则和标准去体验消费的价值或意义的一种意愿。个性化需求与大众化需求是相对的。大众化需求是指向他人的，即地位低者模仿地位高者的消费方式，地位高者则尽力保持和创造更高的消费标准。可以说，大众化消费本质上是基于地位竞争的他人认同型消费。相反，个性化需求是指向自我的，即并不以地位竞争为目的，而是意在追求自我满足和自我价值例如自主、参与、舒适、乐趣等的实现。在很多情况下消费者的选择是基于个人的偏好或者是在追求自我体验。这一点与作为大众化衍生的分众化有相似之处。分众化也追求差异性消费，但它仍然是为了地位竞争——用鲍德里亚的话说，它仍然"通过张扬的方式(即维布伦所说的'惹人注目的方式')来自我夸耀"[①]——而不是为了一种自我价值的实现。[②]诚然，个体化需求遵循的是一种正如柯林•坎贝尔(Colin Campbell)所说的"浪漫伦理"(romantic ethic)。[③]"浪漫伦理"强调个体的自由，反对他人对自己的肆意渗透甚至支配，同时，也反对自己对他人的渗透和控制。与新教伦理的苦行和自我质疑相反，浪漫主义提倡的是自我表达和自我满足。

个性化需求所崇尚的自然主义、舒适和乐趣正是"浪漫伦理"的一种实践。中国消费者明确将个性化需求作为首要目标的尚少(表3-15)，然而，这并不意味着他们不崇尚舒适与充满乐趣的生活方式。在问卷调查中，我们曾询问受访者："您觉得，家庭消费的原则应当是什么。"结果，如表3-16所示，选择"节俭和谨慎"的为28.7%，占受访者1/3弱；选择"舒适和乐趣"的为70.0%，占受访者2/3强；选择"享乐和奢华"的为0.7%，寥寥无几。如果说"节俭和谨慎"代表一种传统的新教徒式的生活方式，相反"享乐和奢华"代表的是一种放纵享乐的生活方式，那么，"舒适与乐趣"则是一种介于

---

① [法]让•鲍德里亚:《消费社会》，刘成富、全志钢译，南京大学出版社 2008 年版，第 73 页。

② 正如鲍德里亚所说的，现实生活中，的确有大量的人在用时尚来彰显"个性":"花费、时尚等行为，以及通过它们与他人交流的行为，都是属于这种当代社会测定的'个性'的主要成份，就像 D. 里斯曼在《孤独的人群》中阐述的那样。"([法]让•鲍德里亚:《消费社会》，刘成富、全志钢译，南京大学出版社 2008 年版，第 168 页)

③ Campbell C, *The Romantic Ethic and the Spirit of Modern Consumerism*, Oxford: Basil Blackwell, 1987.

两者之间的浪漫的、自我认同式的生活方式。

表 3-16 "您觉得，家庭消费的原则应当是什么。"

选择	数量(未作答)/人	调整的百分比*/%
节俭和谨慎	232	28.7
舒适和乐趣	565	70.0
享乐和奢华	6	0.7
其他	4	0.5
受访者(合计)	813(6)	—

资料来源：2012年访问调查。
*只包括那些作答的。

安全性需求更是一种自我认同型消费需求。安全性需求即对自我身心健康的一种意愿，它无疑是指向自我的，并且其实现标准和原则也是由个人所掌握的。安全性需求是人类生存与发展所必须具备的最基本的需求，换言之，它是一种普遍存在的必需品需求。然而，在消费社会或乌尔里希·贝克(Ulrich Beck)所说的"风险社会"[1]中，安全性问题更多涉及的是现代性因素如科学、技术等对人们的健康乃至生命潜在的甚至是不确定的危害。反思和预防这类安全性问题大多需要具备专门的知识和配备价格不菲的设施，因此，这类安全性需求或许应当视为一种非必需品需求。[2]

现在的问题是，消费者对安全性和个性化这类自我认同型非必需品消费已有日益突显的需求，然而，为什么企业或其他生产者仍然未能给予相应的生产供给呢？我们的假设是，造成生产供应短缺的主要原因是，这类新兴的消费需求未能大规模纳入到有效需求的范围。按照市场的逻辑——我们不能也无法从根本上否定这一逻辑——不是有效需求，便不会引起供给。如果我们相信这一逻辑，那么，这类新兴的消费需求何以未能大规模纳入到"有效

---

① [德]乌尔里希·贝克：《风险社会》，何博闻译，译林出版社 2004 年版。
② 在消费社会中，标准化、大规模的生产方式往往能降低产品成本，然而却可能造成产品品质的下降，甚至对人的健康造成隐性的或潜在的危害，例如前文列举过的"速成鸡"及其引发的恐惧与争议。而如果一个消费者想避免这种可能的危害则必须愿意付出更高的价格购买按正常方式饲养的"生态鸡"。可见，安全性需求已经成为一种类似奢侈品的需求。

需求"的范围内呢？^①前已言之，一方面，以往有效需求界域的划定主要是控制在生产者手中的，生产者固守向消费者提供有关地位竞争或他人认同型消费需求的生产与供给，当然应当负有保守主义的责任。然而，另一方面，我们也要看到一种客观的力量在阻碍生产者担负这样的责任，这就是：生产者愿意生产和提供这类需求所给定的出售价格，往往超出了消费者愿意购买的价格。在这种情况下，生产者要么缺乏生产之动力，要么生产难以为继。

那么，为什么生产者愿意生产的价格与消费者愿意购买的价格会不一致，甚至会有较大的差距呢？原因可能有多种。一是消费者不愿意为此而付费。消费者偏好免费享用生产者提供的产品或服务，结果导致生产者的生产和供给难以为继。前述谷歌关闭 GR 即是一个事例。二是生产者给出的供给价格过高，超出消费者的承受力。而价格高的一个内在原因恰恰是这类需求本身规模小。尤其是个性化需求，其个体特性决定了生产的小规模和专门性，这必然增加生产的成本。三是生产者和消费者之间缺乏生产供给与交易定价的谈判机制。很多时候，消费者并非不愿意付费，而是生产者未能征询消费者的意见，更未能与消费者就定价达成合作之协议。谷歌关闭 GR 引起用户极大的不满与失望，一个重要原因是，许多用户表示愿意为此付费，谷歌却始终拒绝与之沟通、协商。

从这一分析，我们尤其看到了消费者力量的崛起：①他们已经不满意自己的需求被生产者锁定在一个狭隘的地位竞争的范畴；②他们提出了包括个性化、安全性等具有颠覆性的需求也即作为反他人认同的自我认同型的消费需求；③他们自觉到了消费者介入有效需求再建构的必要性——要求生产者免费提供这类产品或服务是不可能的或难以持久的；④他们也看到了一种可能的解决之道——消费者与生产者通过互动与沟通来扩展有效需求，从而激励生产者对这类新兴的消费需求的有效生产与供给。总之，消费者自觉正在促使其推动有效需求的扩展以及为适应这种扩展而要求的生产组织形式与控

---

① 这样的提问表面重新堕入鲍德里亚所批评的情形："人的需求"变成了"生产范畴的需求"（[法]让·鲍德里亚：《消费社会》，刘成富、全志钢译，南京大学出版社 2008 年版，第 47 页）。然而，如果这一转变扩展了"人的需求"即总体性需求的实现范围和能力，那么我们并不应该予以拒绝。

制方式的转变。

二、关系性资源的利用：资源获得的转变

上述分析表明，消费者与生产者的互动沟通，对于促进双方达成有效需求的扩展，也即将消费者的那些原本不在有效需求范围内的新兴需求，例如个性化需求和安全性需求纳入有效需求的范围，具有关键性的作用。那么，如何推动消费者与生产者之间的互动、沟通呢？

诚然，互动主体的认知，包括消费者自觉及生产者的责任感，十分重要。消费者自觉可以转变自己的消费态度与行为，例如减少地位竞争性消费而增加对个性化、安全性消费的需求；也可以让自己更愿意为生产这类需求的企业付费，以支持这些有责任的企业的生产；而如果发现或遭遇企业的不负责任行为或机会主义行为，则消费者也勇于对其呼吁或批评。同样，生产者对于向消费者提供个性化和安全性生产的责任的认知越好，就越可能坚持这一生产的方向；而如果遭遇财务困难，生产者也会愿意与其用户互动、沟通，以达成可能的解决方案。

在双方认知水平给定的情况下，决定消费者与生产者互动、沟通的一个关键性的因素便是对一种共享资源即关系性资源的利用。所谓关系性资源（relational resources），指的是通过互动关系而被动员和利用的资源，例如共享的信息、长期的投资及彼此的信任和相互协商等。关系性资源是一种与个别性资源相对的资源。个别性资源（discrete resources）是指由个体或组织占有和使用的资源，如资金、技术等。个别性资源能够通过市场进行交易、转让。关系性资源则是嵌入于特定的互动关系中的，因而，个别一方无法单独控制与利用，更不能转让给第三方。

消费者与生产者之间是否拥有关系性资源，对于双方能否达成有效需求范围的扩展，从而决定生产者能否提供或继续提供其产品的生产与供给，具有关键性的作用。以 Google 关闭 GR 为例。如果 Google 与其用户之间存在着较多、较优质的关系性资源，那么，双方就可能向彼此传达更真实的信息，例如，Google 向用户通报 GR 盈利差距所带来的压力，用户则向 Google 传递其愿意为其服务所支付的价格，那么，双方便可能在交易价格方面，也即将用户所需要的"个性化阅读"纳入 Google 所愿意继续供给的有效需求的范

围，达成共识。遗憾的是，Google 始终未与其用户进行这种互动与沟通。即使是在做出关闭 GR 的决定而引发大量忠实用户的批评、呼吁，甚至恳求时，Google 仍然不为所动。有评论指出，Google 作为一家创新型公司，相信"技术至上"，因而轻视了它的用户。Google 不乏粉丝(在中国被戏称为"狗粉")，但 Google 并没有通过特别的互动将这些粉丝发展为一种关系性资源。没有关系性资源，便减弱了彼此的信任与沟通，从而失去了达成某种交易合作的机会。

Google 作为一家互联网公司，为何会漠视关系性资源的开发与利用呢？事实上，我们发现乔布斯时代的苹果公司与 Google 非常相似，其粉丝(果粉)对苹果产品的偏爱几近疯狂，然而，苹果并不热衷于与粉丝互动，更不屑于听取粉丝的建议。这与作为中国手机行业的后起之秀的小米科技公司对待其粉丝(米粉)的态度有着天壤之别。为什么在开发和利用关系性资源方面，不同公司之间会有不同的选择？除了认知方面的差距，是否还有其他更关键的因素在起作用？第四章我们再做深入讨论。

在此，我们要首先提出一个普遍性的假设，即互联网技术是增进消费者与生产者的资源获得，尤其是创造和利用其共享资源即关系性资源的重要力量。后消费社会兴起于 20 世纪 90 年代，很大程度上正是这一时期互联网在全球迅速普及的结果。截至 2011 年，互联网普及率最高的国家或城市为冰岛(97.8%)；第二至第五位分别是挪威(97.2%)、瑞典(92.9%)、马尔维纳斯群岛(92.4%)及卢森堡(91.4%)。2006 年，经济合作与发展组织调查显示，截至2005 年底，宽带上网(Broadband)普及率的前五名分别为冰岛(26.7%)、韩国(25.4%)、荷兰(25.3%)、丹麦(25.0%)及瑞士(23.1%)。而美国在所有工业化国家中排名第十二。根据中国互联网络信息中心在 2014 年 1 月发表的第 33次《中国互联网络发展状况统计报告》，截至 2013 年 12 月，中国的网民数量达 6.18 亿人，为世界首位，互联网普及率达到 45.8%，高于世界平均水平，但仍远落后于互联网发达国家。[①]互联网正在改变着一切。正如"《个人电脑杂志》主编迈克尔·J. 米勒(Michael J. Miller)在 1999 年 2 月写到，因特网

---

① 维基百科："互联网"，https://zh.wikipedia.org/zh-cn/互联网。

正在改变我们‘交流、获取信息、娱乐和做生意的方式’”①。林南是较早关注互联网兴起如何影响社会尤其是社会资本的社会学家。在他看来，因特网②所创造的“电子网络”即“因特网中的社会网络”正是一种新型的社会资本，并且，“实际上我们正在经历着由电子网络所代表的社会资本的革命性上升时代”③。

> 电子网络所承载的资源超出了单纯的信息用途，从这个意义上讲电子网络提供了社会资本。电子商务就是一个例子。很多网站提供了免费信息，但是网页上的广告会引诱用户购买一些商品或服务，提供了激发用户行动的刺激。因特网也提供了交换与集体形成的渠道。这些“虚拟”的连接使用户与他人的联系几乎不受时间和空间的约束。由于通过电子网络获取信息与互动都很方便，因此电子网络不仅富含社会资本，而且成为参与者在生产和消费市场中目的性行动的重要投资。③

诚然，互联网——作为一种颠覆性的网络联结技术和方法——正在改变着人们资源获得的类型、途径和方法。例如，过去人们主要通过个人的努力获得个人资源，并且通过人际关系获得关系性资源。受时空限制，个人通过这两种途径动员和利用资源的能力是有限的。而且，个人资源在影响个人流动方面通常占据着主导地位。然而，互联网改变了这一切。互联网突破了时空限制，使得个体或组织可以在更大的范围内动员和利用他人的资源，例如，通过各种电子网络(网站、博客、论坛、社交网络等)获取他人免费提供的信息。更重要的是，互联网提供了一种低成本的获取信息、互动及达成集体行

---

① 转引自[美]林南：《社会资本——关于社会结构与行动的理论》，张磊译，上海人民出版社 2005 年版，第 213—214 页。

② 因特网(Internet)于 1969 年诞生于美国，最初名为“阿帕网”(ARPANET)。现在已发展成为一个覆盖五大洲 150 多个国家的开放型全球计算机网络系统，拥有众多服务商。互联网(internet)则泛指包括因特网以及其他网络如“欧盟网”(Euronet)、“国际学术网”(BITNET)、“飞多网”(全球性的 BBS 系统)等在内的全球所有的互联网络。

③ [美]林南：《社会资本——关于社会结构与行动的理论》，张磊译，上海人民出版社 2005 年版，第 214 页。

动的渠道。通过电子网络人们可以短时间内获得其所需的信息。人们在借助网络平台或一款通信工具迅速分享信息，并进行沟通、讨论，从而达成某种共同的行动。互联网通过将电脑连接起来，很大程度上解决了人们之间彼此孤立、不易沟通的问题。

　　互联网技术同样可以促进消费者与生产者的互动与沟通。一方面，对生产者而言，借助一系列网络技术可以获得比以往规模要大得多的有关消费者的数据，即所谓"大数据"（big data）。这有利于生产者了解消费者的更多需求，从而使其能够更好地按照消费者需求调整生产的方向。当然，与之相关的一个疑虑是，生产者在获取网络资源尤其是"大数据"方面具有比消费者更多的优势，而这是否会导致生产者对消费者控制力的进一步增强。个人和组织在获取和利用大数据方面的确存在不平等，这有待国家和/或国际组织对各种组织如何收集、处理和利用这类数据信息的规则进行合理的约制。

　　另一方面，我们看到，互联网同样给予消费者许多提高其地位、权力的机会。首先，由于通过电子网络分享信息与互动变得十分方便，因此信息传播不仅构成了对生产者行为尤其是机会主义行为的制约，而且成为消费者集合力量与厂商谈判从而获得消费优惠的重要渠道。网络团购就是一个例子。团购作为一种通过集合消费者力量提高向批发商及零售商议价能力的购买方式，由来已久。不过，直到 21 世纪借助互联网，团购才得以迅速发展。2008年在美国成立了第一家网络团购网站 Groupon。网站的模式很简单：每天推出一款价格优惠的产品，包括餐饮商品或服务等，但前提是要有足够多的买家。而网站的盈利则来自佣金。之后，团购网站在全球迅速被模仿和扩展。截止到 2010 年 11 月，北美就有至少 160 家类似站点，中国也出现了数百家使用 Groupon 模式的网站。[①]团 800 网发布的《2011 年 4 月中国团购统计报告》数据显示，团购市场销售额 2011 年 4 月达到 6.5 亿元，比 1 月增长了 71%，预计 2011 年团购市场规模总计将突破 200 亿元。[②]我们的问卷调查曾询问受访者参与团购的情况，结果显示（表 3-17），受访者中有过团购体验的占

---

　　① 维基百科："团购"，https://zh.wikipedia.org/zh-cn/团购。
　　② 石立娜：《团购网站发展情况及对监管的挑战》，2011 年 10 月 18 日，http://tech.sina.com.cn/i/2011-10-18/17566195051.shtml。

63.6%，其中 8.6% "经常" 团购，39.2% "有时" 或 "偶尔" 团购。可见，团购已成为当下消费者的一种较流行的网购方式。

表 3-17 "您经常在网络上进行团购吗？"

选择	数量(未作答)/人	调整的百分比*/%
经常	70	8.6
有时	178	21.9
偶尔	140	17.3
极少	128	15.8
从未	295	36.4
受访者(合计)	813 (2)	—

资料来源：2012年访问调查。
*只包括那些作答的。

当然，从进一步询问团购参与者的动机看，如表 3-18 所示，绝大多数是为了获得 "价格优惠"，占 80.0%；"与其他消费者互动" 则只有 1.0%，几乎可以忽略不计。这说明，Groupon 模式下的网络团购制度化和组织化水平都已很强，参与团购的消费者之间已无须具体互动。

表 3-18 "如果您有过网络团购的经历，您参与团购的最主要的原因是什么？"

选择	数量(未作答)/人	调整的百分比*/%
价格优惠	387	80.0
产品新颖	10	2.1
可以与其他消费者互动	5	1.0
只是好奇，想体验一下	47	9.7
受他人影响	30	6.2
其他	5	1.0
受访者(合计)	813(329)	—

资料来源：2012年访问调查。
*只包括那些作答的。

其次，互联网技术能够推动更为重要的消费者与生产者关系的转变，简言之，即由分离关系转变为相互依存的关系。因为，改变消费者与生产者的关系，才可能转变生产的组织方式。而要改变消费者与生产者的关系，则必须通过他们之间的互动来达到。这一逻辑值得复述一下。按照我们的分析，要使生产者转变其生产的组织方式，包括由主要为"地位竞争"而生产转变成为"总体性需求"而生产、由生产者对生产过程的单边控制转变为生产者-消费者的双边控制，则必须首先将那些新兴的处于有效需求范围之外的"非有效需求"纳入有效需求的范围(因为没有有效需求，就没有外部生产者生产的动力)，而这就需要消费者与生产者通过互动，也即通过一种显性或隐性的价格谈判过程来达到。因此，笔者相信，消费者与生产者的互动、沟通至关重要。而互联网技术则为这种互动与沟通建立了一种有效的(低成本的)桥梁。

然而，Google 关闭 GR 的例子，却似乎是这一判断的反证：作为一个互联网公司，本身有着非常优越的网络技术，却为何拒绝与消费者互动、沟通呢？显然，有其他重要因素在制约 Google 的选择。在探寻并建立其他可能的假设之前，我们相信，与消费者自觉同样，生产者自觉在决定生产者如何处理与消费者的关系中起着重要的作用。

要达到生产者自觉，企业决策者需认识到在消费社会转型，即向后消费社会转变过程中的两个重要变化。第一，消费者的力量正在崛起。这体现在两个方面：一是消费者的个别性资源的增加。在通过一段工业社会和消费社会的建设之后，消费者各阶层收入水平都在提高，尤其是中产阶级规模的扩大及收入水平的提高，对于消费需求的发展趋向具有重要影响。二是在互联网支持下消费者联合所产生的力量日益显著。正如前面我们分析的，当代消费者不仅可以借助电子网络传播和分享信息，而且很容易通过互动达成某种集体行动，因此，生产者单方面"诱导""控制"或"欺诈"消费者的可能性大大下降。第二，生产者与消费者相互依存。现在生产者比任何时候都更需要了解消费者的需求及其变化。正如我们在本节开始列举的事例 3 所反映的，千禧一代年轻人的消费观念已经与他们父辈有很大不同。他们更愿意过简单朴实、富有乐趣的生活。这样的需求既简单又复杂。所谓复杂即个性化需求具有多样性和多变性。生产者除了通过其收集的大数据掌握其中的一些规律外，还需要通过具体的互动来更为及时和动态地了解消费者需求及其变动。[①]
另外，一个不容忽视的事实是，无论是生产者还是消费者本人，他们都需要
通过生产过程的体验甚至试错，才能对消费者的个性化需求有更好的了解。
以笔者曾经经历的家庭装修为例，消费者对自己的所谓"个性化"装修的具
体要求其实一开始并不总是明确的，他需要在生产过程中通过学习、体验、
试错及通过与生产者互动、协商，才能真正认识自己的喜好和要求。因此，
消费者和生产者都必须进入生产现场和生产过程。也就是说，要真正能够满
足消费者的个性化需求，生产者便不能再沿用过去生产者单方面控制生产的
方式。同样，要满足消费者对安全性的需求，生产者最好采取最能解决生产
环节中的信息不对称从而令消费者信任的生产方式，这就是，让消费者参与
到生产过程中去。

三、迈向消费者-生产者联合：条件问题

生产者自觉将引导企业决策者做出变革，包括扩展有效需求、转变生产
的组织方式，即由生产者对生产过程的单方面控制，转变为消费者与生产者
对生产过程的联合控制。生产组织及其控制方式的转变能带来微观组织行动
层面的经济转型，从而才能真正促进经济的增长与繁荣。

诚然，联合控制的生产组织方式的建立并非没有条件。首先，正如我们
已经有所分析的，新兴的自我认同型消费需求例如个性化需求必须能够通过
谈判纳入有效需求的范围。如果经过谈判——很多情况下，可能采取的是一
种类似托马斯·谢林(Thomas C. Schelling)所谓的"隐形谈判"(tacit
bargaining)[②]——一些消费者的个性化需求由于太过特殊而难以达到规模化
生产的最低标准，或者生产者根本不具备生产的特殊条件，例如，消费者记
忆中的儿时美食——"妈妈的味道"——便是任何社会化生产都无法领会和
达到的，消费者只有通过自制或自我生产，才能有所自找体会（"回味"）与

---

① 可以说，在任何时代消费者都是对自己的需求和拥有资源的最知晓者，而这种作为"实
用知识"的需求与资源的生产者获得，只有通过与消费者的互动与合作才能被利用（[英]弗雷
德里希·哈耶克：《个人主义与经济秩序》，邓正来译，生活·读书·新知三联书店 2003 年版）。

② [美]托马斯·谢林：《冲突的战略》，赵华等译，华夏出版社 2006 年版。

自我表达。同样，如果消费者对食物或其他产品的安全性有其特别的需求，那他也可能倾向于自我生产。显然，消费者自我生产既是对生产者单方面控制的生产的一种"反抗"、一种"去市场化生产的运动"，也是对联合控制生产方式的一种偏离。那么，这种作为反抗或偏离的消费者自制的存在到底有着怎样的意义呢？其与市场化或社会化生产是冲突关系还是一种相容的、可转化的关系呢？①这是值得研究的议题。

其次，在消费者与生产者就有效需求谈判达成一致的情况下，双方如何开展对生产过程进行联合控制；生产者在多大程度上愿意引入消费者参与；消费者又如何愿意以及以何种方式——例如是作为粉丝、订购者，还是作为产品测试者、投资合伙者——参与到生产过程中去。或许影响和制约生产者和消费者选择的因素很多，但为了简单起见，我们拟选择一个关键性的变项，即关系性资源的投资与利用进行分析。我们假定，不同程度的关系性资源的投资可以反映生产者和消费者双方对生产的联合控制的参与程度和方式，而影响其不同程度投资的因素可以反映决定联合控制的不同类型的力量。我们还要假定，任何一种生产控制的方式都有其存在和维持的条件。一旦这些条件发生转变，就会引起相关利益者尤其是消费者的反应，例如退出、呼吁、抗议、抵制等，从而产生转向另一种生产方式的转变。

总之，生产控制方式的转变构成了后消费社会生产组织方式变动的一种"新常态"。我们唯一可期待的，便是从这一新常态中寻找经济的新的增长与新的繁荣。

---

① 例如，笔者的一位旅居温哥华的学生家人正在尝试利用某社交软件自制、销售其私家牛肉酱——"酱人牛肉酱"。该事例说明，私家生产-私家消费是可以转化为私家生产-网络销售的。消费者自制可能更多的是一种补充性的和过渡性的生产组织方式。

第　四　章

生产组织及其控制方式的选择
与转换：从静态到动态

> 合理的资本主义是为了市场机会，因而也是为了真正的经济目的而组织起来的，而且它同群众需求和供应群众需要的关系愈密切，就愈合理。
>
> ——马克斯·韦伯*

本章要对生产组织及其控制方式的形成与转换做出分析。第三章我们通过历时性分析着重揭示了消费社会演变的一个基本路径，即宏观层面上的消费者与生产者之间的关系从一体到分离，再到趋于相互依存，以及伴随着这一关系转变而发生的主导性生产模式的转换，即微观层面上的生产控制方式从精英消费者控制到生产者控制，再到生产者-消费者联合控制的演变趋势。本章力图采用一种共时性的分析，即假设并且分析在消费社会的不同历史时期，尤其是在进入成熟或所谓后消费社会阶段，其何以存在着各种不同的生产组织及其控制方式，以及其是否仍然存在着生产控制方式由生产者或消费者单边控制向生产者-消费者双边控制转换的基本趋势。

本章的研究路径是，首先寻找决定生产者与消费者共同选择①的不同生产

---

* [德]马克斯·韦伯：《经济通史》，姚曾廙译，上海三联书店 2006 年版，第 209—210 页。

① 我们相信，任何一种生产组织及其控制方式的选择都不是生产者或消费者单方面做出的，而是双方通过某种显性的或隐性(默认)的谈判和(货币)投票达成的。每一种生产组织及其控制方式的存在，都意味着生产者与消费者的某种程度的选择性匹配。

组织及其控制方式的基本维度或力量；然后，从中辨识出与历史演进相符的生产方式或模式由单边控制向双边控制转换的基本趋势及其所需条件。这构成了本章所谓从静态分析向动态分析的一种转变。

第一节　需求、资源与控制：基本元素

要探寻决定生产组织及其控制方式的基本力量，首先要理解决定行动者行动及与他人互动的基本元素。

我们将行动定义为行动者利用自己控制的资源满足其需求的过程。在这个过程中，需求是引发行动的目标与动因。资源则是实现需求满足的手段。理性的行动者懂得利用其控制的资源去满足自己的需求。假定该行动者利用其控制的资源足以满足其需求，即其控制的资源与其自建的需求之间有着基本的匹配，那么其资源利用的行动将是自立的或自给自足的。然而，相反，如果其控制并利用的资源不足以满足其需求，而其所需的其他资源又掌控在他人手中，则除非他自降需求，否则便只能通过互动从外部获取他人的资源来实现自己的需求。互动的渠道可以是既有的或新构建的社会关系，也可以是超越社会关系的市场交易。社会关系能够给予互动双方更好的信息和信任；市场交易则更能保证其合作秩序的不断扩展。[①]不论通过社会关系还是市场交易，单个人的独立行动都转变为行动者之间的互动。

上述关于行动者行动及互动的一般认识有助于我们观察和分析消费者与作为"他人"的生产者互动的形成。我们假定，消费者与生产者互动的前提是生产者拥有该消费者所需的资源。因为，假如该消费者拥有较充分的资源，则他自己就能成为一个独立的生产者了。换言之，此时他本身就是一个集生

---

① ［德］马克斯·韦伯：《经济与社会》上卷，林荣远译，商务印书馆1997年版；［英］弗雷德里希·哈耶克：《个人主义与经济秩序》，邓正来译，生活·读书·新知三联书店2003年版；［美］肯尼斯·阿罗：《组织的极限》，万谦译，华夏出版社2006年版；Granovetter M, "Economic Action and Social Structure: The Problem of Embeddedness", *American Journal of Sociology*, Vol. 19, No. 3, 1985, pp. 481-510.

产者与消费者为一体的经济单位，就像传统社会中的自给自足的小农或自耕农一样。然而，假如情况相反，消费者缺乏为满足其需求所必需的资源——消费者需求的扩展会让其占有的资源不足愈发显著——则消费者便不能不通过选择某一种互动方式——社会关系或者市场交易——来直接或间接地利用他人资源，以实现自己不断扩展的需求。

纯粹通过社会关系获取资源有其优势，也有其限制。[①]在此，不再展开评述。总之，我们相信，作为"合作秩序的不断扩展"的市场交易才是市场社会中动员和利用社会资源的主流方式。并且，我们在此承担的任务便是要考察消费者是如何通过市场交易建立与他人或生产者之间的分立与合作的。

我们看到，消费者为获得额外资源而与他人进行的市场交易有两种形式。一是通过交易获得资源的转让与利用。消费者可以从他人那里购买其所需要的资源，包括原材料、半成品或设备等，用于自我生产以满足或维持自己的需求。二是通过交易建立某种委托生产的方式。消费者通过市场订购某种标准化的产品或定制某种满足其特殊需求的产品，都可以称之为直接委托生产。即使是在市场上即时购买某种现成的商品，也可以称之为建立了一种间接的委托生产方式。无论是直接还是间接的委托生产，都意味着生产者的独立以及消费者退出生产领域。消费者与生产者的分立与合作由此诞生。

消费者与生产者分立的原因不难理解：受托的生产者成为专业化的生产者，其所积累的技术和经验更能生产出品质优良的产品；而当有更多的消费者委托这些专业化的生产者进行生产时，生产者又能够朝标准化和规模化生产的方向演进，从而使其大量生产的优势愈加明显，由此，生产者的竞争迫使消费者愈来愈放弃了自我生产。消费者退出生产，或者说，消费者与生产者的分立乃成大势所趋。然而，消费者与生产者的分立——它可以提高生产的效率——要受制于其合作的实现。没有消费者与生产者的合作，即没有他们双方在市场上交易的实现，消费者与生产者的分立便不可能持久。那么，消费者与生产者合作的实现机制为何呢？这是下面我们要通过对有效需求的形成的解释所要深究的。

---

① ［美］林南：《社会资本——关于社会结构与行动的理论》，张磊译，上海人民出版社 2005 年版；汪和建：《自我行动的逻辑：当代中国人的市场实践》，北京大学出版社 2013 年版。

第二节 有效需求的形成：一致性问题

消费者与生产者的分立,意味着消费者与生产者之间委托–受托关系的建立。然而，要使这种关系得以真正成立和维持，则必须满足一个条件，即受托的生产者要有利可图。那么，在具有资本计算的市场经济中，如何才能保证生产者的生产有利可图呢？

马歇尔的洞见是：要使消费者的需求引起生产者的供应，不能光是诉诸一种愿望或必要。"它必须是一种有效的需求，就是说，它必须对供给的人提供充分的报酬或其他某种利益，才会有效。"①这就是说，只有能给生产者带来充分的报酬或利益的需求，即有效需求，才能驱动生产者的生产与供给。那么，怎么界定某种消费者的需求是一种有效需求，或者说，确定这种需求能够提供给生产者充分的报酬呢？最简单的办法就是利用价格机制，也就是马歇尔所说的：只有当消费者愿意出的价格达到生产者愿意出售的价格时，才能表明消费者的需求是有效的。②

韦伯在《经济与社会》中表达了与马歇尔类似的观点，同时，他还指出了发生在满足消费者需求上的生产的形式理性与实质理性之间的冲突：

在具有资本计算，即允许个体经济占有生产资料和拥有所有权的经济中，这意味着有利可图取决于"消费者"能够并且愿意支付的价格：只能为那些拥有相应收入的消费者生产，才能有利可图……货物的生产是按照盈利企业的方式进行：只能通过让"（有）购买力的"需求获得满足和可能获得满足。也就是说，它制约着：何种需求通过货物的生产得到满足的问题，完全取决于货物生产的有利可图性。货物生产虽然形式上是一个理性的范畴，但是，正因为如此，它对实质的基本要求则是冷漠的，

① ［英］阿弗里德·马歇尔：《经济学原理》上卷，朱志泰译，商务印书馆1964年版，第258页。

② ［英］阿弗里德·马歇尔：《经济学原理》上卷，朱志泰译，商务印书馆1964年版，第114页。

如果这些要求在市场上没有能力以有足够的购买力的形式出现的话。[①]

可以简单归纳一下韦伯的观点：①"有利可图"是企业生产的基本动力，企业能否有利可图取决于消费者"能够并且愿意支付的价格"；②在市场经济中，货物生产只能按照这种使生产者有利可图的方式进行，这是一个"形式理性"的范畴；③但是，从"实质理性"也即从消费者的"基本要求"或需求的合理性的角度上看，这种形式理性的生产——将那些在市场上没有足够的购买力的需求排除在外的生产——是"冷漠的"。诚然，在韦伯看来，形式理性与实质理性是一种"鱼和熊掌，不可兼得"的关系。因此，他从实质主义角度的批评也只是点到为止。我们同样无意攻击"形式-实质"这一两难困境。但是，我们相信，循着韦伯提出的关于消费者需求的多样性的思路探索下去，是可能寻找到许多缓解这一难题的方法的。

首先，消费者的需求与在市场上被生产者确认的有效需求是不一致的。第三章曾用"总体性需求"表达消费者的全部消费需求。总体性需求既包括有效需求，即消费者愿意支付且有支付能力的需求，也包括非有效需求，即消费者尚不愿意和/或无支付能力的需求。用公式表示如下：

$$总体性需求 = 有效需求 + 非有效需求$$

值得注意的是，韦伯曾用"需求感觉"一词表达了消费者总体性需求的存在及其与有效需求的差距。他写道："对于任何经济来说，主观存在的'需求感觉'都不可能等于有效的需求，也就是说，考虑通过货物生产达到满足的需求。因为那种主观的感情冲动能否得到满足，一方面取决于事情的轻重缓急，另一方面取决于为满足需求估计可以支配的货物。"[②]笔者的理解是，对于消费者而言，都存在着一种主观上的"需求感觉"，然而这种与感情冲动相联系的广泛的需求并不可能都能得到满足，因为，它"不可能等于有效的

---

① ［德］马克斯·韦伯：《经济与社会》上卷，林荣远译，商务印书馆1997年版，第114、115页。

② ［德］马克斯·韦伯：《经济与社会》上卷，林荣远译，商务印书馆1997年版，第114页。

需求”，因而也缺乏相应的“为满足需求估计可以支配的货物”。

韦伯的观察让我们注意到了需求的另一面——供给：并不是所有的消费者需求(“需求感觉”或总体性需求)都能引起生产者的供给。只有其中的有效需求也即那些已由消费者与生产者取得共识——消费者愿意支付的价格等于生产者愿意组织生产的价格——的需求，才能诱致出生产者的供给。可见，生产者的供给最终取决于消费者与生产者对有效需求认知的一致性。我们不妨借助于一个图式来进一步说明，消费者与生产者对有效需求的认知的不同组合如何导致不同的生产供给(生产者的生产或消费者的生产)的形成。

我们假设，有效需求的认知是由消费者是否愿意向生产者支付报酬，以及生产者是否愿意向消费者提供生产供给共同构成的。消费者对于是否愿意向生产者支付报酬，以及生产者对于是否愿意向消费者提供生产供给，都可能有两种意见。这样，可能出现四种对有效需求认知的不同组合，见图 4-1。

		生产者供应	
		愿意	不愿意
消费者支付	愿意	1	2
	不愿意	3	4

图 4-1　对有效需求的认知的不同组合

方格 1“愿意-愿意”组合：消费者愿意向生产者支付报酬，生产者则愿意向消费者提供生产供给。当消费者愿意支付的价格(需求价格)等于生产者愿意出售的价格(供给价格)时，消费者与生产者对有效需求的认知是一致的。此时，生产者愿意组织生产与供应，而消费者因此可以退出生产，作为一种委托生产方式的生产者生产得以形成。

方格 2“愿意-不愿意”组合：消费者愿意向生产者支付报酬，但是生产者却不愿意向消费者提供生产供给。当消费者愿意支付的价格(需求价格)小于生产者愿意出售的价格(供给价格)时，消费者与生产者对有效需求的认知是不一致的。消费者虽然期望生产者提供其生产供给，但是其给予生产者的报酬并不足以激励生产者开展生产。这样，消费者的需求并不能形成有效需求，其无法通过生产者的生产予以满足。作为对策，消费者要么提高其愿意支付的价格，从而激励生产者生产；要么只能采取自我生产、自我满足的方式。

方格 3 "不愿意-愿意" 组合：消费者不愿意向生产者支付报酬，但是生产者却愿意向消费者提供生产供给。消费者不愿意支付报酬可能是因为依照轻重缓急的原则暂时轻视了这项需求，也可能是因为消费者一直在享受生产者提供的免费产品或服务，因而使其难以接受付费的要求。生产者乐于向消费者提供免费产品或服务同样有两种可能：一是基于某种道义上的考量；二是基于长期利益的战略性考量。基于道义考量而提供免费生产与服务，很难长期维持。Google 关闭 GR 即是例证。基于长期利益考量的免费生产与服务，迟早要回归到方格 2，或者至少要以基于方格 1 的其他项目的支持才能维持。

方格 4 "不愿意-不愿意" 组合：消费者不愿意向生产者支付报酬，生产者同样不愿意向消费者提供生产供给。消费者不愿意支付报酬的原因除了与方格 3 中的消费者类似之外，还可能预期生产者难以提供其特殊的需求。同样，生产者不愿意向消费者提供生产供给除了感到无利可图，还可能因为生产者缺少某些独特的生产技艺而难以进行生产。此时，消费者与生产者对于有效需求的认知一致，但却难以合作。消费者要满足其独特的需求，只能开展自我生产。

概括起来，对有效需求的认知及其引致的生产方式都可能有两种。方格 1 和方格 4 代表消费者与生产者对有效需求的认知具有一致性。然而，方格 1 代表的是一种 "积极的一致性"，即消费者与生产者对于有效需求的共识与确认，从而最后形成的是双方之间的分立与合作。方格 4 代表的是一种 "消极的一致性"，即消费者与生产者对于有效需求的共同否认，最后达成的是消费者与生产者之间的不合作，以及消费者对于生产的回归。这也是消费者生产或消费者自制始终存在的原因。

相比之下，方格 2 和方格 3 代表消费者与生产者对有效需求的认知的不一致性。短期而言，方格 3 的冲突较小，因为即使消费者不愿意支付报酬，生产者也愿意免费向消费者提供生产供给。然而，"天下没有免费的午餐"。长期而言，消费者享受的免费服务或者难以持续，或者要以其他方面的付费或利益受损为代价。例如，免费软件附带了令人反感的广告。消费者与生产者之间的冲突最显著的来自方格 2，它显示，消费者已经扩展了对于有效需求的认知，即他们愿意为某些新增的需求，例如个性化和安全性的需求支付一定的价格，但是，生产者却可能无视消费者的这些新需求，或者其提出的生产或出售的价格远超消费者的承受能力。结果，消费者要么忍受生产短缺，要么开展自我生产。显然，这样的消费者自我生产是被迫的。目前中国有愈来愈多的家庭开始恢复家庭食品自制，主要原因可能并非是个性化的需求，而是对外部生产者提供的安全性需求不足的一种反应。

总之，有效需求的形成构成了消费者与生产者分立-合作的实现机制。一方面，消费者的有支付能力的需求通过使生产者有利可图，从而保证了生产者的生产供给；另一方面，生产者的生产供给通过更好地满足消费者的需求，从而使消费者退出生产成为可能。然而，通过上述对有效需求认知的不同组合的分析，我们也看到了消费者与生产者的一种"合作中的冲突"。消费者会倾向于扩展有效需求，也即将某些非有效需求纳入到有效需求的范围内，因为这将促使生产者提供更多更好的生产供给，然而，从追求自身利益出发，他们又倾向于不向生产者支付报酬，或尽可能少地支付报酬。对生产者而言，他们同样希望扩展有效需求，因为这将给他们带来新的市场发展的机会。然而，并非所有生产者都有长远的眼光，或者因为其他的限制而使其可能固守一个其确认有效需求的前提，即消费者要首先愿意并且能够向其提供足够的报酬或利益，否则他们宁愿采取保守主义的生产策略，即不断在已经得到确认的原有的有效需求的范围内循环生产和供给。①消费者与生产者的利益冲突和彼此之间的信任的缺失，可能导致有效需求扩展的失灵以及新的生产供给的失败。那么，如何可能突破这些限制呢？要解答这一问题便不能不讨论另一个影响生产者和消费者对于有效需求的认知，进而影响其生产控制方式选择的重要因素：资源的获得与利用。

第三节　资源的获得与利用

本节我们要证明的是，资源的获得与利用不仅影响消费者与生产者对于

---

① 这也是我们在第三章中批判的，企业倾向于不断生产和供应那些旨在满足"地位竞争"需求的原因。

有效需求的认知与扩展，更影响生产者与消费者对于不同生产控制方式的选择，即是采用生产者或消费者单边控制，还是采用生产者与消费者双边控制。为了对此进行证明，我们有必要先对生产者和消费者可获得与可利用的资源进行解析。

一、资源的类型与特征：一个比较

前面已经说明，我们主张将生产者与消费者可获得与可利用的资源区分为两类：个别性资源和关系性资源。个别性资源是指由生产者或消费者各自拥有和利用的资源。生产者拥有的个别性资源通常包括资本、技术、信用、品牌、客户关系、企业文化等。消费者拥有的个别性资源包括个人收入、家庭技艺、个人信用、人际关系等。与一般分类有所不同，我们把生产者的客户关系以及生产者和消费者的人际关系，都视为一种个别性资源。这一划分主要是为了在生产者与消费者的关系研究中突出与个别性资源相对的关系性资源的重要性。关系性资源，我们将其定义为是生产者与消费者通过互动建立的一种信任和协商的机制。可以简单区分一下这两种资源的特征。

首先，来源不同。个别性资源是生产者或消费者可以通过其个别行动例如投资、交易分别获得的；关系性资源则是生产者和消费者必须通过互动、沟通培育出来，并彼此分享其利益的。

其次，利用方式不同。个别性资源既可以被拥有者单独利用，也可以转让为他人所利用。也就是说，个别性资源通过可转移性机制，例如社会关系网络或金融市场交易，可以转化为一种社会资源，从而在全社会范围内被他人所利用。关系性资源则不能被互动关系中的某一方所单独利用，也不可以作为一种商品转让给第三方利用。关系性资源具有极大的经济价值，然而，却具有不可转让性——既不能从其他地方购买到，也无法将其转让给他人。阿罗（Kenneth J. Arrow）早已观察到了作为关系性资源的重要构成要素"信任"的不可转让性的特征：

> 信任是社会体系中的一个重要的润滑剂。它极有效率。如果要拥有一种对其他人的言语有合理程度的依赖，人们之间的信任可以省去许多

的麻烦。不幸的是，信任不是能够非常容易买到的日用品。如果你必须买它，那么，你已经对你要买的东西抱有了一些怀疑。信任和类似的价值——如忠诚或者说真话，是被经济学家称为"外在因素"的一些例子。它们是货物，它们是日用品；它们有真实的、实际的、经济的价值；它们增加了体系的效率，它们让你能够生产更多的货物或者更多的你非常尊重的价值。一般的日用品在开放的市场上交易，在技术上来说，这是可能的或者说是有意义的，但是上面提到的价值，如信任、忠诚、说真话，不是这样的日用品。[①]

可以肯定，由信任、忠诚、协商（对资源定价与合作剩余分配的控制）等价值构成的关系性资源不同于个别性资源，其无法从市场上购买获得，只能在市场以外通过当事人之间的互动建构。

最后，利用优势不同。个别性资源有助于拥有者提高其对有效需求的扩展以及对生产过程的单边控制。关系性资源则有助于增强互动双边对生产的联合控制或双边控制。单边控制意味着一方对另一方的权力的扩展，而权力的扩展在很多情况下会给权力者带来利益。因此，可以提升单边权力的个别性资源始终是生产者和消费者最为重视的。

对于生产者而言，其个别性资源中资本和技术可能是最重要的。资本可以给企业带来显著的市场竞争优势，例如它可以用最简单的价格竞争的策略轻易击败竞争对手，也可以令其迅速进入几乎任何一个新的市场领域，哪怕短期无利可图也足以承受。优越的资本资源还可以转化为技术资源，从而令企业成为一家创新型公司，由此带来的品牌效应，将使企业拥有无与伦比的非价格竞争的优势，包括其拥有的数量庞大的忠实用户群即所谓粉丝。粉丝群体的形成，意味着厂商在确定有效需求范围以及在决定生产什么、如何生产等方面拥有了更大的单边控制的权力。

对于消费者而言，其个别性资源尤其是收入、技能和关系网络等资源的获得与利用，同样会令其在与生产者的合作-竞争中拥有更多的发言权。毫无

---

① ［美］肯尼斯·阿罗：《组织的极限》，万谦译，华夏出版社 2006 年版，第 16 页。

疑问，市场民主有一个缺陷，即并非遵循一人一票的公平原则，而是遵循马太效应，即拥有收入越多其在生产与消费中的发言权也就越多。的确，生活中富人比穷人能够得到生产者更多更优质的服务。由此，我们也可以推理，随着一个社会中的中产阶级的规模及其收入占比(占社会总收入的比例)的增加，消费者的权益就越能得到生产者的尊重。对于个别消费者而言，个人技艺同样能增加其抗衡生产者控制的力量。这就是，一旦生产者供给失灵或者生产者的生产供给令人失望,消费者就可以利用其个人技艺代替生产者生产。消费者自制始终是生产者生产的一种抗衡力量。消费者个人的关系网络，包括其人际网络和电子网络，很大程度上也是一种制约生产者的力量。消费者可以利用其关系网络获得与传递信息(关系网络流动的信息比生产者单方面发布的信息如广告更令人信赖)、聚合资源(动员资金和团购)以及开展各种集体行动如消费者集体维权等。互联网支持的电子网络的发展，大大扩展了消费者的个别性资源，从而也增加了其在与生产者的合作-竞争中的发言权。

正因为如此，互联网时代的生产者已经日益意识到动员和利用消费者个别性资源的重要性。例如，金融类公司开始用各种服务和优惠"拉拢"储户尤其是那些被授予白金卡和钻石卡的大客户；礼品、工艺品甚至奢侈品公司都在寻觅传统手艺人，力图将其纳入分包生产网络；更多公司在寻找合适的明星、名人尤其是电子网络中的名人作为自己产品或服务的代言人，以便利用这些人庞大的粉丝群或电子网络扩大其知名度和美誉度。然而，生产者是否能真正或更好地利用消费者的个别性资源呢？事实上，这可能要取决于生产者与消费者是否存在真实的互动，从而发展出一种新型的共享资源即关系性资源，其中，最重要的就是是否建立起了一种信任和协商的机制。

关系性资源由于不是一种可以由某一行动者单方面拥有的存量资源，因此，难以通过市场交易的方法转让、获得和利用，而只能通过相关行动者的具体的互动来建构并共享利用。不仅如此，关系性资源的建构或投资还有助于双方利用甚至是创造性地利用其各自拥有的个别性资源，例如消费者可能将其人际关系网络转变为共同购买和使用某一共识产品或服务的忠实的用户；生产者则可能将其原有的忠诚度较低的松散型用户转变为忠诚度较高的紧密型用户。后者也正是企业关系性资源的一种投资与培育。

为理解这一判断，我们有必要对忠诚这一概念稍加区分。赫希曼有着对忠诚行为的深刻理解，然而，遗憾的是，他没有对"忠诚"（loyalty）概念进行定义。[①]在此，笔者将忠诚视为一方对于另一方的利益保全所做的一种承诺。假设忠诚者的利益与被忠诚者的利益可以区分为两类——相容性利益和排他性利益，那么，忠诚也可以区分为两类——计算型忠诚和认同型忠诚。计算型忠诚，指的是在利益相容的条件下，忠诚者给予被忠诚者利益保全的一种承诺；认同型忠诚，则意指无论是在利益相容还是在利益排他的情况下，忠诚者都给予被忠诚者利益保全的一种承诺。

相比之下，计算型忠诚是一种工具理性的行为，甚至带有一种机会主义的倾向。认同型忠诚则是一种价值理性的行为，甚至带有一种理想主义色彩。因此，就强度而言，计算型忠诚度比认同型忠诚度要低。也就是说，在某种合作关系中，假如被忠诚者遭遇困难从而使其与忠诚者之间的利益发生排斥，在这种局面下，计算型忠诚者极易退出，甚至可能成为背叛者；相反，认同型忠诚者则能够与其共患难，甚至为保全被忠诚者的利益而甘愿牺牲自己。

笔者的判断是，生产者利用其个别性资源尤其是技术-品牌资源建立的与客户或消费者的关系大多属于计算型忠诚的关系：客户或消费者大多是基于对生产者开发的产品或服务的技术和品质的信赖或依赖而给予其忠诚；一旦产品品质下降，或者出现了更好的可替代的产品，则极易叛逃。相反，生产者通过其关系性资源投资建立的与客户或消费者之间的关系则大多属于认同型忠诚的关系：客户或消费者认同生产者的经营目标与原则，理解期间或许遇到的困难，因此，即使存在其他可替代的产品，他们仍然愿意在某些时间内（不能不承认认同也是有限度的）继续购买和使用该企业的产品或服务，与此同时，他们也更愿意呼吁企业的改进。

诚然，排除纯粹的人类情感（就道义而言，认同型忠诚常令人感动），我们很难简单认定哪一种忠诚更为有用。更可取的判断是，对于那些个别性资源（技术、品牌）能够充分支持其发展的企业，通过利用该资源培育出以计算型忠诚为主的客户或消费者关系就已经能够让企业受益了；相反地，对于那

①　[美]艾伯特·赫希曼：《退出、呼吁与忠诚：对企业、组织和国家衰退的回应》，卢昌崇译，经济科学出版社2001年版。

些个别性资源不能够充分支持其发展的企业，或者企业发展出现了明显的衰落，在这样的情况下，企业通过关系性资源投资以及着力培育与发展认同型忠诚的客户或消费者关系便显得格外重要了。

显然，这样的判断是建立在个别性资源与关系性资源的具有某种替代性的判断的基础之上的。基于互动的关系性资源能够带来信任与忠诚，基于技术-品牌的生产者的个别性资源也能带来一种信任与忠诚。只不过前者发展的主要是基于认同的信任与忠诚，后者建立的主要是基于计算的信任与忠诚。虽然意义与强度会有差异，但还是具有一定程度的可替代性。尤其值得注意的是，关系性资源的投资——基于互动的关系性资源的投资因为涉及投资的相互性——比个别性资源的投资的不确定性更大。因此，企业投资是不能不考虑这两种资源的可替代性的。

个别性资源与关系性资源具有某种程度的可替代性，然而，我们也要正视关系性资源投资的不可替代性的一面。而这涉及关系性资源投资所能够带来的另一个更为关键的效应：协商机制。

二、关系性资源与协商机制

前面说过，消费者的新需求(非有效需求)即以个性化和安全性为核心的需求，若要形成生产者的供给，就必须将其纳入有效需求的范围。而要做到这一点，即要使有效需求的范围得以扩展，必须要使消费者愿意向生产者支付的价格等于或大于生产者愿意生产或必须得到的报酬。这样，消费者与生产者就都面临一个如何定价的问题。

诚然，消费者个别性资源尤其是收入的增长，以及信贷消费的便利与扩张，都有助于提高其对新需求的支付能力。然而，作为理性消费者总有以最小化支付获得最大化利益的冲动，消费者是不会轻易为某种需求支付更多货币的，除非他这一需求的强度在不断增加。这意味着，生产者若要利用消费者的新需求开发某一新的市场，一方面必须通过与消费者接触、互动，以了解消费者需求的细节，同时说服消费者更好地认知这一需求的价值，从而使其愿意为此需求支付更高的价格。另一方面，生产者也必须通过互动、沟通让消费者了解更多生产成本及产品或服务定价的依据。减少信息不对称，才能获取消费者的信任，并最终使生产者与消费者可能通过一种协商和妥协的过程确定具体交易价格。

协商定价对于新的有效需求范围的确认，具有重要意义。不过，协商定价很多情况下并非仅仅是一个价格谈判与妥协的过程，而是会涉及一个更深层级的问题，即"如何生产"。也就是说，如何生产才能让消费者真正获得其新需求的实现与满足。这是新的有效需求扩展能否真正成立，也是生产者能否持续有效地开发某一新市场的关键。旧的生产组织方式，即生产者单边控制下的生产必须转变，因为，这种生产方式并不能适时了解消费者的需求及其变动，更主要的是，这种生产方式的封闭性很容易使消费者对生产者的"道德风险"或者贝克(Ulrich Beck)所称的"有组织的不负责任"(organised irresponsibility)[1]产生疑虑乃至不信任。因此，生产组织方式转换的路向，便是由生产者的单边控制转变为生产者与消费者的联合控制或双边控制。而这就意味着消费者重返生产即参与到生产过程中去。

那么，消费者如何参与生产，也即如何选择消费者参与的方式呢？这一选择同样需要生产者与消费者通过互动、协商来达成。如果生产者和消费者重在克服双方之间的信息不对称，则构建一个有效的信息沟通平台便成为关键。小米公司便是一个成功的例子。有关小米的事例我们后面将作为一个消费者参与的重要案例予以解读。诚然，透过信息平台的生产参与是较浅层次的和间接性的。如果消费者希望对生产者的生产行为——怎样生产——有更多的了解与监督，或者，生产者因为要规避专门化生产(即面向特定消费者的生产，其中可能也包括资产专用性投资的增强)所带来的风险，则他们就都会要求消费者对生产过程更多的涉入。例如，消费者可能采用订购、定制的方式，约束生产者在产品样式尤其是材料使用方面的控制权。事实上，定制化生产已成为一种新的消费者参与的生产方式。并且，资产投资专用性越强、生产周期越长，生产者就可能越需要消费者对该生产进行中长期的资本投资。我们曾实地调研并要做详细分析的一个依照 CSA 模式建立的农场——绿手指份额农园即是一个实例(详见第五章)。消费者的中长期投资有助于分担生产者的风险，然而，反过来它也强加了消费者的风险与成本。这样，消费者在共担风险的同时也会要求共享投资的利益。生产者与消费者因此需要通过

---

① Beck U, *Gegengifte: Die organisierte Unverantwortlichkeit*, Frankfurt: Suhrkamp, 1988.

协商建立某种较复杂的利益共享、风险共担的投资与生产参与的机制。总之，消费者参与生产意味着一种新的生产组织及其控制方式，即由生产者与消费者联合的双边控制方式的形成。

第四节　生产组织及其控制方式的选择：图式与假设

现在的问题是，现实世界中——我们推断，无论是先行者西方还是后进者中国，目前都处于向后消费社会转型过程中——各种生产控制方式何以并存？也就是说，为什么在我们当下的经济生活中，既有生产者生产也有消费者生产(消费者自制)；既有生产者或消费者的单边控制，也有作为生产者与消费者联合的双边控制？要解答这一问题，我们需要遵循从简单到复杂的分析路径，将从上述研究概括出的决定生产控制方式的两个维度——有效需求认知的一致性和关系性资源投资的程度结合起来进行考察与分析。

我们假定有两个关键性的维度，即有效需求认知的一致性和关系性资源投资的程度，决定着生产者与消费者共同做出其生产的控制方式的选择。所谓生产的控制方式，指的是：①由谁生产？是由作为"他人"的生产者生产(即他人生产)，还是由作为"自我"的消费者生产(即自我生产)？②怎样生产？是由生产者或消费者单边控制，还是由生产者和消费者联合控制或双边控制？我们假设，初步的或意向性的选择是由有效需求认知的一致性决定的。所谓有效需求认知的一致性，指的是生产者与消费者对于有效需求的范围或边界的认知的差异性程度。为使分析简化，我们把有效需求认知的一致性程度分为两类，即一致和不一致。有效需求认知的一致，意味着生产者与消费者在有效需求范围的认定上取得了共识，准确地说，即对于某项消费需求，消费者所愿意支付的价格与生产者所愿意出售的价格相等。相反，有效需求认知的不一致，指的是生产者与消费者在有效需求范围的认定上未能取得共识，即通常表现为对于某项需求，消费者所愿意支付的价格小于生产者所愿意出售的价格。而前面分析过，消费者与生产者只有对有效需求范围的认知取得一致，才能引发生产者的生产与供给；否则，便难以驱动生产者的生产。

作为对后者的替代，消费者自我生产便成为一种必要了。当然，无论是生产者还是消费者其生产都要满足包括个别性资源和关系性资源在内的资源获得与利用的条件。

为此，我们还要假设，关系性资源的投资与利用在生产者和消费者最终选择生产的控制方式中具有关键性作用。我们可以考虑把关系性资源投资分为三类：高度投资、中度投资与低度投资。高度投资，是指在生产者或消费者的资源投资结构中，关系性资源的投资价值比个别性资源的投资价值高。可以表示为，关系性资源的投资价值与个别性资源投资价值之比大于 1。相反，低度投资，是指在生产者或消费者的资源投资结构中，关系性资源的投资价值比个别性资源的投资价值低。可以表示为，关系性资源的投资价值与个别性资源的投资价值之比小于 1。而中度投资，顾名思义，是指在生产者与消费者的资源投资结构中，关系性资源的投资价值与个别性资源的投资价值相当。或可以表示为，关系性资源的投资价值与个别性资源的投资价值之比等于 1。

将有效需求认知的一致性与关系性资源投资的程度这两个维度结合在一起，就得到了图 4-2 所示的各种生产组织及其控制方式的选择。

图 4-2　生产组织及其控制方式

在图 4-2 中，对应两个关键性维度的是四种不同的生产组织形式及其控制方式，包括两种单边控制和两种双边控制。下面我们要对构成不同的生产组织及其控制方式的假设即其形成的条件、过程与后果做出说明与分析。

一、生产者生产：生产者单边控制

假设 1：当有效需求的认知取得一致，且关系性资源投资处于低度水平时，生产者与消费者将倾向于选择生产者生产的组织形式及生产者单边控制的生产方式。

首先，有效需求认知的一致，决定了生产者与消费者在"由谁生产"也即采取何种生产组织形式的问题上达成了共识，即由生产者来进行生产与供给。由于消费者愿意支付的价格与生产者愿意出售的价格一致，消费者的需求成为一种能够引发生产者供给的有效需求，反过来，生产者的供给因为有消费者的购买而能够成为一种有市场需求支持的有效供给。

其次，关系性资源投资处于低度水平，这一特点决定了"怎样生产"的选择，即采用生产者单边控制的方式进行生产。生产者关系性资源投资处于低度水平，这意味着其个别性资源的投资相对处于高度水平。前面说过，关系性资源投资与个别性资源投资具有某种替代性。这样，在有其他生产者竞争的情况下，假如生产者的个别性资源投资不处于高度的水平，其给出的售卖价格必定是消费者所不愿意接受的。因此可以肯定，正是生产者的个别性资源的高度投资决定了其可以采取单方面控制的生产方式。

苹果公司是一个实例。苹果公司之所以能在我们这个时代奇迹般地成长，一个根本性的原因就在于，其个别性资源尤其是技术-品牌资源投资取得了惊人的效果：无论是 iPod（苹果便携式音乐和游戏播放器）、iPad（苹果平板电脑）和 iPhone（苹果手机），还是 Mac 系列电脑，比如 iMac（苹果台式电脑）和 MacBook Pro（苹果笔记本电脑），它所开发的几乎每一款消费电子产品都能凭借其颠覆式的技术创新——其以创造了在一定时间内该产品的不可替代性为特征——而扩展了人们的有效需求。人们甘愿为这些独占技术和高品质的产品支付高额的价格，而苹果公司也巧妙地利用人们对地位竞争的不断追求，通过产品的更新换代（"迭代执行"式创新或"微"创新）赚取了丰厚的利润。可见，生产者控制的可能性，主要取决于其个别性资源尤其是技术投资使其在与其他竞争性企业的竞争中所取得的"结构自主性"[①]地位。技术创新越显著，其产品在企业间竞争中的结构自主性地位越高，从而其生产者控制的可能性也越大。

---

① Burt R, *Corporate Profits and Cooptation*, New York: Academic Press, 1983.

　　诚然，生产者控制是生产者通过对消费者的需求、支付能力和获得产品的机会的控制实现的。需求的控制，首先最重要的是通过技术创新和产品开发改变消费者的需求方向和强度，例如，苹果公司因为开发了 iPod 改变了人们之前对音乐设备 MP3 的需求；而 iPad 和 iPhone 的发明则降低了人们对个人计算机桌面设备的需求。其次，生产者还要能通过广告和宣传说服消费者愿意对这样的新产品，即具有"符号价值"也即能在其使用价值之外彰显地位-声誉的价值，支付高额的价格。需求控制是最核心的控制方法，因而也极易带来负效果。①支付能力的控制，意指生产者可以通过信贷消费制度向那些处于支付能力边缘上的消费者提供资金帮助，以使他们能够超前消费其产品或服务。当然，生产者控制能力越强，对消费者进行支付能力的控制越不必要。所以，正如人们看到的，苹果公司仅仅是在全球少数地区例如中国为最初开辟市场而使用分期付款的销售方法。相反，生产者控制能力越强，其越可能采用控制消费者获得产品机会的方法，即所谓"饥饿疗法"式营销。

　　建立在技术投资力量基础上的生产者控制，一方面，因为能够创造出足以引导消费者偏好的产品，而几乎能够单方面决定有效需求的范围，并在此范围内给消费者带来充分的满足，同时也给生产者自身带来丰厚利润。然而，另一方面，生产者单边控制也在其内部造就了一个限制——关系性资源投资的不足。生产者控制固然能创建其庞大的客户或消费者群体，然而，这是一种垂直型的庇护-依赖的客户群体，充其量只是生产者的一种个别性资源——较稳定的销售市场，而非作为关系性资源的生产者与消费者之间的水平型的互动群体。

　　对于单边控制的企业而言，他们最为信仰的企业文化就是诸如"创造伟大的产品"等，然后诱使他们为之慷慨解囊。苹果公司 CEO 库克（Tim Cook）曾这样阐述其公司文化——显然，这是一种乔布斯留给苹果公司的精神遗产：

　　　　我们就是想做伟大的产品。而伟大产品的本质一定是创新……我们

---

　　① 通过信息筛选达到意识控制的可能性是存在的。正如下面这条"推文"所揭示的（当然，其正确性有待检验）："RT @int123c RT @tifan：小米果然造了个概念叫屏幕 RAM，接着生造了一些理论（省电之流），接着利用人们的'无知'进行洗脑——多么典型的意识操纵！"

评判产品的方式是，一开始不会考虑成本和价格。我们考虑的是做出一件杰出的产品，一件我们自己都想拥有的产品。这是我们的目标。所以，我们在有了一个伟大的创想、能够向人们提供他们自己都不知道自己想要的产品时，才会生产这个产品。

他否认"伟大的产品"能够通过市场调查设计出来：

> 当你依靠市场调查来设计产品时，出来的产品往往是渐进式的，典型的做法也许就是对已有产品做一些小的改进而已。事实上，iPhone、iPod、iPad 无一出自市场调查。甚至直到今天，我也不认为 MacBook Pro 出自市场调查。所以，我们不会倚重市场调查来研发产品。我们会在了解顾客对我们产品的满意度、零售店的购物体验是否满意时参考市场调查。[①]

依照库克的解释，"伟大的产品"应该是那种超乎人们的意识却又符合其愿望的需求："人们还不知道自己想要，而一旦拥有就再也离不开的东西"。这样的产品是难以通过大众市场调查设计出来的，它只能靠少数企业家——那些具有"胆识、雄心、识人所未识"的人——创造、设计出来。正因为苹果公司笃信创新，轻视用户，所以苹果公司(乔布斯时代的苹果公司最为显著，库克时代的苹果公司则有所改变)虽然以其卓越的创新和高品质的产品吸引了众多忠诚的消费者，即所谓果粉，但它却从不屑于与果粉们开展平等的互动，更不用说听取他们的意见或建议了。正如无线业界的先锋人物、Sepharim 集团创始人鲍勃·伊根(Bob Egan)所批评的，"尽管在苹果设备上的信息输入很容易，但是要得到反馈却要困难得多——尤其是你考虑要审计跟踪信息和监管合规事项的时候"[②]。

结果是，乔布斯时代的苹果公司制造出的是一群单方面迷恋其产品的果

---

① 凤凰网：《本网专访苹果 CEO 库克：乔布斯文化将延续百年》，2013 年 1 月 15 日，http://news.ifeng.com/gundong/detail_2013_01/15/21206025_0.shtml。

② cnBeta：《无线先锋 Bob Egan：iPhone 并不适合企业应用》，2013 年 6 月 8 日，http://www.cnbeta.com/articles/240400.htm。

粉。其主要由两部分人组成：一部分人对苹果品牌有着严重的消费依赖情结，他们被锁定在了不断更新换代的苹果产品的购买使用上，他们熟悉苹果公司的产品，而忘却甚至失去了选择其他同类产品的能力；另一部分忠诚度较低的果粉虽然有较强的消费理性，然而他们不能或很少能够反馈其消费体验，更不要说呼吁苹果公司对其产品品质或设计进行某种修改了。苹果公司当然也在收集消费者的购买以及消费体验方面的信息，但那是单方面收集并集合而成的"大数据"，这类数据本质上仍然属于个别性资源(技术资源或客户资源)而非以信任和协商为核心的关系性资源。

此外，生产者控制的特点是将生产供应的范围严格限定在有效需求的范围之内，并且，按照我们之前的研究，这些不断升级换代的非必需品大多属于地位竞争性消费品。这样，一旦发生消费者失望、不满与自觉，即想更多追求原有的有效需求范围之外的新兴的需求例如对个性化以及安全性的需求，那么，生产者单边控制的生产模式便会发生危机。在这种情况下，便可以出现其他生产控制方式的选择。

二、消费者自制：消费者单边控制

假设 2：当有效需求的认知未能取得一致，且关系性资源投资处于低度水平时，生产者与消费者将倾向于选择消费者自制的生产组织形式及消费者单边控制的生产方式。

有效需求未能取得一致有两种情况，一种情况是，在生产者控制的生产体制中，生产者的供给未能满足甚至有损于消费者对个性化和安全性的需求。生产者控制下的生产虽然讲究技术创新与分众生产，但是标准化和大量生产仍然是其追求利润最大化的实现手段，因此，满足真正个性化和安全性的需求不仅不可能成为其生产的首要目标，许多情况下还可能成为其可牺牲的对象。正因为如此，消费者开始对那些标准化制造的不断"更新换代"的时尚或流行不满，而对那些廉价的(标准化、大规模生产出来的)但却被怀疑具有安全隐患的食品例如"速成鸡"则日益抵制。

大众尤其是中产阶级或中等以上收入群体对个性化和安全性的需求日益

显著，然而，旧的生产者控制的生产方式却难以对其进行有效的生产与供给。原因在于，生产者与消费者未能就扩展新的有效需求即将消费者对个性化和安全性的需求纳入有效需求的范围达成一致，甚至，生产者与消费者之间根本缺乏相应的沟通与协商。另一种情况较为简单，消费者的一些个性化需求涉及其独特的情感和体验，例如其记忆中的家乡美味尤其是"妈妈的味道"，因而难以由他人进行生产与供给。这两种情况，都使得另一种生产方式即消费者自制成为必要。

消费者自制，即消费者自我生产。消费者不仅最了解自己的需求，而且也能通过对生产过程的自我控制，生产出令自己满意与（在安全性方面）放心的食品或其他用品。当然，消费者自制要得以可能，除了有确定的需求，还必须具备一些生产条件，例如要有相应的生产设备和空间，要有相应的生产技能，以及空闲的时间等。也就是说，要符合我们在假设 2 中的第二个条件，即"关系性资源投资处于低度水平"。关系性资源投资处于低度水平，意味着个别性资源投资处于高度水平，而在假设 2 第一个条件即"有效需求的认知未能取得一致"的情况下，它指的显然是消费者而非（外部）生产者的个别性资源投资处于高度水平。也就是说，当消费者与生产者未能就那些新需求（个性化、安全性需求）纳入有效需求范围达成一致，同时，消费者拥有能够令其开展自我生产的个别性资源尤其是生产技能方面的资源，则消费者自制便成为可能了。

消费者自制，在传统社会中即谓家庭生产。正如我们在第三章考察的，它是一种消费者与生产者合一的生产体制。只是随着家庭剩余劳力的内外部转移配置以及社会范围内的企业市场化的开展，家庭生产的诸多方面才逐渐转变为社会化生产，即由专门的生产者或企业来进行生产与供应。生产者控制由此成为主流的生产组织方式。生产者控制通过大量生产给消费者带来了前所未有的消费福利，并由此促进了消费社会的诞生。然而，它也造成了消费者对"他人"生产的依赖，以及相应的"自我"生产的能力的消退。正如我们看到的，在当今中国城乡能够独立生产、制作传统家乡美味的人或家庭正在减少。这也或许正是 2012 年中国央视纪录频道推出大型美食类纪录片《舌尖上的中国》，立即引起热播和广泛讨论的原因。

诚然，有证据表明，近年来消费者自制呈现出了某种复兴的迹象。除了对其需求的不断加强，消费者自制还得到了若干重要力量的推动：一是生产者的支持。生产者与消费者可能未能在有效需求扩展方面达成一致，然而，这并不意味着生产者不能理解消费者的需求并寻找其中的市场机会，因此，他们采取一种变通的方法，即向消费者提供能够帮助其自制的设备，例如微波炉、烤箱、榨汁机、面包机、豆浆机等厨房电器设备。这些设备能够最大限度地降低消费者自制的技能要求，从而使家庭生产(即生产的内部化)成为可能。这也说明，有关消费者生产之工具的生产，很容易在原有的有效需求的范围内得到消费者与生产者的共识与确认。二是互联网的支持。互联网中的信息流通以及各种电子网络中的信息供给，为人们迅速学习、掌握某种家庭生产技艺带来了便利。人们可以按照相关网站免费提供的菜谱与制作方法学习制作各种菜肴，也可以通过网络在亲友的指点下制造某种家乡的传统美食。总之，互联网可以帮助消费者获得更多的个别性资源，从而使消费者自制成为可能，甚至成为某种个性化的时尚。

三、消费者定制：生产者-消费者双边控制

假设 3：当有效需求的认知取得一致，且关系性资源投资达到中度或高度水平时，生产者与消费者将倾向于选择消费者定制的生产组织形式及生产者-消费者双边控制的生产方式。

与假设 1 中的第一个条件相似，有效需求认知的一致，意味着生产者与消费者已经在"由谁生产"也即采取何种生产组织形式的问题上达成了共识，即由生产者来进行生产与供给。然而，在"生产什么"的问题上，两者可能大相径庭。在假设 1 中，也即在生产者单边控制的模式下，"生产什么"基本上是由生产者决定的，尽管其能够得到消费者的认可。而在假设 3 中，也即在消费者定制的模式中，"生产什么"更多的是由消费者选择决定的。当然，消费者的选择需要满足生产者对于利润的需求。所以，生产者是决定采取面向少数人甚至个人的"高端定制"，还是决定采取面向大众的"大量定制"，这取决于生产者与消费者的互动与协商。而假设 3 中的第二个条件即关系性资源投资处于中度或高度水平，则为这样的互动与协商建立了必要的基础。

互动与协商，决定了生产者能够在多大程度上满足消费者日益兴起的对于个性化、安全性的需求。

"高端定制"可能成为全球奢侈品生产的新方向。近年来全球奢侈品行业的消费在中国奢侈品消费飞速发展的带动下呈现了良好的增长。据报道，2012年，中国成为全球第一大奢侈品消费国。2013年，全球奢侈品市场总容量达到创纪录的2170亿美元。其中，中国人奢侈品消费总额为1020亿美元，占全球奢侈品市场的47%。然而，2014年中国奢侈品消费增长首次出现了下滑。尤其是中国奢侈品市场消费额为250亿美元，同比下降11%；其占全球奢侈品市场的比重，也由2013年的13%跌到了11%。中国奢侈品市场的萎缩，跟国内奢侈品消费外流有很大关系。2014年中国消费者境外消费达810亿美元，同比增长超过9%。境外消费已经占到中国消费者奢侈品消费的76%。境外奢侈品消费的快速增长，与中国出境旅游人数增加，以及国内外奢侈品差价的存在有极大关系。而更深层的原因，可能正如这篇报道所分析的：中国有钱人的消费理念已经发生改变了。

> 作为榕城最早一批成功的企业高管，身家几千万元的唐太直言已经很久没有在国内买过东西了，10多年前在上海购物的优越感早已荡然无存。不仅如此，一提起来就让她笑爆的事情是，有一次一个朋友在上海的奢侈品牌旗舰店购物后回榕城："被我们一帮朋友嘲笑了好几天，说她太骚包了，用得着这样乱花来显摆吗？"唐太告诉记者，在境外消费就一个字：值。就在不久前，她去了趟意大利，给儿媳妇买了款卡地亚LOVE系列的项链，只花了约2万元人民币。"要是在国内，这个要6万元。你说，我如果在国内买，就很'二'了是不是？"
>
> 这种嘲笑声里，透露出中国有钱人消费理念的颠覆："有钱人开始关注性价比了。"……现在，人们还是喜欢用"土豪"来戏称中国的富商们，带着对其品位的暗讽，因为他们曾经是那样喜好借炫耀大牌LOGO来彰显自己的财富。不过2012年后，中国大多数的有钱人就开始不喜欢LOGO了。"他们非常不喜欢以LOGO代表自己的身份，他们更希望有一种独一无二和尊贵的体现。"周婷(财富品质研究院院长)说。
>
> 就像孔小姐，别着香奈儿的胸针、系着爱马仕的印花围巾，坐在由

私人司机开的进口奔驰车堵在上海淮海路上，望着车窗外 LV 商店的橱窗对记者说，她再也不会用 LV 的包了，"满大街都是"。

2015 年，国际大品牌在中国遭遇的新危机是：中国富豪们要去品牌化了。换句话说，中国的富豪们开始不再消费被他们认为已经"大众化"的传统奢侈品牌。"为什么要为已经被大众化了的品牌溢价买单呢？"新富豪们对消费品牌变得没有特定诉求。而这些人恰恰是奢侈品的核心消费者。

假如这样的观察令人信服，那么，奢侈品行业如何重觅发展之路呢？这篇报道给出的方向即高端甚至超高端定制：

新的奢侈品调研数据是："67%的中国富豪认为，定制才是真正的奢侈品。"

"有数据显示，整个高端定制奢侈品品牌正以超过传统奢侈品 20 倍的速度在发展。"这是周婷调研的数据。但是，身份界限感将被强化：传统的奢侈品品牌或将只能作为"中高端定制产品"，而且还可能看到传统奢侈品牌推出"大众无品牌产品"；而真正的中国巨富们，则会迷恋"高端的设计师品牌"，真正的超高端定制。[1]

不仅奢侈品行业面临着朝向定制化方向的转型，一般非必需品甚至必需品行业都在朝向满足消费者个性化需求的方向做出调整。例如，迫于人们对其食品的营养与安全性标准的质疑，近年来全球最大的餐饮连锁企业之一麦当劳也在尝试向消费者提供个性化服务。

为缓解经济压力吸引更多 20～40 岁的年轻用户群体，麦当劳宣布扩大原本仅在加州试运行的 Create Your Taste（自制汉堡）服务，2015 年在美国超过 2000 家门店，在佐治亚州、伊利诺伊州、密苏里州、宾夕法尼

---

① 李小兵：《奢侈品消费正离开中国本土 业内称大家都全慌了》，2015 年 3 月 4 日，http://finance.sina.com.cn/chanjing/cyxw/20150304/021021637546.shtml。

亚州和威斯康星州的 30 多家餐厅提供该项服务。

自制汉堡服务就是消费者在门口的大型触控屏幕上随心地选择自己的汉堡下达订单，可以选择不同种类的面包、奶酪和其他食材。麦当劳负责菜单创新的高级副总裁格雷格·沃森（Greg Watson）表示，"自制汉堡"服务是公司将要面对的一大挑战，对于"复杂"的订单，制作汉堡可能需要 5～7 分钟的准备时间，这比目前的制作速度要慢得多。同时"自制汉堡"也会带来更高的成本。[①]

乔治·瑞泽尔（George Ritzer）曾以"社会的麦当劳化"（the McDonaldization of society）比喻当代社会生活正在朝着以效率、可计算性和可预测性为核心的理性化、标准化方向迈进。[②]然而，时过境迁，作为"麦当劳化"的典范的麦当劳本身已经开始朝向定制化生产方向进行改革了。

定制化，意指生产者根据客户的需求，而对一个标准的产品进行改变，或者是在一个标准产品中加入特殊的功能或组件，从而满足其个性化需求。定制化是满足消费者个性化需求的正确途径，然而，矛盾的是，定制化往往意味着少量生产，而这将带来产品生产成本的增加。生产者必须在满足消费者个性化需求和保持生产者利润之间建立某种平衡。"大量定制化"（mass customization）即是生产者与消费者通过互动做出的一种平衡的折中：一方面生产者向消费者提供多样的选择，另一方面有限的消费者选择可使"大量"生产成为可能。扩大消费者选择，可以最大限度地满足消费者的个性化需求；而谋求"大量"生产——可以理解为有效规模即能够给生产者带来利润的规模的生产——又可以保证生产者获得基本的报酬，从而使定制化生产成为可能与可持续。

全球手机生产也正在朝这一方向迈进。前面我们将苹果公司作为生产者控制这一生产方式的代表。由于其在个别性资源尤其是技术-品牌资源方面的

---

① cnBeta：《麦当劳在美拓展"自制汉堡"服务可随心定制汉堡》，2014 年 12 月 9 日，http://www.cnbeta.com/articles/352855.htm。

② Ritzer G, *The McDonaldization of Society: An Investigation into the Changing Character of Contemporary Social Life*, London: Pine Forge Press, 1993.

特殊优势，苹果公司在很大程度上取得了控制消费者需求的地位。然而，这并不意味着苹果公司可以无视消费者乃至果粉们对于个性化的需求。因此，苹果最重要的产品 iPhone 手机也在日益朝向消费者提供可选择性比如多款式、多色彩的方向改变。

其他竞争性手机厂商——它们不具有像苹果公司 iPhone 那样强的对消费者的控制力——则更是力图透过向消费者提供更多可定制化消费，来争取消费者的认可，并以此与苹果公司开展市场竞争。2013 年 4 月 21 日，台湾手机厂商 HTC 联手新浪微博发起 E1 首销活动，开启了手机定制化销售新模式。

> 在 E1 微博首销活动中，HTC 以主机标配为基础，针对不同星座的微博网友，HTC 将为其推荐不同的产品配置，网友也可以根据自己的喜好在机身内存、摄像头像素、背壳颜色以及电池、充电器、耳机等方面进行选择。
>
> 数据显示，截至 2012 年年底，新浪微博注册用户超过 5 亿，平均每日活跃用户超过 4600 万，稳定的活跃用户群成为此次合作的基础。通过合作，HTC 和新浪微博联手开启了手机客制化的先河，这种按照客户需求进行定制化的服务，将为微博网友带来全新的购物体验。[①]

无独有偶，2013 年 8 月 1 日 Google 旗下摩托罗拉移动正式发布了 Moto X 手机，这款新产品是摩托罗拉移动自被 Google 收购以来推出的首款旗舰智能手机。Moto X 的主要卖点之一是，消费者能对其进行在线定制，并可根据自己的要求在摩托罗拉移动位于得克萨斯州沃斯堡市（Fort Worth）的工厂下单定做。摩托罗拉移动已创建了一个网站，并推出了名为 Moto Maker 的互动在线工具，允许用户通过网络进行定制。Moto Maker 允许用户在最多 16 种机身背面颜色中进行选择，此外还有 7 种主题色，可用来突显手机边框和背面摄像头的边缘。用户还可为机身正面选择黑、白两色中的一种。另外，Moto Maker 网站还允许用户在手机背面添加姓名或较短的信息，并提供定制

---

① 新浪科技：《HTC 联手微博试水手机客制化》，2013 年 4 月 26 日，http://tech.sina.com.cn/i/2013-04-26/17488286271.shtml。

化的壁纸。在线定制 Moto X 的用户可选择 16GB 版本，也可花 50 美元升级至 32GB 版本。评论称：

> 事实上硬件并非其主打，Moto X 是全球首款可由用户定制超过 2000 项细节的手机，从手机的前面到后面，当然还有壁纸、内存、个性签名、配件等等。不过 Moto X 暂时只限美国地区的组装定制，官方称用户定制好之后 4 天即可发货。拥有众多个性化元素的 Moto X，让以往冷冰冰的手机更具人性！[①]

Moto X 个性化定制功能得到了诸多科技媒体的赞赏。只是或许真的是产品定位及性价比的原因，Moto X 市场销量难言成功。2014 年 10 月 Google 将摩托罗拉移动出售给联想集团。当然，Google 研发定制化手机的构想和计划并没有停止。2011 年 Google 从摩托罗拉那里接手而来的先进技术和项目小组（Advanced Technology and Projects，ATAP），一直志在推出更具革新性的 Project Ara 模块定制手机（modular phone）。

从 Google 公布的最新版本的 Project Ara 原型机看，它的最大特点就是全模块化——每一个零部件都可以自由拆卸、单独升级或修复。用户可以根据自己的喜好来定制最适合的手机。Project Ara 被认为是在降低定制机成本的同时扩大定制化服务的一次革新性尝试。不仅如此，更有评论者认为，Project Ara 模块化手机将可能构建一个系统开放的手机生产平台，并通过引入第三方开放者及其创新，打破目前由单一厂商垄断生产手机的局面。

> Project Ara 模块化手机的核心在于模块化硬件架构策略，这重新定义了智能手机的设计、制造和销售。如果成功的话，Google 能够打乱手机行业目前的动态，特别是会威胁到苹果和三星目前的市场影响力和利润。
> 就摄像头为例，摄像头像素的提升是消费者更换手机的首要原因。除了提高原始像素密度，手机行业也推出了一系列有吸引力的功能，比

---

① cnBeta：《MOTO X 发布：超 2000 种定制项》，2013 年 8 月 2 日，http://www.cnbeta.com/articles/246943.htm。

如自拍、全景、慢镜头等。

然而目前的智能手机相机功能和大型制造商的封闭平台紧密相关。为了突破这些限制，新的摄像头必须突破复杂的技术和物理局限性，这样才能提高性能。他们还不得不屈从于制造商们强大的议价能力。顾客们仅仅有少数的选择，为了得到新的高像素的手机不得不买入一款全新的手机。因此，很少有第三方开发者会寻求在智能手机摄像头硬件上进行创新。

Project Ara 模块化手机却将改变这一局面。第三方开发者可以摆脱其他厂家在技术和价格上的限制，更快、更好地进行摄像头的升级开发，这在技术和经济上都是可行的。和大厂家一个型号打天下的市场策略相比，这些第三方开发者能够为被大厂家忽略的一小部分用户开发特制的镜头。他们还可以为不同的应用提供可更换的镜头。Project Ara 模块化手机的设计规则减少了技术复杂性，确保了第三方硬件的兼容性，而且Google 还能帮助开发者将他们开发的硬件向市场进行推广。消费者以前如果要升级，只能换手机，现在可以只升级摄像模块，而且升级的频率也比以前快很多。

同理，屏幕、键盘、内存、扬声器、电池、传感器以及其他我们还没有想到的组件都可以模块化升级。

历史证明模块化架构能够激发大规模的创新，同时会对市场领头羊们带来致命的打击。[①]

Project Ara 模块化手机是否真的如评论者所说的能够给智能手机行业带来一次重大的创新或革命，尚待未来市场的检验。[②]然而，不管怎样，生产者

---

① 鹦英：《谷歌 Modular Phone 将如何威胁苹果和三星？》，2015 年 1 月 22 日，http://www.ccidnet.com/2015/0122/5744231.shtml。

② 2016 年 9 月 Google 宣布搁置模块化智能手机项目 Project Ara。可置换组件导致手机过于笨重和昂贵，被认为是模块化手机难以推向市场的主要障碍。然而，也有公司不愿放弃对模块化手机的研究。例如，2016 年 6 月联想(从 Google 手中收购摩托罗拉手机业务不到两年)便相继推出模块化智能手机 Moto Z、Moto Z Force 和 Moto Z Play，并且承诺每年至少为兼容的智能手机推出 12 款全新 Moto 模块。当然，联想的模块化技术创新同样有待市场的检验。

被要求必须更好地向消费者提供个性化服务的趋势已经不可改变。

笔者相信，个性化服务能否成功，很大程度上取决于生产者所提供的个性化服务所必须获得的报酬是否跟消费者愿意支付的价格一致，也即是否能将这样的服务真正转化为一种消费者的有效需求。而消费者愿意支付怎样的价格，又主要取决于生产者与消费者相互开展的关系性资源的投资，也即要能够在生产者与消费者之间构建一个可互动交流的平台(例如 O2O 互动平台)并由此开展卓有成效的沟通与协商。①通过沟通与协商，一方面生产者能够获得更多消费者的认同型信任，从而使之可能为生产者的创新提供更多意见、建议与购买的支持；另一方面，生产者通过更多了解消费者的支付意愿，也能够对提供个性化服务的程度和范围进行控制，也即在可控制成本的基础上提供差异化的个性化服务。总之，关系性资源投资与利用将在未来企业间个性化服务竞争中扮演关键性的角色。

四、消费者参与生产：生产者-消费者双边控制

假设 4：当有效需求的认知未能取得一致，且关系性资源投资达到中度或高度水平时，生产者与消费者将倾向于选择消费者参与生产的生产组织形式及生产者-消费者双边控制的生产方式。

有效需求的认知未能取得一致，意味着消费者的需求难以引发有效的供给。此时，如果消费者拥有充分的个别性资源尤其是生产技艺，则他可能会选择自我生产。这正是假设 2 中的选择。然而，假如此时消费者并不拥有充分的技术及其他生产性资源，因而并不能开展自我生产与自我满足。在这种情况下，只要消费者与生产者之间的关系性资源投资达到中度或高度水平，则他们可以选择一种深度的双边控制即消费者参与生产的方式来组织生产与供给。

CSA 生产模式在全球的兴起即是一个实例。CSA 的概念于 20 世纪 70

---

① 小米公司与其粉丝(米粉)之间的良好的互动与沟通，是一个很好的范例。有关这一案例，我们将予以具体的考察与分析。

年代起源于瑞士，并在日本得到最初的发展。[①]CSA 的宗旨是，消费者通过与当地农民建立稳定的经济合作关系，而使双方获得一种共赢，即消费者能够获得安全、健康的农产品，而生产者也能够获得生产这种健康食品的稳定的经济利益。

CSA 模式可以视为是对生产者(单边)控制的农业生产模式的一种否定。生产者控制模式的限制不仅因标准化、大规模生产而难以满足消费者的个性化需求，更因为其追求价格竞争优势以及各种基于贝克所言的"有组织的不负责任"行为[②]，例如在农产品生产中过量使用化肥、农药、除草剂等，在养殖和食品加工中滥用化学添加剂，或者追求标准化、规模化、速成化种植和养殖等，这些都让消费者日益感到其消费的安全性受到了明显的或潜在的威胁。

按照赫希曼的理论，当消费者对生产者提供的产品或服务表示失望时，那些怀有忠诚的消费者会呼吁生产者改进生产方式。[③]然而，如果这种呼吁未能产生积极的反应，那么，他们大多会转变策略，即以退出来对生产者进行抗议和报复。而退出的可能性是与该产品或服务的可替代性程度密切相关的。赫希曼旨在提请我们注意生产者的转变及其竞争的重要性。这固然正确。[④]然而，他却忽视了消费者更积极的一面，即他可能通过与某些生产者的联合，创造出一种既能满足消费者对于新需求尤其是安全性的需求，又能够保证生产者获得合理的生产报酬的新的生产方式——生产者与消费者双边控制的生产方式，从而增加消费者退出-转变的机会。CSA 生产模式就是消费者积

① CSA 的起源尚待进一步考证。一种观点认为，它肇始于日本家庭主妇。1965 年在日本东京，一群家庭主妇开始关心农药对于食物的污染，以及加工和进口食品越来越多、本地农产品相应越来越少的问题。于是，她们就与有机食品的生产者达成了一个供需协议，这就是被叫做 Teikei 的制度。Teikei 是有共识或一起合作的意思。这一理念后来传播到北美和欧洲，并逐渐发展成为 CSA 生产模式。

② Beck U, *Gegengifte: Die organisierte Unverantwortlichkeit*, Frankfurt: Suhrkamp, 1988.

③ [美]艾伯特·赫希曼：《退出、呼吁与忠诚：对企业、组织和国家衰退的回应》，卢昌崇译，经济科学出版社 2001 年版。

④ 事实上，在农业生产中，已有少数生产者为顺应消费者的需求，而致力于进行有机农产品的专业化生产。这为消费者退出原有的生产者创造了条件。不过，因为存在着价格偏高、有机产品认证与第三方监管困难以及根本上可能是这种生产未能改变生产者单方面控制而导致消费者的信任不足等原因，而使其难以为更多消费者的退出创造机会与条件。

极参与生产组织及其控制方式变革的典范。

我们可以把 CSA 生产模式的兴起视为后消费社会来临的一种标志。进入后消费社会，一方面，由于经济发展催生了一个数量庞大的中产阶级或中等收入群体[①]，他们有了较大的能力为自己的消费意愿支付更多货币，换言之，他们可以通过货币投票拥有更多引导生产者生产的力量；另一方面，他们也在消费实践中逐渐提高了对生态农业和食品安全的认知与需求。正是收入水平的提高以及对安全食品需求的增加，促使各国中产阶级消费者发起了 CSA 生产变革运动。据石嫣介绍，CSA 于 20 世纪 80 年代在美国开始发展以来，迄今已经发展到约 5000 家，涉及 200 多万户美国家庭。2009 年石嫣和自己的团队在北京西郊创办了"小毛驴市民农园"，首次将 CSA 引入中国。据不完全统计，至 2013 年国内的 CSA 项目已达 200 多个，分布在全国近 20 个省（自治区、直辖市），并呈现出从一线城市向二三线城市快速推进的势头。[②]

CSA 生产变革运动所倡导的一个重要理念是，"支持本地农民，支持本地农业"。与本地农民合作，既为方便生产者与消费者的联系与互动，也能够尽量减少长距离运输所带来的环境破坏、成本增加以及对食品保鲜与安全的可能的损害，因而被认为是最有益于生态农业以及各方利益的。这样，发起 CSA 建设的消费者的首要工作便是寻找本地农民：不仅是寻找到具有或认同建设生态农业理念和具备一定生产条件的农民，更重要的是，要通过消费者甘愿支付超额的价格（高于农民平时的售价）以鼓励农民转变生产方式并与之形成一种具有长期交易合作关系的生产者-消费者合作共同体。因此，正如石嫣在美国"务农"期间所看到的，最简单的 CSA 就是"消费者在春季之初把钱交给农民，预定下一季生产的蔬菜，待到农产品成熟时，农民又会把最新

---

① "无论是中国社科院还是世界银行的估计，中国的中等收入群体的规模都超过 2 亿，约占总人口的 23%。北京、上海等一线城市中等收入群体的占比达到 40%。庞大的中等收入人群在食品安全问题面前转向生态农产品是一个具有普遍性的客观过程。"（石嫣、程存旺：《社区支持农业（CSA）在中国大陆》，2011 年 10 月 12 日，http://blog.sina.com.cn/s/blog_55a11f8e0102duba.html）

② 韩国上市网：《国内新型农业 CSA 发展迅速 CSA 农业投资项目已达 200 多个》，2013 年 3 月 15 日，http://www.51report.com/free/3011484.html。

鲜的蔬菜送至消费者手中"[1]。

　　在笔者看来，向农民预付定金，意味着消费者有意通过与生产者协商谋求有效需求认知的一致性。首先，消费者要能够为获得安全食品支付比疑似"不安全"的食品更高的价格。这一价格应当能够激励农民为之生产与供应。其次，消费者要能够给予生产者足够的信任。生产之前就把定金交付给农民，农民会不会按约定——该约定大多只是以"关系合约"的形式存在——保质保量地把所生产的农产品交付到消费者手中呢？信任意味着甘愿担当风险，否则，任何合作都不可能建立。更何况信任也是一种相互建构的过程：通过信任可以再产生信任。正因为如此，石嫣尤其强调消费者"事前信任"的重要性：

　　　　这种信任其实在我们目前的试验中也是有体现的。当我们得知一个农民有能力种植有机农产品，我们会寻找几个消费者预订这些大米——这种信任感如果不是亲身去做是无法体会到的，你认为它(信任)已经消失了而不去做，而实际上是可以通过亲身尝试来更正(这种观念)的。[1]

　　但是，如果消费者一时找不到合适的农民，或者无法给予他们充分的信任(在监督农户生产行为方面确实会面临许多难题)，那么，消费者也可以自己单独或者联合起来组建一个 CSA 农场，包括雇佣当地农民进行劳动生产，然后再招募其他消费者成为这个农场的客户与合作者：份额用户。[2]2013 年 7月，我们研究组实地调研的一个 CSA 农场——珠海绿手指份额农园，即是按照这种形式组建的。事实上，以这种形式组建的 CSA 农场在中国居多。原因可能与目前中国农民生产规模偏小、生态农业理念与知识不足有关，但最重要的还是与消费者在 CSA 建构与推广中发挥的重要作用——作为"发起者"的角色——有关。

---

　　① 360doc 个人图书馆：《中国引入美式 CSA 农业模式第一人》，2013 年 6 月 28 日，http://www.360doc.com/content/13/0628/10/1312363_296089957.shtml。
　　② 按照我们对绿手指份额农园的调研，份额用户，指的是那些至少预付了一个季度的费用，而农场每周会按时为他们配送两次菜品的客户。对于 CSA 农场而言，其与份额用户建立的是一种长期交易关系。

由消费者联合建立的 CSA 农场，同样需要与消费者达成某种有效需求认知的一致性。不同的是，新的生产者这次要先"出牌"，即给出并说服消费者接受其愿意出售的安全、健康的农产品的价格。这个价格要能保证农场的应有收益，同时也要考虑到当地消费者的需求与支付能力。消费者支付能力固然重要①，然而，更重要的应该是他们的消费理念是否足以支持其甘愿为安全健康的食品支付较高的价格。因此，生产者必须通过某些方法引导和说服消费者积极加入。根据我们对绿手指农园的调研，生产者更愿意通过份额用户的个人关系推荐、介绍新的用户。通过来自强关系的信任及其影响，这类用户更能理解和认同 CSA 农场的生产方式，也更能与生产者结成稳定的交易关系。

对 CSA 农场生产者而言，能否与更多消费者建立稳定的交易关系，事关 CSA 农场的存亡。而与会员建立稳定的或长期的交易关系，并不仅限于招募份额用户。换言之，达成交付定金、签订份额用户协议，仅仅是生产者与消费者互动、沟通的开始。更重要的是，要在生产、分配以及再生产等环节得到用户的持续信任与支持。而要得到用户更多、更持久的信任，必须将其引导到生产环节，即让用户通过具体的生产参与，更好地理解 CSA 的生产方式，这样才能对其生产、定价和产品分配有更多的信任。比如，包括绿手指在内的中国大多数 CSA 农场其生产的农产品基本上都没有取得有机产品的认证，然而，根据我们的调研，这并不妨碍份额用户对农场生产的农产品在安全和健康方面所给予的信任。事实上，消费者未必想拥有专业级的甄别有关安全或有机食品的知识，他们宁可相信通过他们自身的经验和体验，包括参与到实际的生产过程中去，以获得更真实更充分的信息，从而对其生产的产品的品质做出评价并决定信任与否。另外，很重要的是，只有通过生产参与，才能理解并继续选择那些具有自然"缺陷"的安全健康的蔬菜——它们营养丰富品相却大多不佳，味道自然鲜美口感却不细嫩。正因为如此，CSA 农场极为鼓励会员尤其是份额用户参加到农场生产及其他各种活动中去。绿手指甚至为份额用户建立了"劳动时间银行"，即份额用户可以用参与农场劳动所积累的时间换取份额产品。

笔者相信，生产者与消费者签订的份额用户协议，其实是一种伊恩·麦

---

① 这也正是目前中国 CSA 农场大多存在于一、二线城市的主要原因。

克尼尔(Ian Macneil)所说的"关系性契约":"这个契约不只是一次个别性的交换,而是涉及到种种关系。"[①]在绿手指份额农园所签定的用户协议中,份额用户预付的菜款以及其得到的份额菜品及数量是既定的和不变的。然而,农场在执行过程中,却会根据生产与收获情况对该协议进行实时调整。例如,夏季受高温影响,绿叶蔬菜产量低,绿手指就会用干菜、咸菜或者用其他产品来替代供应。秋冬季珠海气候适宜,蔬菜长势良好,绿手指会以超出约定的分量来进行配送。份额用户只有通过农业生产实践,才能理解这种关系性的也即弹性和协商性的契约执行,并且,这种带有"礼物交换"意味的契约执行也反过来增进了农场与用户彼此之间的信任。[②]

我们判断,从生产者与消费者首次接触,到交付定金和/或签订交易协议,再到消费者或用户参与到农场的生产以及分配的全过程,他们彼此就已经在相互进行关系性资源的投资与利用了。关系性资源投资是为了增进彼此的信任以及建立一种互动-协商的机制,而其最终目的是为了共同建立一种"利益共享、风险共担"的生产体制。

"利益共享、风险共担"被认为是 CSA 模式的核心理念。而在我们看来,它同时也是一种双边控制的生产方式。其中最重要的是通过预付生产费用制度,建立利益共享和风险共担的一般机制。消费者预付生产费用,它使得生产者在季节之初就获得了这一年种植的收益,从而可以激励其进行有效的生产;与此同时,消费者也可在正常情况下按时按量地获得安全健康的农产品的供应。这无疑是一种建立在信任基础上的互惠互利的制度。同时这一制度也具有风险共担的功能。农业生产充满自然风险,有机种植更有各种不确定性,如果不采用预付生产费用的方式,则意味着所有风险为生产者所负担,这不仅不公平而且也会阻吓生产者的参与。可见,预付生产费用制度造成了一种相互控制:消费者通过给予对方现时和预期的利益,很大程度上控制了生产者的生产行为;反过来,生产者预先得到消费者的定金,也在一定时间

---

① [美]伊恩·麦克尼尔:《新社会契约论》,雷喜宁、潘勤译,中国政法大学出版社 1994 年版,第 10 页。

② [法]马塞尔·莫斯:《礼物》,汲喆译,上海人民出版社 2002 年版;汪和建:《再访涂尔干——现代经济中道德的社会建构》,《社会学研究》2005 年第 1 期,第 149—167 页。

内控制或限制了消费者的选择和退出等不确定性行为。CSA 模式就是在生产者与消费者双边控制达到基本均衡时得以建立和运作的。

预付生产费用制度所建立的双边控制或许有点消极，即它旨在预防交易伙伴出现"道德风险"或机会主义行为。这当然是必要的。然而，CSA 模式要得以可持续发展，必须建立一种更为积极的双边控制方式，即采用分类交易治理的方式，也就是说，对不同的用户采用不同的"利益共享、风险共担"的交易治理机制。事实上，绿手指份额农园已经在运用这种分类交易治理的双边控制方式。

绿手指的用户有三类：份额用户、散单用户和零售用户。份额用户需要预先支付至少一个季度的生产费用，农场每周按时为他们配送两次蔬菜。散单用户无须预先支付费用，并且可以选择菜品、菜量和配送时间，农场按订单统一配送。零售用户，包括从绿手指蔬菜直营店不定期购买的客户以及那些来农园参观时偶然购买的用户。显然，不同用户投入的关系性资源(定金、互动与参与的时间等)是不等的，其共担的风险也不一样，因而，农场给予他们共享的利益也有差别。零售用户与直营店之间基本上是一次性市场交易，其承担的生产风险几乎为零，因而其购买的零售价也是最高的。散单用户与农场保持了较固定的交易关系，并且他们通过体验较易转变为份额用户，因此，农场给予散单用户的定价会比零售店的价格较为优惠。相比而言，份额用户投入的关系性资源最多，也共担了所有的风险，他们可谓 CSA 农场发展的根本，因此，农场给予这些用户的利益共享也最多。例如，在蔬菜价格方面，农场给散单用户的售价平均为 10 元/斤[①]，份额用户的售价则是 9 元/斤。当然，最主要的优惠或"照顾"还是在份额分配上。比如，在蔬菜分配上农场会"偏爱"份额用户：只要蔬菜供应充足，农场大多会多给份额用户一些分量。份额用户还专享"劳动时间银行"(劳动份额)制度，即通过参与农场劳动换取份额产品。此外，份额用户还享有　项特权，即可以建议农场种植或养殖某些新品种，而农场也会尽力为之进行生产调整，或者通过与其他农户合作生产供应所需产品。

可以相信，根据不同的交易关系或者关系性资源投资，进行分类交易治

---

① 1 斤=500 克。

理，有利于解决共担风险的份额用户的激励问题，即不仅要使份额用户保持与农场的长期交易关系，而且还要能够吸引更多其他用户转变为份额用户。如此，CSA 生产模式才能生存并发展下去。

五、简短的总结

我们做一个简短的总结。图 4-2 表明，对应有效需求认知的一致性和关系性资源投资程度的是四种不同的生产组织及其控制方式。这说明，生产组织及其控制方式的选择是在生产者与消费者相互作用的过程中共同建构的。同时，对于生产者或消费者而言，他们也都根据自己的需求和其拥有的资源优势（个别性资源的优势或者关系性资源的优势）来开展对某一类生产组织及其控制方式的选择。

可以肯定，消费者应当拥有初始也是终极的选择权，因为，所有生产的最终目的——生产合法性之所在——就是满足消费者的需要。而采取何种生产组织（生产者生产还是消费者生产）以及采用何种生产控制的方式（是单边控制还是双边控制），则主要取决于其能否满足消费者的需求。

在市场社会中，消费者的需求被分为两类：有效需求与非有效需求。当消费者的某项需求处于有效需求的范围内，即表明消费者的这项需求是可以引发外部生产者或者说作为"他人"的生产者的生产供应的。外部生产者因为生产的专业化而通常比消费者自我生产更具效率，因此，在这种情况下可以采取他人生产也即生产者生产的组织形式，而这也意味着消费者与生产者的分离。

然而，如果消费者的某项需求不处于有效需求的范围之内，并且一时难以将其纳入这一范围（生产者认知以及生产者与消费者彼此进行的关系性资源投资都极低），在这种情况下，只要消费者拥有足以开展生产"自救"的某些个别性资源，例如某些传统的生产技艺，那么，消费者完全可以采用自我生产即消费者自制的方式进行生产。消费者自制，能够在一定程度上替代生产者生产，从而形成对生产者控制的某种"抗衡力量"。消费者自制除了替代性"自救"还有其他经济与社会价值，这一点稍后我们再议。

这里，要着重说明的是，有效需求的范围并非是固定的而是可以变动与扩展的。扩展即将消费者的某些非有效需求纳入有效需求的范围之内。除了有赖于消费者与生产者的自觉，另一个重要条件是，消费者与生产者要能够通过互动、沟通(也即通过关系性资源的投资)形成对新的有效需求认知的一致性，具体而言，即要在消费者愿意支付的价格与生产者愿意出售的价格上达成一致。而一旦新的有效需求的认知取得一致，那么，他人生产即生产者生产便成为可能，只是现在生产控制方法发生了改变，即采用了生产者与消费者联合控制或双边控制的方式。消费者定制便是其中最为典型的一种双边控制方式。从"高端特制"(单独为某个消费者进行设计和生产)到"大量定制"(差异化、模块化、中小规模生产)，消费者定制化程度不一，但无论如何，定制化即意味着生产者至少要在生产什么以及如何定价等事项上，事先征求消费者的意见甚至与消费者进行协商。

　　然而，不容忽视，在一些生产领域某些非有效需求是存在许多不确定性的。例如，在农业生产领域，消费者固然有着对安全健康的农产品的强烈需求，生产者同样理解和认同这种需求，然而，要达成将这种需求纳入有效需求范围的协议，也即其核心是要使消费者能够支付足以让生产者愿意生产的价格却并非易事，因为，在该价格构成中，除了正常的生产成本和生产者利润，还包含了共担生产者风险的部分。更重要的是，共担风险必须匹配以共享利益，这意味着生产者与消费者会共同面临如何对生产的额外收益进行分配的问题。所有这一切，除了要有某一方要对另一方(或者是消费者对生产者，或者是生产者对消费者)给予"事先信任"之外，还必须在此过程中，双方通过中高度的关系性资源的投资，建立某种"过程信任"来实现。这要求消费者应当更多地与生产者互动、沟通，甚至参与到生产过程中去。因为，只有参与生产过程，才能获得更多信息、才能达到认同的信任，也才能对生产什么、怎样生产和怎样分配提出建议，从而最终实现消费者与生产者在共担风险的前提下共享收益。总之，对于那些必须通过中高度的关系性资源投资，才能达成包括有效需求认知一致性在内的更多共识的生产领域，生产者与消费者需要采用更深度的也即"消费者参与生产"双边控制的生产方式。

　　可见，各种生产组织及其控制方式的形成是一种选择性匹配过程：它们都基于生产者和/或消费者的选择，且选择是对应不同的认知和资源投资的条件的。我们可以将其归纳为两个命题。

认知的一致性命题：消费者与生产者对于有效需求认知的一致性越高，其双方越可能选择他人生产也即生产者生产的方式；反之，消费者一方则越可能选择消费者自我生产即消费者自制的方式。

关系性资源投资命题：生产者与消费者彼此之间的关系性资源的投资程度越高，其双方越可能选择生产者与消费者联合控制或双边控制的方式；反之，则越可能选择生产者单边控制的方式。

这是我们通过对生产控制方式形成的静态分析所得出的总结论。

第五节　生产组织及其控制方式的转换：趋势与力量

前面说过，生产者和消费者个体可以根据其需求与条件的匹配性，选择一种适当的生产组织及其控制的方式。不过，无论是从社会预测还是个人或组织适应的需要出发，我们都应当对变化中的生产组织及其控制方式的转换的基本趋势及其推动力量予以分析与预测。在笔者看来，生产组织形式及其控制方式的转换存在着两种基本趋势：①生产组织形式由他人生产转变为自我生产；②生产控制方式则由生产者单边控制转变为生产者-消费者双边控制。而推动其双重转换的主客观力量，则分别是消费者自觉和资源的可替代性。

一、消费者自觉与自我生产

笔者相信，消费者自觉是推动正在进行的生产组织及其控制方式变迁的基本力量。笔者把消费者自觉视为后消费社会中的一种反思性的消费者精神。它应当是建立在对消费社会中的主导性消费伦理即地位竞争理念的批判与反思的基础之上的。

消费的地位竞争理念深植于人类贪婪与虚荣的本性，并且一直为承担"他人"生产的企业所利用，从而使其建立起了工业社会的核心生产体制，即标准化、大规模生产。标准化生产可以制造出精致而同质的产品，而大规模生产则可以大大降低生产的成本，结合起来便是制造出了作为市场社会或资本主义社会"大量堆积"的价廉物美的商品。正是这些商品推动人类社会过渡到了消费社会。工业社会和消费社会造就了规模日益庞大的中产阶级的命运：他们现在也和过去的精英消费者那样，能够将非必需品消费作为其日常主导性消费了。然而，很快他们发现自己的消费已经完全被同质化了。而生产者也从中产阶级的抱怨中看出了他们对于地位竞争的需求。于是，大量生产转变为了分众生产。消费者可以按自己的购买力选择样式、品质不同的商品，甚至可以借助厂商推出的分期付款购买制度，提前享用到那些被认为可以显示更高地位或维持该地位的商品。由此，消费者踏上了斯格尔所说的"消费主义的跑步机"：不仅"枯燥无味"，而且"把我们拖离了更闲适的生活方式"①。

我们尽可以批评厂商对消费者需求的控制与诱导。同时，消费者也应该反思自己的消费理念与行为：消费的目的何在？是应当指向他人还是应当更多地指向自我？消费者自觉就是要明确地建立这样一种理念或取向：消费不是适应他人的期待或取得他人的认同，而是为了自我的表达与自我的认同。消费者的自我表达与自我认同，存在着一些共同的元素，例如坎贝尔所说的那种以舒适和愉悦为核心的"浪漫伦理"②。除此之外，还应当包括一些个性化的元素，即消费者经由家庭、教育和经历所培育出来的独特的生活理念与趣味偏好。例如，对于自然、简约生活的追求以及对于手工技艺的爱好。

崇尚简约有品质的生活，是对追求奢华却无品味的生活方式的一种有效抑制。这种消费观念，一方面有助于改善消费主义带来的生态保护的压力；另一方面其高度自我表达性也会激发出更多个性化需求。个体化需求的存在，既可以有效缓解消费者之间的地位竞争，又能够向那些为维护某种技艺而坚持多样化生产的传统手工艺者提供宝贵的保护。在工业社会，传统手工业　其难以或者根本不可以进行标准化、大规模生产　一开始就处在了市

---

① ［美］朱丽叶·斯格尔：《过度劳累的美国人》，赵惠君、蒋天敏译，重庆大学出版社2010年版，第11页。

② Campbell C, *The Romantic Ethic and the Spirit of Modern Consumerism*, Oxford: Basil Blackwell, 1987.

场竞争的弱势地位。在这种情况下，传统手工业假如不能得到足够规模消费者的"偏爱"与"挽救"，它们势必难以生存与发展。

诚然，个性化需求中有些是他人生产所无法供给的。比如，消费者记忆中的"妈妈的味道"。它需要消费者通过自我生产来回味这份独特的技艺与情感，旁人无法代替。当然，条件是消费者本身要能从父辈那里习得相应的生产技艺，并且能够传承下去。然而，随着城市化以及家务活动日益外包化，家庭生产技艺的传承已呈现严重的代际断裂。

此外，还有一些需求是他人生产一时无法完全供给的，或者其供给价格是许多消费者所难以承受的，这就是对安全、健康食品的需求。市场过度竞争极易驱动生产者为节约成本或者为使产品美观而以不安全的方式生产食品。人们对购买这类食品心有余悸，然而，或者是因为收入的缘故，或者是因为消费观念，甚至也有信任的问题，而一时无法接受由外部生产者生产的各种号称安全、健康的食品，如"绿色食品""有机食品""非转基因食品""无任何添加剂的食品"，等等。在这种情况下，一个可能的替代与"自救"的办法便是消费者自制，例如，消费者自己磨豆浆、发豆芽、烤面包等等。当然，消费者不可能达到完全自制，例如，不可能自己种豆子、种小麦、磨面粉，但他能够自我控制这些食品的某些重要生产环节，从而能较好地实现其对于食品安全的需求。事实上，近年来家庭生产大有复兴之势，其原因大多是迫于对他人生产的食品安全性的顾虑。

慧聪家电网(2011年8月1日)：7月28日，媒体爆出肯德基用豆浆粉兑制豆浆。前段时间媒体刚刚曝光街头劣质豆浆，豆浆的话题一时成为网友热议的焦点。一项调查显示，58%的消费者认为自制豆浆更安全、卫生，所以，他们更愿意在家里自己做豆浆。

一度风靡大街小巷的现磨豆浆，曾经是多少上班族的早餐必选，可是经媒体记者调查暗访，不也揭出惊人内幕——100斤水添加一两重的豆浆香精，就能调配出豆香浓郁的豆浆！更有甚者，添加了香精还不算，还加入黏稠剂和消泡剂。而据营养学专家说，豆浆香精的主要成分为植脂末。过多食用，会增加罹患心血管病的概率。消泡剂则是用于工业生产中的一种去除泡沫的化学产品，食用后会致癌，更不能在豆浆中使用。

　　7 月 29 日，记者登录新浪微博，在搜索栏里键入"豆浆"二字，居然搜出多达 1 479 041 条微博。细看内容，很多人不约而同地发出提议：回归厨房，自制豆浆。

　　@宝贝娈娈_98：外面哪有纯豆浆，还是自制豆浆放心啊！

　　@Michelle 微微博：晕……我还是在家喝自制豆浆吧，5 块钱一包的豆子可以榨几千毫升。

　　@Gemini 希米：买了一个九阳豆浆机，心情很好，营养自制豆浆果蔬汁我来了！

　　@sabrinatop：所以我每天自制豆浆，不和外面比不知道，喝过外面买的所谓纯香豆浆，自己磨的哪是纯香了得，起码喝得放心！

　　@小米思鱼：对我来说，往往是越朴实的东西越感人，比如说今早同事用矿泉水瓶从家里给我带来的自制豆浆。 ①

　　我们可以把消费者自制或家庭生产看成是一种"去他人生产"或"反市场化生产"。按照纯粹的市场化逻辑，这是一种市场"倒退"行为。然而，在笔者看来，这种"倒退"未必不是一种有价值的退出行动。首先，它是对市场失败的——它无法提供消费者的诸多需求——一种有效替代。其次，作为一种"退出"与抗衡，它会刺激外部生产者设法改善它的生产与供给。再次，消费者自制假如涉及利用传统生产技艺，则它无疑具有某种(拟似)"非物质文化遗产"的保全与继承的功能。最后，消费者自制与他人生产并非不能相容与相互支持。必须正视消费者自制的一个内在的限制，即它受制于消费者的生产技艺与生产效率。②让人乐观的是，消费者或家庭生产的电器化与智能化，提供了解决这一问题的折中之道。一方面，它的发展降低了家庭生产的技术要求，同时提高了家庭生产效率；另一方面，家庭生产的兴起也为外部

---

　　① 紫雾月亮：《58%的消费者：自制豆浆更安全健康》，2011 年 8 月 1 日，http://info.homea.hc360.com/2011/08/011808755137.shtml。

　　② 尽管互联网的发展能够通过迅速的信息传递帮助消费者掌握某些生产技艺，然而，这仍然有一个学习的过程，并且，如果学习的代价(包括时间成本)过大，则消费者通常会选择放弃。

生产者研发各种家用生产设备提供了前所未有的市场机会。

从下面的一些实例中，可见中外厂商都在致力于发现与开发这种新的市场机会。先看一款能让消费者自制碳酸饮料的设备：

> 炎热的夏天想必没有比能够喝上一罐碳酸饮料更加爽的事情了，但是在配送和口味问题上有些时候很难达到消费者的需求，那么为什么不自己来制造一杯碳酸饮料呢？接下来要介绍的就是由 Hamilton Beach 打造的 85 101 Fizzini 手持式苏打水制造机，产品将于今年(2013 年)8 月份发售，售价为 59.99 美元。

> 在整个制造过程中用户完全不需要从商场内购买沉重的罐子及存储设备，当你需要的时候只要将特定口味的饮料倒入瓶中，然后将顶部旋紧，机器便会自动往饮料内注入二氧化碳，无须电池等设备就能轻松打造一杯适合你口味的碳酸饮料。[①]

还有一款能为户外用户制作新鲜咖啡的机器：

> 受西方文化影响咖啡成为快节奏都市环境下的绝佳提神之物，全国各地每个街角都遍布着各种咖啡馆，而随着便携式咖啡机的推进，越来越多的消费者开始尝试自己磨豆自己制造咖啡。来自亚特兰大的两位企业家为此推出了 Hey Joe 杯，为那些在户外的用户提供最新鲜制造的咖啡。

> Hey Joe 杯能够容纳 14 盎司(414 毫升)的水，并能沏出 14 盎司(414 毫升)的咖啡，整个杯子的重量为 0.9 磅(408 克)，采用垂直堆叠的两个系统。首先将水倒入杯中，然后将咖啡粉末包嵌入到杯子中间，当点击杯子上的按钮之后就会自动对水加热进行滴漏式煮咖啡，当按击一次会加热到 60℃，按击两下会加热到 68℃，按击三下则会制作冰咖啡。[②]

---

① cnBeta：《夏天到了 Fizzini 让你自制碳酸饮料》，2013 年 7 月 4 日，http://www.cnbeta.com/articles/243424.htm。

② cnBeta：《随身的星巴克：Hey Joe 杯为户外用户制作新鲜咖啡》，2014 年 6 月 5 日，http://www.cnbeta.com/articles/298703.htm。

智能家具的开发可能彻底改变家务以及家庭生活的样式：

中新网（2015 年 4 月 20 日）：据外媒 20 日报道，日本电器业巨头松下电器公司定下计划，要让"智能"家具在 2020 年东京奥运会上面世：不需要厨师，只要有一套高智慧厨房，人们就能炒出一盘色香味俱全的佳肴；新时代的镜子也将变得神通广大，不但会教人梳头化妆，还能给人医病。

该公司日前示范了能和主人对话的厨房、客厅及卧室。这些既聪明又好看的前卫家具都可连接互联网，还能辨认声音，只要人们开口说话，就能使唤它们做家务。

刚踏进厨房，听到有个声音问："您今天想吃什么？"随即，厨柜台上会展示出好几种菜单让人们点菜。接着，厨房会从冰箱里选取所需材料烧菜。新一代的冰箱不但能冷藏食物，更附有温室可用来种植蔬菜。爱吃沙拉的人可依靠先进智能温室技术，每天吃到家里种植的无农药蔬菜。

走进智慧房的卧室，最叫人惊奇的是一面万能镜子。人们只要站在镜子前，它就会马上变成一个医疗数据库，展示人们的心跳、血压、体重以及脂肪量数据。如果检验出有异常，就会发出信号。这面镜子也是妇女的美容师，它具备高清录像机，能够辨别肤色，指导该用哪种护肤品和化妆品。①

无独有偶。2014 年 9 月 10 日，前来参加"2014 年天津夏季达沃斯论坛"的飞利浦全球医疗保健事业部医疗信息解决方案业务部首席执行官 Jeroen Tas 阐述了正在来临的医疗保健服务的"消费者自制化"趋势：

大家可以想象一下这样的情景：当你的身体刚刚出现某种疾病的征兆，医疗设备就能提前识别并及时提醒你，帮助你尽早应对；或者你身

---

① 中国新闻网：《日本研发"智能"家具：厨房自动烧菜 镜子当医生》，2015 年 4 月 20 日，http://www.chinanews.com/gj/2015/04-20/7218382.shtml。

在上海，医生却能根据你在肯尼亚进行医疗检查的扫描结果，进行疾病诊断。随着互联设备、传感器和大数据的迅猛发展以及各种医疗服务的不断整合，上述这些情景离我们的现实生活已不再遥远。当这些新型的技术和服务整合在一起，我们正在迎来医疗保健和优质生活的全新时代。

短短几年时间，在移动技术的推动下，许多创新型的消费类个人健康工具应运而生。新兴的解决方案从关注人们终身健康状况出发，提供全方位的医疗保健关护和服务。它们运用各种计算程序分析人们的健康模型和行为习惯，不断获取有价值的新数据。社交技术的出现促进了各方更好地合作，并促使各方将来自各个社区具备类似健康状况的人群的数据相互关联，让我们能够以一种前所未有的方式与他们进行沟通和互动。这一切让我们开始意识到医疗保健服务在未来将如何逐步向"消费者自我定制化"模式演化。[①]

假如数字化、智能化正在使医疗保健服务行业中的"消费者自制化"成为可能，那么，我们也可能由此推论，消费者自制将逐步占取未来整个社会生产体系的中心地位，或者至少构成各种生产-服务网络体系中的重要节点。

二、资源可替代性与双边控制

我们预测生产控制方式转换的基本趋势是，由生产者单边控制向生产者-消费者双边控制转换。造成这一转换的基本力量是资源的可替代性。我们认为，生产者要开展生产，必须获得和利用两类资源：个别性资源和关系性资源。重申一下我们的定义：个别性资源，指的是由个人或组织单独占有和使用的各种资源，如资金、技术、品牌和人际关系或客户关系等；关系性资源，则是指通过与关系人的互动、沟通而形成的共享资源，包括信任与协商等价值。我们的假设是，这两类资源投资之间具有某种程度的可替代性。

在图 4-3 中，假设一个企业的资源投资构成中既有个别性资源也有关系

---

① 360doc 个人图书馆：《医疗保健服务的"消费者自制化"趋势》，2014 年 9 月 12 日，http://www.360doc.com/content/14/0912/12/15687462_408885864.shtml。

性资源，并且这两类资源投资之间具有某种程度的可替代性，那么，其可能的市场定位和资源投资的组合将是多种多样的。图 4-3 中 d、d' 和 d'' 曲线代表着不同的市场定位——越向外的曲线市场定位越高，并且，由于资源替代的边际效用递减，同一条曲线上其不同组合的资源投资的效用是不相等的——越是趋向 OE 虚线其总体效用越高。这样，对于一家企业而言，它可以根据自己可支配的资源条件选择某一市场定位和某种资源投资的组合。例如，它选择 d' 曲线中的 A 点，即表示企业选择进入某行业中较高端的市场，并且选择一种个别性资源投资强-关系性资源投资弱的资源投资组合。这意味着，该企业选择优先进行个别性资源的投资与利用，这将使其可能成长为一家技术创新型公司。反过来，假如它选择 d 曲线中的 M 点，即表示企业选择进入某行业中的较低端的市场，并且选择一种个别性资源投资弱-关系性资源投资强的资源投资组合。这意味着，该企业将优先进行关系性资源的投资与利用，这将使其可能成长为一家营销型的公司。

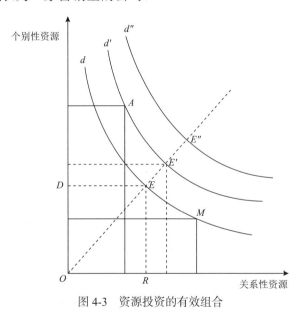

图 4-3 资源投资的有效组合

企业初始选择很大程度上是受其主要拥有资源的类型决定的。初始选择决定企业进入市场的层次，例如是高端市场还是中低端市场。在生产性行业中，技术创新仍然是决定市场层次最重要的因素，因此，技术创新型公司更可能进入高端市场，而营销型(或技术模仿型)公司则只能处于中低端市场。不同市场的企业都有成功的机会。因为，按照乔尔·波多尼(Joel Podolny)的研究，高地位的生产者并不能任意扩张其市场范围。高地位的生产者如果进行市场扩张，即试图占领低地位生产者的市场，那么，人们对其产品质量的认知就会发生变化，高地位生产者由高声望所产生的成本收益效应也会随之丧失。[①]可见，地位层次不同，市场是可以共存的。处于不同市场中的企业成功与否，主要取决于其资源投资组合在同一市场竞争中所产生的效应，也即其在与同类企业的竞争中所能够取得的市场地位。假如其能够在同一市场竞争中取得并保持支配地位，则说明其选择的某种资源投资组合是有效的。反之，则是无效的。

此外，值得关注的是，企业应当如何应对其在同一市场竞争中的地位变动。市场竞争——同类企业的创新或模仿——可能令某一企业原有的市场支配性地位发生变动，甚至由此衰落，这表明其原有的资源投资组合的优势已经难以维系，因而必须进行调整。调整可分长期和短期两种策略。长期策略是在优化资源投资组合的同时增加资源投资总量，从而使其得以提升市场定位并保持其在这一市场中的支配地位。例如，假如某企业其原有的市场定位和资源投资组合在图 4-3 中 A 点的位置，那么其长期调整的策略应当是朝向 E'' 点的位置移动。或者，假如某企业其原有的市场定位和资源投资组合在图 4-3 中 M 点的位置，那么其长期调整的策略应当是朝向 E' 点的位置移动。

如果说长期调整策略中包括了资源投资总量的提高，那么，短期调整策略则只包括对原有资源投资组合的优化。这是因为考虑到在短期内提高资源投资总量的困难，尤其是技术投资与开发通常需要较长的周期。短期内对原有资源投资组合优化的基本方向应当是朝向提高总体性效益的较为均衡的资源投资组合进行改进。例如，在图 4-3 中，假如某企业其原有的资源投资组合在 A 点的位置，那么其短期调整的策略应当是朝向 E' 点的位置移动。或者，假如某企业其原有的资源投资组合在 M 点的位置，那么其短期调整的策略应当是朝向 E 点的位置移动。

---

① Podolny J, "A Status-Based Model of Market Competition", *American Journal of Sociology*, Vol. 98, No. 4, 1993, pp. 829-872.

假如说 A 点代表着以个别性资源投资为主导的资源投资组合，以及其可能建立的生产者单边控制的生产方式，M 点代表着以关系性资源投资为主导的资源投资组合，以及其可能建立的生产者-消费者双边控制的生产方式，那么，E、E' 和 E'' 各点则代表着一种个别性资源投资与关系性资源投资组合的均衡状态，以及在此基础上形成的以生产者-消费者双边控制为主导的生产方式。之所以要建立一种均衡的资源投资组合，是因为它能够在市场定位基本不变(这也意味着资源投资总量基本不变)的情况下，通过调整原有的资源投资组合，即相对减少投资效益递减的资源和相对增加投资效益递增的资源，即可以达到提高总投资效益之效。当然，资源投资组合调整中，最重要的是生产控制方式的转换以及对转换过程的控制。由生产者单边控制转变为生产者-消费者双边控制，是企业生产控制方式转换的基本趋势。企业家必须适应这一潮流。至于在什么范围以及在多大程度上组合利用双边控制或单边控制，则是企业家控制的艺术。总之，假如一个企业其曾经拥有的某种非均衡的资源投资组合优势正在失去甚至出现危机，那么，短期内企业家较优的调整策略便是朝向某种较均衡的资源投资组合的方向进行改进。

在笔者看来，苹果公司正是谋求这一新的"均衡优势"的典范。为分析简单起见，我们把苹果公司的发展分为两个时期：乔布斯时代与库克时代。乔布斯时代的苹果公司是一个典型的注重个别性资源尤其是技术-品牌资源的投资与开发的创新型企业。这一时期苹果公司的资源投资组合正如在图4-3中选择了 A 点。在这一点上，苹果公司取得巨大成功。从 20 世纪 70 年代开发个人电脑，到 21 世纪初后将业务重点转向消费电子领域，苹果公司开发的大多数产品或服务，都被认为具有颠覆性创新的意义。2007 年推出的 iPhone 更是以其特有的"酷"感征服了它的消费者。全球数以千万计消费者由此成为苹果的忠实粉丝。乔布斯有意塑造的"创造伟大产品"的苹果品牌形象也从此建立起来了。

2011 年 10 月苹果公司进入库克时代。人们预料失去乔布斯的苹果公司将面临创新窘境。预料真的发生了：苹果公司至今没有颠覆性创新产品问世，它所做的更多属于"迭代执行"式创新即对已有产品的更新换代。按照预料，缺少创新的苹果公司将受到其他同类企业强有力的竞争，从而走向衰落。然而，这一延伸性的预料却没有发生，缺乏创新以及发布低端手机的失败并没有在总体上影响苹果公司产品的销售。2014 年发布大屏 iPhone 6 和 iPhone 6 Plus 更是让苹果公司夺得全球手机销量第一的位置。2015 年发布的 iPhone 6S 同样缺乏大创新(它被"果黑"讥讽为仅仅"多了玫瑰金和背后的一个'S'"),但从预定的情况看仍旧有大批用户为它买单。

为何陷入创新尴尬的苹果公司产品仍然备受消费者的追捧呢?重要原因是,库克调整了苹果的资源投资的组合。①如图 4-3 所示,即开始了一种将 A 点的组合转变为 E' 点组合的调整进程。库克自知苹果公司已经难保乔布斯时代的那种在技术创新上的绝对支配地位,换言之,他已意识到苹果公司在单一的个别性资源投资与利用上的优势正在失去。他很清楚短期内难以改变这一局面,而最能够使苹果仍然保持总体性竞争优势的唯一办法,只有转向和加强其相对薄弱的另一种资源即关系性资源的开发与利用。诚然,乔布斯时代的苹果已经积累了一个数目庞大的用户群体,只是那时苹果公司没有把这些用户当成一种关系性资源进行投资与利用,因为,在乔布斯看来,重要的是要创造连消费者自己都没有意识到的需求,而不是去满足消费者有意识的需求或者听取他们的意见。然而,正如已有媒体评论的,库克已经悄悄改变了这一切,尽管在公开的场合他仍然极力维护乔布斯留下的创新至上的企业文化。

> ……库克带领下的苹果公司是一家有着很大不同的公司,他们会聆听用户的意见。库克清楚地知道,在一定程度上聆听用户的意见,会为他们带来更多的用户资源。

这是苹果公司在保持自家产品精良做工的前提下做出的改变,我们就以今年(2015 年)的系统换代作为例子来说明:

iOS 8 正式版发布时让众多用户发狂的场景仍然历历在目,因为需要将近 5GB 的剩余空间才能够安装,有些愤怒的用户甚至将苹果公司告

---

① 一些流行的解释,在笔者看来似乎都没有涉及问题的根本。比如认为 iPhone 不仅仅是一款硬件设备,而是一款硬件、软件和服务紧密集成的设备;或者就像本·汤普森(Ben Thompson)所说的,iPhone 称得上是一件"凡勃伦商品"(Veblen good),这种商品的特色是定价高反倒增强自身的吸引力,因而能成为一种身份象征(威锋网:《打破行业规则 iPhone 逃过硬件商品化恶劫》,2015 年 9 月 12 日,http://www.cnbeta.com/articles/tech/429395.htm)。

上了法庭，他们认为苹果公司这是故意行为，目的是为了推销自家的 iCloud 云储存。一年之后，iOS 9 的安装所需剩余空间减少到了 1.3GB，而且剩余空间不足以安装 iOS 9 时，系统还会提供"先删后重装"的智能选择。

　　iPad 用户群体里呼吁苹果公司产品添加分屏功能的声音一直都存在，就在今年的全球开发者大会(WWDC)上，苹果公司表明 iOS 9 将为用户带来期待已久的分屏功能——尽管只支持 iPad Air 2，但已经足够看到苹果公司做出改变的决心。而且，随后苹果公司还发布了 iOS 9 的公测版本，意味着在正式版发布之前，iOS 9 不再是开发者独享，普通用户也可以参与。

　　上面这个例子，和身份象征说又有什么关系？正是因为苹果公司在原有的基础上愿意为用户作出改变，变得更亲民，这样一来为自己的品牌认知度和满意度加了不少分，越来越多的人愿意投入到苹果公司这个大家庭。[①]

我们看到，小米科技公司正好是一个与苹果公司正在进行的调整相反的实例。至少 2014 年之前小米是一个典型的注重关系性资源也即主要是粉丝资源的开发与利用的营销型企业。我们可以将小米发展的起点视为如同在图 4-3 中选择了 M 点。这一选择当属不得已——很大程度上受其初始可支配的技术性资源的限制，然而，在这一点上，即在其不得已定位的低端市场上，小米依然取得了成功。成功的关键是，小米建立了一种由粉丝社群支持的产品开发与互联网营销模式。2010 年小米公司成立，创造了用互联网以及发烧友参与开发改进手机操作系统(基于 Android 的 MIUI 系统)的模式。2011 年小米发布首款智能手机小米 1，开始了其"为发烧而生"的成长历程。"为发烧而生"即要给那些追求高配置、高性能的极客级粉丝(发烧友)提供价格低廉的手机。从小米 1 到小米 3，小米实现了这一目标。网上抢购和媒体的宣传，迅速提高了小米的品牌知名度。而雷军与其他小米管理层通过线上(小米论

---

　　① 威锋网：《要让别人知道你拿的是 iPhone 6s：真的重要？》，2015 年 9 月 14 日，http://www.cnbeta.com/articles/429639.htm。

坛)、线下(小米同城会)与发烧友或米粉们的积极互动,更是激发和促成了一个规模庞大的米粉社群的形成与扩张。通过电子网络以及人际网络的不断作用,如今小米的支持者早已从作为小众的发烧友扩大到作为大众的庞大的米粉社群。《纽约时报》中文网在一篇报道中曾详细描述了一位网名叫"小米抹布"的台北小米手机消费者转变为米粉的历程:

> "我是在 2013 年 4 月 24 日,从一个普通的小米手机用户变成了一个米粉。"这天,小米抹布在台北第一次见到了小米 CEO 雷军和总裁林斌。那是一场组织混乱的产品推介会,但当晚雷军在自己的微博上对此致歉,并承诺对每个参会的人补赠了一批礼物。这场活动让 2012 年就开始使用小米手机的陈建豪,一下子结识了一百多位同在台北的小米用户,另外,雷军对待用户的方式和态度也让他印象深刻。
>
> 也就是从这一天起,陈建豪就变成了小米抹布。他持续收集小米发布的每一款新产品,由于台湾当地的发货速度慢,他直接托人从大陆买;他在微博上结交了更多的米粉好朋友;他甚至还会在小米论坛上与高管互动并提出一些改善产品的建议。又过了一段时间,小米抹布干脆被推举为小米台北粉丝团——小米台北同城会的会长。
>
> 很多米粉其实都有着跟陈建豪相似的身份转变经历——最初,他们被媒体宣传吸引或是在朋友的推荐下,买了一款自觉性价比还不错的智能手机;再后来,他们开始关注并参与到这个品牌在社交媒体和线下发起的各种活动,而最令他们意外的是,很多公司里的"大脑袋"居然也喜欢泡在网上跟草根用户"拉家常"。包括雷军本人在内的小米管理层,多年来一直活跃于微博和小米论坛,他们的阅读注意力可以深入到每一条发帖的网友评论区,他们亲自挑选有价值的内容,及时跟评且随手转发。久而久之这些普通的小米手机使用者,从与小米内部人互动到与其他米粉互动。其间他们结识了很多新朋友,也投入了大量的注意力和情

感，往往更乐于以米粉的身份自居。[①]

米粉社群的建立为小米手机(尤其是红米手机)销售的快速扩张做出了重要贡献，然而，靠低价吸引用户的策略也使小米付出了代价，即小米的品牌形象被拉低了。此外，同行们开始学习和模仿小米模式，小米的性价比、网络营销以及社交媒体上的沟通、互动，已不再成为其显著的竞争优势。小米正在遭遇"成长中的烦恼"。那么，小米该如何寻求新的发展呢？按照我们的分析，它应当与苹果公司一样，必须提高总体性的竞争优势，只是它调整的方向与苹果公司正好相反：在图 4-3 中，它需要进行一种将 M 点的组合转变为 E' 点的组合的调整。而这意味着小米必须加强对个别性资源尤其是技术-品牌资源的投资与利用。

总之，在一个竞争的世界中，任何单一资源的投资与利用都有其限制或者说难以持久。这将迫使生产者不仅在短期而且在长期也会倾向于逐步选择一种兼顾个别性资源和关系性资源的投资与利用的均衡策略。而这也意味着，随着均衡策略的认知扩展，未来社会也即后消费社会中主流的生产控制方式也将更多地从生产者单边控制转变为生产者-消费者双边控制。

---

① 《纽约时报》中文网：《"米粉圈"进化史》，2014 年 12 月 17 日，http://cn.nytimes.com/technology/20141217/cc17xiaomifans/。

第　五　章

关系性资源与交易治理：消费者
参与生产的例证

　　最一般的抽象总只是产生在最丰富的具体发展的场合，在那里，一种东西为许多东西所共有，为一切所共有。这样一来，它就不再只是在特殊形式上才能加以思考了。

——卡尔·马克思*

第一节　问题、概念与策略

一、问题的提出

　　本章我们将以"社区支持农业"（community support agriculture，CSA）模式①为例，探讨关系性资源投资与交易治理在消费者参与生产模式中的地位与作用。CSA 模式的兴起与全球普遍面临的食品安全问题密切相关。阎云翔

---

　　*［德］卡尔·马克思：《〈政治经济学批判〉导言》，《马克思恩格斯选集》第二卷，人民出版社 1972 年版，第 107 页。

　　① 更准确的概念应该是 community-supported agriculture，即"社区支持的农业"（Wikipedia，"Community-Supported Agriculture", https://en.wikipedia.org/wiki/Community-supported_agriculture.）不过，目前 community support agriculture 一词似乎已更为通行，并且它们都简称 CSA 模式。

曾将当代中国食品安全问题分为三个层次，即"食品卫生"（food hygiene）、"非安全食品"（unsafe food）和"有毒食品"（poisonous food）问题。[①]与商业牟利和社会经济失序相关的"有毒食品"问题，其社会影响和社会风险最高，因而自 20 世纪 80 年代中期以后备受中国社会关注。与此同时，因为现代化生产、流通和消费方式导致的"不安全食品"问题或潜在问题，例如为增加农产品的产出量而采用某种新的生产技术，如转基因生产技术，或者为控制农产品生产的成本与风险而采用某种现代化的生产方式，如由大规模种植、养殖，大量使用化肥、农药和各种化学添加剂等[②]，而带来的农产品消费的各种不确定性和风险问题，也日益受到中国社会的关注。

　　"不安全食品"问题及其风险是由现代化自身带来的，因而对所有国家尤其是对像中国这样的正在快速工业化、城市化的后发展国家构成了严峻挑战。那么，在现代化进程不断加快，食品安全问题日益显著的情况下，人们应当如何作出自己的选择呢？

　　"替代性食物网络"（alternative food networks，AFNs）是发达国家提出的一种应对食品安全危机的解决方案。它主张重构食物的生产、流通和消费等环节，即以一种有机农业的方式向消费者提供农产品，并且强调从农田到餐桌整个环节的生态化和短链化。Lucy Jarosz 将替代性食物网络归纳为四个特征：①"在地化"（localization）或称"短链食品供给"（short food supply chains），即缩短生产者和消费者之间的空间距离；②生产者规模小，采用各种有机农业耕作体系；③"社区化"（communization），即通过食物合作社、农夫市场、社区支持农业和本地食物直接进校园（local food-to-school linkages）等途径销售产品；④"后生产主义转型"（post-productivist transition）或称"嵌入性"（embeddedness），即保证在食物生产、分配和消费过程中考虑社会、经济和

---

　　① Yan Y X, "Food Safety and Social Risk in Contemporary China", *The Journal of Asian Studies*, Vol. 71, No. 3, 2012, pp. 705-729.

　　② 中国农业面源污染已经十分严重。据统计，中国农药产量居世界第二，其中高毒杀虫剂占总产量的 56%。高毒杀虫剂很多已被发达国家所禁用。中国已是世界农业化肥使用量第一大国，年超 4000 万吨。上海、浙江这些农业产业化发达的地区，工业污染负荷只占总负荷的 10%，另外 90%来源于农村和农业面源污染（温铁军：《CSA 模式是建设生态型农业的有效途径之一》，《中国合作经济》2009 年第 10 期，第 44 页）。

环境等维度的可持续性。[①]替代性食物网络的最主要形式就是 CSA 模式。

西方国家 CSA 模式肇始于 1970 年，如今已发展成为一种较普遍和稳定的有机农业的生产方式。相比而言，国内的 CSA 起步较晚。2006 年温铁军、何慧丽等学者发起的"购米包地协议"活动[②]，以及之后由其成立的"国仁城乡互助合作社"可以看作是国内 CSA 模式的一种雏形。2009 年石嫣及其团队创办的"小毛驴市民农园"则可看作是国内 CSA 项目的正式起步。之后，国内 CSA 模式飞速发展。据石嫣统计，目前国内有 80 多个 CSA 农场，而类似项目估计已达到 200 个。[③]

CSA 模式主张围绕着共同的有机农业生产的理念，建立起生产者(农民)和消费者之间直接联系及稳定的契约交易关系。具体而言，即在一定区域范围内，消费者成员与农民提前签订合约，为来年的收成付费，而农民则为成员提供最安全、新鲜、有机的农产品。成员和农民共担低收成的风险，同时共享丰富收获的回报。"分享收获，共担风险"构成了 CSA 的基本理念。由于消费者参与生产过程，并且与生产者保持密切互动，这使得 CSA 模式所内含的生产者与消费者之间的交易关系呈现出一种关系性交易特征。这正是我们选择研究 CSA 模式作为消费者参与生产的一个例证的主要原因。

我们提出的一个基本假设是：消费者持续性地参与生产所形成的与生产者的特殊交易关系，即所谓关系性交易关系，是 CSA 模式得以建立和维持的关键。为此，我们选择珠海市绿手指份额农园作为考察和分析的关键性个案，以探讨其交易关系是如何从个别性交易向关系性交易转变的。我们将首先考察关系性交易是如何在消费者与生产者持续互动过程中产生的；其次，我们将通过对其生产组织结构与运作过程包括生产、配送和回馈各环节的考察，探讨关系性资源的产生及其作用形式；最后，我们将对关系性资源专用性问

[①] Jarosz L, "The City in the Country: Growing Alternative Food Networks in Metropolitan Areas", *Journal of Rural Studies*, Vol. 24, No. 3, 2008, pp. 231-244.

[②] 2006 年 4 月 28 日温铁军等人发起成立"北京市文明消费合作社"，启动购米包地活动。他们先向农民缴纳 100 元定金，预订农民半亩地生产的无公害大米。到收成时，再按照双方商定的价格全部收购。

[③] 韩国上市网：《国内新型农业 CSA 发展迅速 CSA 农业投资项目已达 200 多个》，2013 年 3 月 15 日，http://www.51report.com/free/3011484.html。

题进行分析，以探讨其如何影响生产者交易治理的选择。

二、几个核心概念

（一）交易与交易关系

虽然交易是经济学理论的核心概念，但在很长时间内，经济学却有意或无意地简单化了对交易关系的分析。在古典经济学的话语中，交易被简单转置为某种供求关系分析，而需求又被当作一种必然的背景因素予以考虑，由此认为，重要的是解决供给问题，从而把研究焦点集中在了生产领域。此外，价格信号被视为把交易双方联系起来的唯一管道，价格机制分析因而代替了供求分析。新古典经济学延续了这一简单化的思路。在加入"边际"（margin）和"替代"（substitution）的概念之后，经济学进一步把市场供求分析模型化、抽象化了。[1]

诚然，当代经济学对交易的讨论有了较大改进，即主张重回现实的交易关系。信息经济学即是一个显著代表。例如，阿克洛夫（George Akerlof）通过其建构的旧车市场或"柠檬"市场模型，提出了信息不对称理论。[2]该模型提出，信息不对称现象的存在使得交易中总有一方会因为获取信息的不完整而对交易缺乏信心。对于商品交易来说，这个成本是昂贵的。

另一个代表是新制度经济学或交易成本经济学。罗纳德·科斯（Ronald H. Coase）通过考察更符合现实的交易过程而提出了交易费用的概念。[3]以后，其后继者奥利弗·威廉姆森（Oliver E. Williamson）侧重研究了交易维度与交易性质及其治理结构选择之间的联系。在其构建的"有效治理"的理论模型中，"资产专用性"和"交易频率"这两个交易维度具有特别重要的地位，它

---

[1] 例如，由瓦尔拉斯（Léon Walras）创立的"一般均衡"（general equilibrium）理论经由萨缪尔森（Paul A. Samuelson）、阿罗等经济学家的改进，逐渐达到一种存在自身均衡解的模型状态，但也愈加偏离所要解决的交易问题，而沦为对一个数学问题的完美解释。

[2] Akerlof G, "The Market for 'Lemons': Qualitative Uncertainty and the Market Mechanism", *Quarterly Journal of Economics*, Vol. 84, 1970, pp. 488-500.

[3] Coase R, "The Nature of the Firm", *Economica*, Vol. 4, 1937, pp. 386-405.

们共同决定着交易的性质(即不同的合同安排)及其相应的治理结构。[①] 具体而言:①当资产投资为非专用(低度),无论交易频率是偶然还是经常,都宜采用基于古典式合同的市场治理;②当资产投资为混合(中度)或独特(高度),且交易频率为偶然,则采用基于新古典式合同的三方治理;③当资产投资为混合,且若交易频率为经常,则采用基于关系合同的双边治理;④当资产投资为独特,且若交易频率为经常,则多采用基于关系合同的统一治理,也即实行纵向一体化的治理方式。

在这一理论模型中,交易性质及其治理结构的选择主要围绕着如何降低交易成本进行比较,因而交易性质被视为一种选择性合同关系(契约安排),治理结构也被看成一种应对不同交易维度影响的行动策略。换言之,交易成本经济学关注的是一种后致性的交易关系。正如我们曾经指出的那样,在这里"当事人在交易和交易之前是否存在关系以及这种关系对该交易和选择如何进行约束,被忽视或无端地排除在外了"[②]。并且,交易成本经济学强调交易及其后果的类型学分析,交易双方关系的建立、维持、消解等交易被无视了。

有幸的是,卡尔·波兰尼开启了经济社会学关注交易嵌入性也即事前交易关系的先河。在波兰尼看来,市场"交换"(exchange)仅仅是在19世纪市场社会兴起后才逐渐占支配地位的交易模式,而在之前漫长的人类历史中占支配地位的交易模式是"互惠"(reciprocity)和"再分配"(redistribution)。在非市场社会时期,互惠与再分配"都被浸没在普遍的社会关系之中,市场仅仅是某个制度设置的附属特征,而这个制度设置前所未有地受着社会权威的控制和规制"[③]。

经济行动嵌入性的观念在新经济社会学代表者马克·格兰诺维特那里得

---

① [美]奥利弗·威廉姆森:《资本主义经济制度:论企业签约与市场签约》,段毅才、王伟译,商务印书馆2002年版,第113页。另一个交易维度为"不确定性"。在威廉姆森看来,来自人的有限理性和投机主义的不确定性及其对交易成本的影响是普遍的,其类似于公约数因而无须在其模型中特别显示。

② 汪和建:《自我行动的逻辑:当代中国人的市场实践》,北京大学出版社2013年版,第131页。

③ [英]卡尔·波兰尼:《大转型:我们时代的政治与经济起源》,冯钢、刘阳译,浙江人民出版社2007年版,第58页。

到了更具一般化的发展。^①他提出，任何经济行动都是嵌入于社会结构并受之约束的。他认为，在经济生活中，发挥着防止交易欺诈作用的，是由社会关系产生的信任而不是制度安排或普遍的道德。同时，经济交易行为实际上取决于公司间和公司内部个人关系以及关系网络的性质。在格兰诺维特提出"嵌入性"假设之后，有关社会网络对于经济行动的影响的研究大量涌现。^②同时，这种带有结构专制主义色彩结构的经济社会学也遭到了诸多批评。^③

不管怎样，新经济社会学强调社会关系对于交易的影响是值得重视的。在之前的研究中，我们已认识到，"所谓交易是指个体之间的交互影响的行动（transaction），即互动"。并且，"在互动中，既有个体的自主选择又有外在结构对个体的影响"^④。接下来我们要做的，便是在观察与分析交易及其治理过程中如何像理查德·斯威德伯格（Richard Swedberg）提倡的那样将社会关系分析与利益分析更好地结合起来。^⑤

（二）关系性资源及其治理形式

关系性资源是我们力图构建的一个可将社会关系分析与利益分析相结合的概念。

我们将关系性资源定义为，是一种由当事人双方通过持续性交易和互动

---

① ［美］马克·格兰诺维特：《镶嵌：社会网与经济行动》，罗家德编译，社会科学文献出版社 2007 年版。

② Swedberg R (Ed.), *Explorations in Economic Sociology*, New York: Sage, 1993; Granovetter M, Swedberg R (Eds.), *The Sociology of Economic Life*, Boulder: Westview Press, 1992; Smelser N, Swedberg R (Hg.), *The Handbook of Economic Sociology*, Princeton: Princeton University Press, 1994; Swedberg R, *Principles of Economic Sociology*, Princeton: Princeton University Press, 2003.

③ Zelizer V, "Beyond the Polemics of the Market: Establishing a Theoretical and Empirical Agenda", *Sociological Forum*, Vol. 3, 1988, pp. 614-634; Swedberg R, "New Economic Sociology: What Has Been Accomplished, What Is Ahead?" *Acta Sociologica*, Vol. 40, 1997, pp. 161-182.

④ 汪和建：《迈向中国的新经济社会学：交易秩序的结构研究》，中央编译出版社 1999 年版，第 28 页。

⑤ ［瑞典］理查德·斯威德伯格：《经济社会学原理》，周长城等译，中国人民大学出版社 2005 年版。

所产生的诸如信息、信任与协商等可共享的资源或收益。它包括三个显著特性：①它是一种由当事人双方共同拥有与分享的资源，换言之，它难以为其中某一方独占和利用；②它来自当事人之间持续性的交易与互动，交易与互动本身构成了该资源投资的唯一来源；③关系性资源既是上一轮资源投资（交易与互动）的一种收益或回报，同时其又构成下一轮资源投资的一种资本。可见，"关系性资源"与社会学中的"社会资本"（social capital）概念有很大的相似性。

林南曾将社会资本定义为，是"在目的性行动中被获取的和/或被动员的、嵌入在社会结构中的资源"①。社会资本被其视为是一种源于社会关系投资的回报。按照这一定义，关系性资源——作为一种持续性交易与互动的回报——同样是一种社会资本。当然，关系性资源在来源、范围等方面比社会资本概念有着更多的限定。社会资本既来源于后致性的社会互动，也来自先赋性的社会关系，如某种血缘、地缘关系等；关系性资源则限定于作为后致性的交易与互动。社会资本既强调关系强度也注重关系的结构，如罗纳德·伯特（Ronald Burt）提出的"结构洞"位置②；关系性资源则基本是在关系强度的范围内强调交易或互动的持续性。持续性程度决定了关系性资源的质量。

更重要的是，我们意在将关系性资源视为一种可共同投资且具有某种专用性特征的资产。这样，我们就可以尝试将关系性资源的分析与威廉姆森有关资产专用性与治理结构的理论③结合起来，从而可能提出如下假设，即生产者可以依据与其消费者的交易类型及其共同投资的关系性资源的强度与专用性程度，选择不同交易治理的结构。生产者与消费者的交易可分为两种类型，即个别性交易和关系性交易。个别性交易——以交易的偶然性和不稳定性为特征——所形成的关系性资源的强度与专用性程度都较低，因而适宜采用市场治理的方式；相反，关系性交易——以交易的长期性和稳定性

---

① ［美］林南：《社会资本——关于社会结构与行动的理论》，张磊译，上海人民出版社 2005 年版，第 28 页。

② ［美］罗纳德·伯特：《结构洞：竞争的社会结构》，任敏、李璐、林虹译，格致出版社、上海人民出版社 2008 年版。

③ ［美］奥利弗·威廉姆森：《资本主义经济制度：论企业签约与市场签约》，段毅才、王伟译，商务印书馆 2002 年版。

为特征——所形成的关系性资源的强度与专用性程度都较高，因而适宜采用双方治理或准统一治理的方式。

现代食品生产体系就是一种典型的采用市场治理方式的经济结构。这一结构依赖的是大量的生产者和大量的消费者之间频繁的一次性或偶然性的市场交易。正如威廉姆森指出的那样，市场治理对于这类交易特别有效，"这是因为双方只需根据自己的经验就可以决定是否继续保持这种交易关系，或者无须付出多少转让费即可转让"[①]。在偶然和不稳定的交易关系中，一方面，交易双方难以形成和共享关系性资源；另一方面，由于其更多依赖市场机会与竞争，双方都没有必要共同进行关系性资源的专项投资。

而在本章所要着重分析的 CSA 模式中，生产者极力维护的与其份额用户——与农场签订至少一个季度的交易合约的消费者——的关系，则是一种长期稳定的交易关系。在此模式中，生产者与消费者不是在市场中进行流动交易，而是在固定的关系人之间相互承诺、相互合作。我们将证明，正是生产者与消费者长期稳定的关系性交易，使得他们都处于一种高专用性关系性资源的投资与利用的类型中，由此也保证了 CSA 生产模式的运作及其可持续性。此外，我们也将在此基础上，进一步研究生产者如何可能依据其与消费者的交易类型及其关系性资源投资的性质，而选择对不同的消费者(份额用户、散单用户和零售用户等)采取不同的交易治理方式问题。

三、研究策略

我们选择开展实地调研的个案是珠海市绿手指份额农园。[②]绿手指份额农园(原名绿手指市民农园)是由来自北京大学、中国人民大学的三位大学毕业生于 2010 年 12 月共同创办的。绿手指秉持"种养循环、有机种植、本地农场、直供家庭"的理念，从三灶基地到平沙基地[③]，其已发展为占地面积 300

---

① [美]奥利弗·威廉姆森：《资本主义经济制度：论企业签约与市场签约》，段毅才、王伟译，商务印书馆 2002 年版，第 106 页。

② 它是一家典型的由生产者组织起来的CSA农场。虽然全国的CSA农场包括多种类型，但是由于我们探究的是生产过程，所以选取作为生产者组织的绿手指份额农园是较优的。

③ 农场最初位于珠海市金湾区三灶镇，2012 年底农场迁至珠海市高栏港区平沙镇。

亩，注册会员 300 多家的种养结合的有机农场。农场采用 CSA 模式，即注册会员向农场预付生产费用，农场则向会员定期定量配送其生产的有机蔬菜和蛋肉制品。农场承诺使用有机的种植方式，即不使用合成农药、化学肥料、激素，也不使用转基因种子；农场养殖也只采用散养的方式，喂食一部分玉米面、豆粕和麦麸，不使用掺杂激素和抗生素的动物饲料。除了直供家庭，农场也在 2013 年 12 月开设了社区直营店，以向更多的市民提供、推广安全的农产品，宣传健康的生活方式。

三年多来，绿手指的发展经历了以下几个阶段：第一阶段，从 2011 年 2 月试运营到同年 4 月，主要做散单销售。散单用户，指的是那些可自主和灵活选择菜量、种类以及配送时间的客户，他们与农场建立的是一种短期甚至偶然的交易关系。第二阶段，从 2011 年 4 月到 9 月，开始做份额用户。份额用户，是指那些必须提前支付至少一个季度的费用，农场则每周按时为他们配送两次蔬菜的客户，其与农场建立的是一种长期交易关系。此阶段份额用户只有十几户，大多属于短期订约。第三阶段，从 2012 年 12 月搬入平沙新基地到 2013 年第三季度(即我们进入农场调研的时期)，份额用户增加到了 70 户。[①]尽管未能做出精确统计，但可估计份额用户已占其用户的 90%以上。

我们主要采用参与式观察和结构访谈的方式收集资料。从 2013 年 7 月 4 日到 8 月 16 日，我们通过加入绿手指志愿者团队的方式，全面参与了该农场从生产到配送的整个环节，从而得以观察和了解整个农场的运作过程。参与式观察的内容以日记的形式记录，总计 24 篇。当然，我们主要通过深度访谈和问卷调查获得更翔实的经验和数据资料。对生产者(农场工作人员和联合生产者)的访谈主要利用工余时间，对消费者(主要为份额用户和散单用户)的访谈和问卷调查，则主要利用周末农场开放日以及配送菜品的时间。

我们采用非结构式访谈的方式，即依据不同对象针对性地访谈相关内容。访谈对象共计 28 人，分为四类人员：第一类为农场"核心小组"成员(也即农场创办人和高管团队)，共 2 人，包括负责农场发展和种植的 ZZL 和负责配送及客户对接的 ZQL(第三位核心小组成员"鱼片"——ZZL 的妻子

---

① 我们在后期跟农场保持联系的过程中了解到，2014 年的第一季度，份额用户进一步增加到了 110 户。

——当时因有身孕脱离了农场日常工作而未能接受访谈）。第二类为农场生产者，包括受雇工人和志愿者，共 8 人，文中将以 PN 加编号代替。第三类是联合生产者，即与绿手指有合作关系的生产者，共 2 人，以 PC 加编号代替。第四类为消费者，分别以 CH（高专用性关系性资源）、CM（中等专用性关系性资源）、CL（低专用性关系性资源）加编号代替，共 16 人。[①]

通过概念建构与经验研究，本章拟提出一个总体性假设：关系性资源投资和交易治理选择，是 CSA 模式得以成功的关键性因素。为此，我们构建了如下理论框架（图 5-1），并希望通过对珠海绿手指份额农园的个案研究，探寻关系性资源投资的特点、过程，从而揭示其在重建生产者与消费者之间的交易与信任关系中的重要作用。

图 5-1　关系性资源投资与交易治理

图 5-1 展示了我们的分析假设和基本思路：

　　假设 1：持续互动是决定交易转型的基本力量。当生产者与消费者之间的互动超出了偶然和个别的交易，则他们之间的个别性交易就可能转变为关系性交易。关系性交易使生产者与消费者双边关系性资源的投资成为可能。

　　假设 2：交易持久性和互动深度决定着双边关系性资源的投资，并由此影响其关系性资源专用性程度及其各自的行动选择。

　　假设 3：生产者可以依据其关系性资源专用性投资的类型，选择市场治理、双边治理和准统一治理等三种不同的交易方式。

---

　　① 我们在访谈之前只是基于消费者的积极性和对农场的认同程度进行筛选。在后期资料整理过程中，才对访谈对象依据关系性资源的专用性程度进行了划分，主要是为了正文中引用访谈的清晰和方便，并非先入式地对消费者进行区分。

第二节 交易转型：关系性交易的形成

CSA 模式的农场会强调"利益共享、风险共担"这一理念。我们相信，这一核心理念包含的正是生产者与消费者之间的交易转型，即由个别性交易向关系性交易的转变。

个别性交易关系，通常是指"一次性结算的交易"[①]。在个别性交易关系中，交易双方只需要按照价格的"指挥"，让渡自己的产品，即可完成交易；并且，除非有契约的限制，否则不存在交易结束后的责任关系。然而，CSA 模式中生产者与消费者之间的交易却与这种个别性交易有着很大区别。我们可以从消费者参与定价与生产这两个方面予以观察和分析。

一、定价过程：双边妥协

在个别性交易关系中，消费者希望以尽可能低的价格获得消费品，生产者则希望以尽可能高的价格卖出其产品。在大量频繁的交易中，价格会达致一种相对均衡状态。而在绿手指甚至是所有的 CSA 农场中，价格在交易关系当中充当着更多功能，例如用户筛选和特殊信任等，同时，定价过程也体现出了生产者与消费者协商和妥协的特性。

绿手指份额农园为成员提供份额。一个份额包含的清单内容随着季节变化而变化，通常是当季的几种蔬菜组合。根据成员要求会加一些肉蛋类产品。在这种模式下，产品和价格之间的关系相对来说是模糊的。

绿手指农场的产品价格在普通农产品之上，同时又低于商店的有机食品价格。比普通农产品价格高，是因为绿手指份额农园采用的是有机的生产模式。这一生产模式由于拒绝使用化肥、杀虫剂等不安全物质而增加了人力和其他资源的投入；同时，因为产量的减少也提高了产品单价。比专业化生产的有机食品价格便宜，则是因为这种本地生产与直供家庭的生产模式，既节省了由储存和运输所带来的成本，也免除了各类中间商的运营与加价。下面

[①] [美]伊恩·麦克尼尔：《新社会契约论》，雷喜宁、潘勤译，中国政法大学出版社 1994 年版。

是一份我们收集整理的简单的价格核算单：

> 散单用户：
> 9 元/份(香葱、蒜苗、香菜)；6 元/斤(白萝卜、苤蓝、散花菜、小番茄、小土豆)；8 元/斤(快菜、竹芋、薯莨、竹筒青、青萝卜、莴笋)；10 元/斤(紫贝、茼蒿、包菜、胡萝卜、香芹、甜麦、油麦、西兰花、红薯、菜心)；12 元/斤[菠菜、花菜、生菜、土豆、番茄、韭菜、竹芥、豌豆米(带壳)]；14 元/斤(甜豌豆、荷兰豆、豌豆苗)。
> 平均价格：9.83 元/斤。
> 份额用户(秋冬季份额)：
> (1)一周一次配送套餐：480 元/4 斤；720 元/6 斤；1080 元/9 斤。
> (2)一周两次配送套餐：960 元/4 斤；1440 元/6 斤；2160 元/9 斤。
> 平均价格：9.23 元/斤。

可以看到，散单用户的蔬菜价格平均为 10 元/斤，比市场蔬菜价格贵 4～5 倍。而季度份额用户的平均蔬菜价格为 9.23 元/斤，比散单用户稍微便宜一些。

诚然，对于散单的消费者而言，价格的变动会影响其选购的行为，而对于份额用户而言却并不那么明显。因为在价格确定之后，至少在一个生产周期，也即一个供应季(半年或者一年)之内，是不会再有变动的。这意味着农场在一个季度开始之前，其基本收入已经确定了，因为 CSA 农场的客户群主要是份额用户。因此，价格的变动直接影响的是双方的收益：价格低了，农场效益降低；价格高了，消费者收益减少。相对于市场交易中双方都会寻求最佳收益的行为相比，这显然具有一种双边性质，这种市场价格变动的风险是双方共同承担的。

比较有趣的是涨价的问题。我们调研期间，刚好遇上绿手指份额订单的价格调整，因此就涨价问题访谈了农场负责人和几个消费者。在访谈该农园主要负责人 ZZL 的过程当中，他委婉地表达了对涨价问题的个中纠结：

> 一开始的考虑是我们能够承受这个成本。但是现在看来，定价跟同类型的相比偏低，但是提价却并不容易。还有一个方法就是降低成本，

把生产的流程规范化起来,我们现在还做不到。但是在这个过程中,我们不能去走传统的那种规模化和产业化道路,把这种模式的本质给改变掉(生产者消费者互助、城乡互助是它的本质嘛)。理念是必须要遵守的。所以,提价还是需要的,但是这需要先了解一下份额用户的承受能力。(ZZL)

ZZL 作为绿手指的实际决策者和拥有人,在定价问题上仍需要根据其消费者的情况进行综合考虑,而不是简简单单地根据市场价格的变动来调整。比较而言,农园中负责配送和客户对接的 ZQL 对于涨价问题不是很担心。农园涨价的策略是已订约的份额用户维持原价,续订的和新加入的份额用户则要按新价格来执行。虽然发生个别用户因为菜价变"贵"而不再续订,但在她眼里,主要是沟通问题,这个问题如果顺利解决,绝大多数份额用户还是能支持农场涨价的。她讲述了一个典型案例:

> 有一位份额用户,之前一直意见很大。每次都打客服电话抱怨价格贵、菜品相不好等。这次涨价,她打电话说要退出,因为觉着本来就很贵了。我就邀请她来参观农场。结果她参观之后,对价格等就一点意见也没了。她还说了解了我们的耕作方式之后,她甚至觉得我们的价格算便宜的。而且她是代表她们那个小区的 5 家份额用户看的,看完之后,她还答应给我们介绍客户呢。(ZQL)

总体而言,在绿手指,生产者对于涨价考虑更多的是如何能够得到消费者的理解和支持,以及如何通过控制成本,从而保证其价格能够维持当前的交易关系。而消费者对价格上涨的反应则相对复杂:少数受访者明确表示"涨价就会少订或者退订";多数受访者则对此表示理解与支持。

> 当然要继续订,他们年轻人需要支持。(CH02)
> 其实一直觉着他们种菜太辛苦,尤其是夏天。贵点也是应该的。而且是健康食品,贵点也能接受。(CH06)
> 支持当然是支持,不过再涨价就要考虑考虑这个成本问题了。这次

还是可以接受的。我买过商店里的有机菜，就是那种包装好的，比这个还是要贵上不少。当然那个菜品好一点。（CM05）

作为一个议价的过程，CSA 农场的涨价过程已经不仅仅是基于成本核算的纯市场行为。与消费者沟通和争取他们的理解，在 CSA 农场的提价过程中显得十分重要。就如上述访谈所显示的那样，大多数消费者最后都能理解农场的价格调整，也即他们都愿意为农场承担更多生产成本以换取双边长久合作。诚然，在个别性的交易关系当中，消费者是很少能够参与到议价过程中的，更不必说主动争取维持合作关系了。

二、劳动时间银行：另类互动

时间银行（time bank）是兴起于 20 世纪 80 年代的一种社区性互助模式。虽然表现形式不一，但其核心都是激励志愿者服务，促进社区参与。在 CSA 农场中，货币并非唯一的交换媒介，类似于时间银行这种互助交易模式同样存在，这就是劳动时间银行：CSA 份额用户可以用参与农场种养活动所积累的劳动时间换取份额产品，甚至可以完全自主种植。[①]

2012 年绿手指开始试行劳动换份额的方法。具体规定是，每周六消费者可以到农场进行有偿劳作。由于熟练劳动需要一些过程和简单培训，所以前 5 小时的农场劳作被作为义务劳动。之后的农场劳作，每人每小时可领取 10 元钱"工资"。另外，绿手指还就一些如财务、配送、采摘后的处理、将自己家充当大家的取菜点、作为活动志愿者、寻找本地自留蔬菜和禽畜品种、兴修水电等工作需要向消费者发布，寻求他们的以劳动换份额的方法进行参与。有偿劳动是和工人一起参与生产劳作，这比份地体验也即让用户完全自主种植效果更好。

我们之前是有份地的，但是效果不是很好，用户不愿意加入。原本

---

① 北京小毛驴生态农庄提供这样的形式，给消费者 30 平方米的土地，消费者自己管理，自己收获。农园给消费者提供种子、技术指导和有机肥料等，收取一定的费用。这被称为"自主劳动份额"。小毛驴是中国 CSA 农场的标杆，地点在北京。绿手指里有几位生产者跟小毛驴都有一些联系，很多地方也是尽量向小毛驴借鉴学习。

我们是借鉴小毛驴生态农庄，因为那时我们没有那么多人力，就想把一些地租给用户们种，但结果就是来了撒了种子，然后就再没有人来了。（ZQL）

精细化的人工耕作方式，是一种繁重的体力劳动。对于城市用户而言，加入以劳动换份额的活动主要并非出于经济的考虑，更多的是为了满足劳动参与的意愿。

干干农活挺好的，我老家也是农村的，小时候就经常干。现在的孩子没机会接触这个，我就是想带孩子来让他们体验体验，还是挺有教育意义的。其实换不换份额对我来说，没那么重要。（CH01）

基于试行劳动换份额的良好效果，绿手指从 2013 年 8 月开始在份额用户中正式实行劳动时间银行制度。正如农场负责人之一 ZQL 所言，设置该制度最重要的就是为了更好地增加农场和用户之间的联系：

我们的份额用户，好多都没有时间来农场。我们就想用这个社会学的东西调动一下大家的积极性。现在看是有点效果，以后再慢慢完善。（ZQL）

劳动时间银行设置了两个账户：农场账户和自由账户。农场账户用来储存用户的劳动时间，以兑换蔬菜。按其设置，4 小时劳动兑换 3 斤蔬菜，8 小时劳动兑换 7 斤蔬菜。自由账户则用于用户之间的互助，即用户之间彼此给予日常生活服务。但就实施情况来看，后者没有得到太多响应。虽然用户集中于珠海市区，但仍然很难建立有效的联系与互助。不过农场账户的设置得到大多数用户的支持：

虽然自由账户感觉没什么用，但农场账户可以兑换蔬菜和提供帮助这点还是不错的，我经常在开放日的时候带孩子去农场，这样就可以给

他们建立个账户，培养他们互助的意识。（CH05）

ZQL 曾向我们介绍了一个对劳动时间银行非常热心的用户：YH 姐。她目前主要在帮助农场做配送：

> YH 姐对吃很在乎。她是在网上自己搜索到我们的信息的。2011 年的 5 月份就加入我们了，平时我做流水账和普通的财务报表，YH 姐就帮我们报税。后来还帮我送菜，但每次都只要一份额的蔬菜。她对这个劳动时间银行很感兴趣，还开玩笑说要是以前的也算的话，她现在账户里得好多"钱"了。（ZQL）

用户们参加这个劳动时间银行的动机不尽相同，但通过参与农场劳动，以及农场不定期组织与食物、烹饪、健康相关的活动，加上具体可见的分享收益，很容易激发他们的"共同体感"。

> 这里的农民还是挺有趣的。以前不知道，来干过两次活，一边干活一边聊天，感觉还真不错。这边环境也好，有时候赶上下雨，看风景也是一种享受啊。（CM06）

CSA 模式突出的是社区，是本地化的支持和互助。虽然绿手指份额农园离该目标还有些距离，但是这些忠实消费者在互动中体现出的"社区感"，却是我们提出 CSA 模式会造就生产者与消费者的交易转型，即由个别性交易转变为关系性交易的关键。

现代食品生产体系基本上是建立在个别性交易基础之上的。在现代食品生产体系中，生产者与消费者之间的交易仅限于流通环节——消费者可以通过各销售渠道购买食品，然而，食品生产过程对于消费者来说，却无异于一个"黑箱"。消费者不知道自己吃的食物是谁种植或生产的，是在哪儿生产的，经过了多少运输和加工环节。而在 CSA 模式中，生产者与消费者之间的交易却渗透进了生产环节。通过参与生产，消费者不但知道食物是谁种植或生产的，在哪儿生产的，同样可以知道食物是怎么种植的，是否采用了有机种植方式。食品市场中消费者信息不完全、不对称之弊，在此得到最大限度的克服。这一点正是 CSA 模式被视为解决食品安全问题的有效模式的原因之一。

　　CSA 模式中生产者和消费者之间的互动超越了单纯的经济交易。在现代市场经济中，消费者和生产者的交易是自由和"非人格化"的[①]。而在大规模、非持久的交易关系中，消费者和生产者较全面的互动更难建立。现代商业体系中即使建有"售后服务""客户体验"等内容，也是围绕产品质量环节展开的。然而，在 CSA 模式中，消费者和生产者的互动却有了"社区"的意味。首先，由于消费者提前支付了一季甚至一年的定金，因而农民的种植与收成会直接影响到消费者的到期收益。消费者对自身利益的追求因此转变为对农民生产过程的关注与参与。其次，不像普通消费者在超市购物那样，可以即时比较及选择不同生产者所生产的产品，CSA 份额用户一旦签订了合约就会在一个较长的时间内——一季甚至一年——失去其他选择的可能性，也即份额用户和其选择的生产者即农场组成了一种"命运共同体"，或者说形成了一种长期的利益-风险"绑定"。对整个生产过程尤其对有机生产和防范自然灾害的关心与参与，使得消费者(CSA 份额用户)和生产者之间的互动超越了单纯的经济交易，而具有了"礼物"交换的意味。

　　总之，CSA 预付模式为消费者参与生产过程提供了激励。一方面，生产者的生产过程及其绩效直接关系到消费者的收益；另一方面，开放性的生产过程及其消费者参与，也建立起了对生产者更多的信任，从而形成双方持续交易与互动的基础。持续的交易与互动，为消费者与生产者双方开展关系性资源投资与利用提供了条件。

第三节　关系性资源投资与利用

　　按照我们的假设，关系性资源投资与利用对于 CSA 农场的维持和持续交

---

　　① 汪和建：《迈向中国的新经济社会学：交易秩序的结构研究》，中央编译出版社 1999年版。

易具有关键性作用。那么，关系性资源投资是如何可能的呢？通过对绿手指的实地调查我们发现，只有交易双方都主动进行匹配选择，才可能在持续交易过程中产生双边关系性资源投资。同时，本地化的交易限制也为双方关系性资源的投资提供了便利。

一、自我筛选：双边的匹配

CSA 模式的建立，离不开生产者和消费者对于有关食品安全理念的共识。生产者的认知固然重要，但是如果没有消费者的共识，则很难组织起 CSA 模式的生产与交易。因为，这一模式生存与发展的基础，是消费者必须愿意为了更健康的食品而放弃食品工业体系所提供的便利，同时也要愿意为安全、健康的食品支付较多的货币。绿手指的发展印证了理念共识的重要性：

> 第二季度我们的份额增加了很多，一个主要的原因是这一段时间，我们的报道增多了。这些人很多只是图新鲜，想来尝试一下，其实他们对于我们的理念与产品了解不多。这也造成跟他们的预期差距较大。还有一些是家里的老年人不愿意再订，因为他们感觉我们的蔬菜都是"老菜"。之前我们没有宣传，新用户大多是老用户介绍进来的，认同度、忠诚度很高。看报道进来的，续订率还是很低的，他们在理念上还不能完全接受。(ZQL)

可见，只有真正认同农场理念的人，最后才能留下来，跟农场保持长期的契约关系。理念的认同或共识也成为消费者是否选择与生产者建立起长期交易关系的一种自我筛选机制。事实上，消费者自我筛选，在交易发生之前就已发挥作用。无论是通过亲戚朋友的介绍，还是经由自主搜寻信息而加入 CSA 农场，都可以看作是一种消费者的自我筛选。亲戚朋友介绍的理念认同较高，自主搜寻信息加入同样对 CSA 模式有较多的认知基础。据了解，绿手指 70 户份额用户中，有 12 位是通过自己主动搜寻信息而加入的。到目前为止他们都至少跟绿手指保持了半年以上的交易——有两位甚至超过两年——而且没有退订。

我当年从北京回到珠海，就想在珠海找一家这样的农场。偶然在微博上了解到他们的情况，我就直接找到他们加入了。到现在快两年了。没份额的时候我就订散单。现在想找污染少的原生态食品太难了，土地、水、空气基本都污染了。他们这里还算不错，这一片地方弃耕好长时间了，除了肥力差点，基本符合我的要求。而且他们三个年轻人，能有理念做这个，我是绝对百分之百支持的。(CH02)

ZQL 特别向我们介绍了一位忠实的用户：

我们的消费者里，有几个是特别支持我们的。像 YH 姐，她自己当年找到我们要做会员。只要我们农场有活动她是一定会参加的。像农夫市集或者进社区宣传，YH 姐都随叫随到。

按照 ZQL 的介绍，用户对农场的经营理念越认同，也就越乐于向他人推荐我们的农场，而且，他们介绍过来的亲戚朋友也更能理解 CSA 的理念，也更乐意把自己的意见反馈给农场。

我们很多稳定份额都是几位忠实用户介绍进来的。YH 姐和 JL 姐介绍的最多，而且很多都成了忠实的用户。CSA 扩展的经验也是这种人与人之间的传播嘛。毕竟，需要理念认同的东西，这种方式更容易找到能匹配的消费者，她们的朋友和她们在理念上至少是接近的，也就更容易认同我们了。(ZQL)

加入 CSA 农场并成为份额用户，意味着消费者在进行一种自我筛选。因为，"食在当地，食在当季"是 CSA 坚持的理念，而作为一个份额用户，一定程度上意味着他要放弃现代食品工业体系带来的种种便利，例如种类繁多的当季和反季节蔬菜、漂亮的卖相、相对低廉的价格，以及自由选择的权利等等。在绿手指份额农园，没有反季节种植，可以食用的就只有当季的十几种蔬菜。菜品单调、重复，正是消费者抱怨最多的地方，甚至有少部分消费者因此选择了退出。①农场负责人 ZQL 对此现象进行了解释：

> 我们现在能够提供的菜品还是很少，而且夏天虫子比较多，菜品也是很难看的。这跟消费者的期望是有差距的……他们习惯了市场上的那种菜样好而且还便宜、种类又多的选购方式，就不太能够理解在我们这里多花了钱，还得不到他们理想中的"好菜"。我们的菜品可以保证健康，但有时候"健康"你是看不到的，只有长期食用你才能感知，所以就会产生很多的问题。(ZQL)

二、规模控制与信任维持

找到相互匹配的消费者是建立交易关系的前提，然而，生产者与消费者要在交易过程中开展关系性资源投资的过程，还必须满足一个至关重要的条件，即信任关系的维持。生产者要维持其与消费者的信任关系，就必须对其交易规模和生产规模进行控制。

绿手指在交易规模上是有所限制的。农场采取现时采摘、配送到户的方式为份额和散单用户提供新鲜蔬菜。每周一和周六下午采摘，晚上进行分拣处理，第二天即周二和周日配送。为了保持蔬菜的新鲜以及减少不健康的保鲜处理方式，绿手指只接受周边两个小时车程的消费者下单，这样份额和散单用户基本上都集中在珠海市市区和周边镇区。坚持社区化交易，还因为考虑到消费者与农场互动的便利，例如在空间距离上要便于消费者至少能在开放日到农场参观、体验和交流。

当然，最重要的是，CSA 农场必须坚守有机种植的理念，或者至少要向消费者提供安全、健康的食品，为此，其必须根据自身的条件对生产规模进行控制。正如绿手指负责人之一 ZZL 所说的：

> 我其实很明确的。我想先做一个不要很大，但很精、很规范化的农场出来。这个是第一步。我们现在这 70 户份额，到(2013 年)年底计划

---

① 由于条件限制，我们未能访谈到退出的消费者。

是 110 户，我要先把它做好，就按照 CSA 的规范来，只要能维持基本收支平衡，我就不会去急于扩大。做这个不能步子大。(ZZL)

珠海市一家做观光农业的农场曾想与绿手指合作，做观光农业的推广，但被 ZZL 拒绝了。在他看来，观光农业虽然可以做到绿色生产，但与真正的有机却还有差距。绿手指要坚持这一方向。

这种"偏执"同样体现在了农场的家禽养殖上。2013 年 8 月，绿手指养殖的香猪出现了肺炎症状，需要治疗。绿手指负责养殖的 AY 咨询 ZZL 的意见，得到的答复是：坚决不能打针吃药，只需试用中药医治的方式。结果很多小香猪还是不治而亡。虽然这给农场造成了不小的损失，但这种基于理念的自我监督却在绿手指被严格执行了。

随后几天发生的一件事也说明了生产者的自我监督与控制。有一位推广生物农药的人来农场，希望绿手指试用其生产的农药。结果当时就遭到了在场的几位实习生和志愿者的拒绝。我们就此征询了负责农场生产的 ZJY，他表示农场绝对不会使用任何类似的生物产品：

生物农药是通过改变微生物小环境促进微循环的改变来杀死害虫的，这是违背我们的理念的。而且这种改变微生物小环境的结果现在还没法控制，我在家养过水产，渔民这么做过，结果现在的水已经连鱼都养不了了。ZZL 也绝对不会同意的。(ZJY)

绿手指也希望能向用户提供尽可能多的产品。但限于条件，而不得不通过选择合作伙伴的方式增加产品供应。即使如此，农场方面也是十分谨慎的。

我们与其他生产者的联合是很谨慎的。我们现在合作的这一家土鸡养殖，实际上有一些操作上的失误，我们接管有点晚了，需要再养一个半月才能出售鸡蛋。目前养殖天数还不够，所以我们前几次配送的普通鸡蛋都是免费送的。以后我们再征询消费者的意见，将土鸡养殖鸡蛋加入到配送份额当中去。我们也担心这里的养殖环境不是很好。现在的鸡

苗抗病能力很差，不打疫苗很难养，就算自己孵化，因为不是原种鸡，它也存在这样的问题。(ZZL)

这些事例都表明农场生产者具有一种强烈的自我规范精神。这是绿手指获得消费者认可与信任的基础。当然，要构建这一基础，除了生产者的自我约束，还必须增进消费者的认知与信赖，这就需要与消费者进行更多的互动，尤其是要鼓励消费者参与到从生产到配送的整个环节中去。消费者参与和农场的自我约束才能达成一种彼此信任与合作的激励相容。这样，双边的关系性资源投资才成为可能。

诚然，CSA 农场生产者与份额用户之间的互动已超出单纯的市场交换关系。比如，份额成员会帮助农场制作或修理农用工具，遭受灾害时会主动问候并提供各种帮助，参加义务劳动的用户数也不断增加；反过来，生产者也会在丰收的时候多加份额分量，并组织一些教育宣传活动等等。①这些都会增强农场和消费者之间的联系和互信，从而增进两者之间的关系性资源的投资与利用。在绿手指农园，情况同样如此。2012 年绿手指迁建新基地时，很多老用户都义务给绿手指提供了篷房、电视、农具和桌椅。当然，像 JL 以及 YH 那样深入参与到农场各生产环节的用户毕竟是少数，但从我们的观察与访谈情况看，大多数用户还是能够通过参与一些农场组织的会员活动获得对农场更多的了解与支持的。

> 我是没有时间去农场的，都是我老婆去，说你们(把我当成农场的一员)那里的环境特别好，没有污染。现在我儿子每个月都非得去一次，不然就跟我们闹(笑)。我老婆说农场的年轻人都很认真，也很友善，我抽空会跟他们一起去一次。我们绝对会长期支持绿手指的(笑)。(CH04)

> 活动我经常参加，像开锄节什么的，我都是去的。主要是去和农场的人聊聊天，干干体力活，感觉挺轻松的。而且会觉着这是自家菜园(笑)。我挺喜欢那里的。(CM01)

---

① 石嫣：《我在美国当农民——80 后的"插队"日志》，生活·读书·新知三联书店 2012 年版。

其实我们农场的活动算少的。我之前在小毛驴的时候，几乎每月都组织一次活动，而且会联合周边的农场和有机种植户，毕竟它有个名头在那。不过，我们这的活动消费者还是很给面子的(笑)。(PN08)

通过以上的分析，我们可以获得对关系性资源投资如下特征的初步理解：①必须是双方共同投资。绿手指为消费者提供了互动的机会，如开放日、农场活动等，但如果消费者不参与，二者之间的关系性资源仍然无法确立。②投资越大，分享收益也会越多。份额用户在丰收时会得到额外的蔬菜赠送，在农场决策时可以参与其中，甚至能够超越单纯的交易关系而与农场生产者建立起亲密关系等等。这些都取决于关系性资源投资的大小或强弱。

三、关系性资源的利用：若干作用

关系性资源的利用，也即关系性资源投资的结果，它主要体现在两个方面，即疏通信息渠道和控制投机行为。而这也是 CSA 模式之所以能够克服现代食品工业体系弱点而成为食物替代体系中最重要的一种形式的原因。

(一)疏通信息渠道

我们讨论过经济学当中的信息不对称问题。在此，我们关注的是，信息不对称问题是如何可能在关系性资源投资与利用中被克服的。绿手指的经验表明，生产者与消费者之间的信息不对称是可能通过他们之间的沟通——包括社区宣传和消费者参与这两个主要途径——得以克服或缓解的。

大多数的 CSA 农场都致力于有关有机理念与知识的社区教育与宣传。一方面，这是宣扬 CSA 的理念，以及呼吁大家对环境和食品安全问题的关注；另一方面，这也是 CSA 农场的市场培育手段。CSA 农场生产者相信，一旦消费者认同 CSA 理念并且信任他们，农场招募其消费者将能节约许多广告成本，并且也更易建立起与消费者的稳定交易合作关系。

绿手指同样在不遗余力地进行这种市场培育活动。首先，为扩大宣传与影响，绿手指农园成立不久就建立了农场志愿者制度。该制度规定了招募志愿者最重要的标准，即"接受 CSA 农场运作模式或方式并愿意共谋发展者"。

其次,绿手指会定期组织对农场工人进行有机理念和有机技术的培训与教育。每周四晚是绿手指规定的观影、学习时间,农场会放一些关于有机农业的影片和纪录片,除了农场工人的学习和交流,也会与用户进行知识分享与交流。此外,绿手指还创造了其他寓教于乐的形式来宣传 CSA 的理念,例如,开锄节邀请消费者一起参与、体验春耕生产的开始,丰收节则和消费者一起分享收获的喜悦,还有爱心进社区、高校宣传,以及参加珠海农夫市集等等。只要有机会,绿手指都会向消费者展现自身的理念和特色。ZQL就曾介绍说:

> 我们没有做过任何形式的媒体广告宣传,这都是后来电视台自己弄的。我们一般是进小区的,开个农夫市集或者举办亲子节活动等,这个效果就挺好的,因为毕竟我们是要寻找能够接受这种理念的消费者嘛,而且这种形式也能让我们更好地跟消费者进行面对面的解释,他们也更容易理解我们一点。(ZQL)

而消费者参与,无疑是农场和消费者之间沟通信息的最直接手段。农场生产的每一环节消费者都能亲眼看到,并亲身参与。ZZL 告诉我们:

> 把消费者拉到农场来参与生产是最直接的方式了,我们很多消费者都是来看过之后选择加入的。毕竟这个最为直接。虽然成本高了点,但是对我们来说,这种方式发展起来的消费者认同度高。(ZZL)

总之,CSA 农场就以这种基于共同理念的消费者参与克服了生产者与消费者之间的信息不对称问题,从而在他们之间建立起了长效的信任与合作关系。

(二)控制投机行为

投机普遍存在于市场交易过程中。"从更一般意义上说,投机是指不充分地揭示相关信息,或者歪曲信息,特别是指那些精心策划的误导、歪曲、颠倒或其他种种混淆视听的行为。"①在威廉姆森看来，如果市场上不存在投机，那么一切行为就都能够符合规则，那么人们只需要按"言而有信"即承诺的方式行事即可。

在绿手指份额农园，消费者的参与同样是最主要的控制投机行为的手段。生产过程暴露在几乎所有消费者的监督之下，能够有效地控制生产过程中的投机行为，比如使用农药化肥等有违社区支持农业理念的行为。

比较有趣的是有关有机认证的问题。绿手指一直宣扬自己是有机种植，但直至我们调研期间它却没有申请过任何标准的有机认证。有机食品认证一般采取"一品一季一认证"的模式，但农场生产的当季蔬菜多达数十种，每种规模并不大，"一品一季一认证"很难实现。面对有机认证中的诸多困难，农场负责人 ZZL 更强调做好有机生产本身：

> 目前国内的认证体系是很混乱的，少有信誉保证，而且非常昂贵。对于我们 CSA 来说，是通过互动跟消费者建立信任关系，而不是一纸证书。即使我们不做有机认证，但我们采用有机的种植、养殖方法是消费者看得到的，这比什么证明都更有力。(ZZL)

在访谈过程中，我们发现，消费者和生产者对有机认证问题的态度出奇一致：

> 认证不认证的并不重要，大家都是看得到的嘛。我是相信 ZZL 他们的。再说，只要发现他们出现问题，这个农场恐怕马上就要倒闭，一天也维持不下去的。我们消费者还是愿意相信自己的眼睛的。(CH04)
>
> 吃了他家一年多的菜，从来没有什么问题啊。我不太了解认证这个事，是不是拿钱就能办(笑)。那还不如拿来给农场添几件新农具来得实在。(CM01)

---

① ［美］奥利弗·威廉姆森：《资本主义经济制度：论企业签约与市场签约》，段毅才、王伟译，商务印书馆 2002 年版，第 72 页。

可见，认不认证在用户看来并非是一个特别重要的"问题"。用户的这一态度，在农场生产者看来，无疑是消费者给予他们的一种信任与激励。它让生产者看到，只要能做到自我约束并且保证信息沟通渠道的通畅，就能够与消费者建立起足够的信任关系。对于农场的生存与发展来说，这才是至关重要的。

（三）强化关系性交易

互动、沟通促进了生产者与消费者之间的关系性资源的投资；反过来，生产者与消费者双方也会根据其关系性资源投资的强弱匹配性地选择其交易的类型。一般而言，关系性资源投资越弱的用户，比如散单用户和零售用户，农场越倾向于单纯的市场交易。在这种交易中农场生产者只需做到信息公开与透明即可。例如，绿手指直营店所卖的肉鸡(年货)，都会标明喂养方式和喂养时间：

> 三黄鸡(35 元/斤)——现已 6 个月大，农场自己喂养 4 个月。散养，每日喂食两顿玉米、每周一顿小鱼，其余时间均自己觅食，每只 2～3 斤重，均为母鸡。
>
> 麻黄鸡(45 元/斤)——现已 11 个月大，农场自己喂养 11 个月。散养，每日喂食两顿玉米、每周一顿小鱼，其余时间均自己觅食，每只 6～7 斤重，均为母鸡。

然而，对于关系性资源投资最强的份额成员，农场方面则倾向于进行一种关系性交易。对绿手指而言，份额用户既是其收入的主要来源，更是其交易合作的伙伴。作为农场生产的风险共担者，份额用户也就应当是农场收益的共享者。因此，绿手指在新鲜蔬菜的配给上会更多施惠于份额用户，例如只要新鲜蔬菜供应充裕就会多添加一些分量。显然，这已经超出了单纯市场交易的范畴，而有了"礼物"交易[1]的含义。

不仅如此，份额用户还被农场赋予了在农场经营决策中的更多发言权。一个事例是，绿手指向其份额用户提供土鸡蛋是在听取一些用户的建议下做

---

[1] ［法］马塞尔·莫斯：《礼物》，汲喆译，上海人民出版社 2002 年版。

出的决定。虽然农场暂时没有养鸡的条件与经验，但农场仍然做出通过与山下的一家养殖户合作的方式进行供应的选择。

同样，消费者也会根据其关系性资源投资的强弱选择其对于农场支持的态度与程度。这种影响尤其表现在发生某些突发性事件之后。例如，2012年农场曾遭受台风灾害，之后的募捐者都是非常核心的份额用户；新基地建设时送给农场农具、设备的也都是长期稳定的份额会员；甚至"鱼片"(一位农场负责人的昵称)怀孕都收到了不少会员自己送的婴儿用品。关系性资源高度投资对于消费者的影响甚至会延续到农场交易关系之外。例如，在我们调研期间，农场来了一位短期的实习生XL，他经常会带一些小礼品(蛋糕、饼干等)上山。XL何以对农场生产如此热心？农场负责人ZZL为我们揭开谜底：

> 前一段时间来的志愿者XL，他的姐姐XT姐在我们老农场的时候就经常帮我们。后来她上班了就没有时间了，但是有时候周末会来，或者让她弟弟过来帮忙，还时不时地送些小蛋糕给我们。(ZZL)

可见，一些消费者——作为强关系性资源投资的代表——虽然由于各种原因终止了与农场的契约性交易，但却依然与农场保持着互助互惠的关系性交易：消费者会用义务劳动、介绍客户等方式回报农场，农场也会额外回赠一些菜品和自制的食品。我们曾经跟一位消费者(农场称她为"洋洋妈")聊天，她虽然不再订菜(主要是孩子们吃不惯)，但一有时间就会积极地帮农场宣传，她谈到了她这么做的原因：

> 我订菜的时候是经常去农场的，跟农场里的人关系都很好。现在虽然不订菜了，但很喜欢这种关系。所以没事儿的时候我就会给邻里朋友介绍一下农场，举手之劳嘛。有机会的话，我肯定还会订菜的。

可见，互动中培养出的情感与联系，会对消费者产生持续的影响。反过来，通过与消费者持续的互动，生产者也能在正式的契约交易之外继续利用这种强关系性资源。

第四节 交易治理的选择

上述研究表明，生产者与消费者之间所形成的交易类型（契约性或关系性）及其关系性资源的性质（如强弱程度）是不同的。那么，面对不同性质的关系性资源，生产者在组织中会采用怎样的交易治理方式，以更有效地促进其与不同消费者的交易合作呢？为了揭示这一问题，我们首先要对关系性资源的性质予以更多理解。

一、关系性资源的性质：若干特征

关系性资源的性质可以从其三个相互关联的特征予以理解：其一，关系性资源的强度。关系性资源是在生产者与消费者的匹配性选择（订约交易）和持续互动中形成的，并且，会受交易的持久性和互动的深度这两个因素的影响而有强弱之分。其二，关系性资源的转换或双向流动。随着交易与互动的变化，弱关系性资源会转变为强关系性资源，反之，强关系性资源也会转变为弱关系性资源。其三，关系性资源的专用性。关系性资源对于产生其资源的关系有着显著的依赖。其依赖性或专用性程度与关系性资源的强度基本一致。我们的基本判断是，关系性资源的这些特征尤其是其专用性特征，构成了生产者或农场选择其交易治理方式的主要依据。

（一）关系性资源的强度及其影响因素

关系性资源的首要特征是关系性资源的强度。所谓关系性资源的强度，即该资源在当事人之间的可动员与可利用程度。我们将关系性资源的强度区分为两类，即强关系性资源和弱关系性资源。这样，研究关系性资源强度的最主要工作便是探寻影响其强弱的因素。在此，我们提出的假设是，影响关系性资源强弱程度的主要因素有二，即交易持久性和互动深度。交易持久性指的是交易关系的持续性与稳定性，它可以用两个指标即交易频率和交易时间跨度来表达。交易频率可用一段时间内交易双方发生交易的次数来计量。交易时间跨度可由交易双方实际开始某一合作的时间点来计算。时间跨度表示交易关系的稳定性：时间跨度越长，交易关系越稳定。

在绿手指份额农园，不同消费者即份额用户与散单用户交易频率的差异分界明显。份额用户的交易频率是基本固定和相同的：每周送菜 2 次，一个季度约 25 次。比较而言，散单用户的交易频率具有灵活性。虽然农场统一配送并且配送的频率即一周 2 次是固定的，但是消费者却可以按需在农场采摘前（每周一和周五下午）下单订购或不订购。①对于在绿手指蔬菜直营店购买的消费者而言，其购买价格较贵的有机蔬菜的尝试性或偶然性较为显著，因而交易频率相对来说更为不固定。

交易的时间跨度同样体现在不同的消费者身上。不过，散单用户与农场形成的是一种个别性交易，其交易稳定性低，也即大多在一两个季度之内转化为份额用户或成为直营店中的购买者，甚至完全退出消费，因而时间跨度短且不易统计。份额用户与农场形成的则属于长期稳定的关系性交易，其交易的时间跨度与其加入农场份额会员的时间直接相关，因而易于统计。按照我们的计算，截至 2013 年 9 月，绿手指份额农园共有 70 户份额用户，其中时间跨度在一年及以上的有 22 户，占 31.4%；半年的有 31 户，占 44.3%；新加入的份额用户（一个季度）有 17 户，占 24.3%；而最忠实的用户（其时间跨度已超过两年）有 2 户（YH 姐、JL 姐），占 2.9%。

交易频率和交易时间跨度共同构成和决定了交易持久性，并由此成为影响关系性资源强度的重要条件。然而，交易持久性并不能作为我们评估消费者和农场之间关系性资源强度的唯一标准。因为，在调研中我们也发现存在着这样的情况：一些客户虽然是长期的份额用户，但却很少甚至从未参与过农场的活动。通过访谈，我们获知了他们的一些心迹：

> 没什么时间啊。我就是想找一家能提供有机蔬菜的农场，去不去看倒不是重要的。相不相信看菜就行，如果不是那个样子的话，就不订了。(CM02)
> 偶尔去看看吧，但是不干农活，从小就讨厌这个。去得不多，换季的时候有去看看。活动嘛，我平时很少看他们的微博和 QQ 群，有的可

---

① 也有比较稳定的散单用户，比如 CL04，基本上保持一周订菜一次的频率，在形式上已经跟份额用户差别很小。

能是错过了(绿手指的活动是会短信通知会员的)。(CM03)

这说明，交易的持续只是提供一个给予双方关系性资源投资的机会。有关双方关系性资源投资的具体情况，还要看另外一个关键性因素，即互动的深度。

互动的深度，在此表示的是消费者对 CSA 农场的参与程度。消费者参与程度同样可以区分为高低两类。低度参与，意味着消费者与农场之间的关系只是限于单纯的市场交易；高度参与，则意味着消费者除了与农场缔约市场交易，还会参与到农场生产、规则制定、资金支持等各种非市场交易过程中。消费者参与程度越深，其与农场生产者交易的持久性与稳定性越高，其双边关系性资源投资的强度也越高。

诚然，交易持久性越高的消费者即长期稳定的份额用户，其与生产者互动的深度也较高。绿手指最资深的份额用户(交易时间跨度在两年以上)YH 姐和 JL 姐(CH02)就是例证。YH 姐一直在帮助农场做账和送菜；JL 姐对农场活动的参与则深入到农场生产与分配的几乎每个环节。农场员工因此都将她们视为"自家人"：

> JL 姐是经常来帮忙的。我一个人做饭有时候做不过来(人多的时候农场午饭有 20 人左右)，她就来帮我，人很好嘞。(PN04)
>
> YH 姐人可好了，我跟"鱼片"有时候病了就她一人去送菜。她是武汉人，性格火暴，可不把自己当外人(笑)。(ZQL)
>
> 上次农夫市集的时候(2013 年 5 月 12 日)，我们因为人手不够嘛，JL 姐就自己开车去帮我们，还叫她小区的人一起给我们宣传。(PN05)

据 ZQL 介绍，在 70 户份额用户中，有七八家用户能与农场保证密切关系。其他用户日常互动会少点，但在特殊时期也会关心和帮助农场，而这关乎到了农场的生存。例如 2012 年 7 月，正是绿手指筹建三灶新基地的时候，强台风"韦森特"在珠海正面登陆，摧毁了绿手指的老蔬菜基地，损失惨重。蔬菜无法供应，资金链断裂，农场眼见已经维持不下去了。在这种情况下，农场决定向核心会员们募集资金，以渡难关。农场负责人 ZZL 在回顾此事时，仍感激动与欣慰：

> 当时我们确实是没有办法了，没有资源，没有资金，也没有人支持。就想看看能不能通过会员的帮助，帮农场解决这次危机。我也没想到，一下子募集到了 40 万元左右的资金，让新基地顺利地完工、投产。消费者对我们的支持超出我之前的预期。

诚然，交易的持续性和互动的深度之间，并非完全的线性相关。有些消费者加入份额用户时间不长，却能与农场进行较为深度的互动。例如，我们访谈到的用户 SZX（CM06），加入份额用户不到半年时间，却非常乐于参加农场活动，包括为减轻农场开支而向志愿者赠送旧桌椅。他的续订意愿也很强，表示下一年会全年续签。反过来，有些份额用户交易的时间跨度已经一年左右，但与农场的互动却仅限于契约交易。例如，很少有时间到农场的 Z 女士（CM02）和 F 女士（CM03）。

（二）关系性资源的双向流动

关系性资源的第二个特征，即关系性资源的转换或双向流动。消费者和生产者之间通过互动投资形成的关系性资源有强弱之分，但它并非固定不变，而是可以累积或流动的：既可以高向流动，也可以低向流动。高向流动是指关系性资源由低（或弱）到高（或强）的变动过程；低向流动则相反，是指关系性资源由高（或强）到低（或弱）的变动过程。生产者和消费者都处于关系性资源的这一流动链条上。生产者或农场长期要做的是促进关系性资源的高向流动，而短期要做的便是依据消费者所处的链条位置的不同，而采取不同的投资和交易治理的策略。这一点，在绿手指份额农园已有所体现。

从弱关系性资源流转为强关系性资源，是绿手指份额农园呈现出的一个最主要趋势。绿手指有 53 户半年以上的长期稳定的份额用户，他们已经成为农场每季度的一个稳定收入源。通过参观和参与农场活动，每一季都有散单用户或新消费者加入到份额用户的行列中。正如一位受访的份额用户所说的：

> 我是来看过几次之后才决定加入份额的，之前不太敢相信嘛。毕竟

菜这么贵，要买个放心。加入之后虽然来得少，但是能从蔬菜质量的提升上看到他们的努力，只要条件允许，我肯定会继续支持的。(CH03)

少数谨慎的消费者会选择先签订一个季度的合约作为尝试。而据介绍，这些季度份额用户在尝试之后，大多会因为了解与信任增强而转变为年度或半年度份额用户。这正是关系性资源高向流动的表现。当然，也存在着相反的关系性资源低向流动的现象。例如，在绿手指直营店开张后，有一位长期份额用户却选择了退出。据介绍，其主要原因是，该消费者更为偏好购买的灵活性与选择权而非节省费用(直营店菜品的价格比份额用户的专享价格要高得多)。直营店提供了消费者在店内外自主选择产品的权利与机会。直营店推助了关系性资源的低向流动，这绝不是农场开设直营店的初衷。不过，到目前为止，这仍然属于个别现象。总体而言，直营店除了可以调剂生产供应之外，还起着引导关系性资源高向流动的作用。直营店开设于珠海香洲区，地理区位好，容易被新消费者发现与认知。同时，绿手指的一些社区宣传活动，比如三八妇女节手工制作饼干活动等会在直营店里展开。这能够让消费者在购物之外体验到农场生产与生活的氛围。此外，直营店作为绿手指的配送点之一①，是用户取菜和碰头交流的一个地方。直营店中的这些活动都可以吸引到新的消费者，并引导其进入关系性资源高向流动的基本轨道。

（三）关系性资源的专用性

关系性资源的专用性，构成了关系性资源的第三个特征。关系性资源的专用性概念可以视为是对资产专用性概念的一种引申。威廉姆森曾将资产专用性界定为"是为支付某项特殊交易而进行的耐久性投资"，并且指出了某种资产具有专用性所需满足的两个条件：①是为支撑某种特定交易而进行的投资；②转作他用的成本高昂。②我们相信，关系性资源作为一种特殊的资产投

---

① 绿手指在珠海市区有六个配送点：妇女儿童活动中心、茗山生态茶店、有机派、华农酸奶、素心馆和绿手指直营店。选择在配送点取菜的用户可以适当享受价格上的优惠。

② ［美］奥利弗·威廉姆森：《治理的经济学分析：框架和意义》，见［德］埃瑞克·菲吕博顿、鲁道夫·瑞切特编《新制度经济学》，孙经纬译，上海财经大学出版社 1998 年版，第 75 页。

资，同样满足这两个条件，从而也具有专用性的特征。

首先，关系性资源是生产者与消费者为达成一种长期稳定的交易而彼此开展的一种互动投资。没有这种互动投资，就不可能在充分信任的基础上产生持续的交易合作。持续稳定的交易合作，对于 CSA 模式的生存与发展更是至关重要。正如绿手指负责人 ZZL 所说的：

> 没有这些消费者的支持，我们 CSA 模式是推行不下去的。或者就只能沦为一般概念上的有机生产者，那样我们就只能用规模化的方法种植，而不是现在的精耕细作。并且只能把蔬菜提供给超市、商场，面向所有的消费者，而不像现在主要提供给份额用户。要是那样的话，我们农场就会面临更大的市场风险，光是价格上的频繁变动，可能我们就承受不了。(ZZL)

毫不夸张地说，全世界的 CSA 农场都是依靠与一定规模且稳定的份额用户之间的交易合作而生存与发展的。一方面，这种通过与消费者互动投资而形成的关系性资源，对于农场而言成本甚大，然而，另一方面，其投资形成的关系性资源转为其他用途的可能性极小。这一点，ZZL 同样有清晰的认识：

> 我们提供了一种理念，一种生产方式的选择。消费者认同你，愿意跟你互动，那也是基于追求同一种生产方式的互动。不代表消费者会支持你跟农场事务无关的其他事情。如果我们改变生产方式，这种关系肯定也就直接消失了。就像当时消费者募捐给我们重建，如果不是维持农场，消费者肯定也不会帮你的。(ZZL)

可见，由特定互动投资所形成的关系性资源，一旦脱离了长期稳定的交易关系，其对于交易双方而言，都不可能保持其原有的价值和意义。这说明，关系性资源作为一种支撑关系性交易而进行的投资，其具有很高的专用性。那么，决定关系性资源专用性程度的最主要的力量为何呢？我们的假设是，关系性资源的专用性程度取决于关系性资源的强度：关系性资源的强度越大，关系性资源的专用性程度也会越高。

由此推断，与弱关系性资源相连带的只能是非常低度的专用性。短期和不稳定的个别性交易要么难以形成关系性资源，要么所形成的关系性资源因为太弱而不具有专用性或者专用性非常低；相反，长期稳定的关系性交易所形成的强关系性资源则具有较高程度的专用性特征，因为关系性资源投资能够给双方交易合作带来利益，而任何一方选择终止这种投资与交易，都会给双方带来很大的价值减损。

二、交易治理方式的选择

关系性资源的强度及其专用性，反过来可以指导生产者针对不同的消费者——也即拥有不同强度和专用性程度的关系性资源的用户——采用不同的交易治理方式。一般原则是，针对关系性资源强度小和专用性程度低的消费者，采用市场治理的方式；针对关系性资源强度和专用性程度均中等的消费者，采用双方治理的方式；而对于关系性资源强度大和专用性程度高的消费者，则宜采用准统一治理的方式。事实上，绿手指份额农园目前已经按照这一原则建构了三种不同的交易治理方式：①针对零售用户的市场治理的方式；②针对一般份额用户的双方治理的方式；③针对少数特别忠诚的份额用户的准统一治理的方式。

（一）直营店与散单用户：市场治理

设立直营店可以视为是绿手指针对零售用户而采用的一种市场治理的方式。绿手指生产者与在其直营店中不定期购买其产品的零售用户之间的交易，无疑属于个别性交易或"非专用的交易"。正如威廉姆森所言："对于非专用的交易，包括偶然的合同和经常性的合同，主要采取的是市场的治理结构。"[①]所谓市场治理，即古典经济学所表述的纯粹的市场交易，其无须任何保护性的治理服务，交易双方完全根据自己的经验决定是否继续保持交易关系。

当然，对于绿手指而言，设立直营店或者说建构一种市场治理方式，其

①［美］奥利弗·威廉姆森：《资本主义经济制度：论企业签约与市场签约》，段毅才、王伟译，商务印书馆2002年版，第106页。

目的是多样的。正如 ZZL 所说的：

> 宣传只是我们一方面的考虑，另一方面是为了降低生产风险。你也见到了，我们出的菜有很多会员吃不完浪费掉的。就算生产规划再细致，也会有这种情况，倒不如多种一些，然后分出一部分拿到店里去卖。有份额用户因为这个转为去店里买了。当然，他乐意以更高的价格换回选择权，对我们农场来说，也是件好事。我们留住真正愿意跟我们农场"一体"的顾客，其实也是减少我们自己的投资浪费。（ZZL）

散单用户与农场的关系同样处于市场治理的范畴。除了订单交易，散单用户不需要和农场之间有任何其他形式的互动。他们没有动机去和农场一起承担生产中的各种风险；反过来，农场方面也不会给予这些用户共享额外收益的机会。可见，农场与散单用户之间基本上属于一种非专用的市场交易形式。

（二）一般份额用户：双方治理

对于一般份额用户，绿手指采取的是一种双方治理的方式。农场与份额用户之间的交易长期而稳定，属于关系性交易或"专用的交易"，并且由于其关系性资源的专用性特点，双方都愿意维持这种交易关系。

对于农场而言，大量寻找和发展份额用户并不经济。因为，首先它不能保证新的份额用户是否真的愿意投入互动以及保持长期交易；其次，农场还需要投入大量精力去建构与维护和这些新用户之间的互信关系。绿手指更倾向于保持现有份额用户的稳定性，然后用老用户推荐新用户的方式稳步增加新的份额。按照 ZQL 的说法：

> 新用户有时候会很挑的，挑菜、挑服务、挑价格，比较头疼。我们一般都是找老会员，然后他们再推荐一些。这些人推荐的，一般来说都比较认同农场，当然也有碍于面子来试一试的。真的要比，会员介绍过来的比仅仅通过媒体了解就想成为份额的还是要稳定得多，其实农场更愿意跟这样的用户打交道。（ZQL）

对于消费者而言，稳定的交易关系同样是他们所希望的。因为重新搜寻和建立新的交易关系同样有着很高的成本。几位份额用户对此颇有感触：

> 我加入之前观望了两个多月，现在一直都在订菜。珠海这样的农场没有几家，我们也不愿意再去找，现在就挺好的。虽然农场夏季出蔬菜确实不怎么好，但肯定慢慢会好起来的。（CM06）
>
> 没想过要换农场，当季蔬菜虽然种类少了点，不过想吃的时候一般会去超市买。我妻子挺喜欢这家农场的，负责人都很年轻，很有活力，本来也都挺熟的了，换一家还要重新熟悉。确实没想过。（CH02）
>
> 只要他们不弄虚作假，我想大家都不会想到去重新找这样的农场吧，都是这些菜品嘛，顶多找一些生产特殊产品的。再说，跟农场的人也都熟了，换了也会不习惯的吧。（CL01）

由于份额用户是提前预支了所有菜款的，所以在合同期内不存在价格变动的可能。但是，农场会以"礼物"赠送的方式对这种价格进行微调，即在菜品以及供应量上进行调整。例如，夏季蔬菜长势差、产量低，绿手指就会用菜干、咸菜或者其他产品来替代供应。而到了秋冬季，气候比较适宜，蔬菜一般都长势良好，绿手指就会以超出约定的重量来进行配送。

（三）特殊份额用户：准统一治理

对于特殊的也即特别忠诚的份额用户，绿手指采用的是一种可以称为准统一治理的方式。准统一治理是对统一治理的某种修正。在威廉姆森的理论中，统一治理旨在使交易内部化、组织化或纵向一体化。"纵向一体化的优点在于它能够适应一系列连续的变化，无须不断地寻找、设计或修改临时性协议。只要双方所有权统一起来就能保证双方得到最大的利益。"[①]

绿手指份额农园与一些特殊的份额用户的交易关系，并未达到组织化或纵向一体化的程度。但这些特别忠诚的用户——例如 YH、JL、XT 等人——

---

① ［美］奥利弗·威廉姆森：《资本主义经济制度：论企业签约与市场签约》，段毅才、王伟译，商务印书馆 2002 年版，第 112 页。

和农场之间的关系确实已经达到一种"自家人"的状态。前面已经介绍过，这些用户对农场的关心和照顾，以及农场与这些忠实用户的交往方式，都已经远远超出了一般生产者与消费者的关系。因此，我们用准统一治理来表示农场与他们之间的特殊的交易关系。

准统一治理应该是 CSA 农场最理想的治理方式：一种较完全的 CSA 状态。社区支持农业，即通过消费者在理念、资金、劳动以及其他环节上的普遍的和持续的支持，形成一种具有社区性的也即本地化的食物供应链。当然，对于绿手指甚至全球 CSA 生产模式发展而言，要使这种理想的治理方式不断扩展，还有很长的路要走。

目前而言，绿手指针对不同的用户——其有不同的关系性资源的强度和专用性——选择不同的交易治理方式，显然是明智的。多种交易治理方式并存，既可以起到宣传示范作用，又能在一定程度上调剂供需、降低经营风险。当然，绿手指投入工作最多的还是针对一般份额用户的双方治理。因为，占绝大多数的一般份额用户的稳定性才是农场是否能够坚持下去的关键。正如 ZZL 坦言的：

> 我们现在 80% 的稳定收入是这些份额用户提供的。这样，农场可以提前半年到一年的时间把握收益的情况，也就能在生产安排上做一些调整或布局，比如新农具的购买或者新地的开垦。我们开设直营店的想法是能多吸引一些顾客，其宣传作用更大一些，并不能作为主要收入的来源。以后做出标准，做出名气了可能会好一点，但现在绝对是靠份额用户才行，这个差不多所有的 CSA 农场都是这样。(ZZL)

份额用户正因为其与生产者形成了关系性交易并因此拥有较强的和较专门的关系性资源，而使其变得重要甚至无可替代。与其同时，与消费者达成的交易的类型以及由此形成的不同的关系性资源的强度与专用性程度，也为生产者选择相应的交易治理方式提供了依据。我们相信，绿手指以及其他 CSA 农场正是在这一选择性匹配中得以生存与发展的。

第五节　结　　论

本书研究获得的总体性结论是：对关系性资源投资的重视以及针对性地选择交易治理方式，使得 CSA 农场能够通过与其消费者建立持续稳定的交易关系而得以生存与发展。通过对绿手指份额农园的个案分析，我们理清了从交易转型到关系性资源投资，再到交易治理方式选择的过程机制，从而证明并获得如下三个命题。

第一，交易转型命题：持续性互动使得生产者与消费者之间的交易由偶然性和个别性的交易转向了关系性交易，这一转变促使关系性资源的投资成为可能。

区别于一般市场交易，CSA 农场中生产者与消费者之间的交易关系蕴含着因理念共识而走向更多更广的互动的可能性。在定价和生产参与中，这一点表现得最为明显。绿手指的定价不同于市场的价格变动，它成为一种双边沟通与妥协的过程。而在生产参与中，包括从生产到流通的各个环节，消费者的认同与信任发挥了重要作用。交易转型即由个别性交易转向关系性交易，为双方的关系性资源投资提供了条件。

第二，关系性资源投资命题：交易持久性和互动深度决定着双边关系性资源的投资及其强度，并由此影响其关系性资源的专用性程度及其各自的行动选择。

关系性资源的强度大小取决于交易持久性和互动深度。交易持久性提供了互动的可能性，而互动深度则是决定关系性资源投资的关键。关系性资源在这两个因素的影响之下呈现出一种流动性：增加投入，就能获得并增强其关系性资源；相反，则会变弱。同时，不同的关系性资源投资强度对农场和消费者的激励和影响方式是不同的。对于农场而言，关系性资源越强就意味着越稳定的交易关系和越多的消费者支持。这是激励农场投资关系性资源的决定性因素。对于消费者而言，强关系性资源意味着其放弃某些市场选择，以及重新选择的成本的增加。然而，信任关系的建立以及利益的共享使得消费者也倾向于保持稳定的交易关系和对关系性资源的持续投资。

第三，交易治理选择命题：生产者可以依据其不同消费者的关系性资源的强度和专用性程度，选择市场治理、双边治理和准统一治理等三种不同的交易治理方式。

依据不同消费者的关系性资源的强度和专用性程度而选择相应的交易治理方式，对 CSA 农场来说意义重大。份额用户是 CSA 农场生存与发展的最基本的支持力量，也是绿手指采用双边治理甚至是准统一治理，以最大限度地开展双边关系性资源投资与利用的对象。同时，绿手指也针对直营店(零售用户)、散单用户采用市场治理的方式来降低其生产风险。不同层次的关系性资源的强度与专用性程度，都能够找到其各自对应的治理方式。同时，随着双边投资的变动，交易类型以及其关系性资源的强度和专用性也在这一链条上产生位移。

最后，值得重申的是，我们以绿手指份额农园为个案研究 CSA 农业生产模式，旨在说明的是，这种生产者-消费者深度双边控制即消费者参与生产的生产组织方式，是能够实现生产者与消费者的合作与共赢的。当然，这种社区范围内的交易与合作，并不能取代其他的生产组织方式。每一种生产组织方式都有其特定的需求以及其发展空间。

第　六　章

总体理论思考

千载已逝，方知命数；欲契运会，千载悠悠。

——托马斯·卡莱尔*

在这最后一章，笔者要对本书提出的理论及其在有关消费的经济社会学研究中具有的某些更广泛的含义进行简要的总结与评论。本书的理论对于四个方面的研究会有影响。第一个方面涉及的是如何在后金融危机时代探寻经济增长或经济繁荣之路；第二个方面是有关消费社会的起源及其演变的动力、过程与后果问题；第三个方面是关于本书探讨的生产控制方式的选择及其转换的研究，包括探寻生产控制方式选择的基本力量，以及驱动生产控制方式转换的条件；最后，本书的理论也会影响社会学和经济社会学有关消费议题的研究。

第一节　探寻消费如何影响经济增长

2007 年肇始于美国的全球金融与经济危机，标志着经济全球化的转型，即由生产与消费的"全球分离"转变为生产与消费的"本地结合"。同样，它

---

* 转引自[德]马克斯·韦伯：《资本主义与农业社会——欧洲与美国的比较》，见甘阳选编《民族国家与经济政策》，甘阳等译，生活·读书·新知三联书店 1997 年版，第 141 页。

也预示着中国新古典主义发展模式的终结与转变。中国需要重构一种基于新的本地生产与消费相结合的发展模式,也即所谓由内需驱动的经济增长模式。

那么,消费是如何可能推动经济增长,或者说如何创造经济繁荣的呢?经济学家大多从消费占 GDP 的比重以及消费对 GDP 增长贡献的比较的角度,论证消费在(中国)经济增长中的重要性。然而,在笔者看来,这类分析——可以将其概括为"消费数量论"研究——呈现更多的是目前中国经济增长仍然依靠显著的投资和出口驱动的特征,消费对于经济增长的真实的作用反而被遮蔽了。笔者的一个判断是,主流经济学一直存在着在宏观上低估消费在经济增长中的作用的陷阱。当然,这需要有更专门的研究才能证明。不过,笔者相信,消费对于经济增长的推动作用并非仅仅通过宏观数据的比较分析就能发现,而是需要下降到微观行动和组织的层面,通过分析消费者与生产者之间的关系及其变动,以及其对生产组织及其控制方式的转换的影响来予以揭示。而这正是本书研究所欲达到的目的。

为使这样的研究进路得以可能,我们提出了若干研究预设:①宏观层次上的经济增长是微观层次上经济转型聚合的结果。微观层次上经济转型的核心即为生产组织及其控制方式的选择与转换。②生产组织及其控制方式的选择与转换,不是企业家或生产者单方面的建构,而是生产者与消费者在互动或相互作用下的共同建构。③生产者与消费者的互动,或更一般地说,它们之间关系的转换,是一种"路径依赖发展",即它是嵌入于一个重大的社会变迁即消费社会的兴起与演变并受之约束的。

根据上述研究预设,我们确立了研究的基本策略,即通过对消费社会影响经济转型的基本路径的研究,理解和解释消费是如何可能影响经济增长与经济繁荣的。本书第一章中的图 1-1 集中反映了本书的研究议题与策略:①从宏观下降到微观,探讨消费社会的演变是如何促成消费者与生产者关系转换的;②在微观行动和组织的层次上,探寻消费者与生产者关系的转换,如何推动生产组织方式的转换;③从微观上升到宏观,探讨生产组织方式的转换,如何可能通过消费者与生产者之间的关系性资源的投资及其引致的生产控制方式的转换,推动社会范围内的经济转型与经济增长。

值得重申的是,消费者与生产者关系及其转换的命题,构成了本书研究的基本预设。而且,它同时也是一个研究对象,一个具有承上启下意义的研究节点:承上之路是,研究消费社会演变如何影响消费者-生产者关系的转换;启下之路是,研究消费者-生产者关系的转换如何造就新的生产组织方式,从而促进经济转型。

第二节　消费社会的演变与后果

按照承上启下的逻辑,我们首先要通过对消费社会演变的历时性考察(第三章),揭示既作为消费社会演变的原因亦作为其后果的两个关键性因素,即消费者需求以及消费者与生产者之间关系的改变。

通过检讨鲍德里亚的消费社会理论,我们提出了一个用于考察和分析消费社会起源与演变的新视角,即需求-关系的视角。它由两个假设构成:①消费者自始至终都存在着一个完整且稳定的需求结构,即既有必需品的需求亦有非必需品的需求;消费者能够在这一结构框架中根据自身的愿望、条件以及他人的期待做出其(主观上)较为合理的需求满足的次序的选择与安排。②消费者和生产者始终处于相互关系或相互影响之中,只不过因为互动双方所拥有的条件和愿望的不同,而呈现出不同的关系状态。

由此,我们将消费社会的演进分为前消费社会、消费社会和后消费社会三个阶段,并且,依照需求-关系的视角,具体考察和分析了消费社会演进的两个基本轨迹:①消费者之主导性需求的演变,遵循从必需品需求到他人导向的非必需品需求,再到自我导向的非必需品需求的变动轨迹;②消费者与生产者关系的演变,遵循从一体到分离,再到相互依存的变动轨迹。同时,我们在对消费社会演变的考察中发现了伴随着消费者与生产者的关系变迁而形成的主导性生产组织方式的转换,即从(精英)消费者单边控制到生产者单边控制,再到消费者-生产者联合或双边控制的转变。通过分析,我们还得到了以下结论。

第一,消费者需求的扩展在消费社会形成中具有某种基础性的作用。可以说,消费社会诞生于漫长的前消费社会中逐步孕育成长的需求创造生产的过程,即一方面最上层阶级的奢侈消费的向下扩散导致了需求的大众化,另一方面经营性手工业的兴起适应和支持了大众市场需求的不断扩展。需求与生产的变革及其相互促进，构成了人类从前消费社会向消费社会转型的基本力量。我们将其视为近代之前中国和西方共同存在的一种发展的起点。

第二，生产者解放或企业市场化，在消费社会形成过程中具有关键作用。我们将企业市场化理解为各种准现代企业朝向独立的、为市场需求而生产的方向转型的过程。这一过程同时包括生产者从各种与经济和非经济力量相联系的消费者控制中摆脱出来，以及使其生产臣服于市场需求两种不同方向的运动。并且，从更高层次上看，这一过程也意味着在前消费社会中占主导地位的生产与消费合一的生产体制，彻底转变为在消费社会占主导地位的生产与消费分离的生产体制。17～19世纪西方顺利完成了企业市场化转型。中国则历经诸多障碍，直到20世纪70年代末伴随改革开放才得以重启企业市场化进程。

第三，大众生产与大众消费既是消费社会的基本特征，也是构成消费社会运行的两个相互促进的力量。通过对一个案例即汽车产业的兴起的分析，我们发现，生产组织方式的创新及其扩散是企业大量生产成为可能的关键性因素。创新与扩散过程也包括创新型企业与模仿性企业之间的互动与竞争。通过模仿-竞争，新的、有效的技术和生产组织方式会不断扩散至全行业以及其他行业。另外，由大众生产带来的低廉价格、更多的就业以及大幅增加的薪资又创造出了有效的大众消费，从而可能在全社会乃至在全球范围内实现大众生产与大众消费相互促进的繁荣局面。

第四，大众消费者的崛起存在着两种影响或改变消费者与生产者之间关系的力量。无论在西方还是在中国，大众消费者都经历了一个从束缚其消费意愿和选择的宗教和/或国家中解放出来的过程。一方面，消费者解放以及消费者有效需求能力的增强，提高了大众消费者整体市场地位或"主权"。然而，另一方面，大众消费者之间的地位竞争，从内部自我限制了正在成长中的消费者主权，并且，它使得一种相反的力量即生产者主权得以可能发挥更大作用。

第五，消费者地位竞争决定了生产者控制即生产者对消费者支配的可能性。不过，与加尔布雷思和鲍德里亚的有关生产者强控制的假说不同，本书理论尤其是通过对当下中国城乡居民消费实践的问卷调查与分析，支持的是一种生产者弱控制的假设，即认为生产者是在满足消费者需求的过程中实现其控制的。具体而言，就是生产者是在向消费者提供满足差异性需求的机会，以及提供获得这一机会的条件即消费信贷的过程中实现其生产者控制的。生产者(弱)控制，一方面提升了消费者的福利，即其不仅增加了即时消费的机会，而且增加了消费者选择的可能性，另一方面却又造成了对消费者福利进一步提升的限制。

最后，我们看到，消费者-生产者分离的生产体制，会造成生产者对生产以及消费者的全面控制(尽管并非绝对控制)，从而带来了种种令消费者失望的后果：同质化消费、安全性危机、生活压力倍增以及生产者的机会主义行为的侵害等等。消费者失望构成了消费者参与转变旧的消费者-生产者分离的生产体制的动因。

然而，要实现这种参与转变，也即建立一种新的消费者-生产者相互依存的生产体制，还必须具备一些关键性条件。第一个条件即消费者自觉和有效需求的扩展。消费者自觉旨在反思旧生产体制下有效需求的建构及其运作的限制，并寻求其解决之道。这就是消费者与生产者通过互动与沟通来扩展有效需求，也即将个性化需求和安全性需求等非有效需求纳入有效需求的范围内，从而激励生产者对这类新兴需求的有效生产与供给。第二个条件是，消费者与生产者之间的关系性资源的获得与利用。关系性资源，是一种只有通过持续互动才能获得并利用的共享式资源或价值，如共享的信息、彼此的信任以及相互的协商等。消费者与生产者之间是否拥有关系性资源，对于双方能否达成有效需求的范围的扩展，从而决定生产者能否提供或继续提供其产品的生产与供给，具有关键性的作用。在第三章的最后，我们强调，互联网——作为一种颠覆性的网络联结技术和方法——正在改变着人们资源获得的类型、途径和方法。

第三节 生产控制方式的选择与转换

这一方面可以视为是对消费者-生产者关系如何造就新的生产组织方式的启下的研究(第四章)。我们在此尝试把在第三章中揭示的消费者-生产者关系的变迁视为一种历史背景，以便能从具体的历史过程中抽离出来即可能从共时性的角度，探讨决定生产组织方式选择与转换的基本力量及其可能的组合。

　　为了寻找决定不同生产控制方式的基本力量或维度，我们首先一般性探讨了决定行动者行动及与他人互动的基本元素，包括需求、资源与控制（互动策略）。需求是引发行动的目的与动因，资源则是实现需求的手段。假如行动者利用其控制的资源能够进行生产且足以满足其需求，则其生产行动是自立的或自给自足的。相反，假如行动者控制并利用其自有资源或个别性资源不足以满足其需求，且他选择了以互动方式从外部获取他人的资源以实现其需求的满足，则不同行动者包括消费者与生产者之间以市场交易为核心的经济互动便发生了。

　　消费者为获得额外资源而与他人进行的市场交易有两种形式。一是通过交易获得资源的转让与利用；二是通过交易建立某种委托生产的方式。委托（外部）生产者进行生产，既意味着生产的专门化与生产效率的提高，也意味着生产者的独立以及消费者退出生产领域。消费者与生产者的分立与合作由此形成。当然，消费者与生产者的分立要受制于其合作的实现。那么，消费者与生产者合作的实现机制为何呢？

　　我们发现，有效需求的形成构成了消费者与生产者分立-合作的实现机制。一方面，消费者有支付能力的需求通过使生产者有利可图，从而保证了生产者的生产供给；另一方面，生产者的生产供给通过更好地满足消费者的需求，从而使消费者退出生产成为可能。当然，我们看到，有效需求的形成并不是无条件的，而是首先要受制于消费者与生产者是否能够在有效需求的认知上达成一致。

　　我们假设，有效需求的认知是由消费者是否愿意向生产者支付报酬，以及生产者是否愿意向消费者提供生产供给共同构成的。消费者对于是否愿意向生产者支付报酬，以及生产者对于是否愿意向消费者提供生产供给，都可能有两种意见。这样，就会出现四种对有效需求认知的不同组合（图 4-1）。而四种有效需求认知的不同组合导致了两种不同生产供给，即生产者的生产与消费者的生产（消费者自制）的形成。

　　在有效需求认知的不同组合的分析中，我们看到了消费者与生产者的合作中的冲突：消费者既希望扩展有效需求，又倾向于不愿或少向生产者支付报酬；同样，生产者既愿意扩展有效需求，又担心风险而宁愿采取保守主义的生产策略。消费者与生产者的利益冲突和彼此之间的信任缺失，可能导致有效需求扩展失灵以及新的生产供给的失败。

那么，如何可能突破这些限制呢？要解答这一问题便不能不讨论另一个影响生产者和消费者对于有效需求的认知，进而影响其生产控制方式选择的因素：资源的获得与利用。在本书我们将生产者与消费者的可支配（可获得与可利用）的资源区分为两类：个别性资源和关系性资源。个别性资源是指由生产者或消费者各自拥有和利用的资源，如资金、技术、品牌、声誉等。关系性资源，则是一种基于生产者与消费者的互动关系而形成的共享资源或价值，如信任、忠诚、协商等。这两类资源在来源、使用方式和利用优势等方面都存在着差异。

个别性资源的获得与利用，无论对于生产者提高市场竞争地位，还是对于消费者提高市场"主权"地位，都具有重要作用。然而，我们强调关系性资源的投资与利用对于生产者的特殊含义：一是它能够帮助生产者将其作为个别性资源的松散型的客户关系（这类客户只能提供"计算型忠诚"）转变为作为关系性资源的紧密型的消费者关系（这类消费者能够贡献"认同型忠诚"）。二是它能在生产者与消费者之间建立起一种互动-协商的机制。互动-协商是解决有效需求扩展中的定价问题，以及选择或转变与其相适应的生产组织及其控制方式的有效途径。协商定价能够保证生产者的有效供给；鼓励消费者参与生产更可以保证以"利益共享、风险共担"为特质的新的生产组织方式，即双边控制的生产方式得以建构与有效运作。

至此，我们可以从上述研究概括出决定生产控制方式选择的两个维度：有效需求认知的一致性和关系性资源投资的程度。所谓有效需求认知的一致性，指的是生产者与消费者对于有效需求范围或边界的认知差异性程度。为使分析简化，我们把有效需求认知的一致性程度分为两类，即一致和不一致。而所谓关系性资源投资的程度，指的是在生产者或消费者的资源投资结构中，关系性资源投资价值的占比高低。我们把关系性资源投资分为三等：高度投资、中度投资与低度投资。这样，将有效需求认知的一致性与关系性资源投资的程度这两个维度结合在一起，就得到了图 4-2 所示的各种生产组织及其控制方式的选择。我们将不同维度条件下生产组织及其控制方式的选择概括为如下四个假设：

假设 1: 生产者生产: 生产者单边控制。当有效需求的认知取得一致, 且关系性资源投资处于低度水平时, 生产者与消费者将倾向于选择生产者生产的组织形式及生产者单边控制的生产方式。

假设 2: 消费者自制: 消费者单边控制。当有效需求的认知未能取得一致, 且关系性资源投资处于低度水平时, 生产者与消费者将倾向于选择消费者自制的生产组织形式及消费者单边控制的生产方式。

假设 3: 消费者定制: 生产者-消费者双边控制。当有效需求的认知取得一致, 且关系性资源投资达到中度或高度水平时, 生产者与消费者将倾向于选择消费者定制的生产组织形式及生产者-消费者双边控制的生产方式。

假设 4: 消费者参与生产: 生产者-消费者双边控制。当有效需求的认知未能取得一致, 且关系性资源投资达到中度或高度水平时, 生产者与消费者将倾向于选择消费者参与生产的生产组织形式及生产者-消费者双边控制的生产方式。

我们也按维度的作用归纳为两个命题:

认知的一致性命题: 消费者与生产者对于有效需求认知的一致性越高, 其双方越可能选择他人生产也即生产者生产的方式; 反之, 消费者一方则越可能选择消费者自我生产即消费者自制的方式。

关系性资源投资命题: 生产者与消费者彼此之间的关系性资源的投资程度越高, 其双方越可能选择生产者与消费者联合控制或双边控制的方式; 反之, 则越可能选择生产者单边控制的方式。

维度组合可以较好地显示构成生产者和消费者选择不同生产控制方式的最重要的条件。然而, 这是一种静态的类型学分析。在获得其分析结论之后, 我们还需要回到现实去观察和分析生产控制方式演变的基本趋势及其主要推动力量。这构成与之相应的动态分析。按照我们的判断, 生产控制方式的转换存在着两个基本的趋势: ①从他人生产转变为自我生产; ②从生产者单边控制转变为生产者-消费者双边控制。而推动这两大转换趋势的主客观力量分别是消费者自觉和资源的可替代性。

消费者自觉在推动生产组织形式转换，即由他人生产转变为自我生产中起着关键性作用。消费者自觉最主要的就是对过去占主导地位的消费者意识——地位竞争意识的一种反思与自我的纠正。换言之，就是要明确建立一种新的消费理念：消费不是适应他人的期待或取得他人的认同，而是为了自我表达与自我认同。这一理念将对生产者单边控制的生产及其后果即不断循环的时尚和流行的制造，产生有效抑制或缓解。同时，它也将能够激发出更多的个性化需求。而个性化需求又能够支持包括传统手工艺生产以及家庭生产在内的多样化生产。我们看到，家庭生产或消费者自制并不完全"去他人生产"，相反，它可以和其他"他人生产"结合起来，即它可以刺激那些提供消费者自制的辅助设备的"生产者生产"的兴盛。

资源的可替代性则主要推动生产控制方式的转换，即由生产者单边控制转变为生产者-消费者双边控制。生产者要开展生产，必须获得和利用两类资源：个别性资源和关系性资源。而我们假设，这两类资源投资之间具有某种程度的可替代性。这样，生产者就可能根据自己的可支配资源的条件做出进入某一层次市场(高端市场或低端市场)以及某种资源投资的组合(个别性资源投资为主或关系性资源投资为主)的选择。不同市场中的不同资源投资组合的企业都有可能成功，关键在于其资源投资组合在同一市场竞争中所产生的效应，也即其在与同类企业的竞争中所能够取得的市场地位。假如其能够在同一市场竞争中取得并保持支配地位，则说明其选择的某种资源投资组合是有效的。反之，则是无效的。

诚然，市场竞争——同类企业的创新或模仿——可能令某一企业原有的市场支配性地位发生变动，甚至由此衰落。这表明其原有的资源投资组合的优势已经难以维系，因而必须进行调整。[①]长期调整策略，既需优化资源投资组合也需增加资源投资总量。短期调整策略，则主要是对原有资源投资组合

① 苹果公司和小米公司都会在各自的起点上面临同样的变动与挑战。我们的研究报告《尊严、交易转型与劳动组织治理：解读富士康》(参见本书附录一)从全球生产链的角度提出同样的问题与担忧。

的优化，也即朝向提高总体性效益的较为均衡的资源投资组合进行改进。在资源投资边际效益递减的条件下，均衡的资源投资组合能达到总投资效益最大。当然，资源投资组合调整中，最重要的是生产控制方式的转换及其对转换过程本身的控制。由生产者单边控制转变为生产者-消费者双边控制，是企业生产控制方式转换的基本趋势。至于在什么范围以及在多大程度上组合利用双边控制或单边控制，则是企业家所应有的控制艺术。

在第五章，我们选择了一个最可代表生产者与消费者深度双边控制也即有消费者参与生产的新的生产控制方式的个案——珠海绿手指份额农园进行实地调研与分析。绿手指份额农园是一个由消费者转变为生产者而组建成的 CSA 农场。CSA 模式的核心即在于本地消费者支持，尤其是预付生产费用以及对包括生产、分配等活动的参与。我们假设关系性资源投资与利用在 CSA 农场的建构与运作中具有关键性作用。由此，我们将考察的重点放在了关系性资源投资的来源、过程及其作用机制的研究方面。图 5-1 显示了该研究的基本逻辑：从交易转型到关系性资源投资，再到交易治理方式选择。而通过对绿手指份额农园的个案分析，我们也获证了三个重要命题：

　　　　交易转型命题：持续性互动使得生产者与消费者之间的交易由偶然性和个别性的交易转向了关系性交易，这一转变促使关系性资源的投资成为可能。

　　　　关系性资源投资命题：交易持久性和互动深度决定着双边关系性资源的投资及其强度，并由此影响其关系性资源的专用性程度及其各自的行动选择。

　　　　交易治理选择命题：生产者可以依据其不同消费者的关系性资源的强度和专用性程度，选择市场治理、双边治理和准统一治理等三种不同的交易治理方式。

如果说在理论研究中，我们强调的是不同生产控制方式的选择及其转换的条件，那么，在绿手指这一个案的经验研究中，我们发现，对于一个生产者或企业而言，它需要同时利用不同的生产控制方式，也即根据不同消费者的关系性资源的特点，选择与配置不同的交易治理方式。当然，可以想象，消费者也会根据自己的需求和可支配资源的特点做出自制、委托生产以及参与生产等不同的行为选择。

第四节　作为消费的经济社会学研究

最后，笔者想对本书的理论在有关消费研究中的定位及其具有的意义做出说明。本书旨在从消费者与生产者关系的角度，研究它们之间关系的转变及其对生产组织及其控制方式改变的影响，从而说明消费是如何可能影响和推动经济增长的。笔者把它作为一种消费的经济社会学研究。这一研究既与有关"消费数量论"的主流经济学研究不同，也与有关消费者或生产者"主权论"的非主流经济学，以及有关"消费符号论"的社会学研究存在很大区别。

与那种试图否认消费可能影响经济增长的观点相反，本书坚持消费推动经济增长的预设。但与主流经济学习惯于从宏观层次上量化分析消费如何影响经济增长不同，我们选择下降到微观行动与组织层面上分析消费者和生产者是如何通过互动共同转变生产组织及其控制方式，以此促进经济转型和经济增长的。

笔者把这一研究取向看成是对韦伯结构行动主义的经济社会学方法的继承。这一方法也可以视为是对古典政治经济学有关理论的具体化，同时，也是对主流经济学的一种修正。古典政治经济学提供了一幅将消费与生产结合起来考察的抽象理论图式，主流经济学则在总量上较好地说明消费需求及其变动对可实现的市场总供给量的变化的影响，然而，它们都未能给出一种基于因果关系的历史和逻辑的实证，也即在行动与组织的层面上说明消费影响经济转型和经济增长的机制与过程。

图 1-1 显示了我们研究消费如何影响经济增长的基本路径，即先从宏观下降到微观，研究消费社会的演变如何引导消费者-生产者关系的转变；然后，再从微观上升到宏观，研究消费者-生产者关系及其转变如何造就新的生产组

织方式，从而促进经济转型与经济增长。为使这样的研究进路得以可能，我们提出了"消费者与生产者关系及其转变"的基本预设。正如我们曾说明的，这一预设在我们的整个研究中起到了承上启下的作用。那么，这一预设在研究方法以及确立经济社会学研究消费的基本取向上具有怎样的含义呢？

笔者相信，这一预设对于建立消费的经济社会学研究的基本取向会有影响。诚然，非主流经济学那里，已经有两种消费者与生产者的关系理论。以米塞斯为代表的奥地利学派提出了"消费者主权"理论，而以加尔布雷思为代表的制度主义学派提出了与之相反的"生产者主权"理论。这两种理论表面无疑都在研究消费者与生产者之间的权力关系，但是，在笔者看来，它们最后偏离了消费者与生产者的关系或者说具体互动的研究。米塞斯力图通过肯定消费者主权来维护自由市场经济，而加尔布雷思则意在通过批判生产者主权力证国家干预主义的正当性。结果，他们的"主权论"之争被完全掩盖在了他们关于市场与国家关系的争论之下。而且，市场与国家关系的争论极易陷入是要个人自由还是要公共利益的价值之争。

本书研究旨在回归消费者与生产者关系的研究。本书研究的最终目的是要找寻基于生产组织方式转变的经济增长的可能路径，而这必须通过对消费者与生产者关系的研究才能达到。这正是我们提出"消费者与生产者关系及其转变"的预设的更为深远的含义。此外，我们相信，通过对消费者主权理论和生产者主权理论的整合，能够为建立一种新的消费者与生产者关系理论开辟道路。理论整合体现在了三个理论假设中：①消费者需求假设：消费者需求具有弱可创造性或有限的可创造性。②消费者可支配资源假设：可支配资源的种类和数量的变动将极大影响消费者与生产者之间的权力关系变迁。③互动及生产组织方式选择假设：消费者与生产者互动关系的改变，是可能影响生产组织方式的选择与转变的。

同时，我们相信，基于消费者与生产者关系研究的"消费的经济社会学"研究，可能会转变由鲍德里亚开创的以"消费符号论"为核心的"消费的社会学"研究的路向。毫无疑问，鲍德里亚将其消费社会研究的中心放在了生产者如何构建一种符号消费及其带来的关系生产的后果。在其研究中，消费者的需求完全失去了应有的力量，而关系的生产也只限于消费者之间的地位竞争。这一研究倾向在加尔布雷思那里就已非常突出。而在鲍德里亚之后，这一倾向则几乎统治了整个消费社会学的研究。消费者要么被视为从属于生产者，要么被视为只懂得与其他消费者竞争。消费者与生产者之间的关系消失了。现在，已到了必须恢复研究消费者与生产者关系的时刻。这既是我们这个时代转变的需要，也是经济社会学理论发展的必然。而本书仅仅是通向这一研究的一个尝试性的开端。

参 考 文 献

[美]阿道夫·伯利、加德纳·米恩斯：《现代公司与私有财产》，甘华鸣、罗锐韧、蔡如海译，
　　商务印书馆 2005 年版。

[英]阿弗里德·马歇尔：《经济学原理》上卷，朱志泰译，商务印书馆 1964 年版。

[印]阿马蒂亚·森：《以自由看待发展》，任赜、于真译，中国人民大学出版社 2002 年版。

[法]埃克托儿·罗莫：《对全球化的若干质疑》，见梁展选编《全球化话语》，上海三联书店 2002
　　年版，第 217、223 页。

[法]埃米尔·涂尔干：《社会分工论》，渠东译，生活·读书·新知三联书店 2000 年版。

[美]艾伯特·赫希曼：《退出、呼吁与忠诚：对企业、组织和国家衰退的回应》，卢昌崇译，
　　经济科学出版社 2001 年版。

[美]艾伯特·赫希曼：《欲望与利益：资本主义走向胜利前的政治争论》，李新华、朱进东译，
　　上海文艺出版社 2003 年版。

[美]艾伯特·赫希曼：《转变参与：私人利益与公共行动》，李增刚译，上海人民出版社 2008
　　年版。

[美]爱德华·张伯伦：《垄断竞争理论》，周文译，华夏出版社 2013 年版。

[英]安东尼·吉登斯：《现代性的后果》，田禾译，译林出版社 2000 年版。

[意]安东尼奥·葛兰西：《现代君主论》，陈越译，上海人民出版社 2006 年版。

[美]奥利弗·威廉姆森：《经济组织的逻辑》，见[美]奥利弗·威廉姆森、西德尼·温特编《企
　　业的性质：起源、演变和发展》，姚海鑫、邢源源译，商务印书馆 2007 年版，第 116—153 页。

[美]奥利弗·威廉姆森：《市场与层级制：分析与反托拉斯含义》，蔡晓月、孟俭译，上海财
　　经大学出版社 2011 年版。

[美]奥利弗·威廉姆森：《治理的经济学分析：框架和意义》，见[德]埃瑞克·菲吕博顿、鲁道
　　夫·瑞切特编《新制度经济学》，孙经纬译，上海财经大学出版社 1998 年版，第 67—100 页。

[美]奥利弗·威廉姆森：《资本主义经济制度：论企业签约与市场签约》，段毅才、王伟译，
　　商务印书馆 2002 年版。

[美]彼得·德鲁克：《创新与企业家精神》，蔡文燕译，机械工业出版社 2009 年版。

[荷]伯纳德·曼德维尔：《蜜蜂的寓言：私人的恶德，公众的利益》，肖聿译，中国社会科学

出版社 2002 年版。

博讯新闻网：《富士康员工底薪明年将提至 4400 元》，2012 年 5 月 25 日，http://www.peacehall.
　com/news/gb/finance/2012/05/201205251525.shtml。

财经网：《彭博：中国批准基建投资超十万亿 今年开工超七万亿》，2015 年 1 月 6 日，http://
　economy.caijing.com.cn/20150106/3792183.shtml。

参考消息网：《英媒称中国人口味太善变：奥利奥失宠仅用三年》，2015 年 8 月 23 日，http://www.
　cnbeta.com/articles/423109.htm。

蔡如鹏：《中国的经济增速底线》，《中国新闻周刊》2014 年第 10 期，第 42—43 页。

曹晟源：《代工之痛：499 美元 iPad 中国组装费仅 11.2 美元》，2010 年 5 月 21 日，http://tech.qq.
　com/a/20100521/000072.htm。

槽边往事：《富士康人来信》，2010 年 5 月 27 日，http://www.hecaitou.net/?p=7003。

[美]查尔斯·库利：《人类本性与社会秩序》，包凡一、王源译，华夏出版社 1989 年版。

陈季冰：《全球化的天空里阴霾密布》，2013 年 5 月 28 日，http://blog.sina.com.cn/s/blog_593
　bcdce0101o84a.html。

陈志武：《金融的逻辑》，国际文化出版公司 2009 年版。

[美]丹尼尔·贝尔：《资本主义文化矛盾》，赵一凡、蒲隆、任晓晋等译，生活·读书·新知
　三联书店 1989 年版。

凤凰网：《本网专访苹果 CEO 库克：乔布斯文化将延续百年》，2013 年 1 月 15 日，http://news.
　ifeng.com/gundong/detail_2013_01/15/21206025_0.shtml。

费孝通：《江村经济》，戴可景译，江苏人民出版社 1986 年版。

[英]弗雷德里希·哈耶克：《导言：卡尔·门格尔》，见[奥]卡尔·门格尔《国民经济学原理》，
　刘絜敖译，上海人民出版社 2001 年版，第 1—33 页。

[英]弗雷德里希·哈耶克：《个人主义与经济秩序》，邓正来译，生活·读书·新知三联书店
　2003 年版。

[美]高柏：《全球化与中国经济发展模式的结构性风险》，《社会学研究》2005 年第 4 期。

[美]高柏：《新发展主义与古典发展主义》，《社会学研究》2006 年第 1 期。

[美]高柏：《中国经济发展模式转型与经济社会学制度学派》，《社会学研究》2008 年第 4 期。

国家统计局："年度数据"，http://data.stats.gov.cn/easyquery.htm?cn=C01。

国家统计局：《改革开放 30 年报告之五：城乡居民生活从贫困向全面小康迈进》，2008 年 10
　月 31 日，http://www.stats.gov.cn/ztjc/ztfx/jnggkf30n/200810/t20081031_65691.html。

韩国上市网：《国内新型农业 CSA 发展迅速 CSA 农业投资项目已达 200 多个》，2013 年 3 月
　15 日，http://www.51report.com/free/3011484.html。

[德]何梦笔：《网络、文化与华人社会经济行为方式》，山西经济出版社 1996 年版。

[美]华尔德：《共产党社会的新传统主义：中国工业中的工作环境和权力结构》，龚小夏译，
　牛津大学出版社 1996 年版。

华尔街见闻：《智能手机的黄金时代落幕：中国销量史上首度下跌》，2015 年 8 月 21 日，https://
　wallstreetcn.com/articles/222492。

《华尔街日报》中文网：《用美国生产取代中国制造？》，2012 年 5 月 31 日，http://cn.wsj.com/gb/

20120531/bch072123.asp?source=article。

《华尔街日报》中文网：《中国纺织企业为何转向美国建厂》，2013 年 12 月 23 日，http://cn.wsj.
　　com/gb/20131223/rec152815.asp?source=rss。

华讯财经：《传武汉富士康百名员工不满薪水扬言集体跳楼自杀，市长到场劝解》，2012 年 1
　　月 13 日，http://finance.591hx.com/article/2012-01-13/0000113353s.shtml。

环球网科技：《苹果第一代电脑拍出 67 万美元惊世价格》，2013 年 5 月 28 日，http://news.ccidnet.
　　com/art/950/20130528/4959705_1.html。

[美]黄亚生：《"中国模式"到底有多独特》，中信出版社 2011 年版。

[美]黄宗智：《华北的小农经济与社会变迁》，中华书局 1986 年版。

金灿荣：《"占领华尔街"运动与美国中产阶级困境》，《经济研究参考》2012 年第 1 期。

[英]卡尔·波兰尼：《大转型：我们时代的政治与经济起源》，冯钢、刘阳译，浙江人民出版
　　社 2007 年版。

[英]卡尔·波兰尼：《经济：制度化的过程》，见许宝强、渠敬东选编《反市场的资本主义》，
　　中央编译出版社 2001 年版，第 33—63 页。

[德]卡尔·马克思：《〈政治经济学批判〉导言》，《马克思恩格斯选集》第二卷，人民出版社
　　1972 年版，第 68—114 页。

[德]卡尔·马克思：《资本论》第一卷，人民出版社 1975 年版。

[奥]卡尔·门格尔：《国民经济学原理》，刘絜敖译，上海人民出版社 2001 年版。

[奥]卡尔·门格尔：《经济学方法论探究》，姚中秋译，新星出版社 2007 年版。

[美]肯尼斯·阿罗：《组织的极限》，万谦译，华夏出版社 2006 年版。

[美]赖特·米尔斯：《社会学的想像力》，陈强、张永强译，生活·读书·新知三联书店 2005
　　年版。

[美]劳伦斯·博兰：《批判的经济学方法论》，王铁生、尹俊骅、陈越译，经济科学出版社 2000
　　年版。

雷璟：《日媒：日本 2014 年对华投资减少 38.8% 下滑幅度罕见》，2015 年 1 月 16 日，http://finance.
　　cankaoxiaoxi.com/2015/0116/630904.shtml。

李小兵：《奢侈品消费正离开中国本土 业内称大家都全慌了》，2015 年 3 月 4 日，http://finance.
　　sina.com.cn/chanjing/cyxw/20150304/021021637546.shtml。

[美]理查德·斯科特：《制度理论的青春期》，见张永宏主编《组织社会学的新制度主义学派》，
　　上海人民出版社 2007 年版，第 439—459 页。

[瑞典]理查德·斯威德伯格：《经济社会学原理》，周长城等译，中国人民大学出版社 2005 年版。

"两岸三地"高校富士康调研组：《富士康调研总报告：详细解密五大违规行为》，2010 年 10 月 9
　　日，http://news.chinabyte.com/359/11575359.shtml

[美]林南：《社会资本——关于社会结构与行动的理论》，张磊译，上海人民出版社 2005 年版。

刘劼、江宇娟：《财经观察：美国就业改善助推经济强复苏》，2015 年 1 月 10 日，http://news.
　　xinhuanet.com/world/2015-01/10/c_1113947145.htm。

刘世定：《占有、认知与人际关系——对中国乡村制度变迁的经济社会学分析》，华夏出版社
　　2003 年版。

刘心武、刘志毅：《他们为什么自杀》，花城出版社 2010 年版。

卢肖红：《富士康 6 年五涨薪实际变化不大：加班工资比例高》，2010 年 6 月 18 日，http://news.
163.com/10/0618/01/69E2UM9O00014AEE.html。

[美]路德维希·米塞斯：《人的行为》上卷，夏道平译，远流出版事业股份有限公司 1991 年版。

路透社：《"中国制造"不再受宠，谷歌将在美生产 Nexus Q》，2012 年 7 月 14 日，https://cn.
reuters.com/article/jw-usa-google-manufacturing-nexus-q-idCNCNE86307K20120704。

[美]伦德尔·卡尔德：《融资美国梦：消费信贷文化史》，严忠志译，上海人民出版社 2007 年版。

[法]罗狄-刘易斯：《笛卡尔和理性主义》，管震湖译，商务印书馆 1997 年版。

[美]罗纳德·伯特：《结构洞：竞争的社会结构》，任敏、李璐、林虹译，格致出版社、上海
人民出版社 2008 年版。

[美]马克·格兰诺维特：《社会学与经济学的劳动力市场分析——一个社会结构的观点》，《镶
嵌：社会网与经济行动》，罗家德编译，社会科学文献出版社 2007 年版，第 98—143 页。

[美]马克·格兰诺维特：《镶嵌：社会网与经济行动》，罗家德编译，社会科学文献出版社 2007
年版。

[美]马克·格兰诺维特、[瑞典]理查德·斯威德伯格：《经济生活中的社会学》，瞿铁鹏、姜志辉
译，上海人民出版社 2014 年版，第 1—32 页。

[德]马克斯·韦伯：《经济通史》，姚曾廙译，上海三联书店 2006 年版。

[德]马克斯·韦伯：《经济与社会》上卷，林荣远译，商务印书馆 1997 年版。

[德]马克斯·韦伯：《儒教与道教》，王容芳译，商务印书馆 1995 年版。

[德]马克斯·韦伯：《社会科学和经济科学"价值无涉"的意义》，《社会科学方法论》，韩水
法、莫茜译，中央编译出版社 1999 年版，第 136—182 页。

[德]马克斯·韦伯：《社会科学认识和社会政策认识中的"客观性"》，《社会科学方法论》，韩
水法、莫茜译，中央编译出版社 1999 年版，第 1—61 页。

[德]马克斯·韦伯：《新教伦理与资本主义精神》，于晓、陈维钢译，生活·读书·新知三联
书店 1987 年版。

[德]马克斯·韦伯：《学术与政治》，冯克利译，生活·读书·新知三联书店 1998 年版。

[德]马克斯·韦伯：《资本主义与农业社会——欧洲与美国的比较》，见甘阳选编《民族国家
与经济政策》，甘阳等译，生活·读书·新知三联书店 1997 年版，第 109—141 页。

[法]马塞尔·莫斯：《礼物》，汲喆译，上海人民出版社 2002 年版。

马燕：《苹果中国代工企业利润率不到 2%》，2012 年 1 月 30 日，http://roll.sohu.com/20120130/
n333158919.shtml。

[英]迈克·费瑟斯通：《消费文化与后现代主义》，刘精明译，译林出版社 2000 年版。

[英]迈克尔·波兰尼：《个人知识——迈向后批判哲学》，许泽民译，贵州人民出版社 2000 年版。

[美]迈克尔·波特：《竞争优势》，陈小悦译，华夏出版社 2005 年版。

[美]迈克尔·布若威：《制造同意——垄断资本主义劳动过程的变迁》，李荣荣译，商务印书
馆 2008 年版。

[美]曼库尔·奥尔森：《国家兴衰探源——经济增长、滞胀与社会僵化》，吕应中、陈槐庆、
吴栋等译，商务印书馆 1999 年版。

[美]曼库尔·奥尔森：《集体行动的逻辑：共用物品和集团理论》，陈郁、郭宇峰、李崇新译，格致出版社、上海三联书店、上海人民出版社 1995 年版。

孟祺：《美国再工业化对中国的启示》，《现代经济探讨》2012 年第 9 期。

木秀林：《FLA 公布最终调查报告：富士康 3 工厂存重大问题》，2012 年 3 月 30 日，http://tech.163.com/12/0330/04/7TQMDO8H000915BD.html。

[法]尼古拉·埃尔潘：《消费社会学》，孙沛东译，社会科学文献出版社 2005 年版。

《纽约时报》中文网：《"米粉圈"进化史》，2014 年 12 月 17 日，http://cn.nytimes.com/technology/20141217/cc17xiaomifans/。

《纽约时报》中文网：《中国经济"新常态"改变投资格局》，2015 年 1 月 21 日，http://cn.nytimes.com/china/20150121/c21investment/。

潘凌飞：《谘商会：十年内中国经济增长将降至 3.9%》，2014 年 10 月 20 日，http://wallstreetcn.com/node/209613。

庞丽静：《富士康员工：从前加班能拿 4000 元 现在不到 2000》，2012 年 4 月 14 日，http://tech.ifeng.com/it/special/apple-detoxify/content-3/detail_2012_04/14/13883402_0.shtml。

[德]齐奥尔格·西美尔：《时尚的哲学》，费勇、吴䔄译，文化艺术出版社 2001 年版。

[英]齐格蒙特·鲍曼：《工作、消费、新穷人》，仇子明、李兰译，吉林出版集团有限责任公司 2010 年版。

[英]齐格蒙特·鲍曼：《立法者与阐释者》，洪涛译，上海人民出版社 2000 年版。

裘颖琼、杜丽华：《45 天速成鸡激素催大有害健康？KFC：言论耸人听闻》，2012 年 11 月 29 日，http://sh.eastday.com/m/20121129/u1a7028193.html。

仇子明、李兰：《译者导言：现代政治秩序解构的伦理危机》，见[英]齐格蒙特·鲍曼《工作、消费、新穷人》，仇子明、李兰译，吉林出版集团有限责任公司 2010 年版，第 1—28 页。

[法]让·鲍德里亚：《消费社会》，刘成富、全志钢译，南京大学出版社 2008 年版。

[日]三浦展：《下流社会——一个新社会阶层的出现》，戴铮译，文汇出版社 2007 年版。

沈原：《市场、阶级与国家》，社会科学文献出版社 2007 年版。

石立娜：《团购网站发展情况及对监管的挑战》，2011 年 10 月 18 日，http://tech.sina.com.cn/i/2011-10-18/17566195051.shtml。

石嫣：《我在美国当农民——80 后的"插队"日志》，生活·读书·新知三联书店 2012 年版。

石嫣、程存旺：《社区支持农业(CSA)在中国大陆》，2011 年 11 月 7 日，http://blog.sina.com.cn/s/blog_55a11f8e0102duba.html。

石燕：《富士康：灰色的回忆，伤痛的话题》，2010 年 5 月 29 日，http://blog.udn.com/mayersu/4077318。

书聿：《富士康工人的爱与恨：一场关乎生计的抗争》，2012 年 5 月 7 日，http://tech.sina.com.cn/it/2012-05-07/11247068665.shtml。

孙燕飚：《富士康加薪 3 成，苹果或涨 2%代工费作补贴》，2010 年 6 月 3 日，http://www.yicai.com/news/2010/06/357530.html。

[英]托马斯·霍布斯：《利维坦》，黎思复、黎廷弼译，商务印书馆 1985 年版。

[美]托马斯·谢林：《冲突的战略》，赵华等译，华夏出版社 2006 年版。

[美]托斯丹·凡勃伦：《企业论》，蔡受百译，商务印书馆 2012 年版。

[美]托斯丹·凡勃伦:《有闲阶级论——关于制度的经济研究》,蔡受百译,商务印书馆1964年版。

汪和建、李磊:《通用劳动力市场的社会治理——也论〈劳动合同法〉的政策效果》,《南京大学学报》2011年第5期。

汪和建:《迈向中国的新经济社会学:交易秩序的结构研究》,中央编译出版社1999年版。

汪和建:《再访涂尔干——现代经济中道德的社会建构》,《社会学研究》2005年第1期。

汪和建:《自我行动的逻辑:当代中国人的市场实践》,北京大学出版社2013年版。

汪和建:《自我行动的逻辑:理解"新传统主义"与中国单位组织的真实的社会建构》,《社会》2006年第3期。

汪和建:《尊严、交易转型与劳动组织治理:解读富士康》,《中国社会科学》2014年第4期。

王宁:《从苦行者社会到消费者社会——中国城市消费制度、劳动激励与主体结构转型》,社会科学文献出版社2009年版。

王永强:《富士康新干班集体请辞幕后》,2010年4月24日,http://finance.sina.com.cn/chanjing/gsnews/20100424/10047819917.shtml。

网易新闻:《"潜伏"富士康28天:工人像碎片一样活着》,2010年5月15日,http://news.163.com/10/0515/00/66MEU71400014AEE.html。

网易新闻:《男子为省钱穴居山洞 月入3000元全寄回家》,2015年3月3日,http://news.163.com/photoview/00AP0001/85613.html#p=AJP5URG900AP0001。

威锋网:《打破行业规则,iPhone 逃过硬件商品化恶劫》,2015年9月12日,http://www.cnbeta.com/articles/tech/429395.htm。

威锋网:《要让别人知道你拿的是 iPhone 6s:真的重要?》,2015年9月14日,http://www.cnbeta.com/articles/429639.htm。

[德]维尔纳·桑巴特:《奢侈与资本主义》,王燕平、侯小河译,上海人民出版社2000年版。

[美]维克托·尼:《新制度主义的源流》,见薛晓源、陈家刚主编《全球化与新制度主义》,社会科学文献出版社2004年版,第99—104页。

[美]维维安娜·泽利泽:《亲密交易》,[美]纪廉等编《新经济社会学:一门新兴学科的发展》,姚伟译,社会科学文献出版社2006年版,第372—408页。

温铁军:《CSA模式是建设生态型农业的有效途径之一》,《中国合作经济》,2009年第10期。

[美]沃尔特·罗斯托:《经济增长的阶段:非共产党宣言》,郭熙保、王松茂译,中国社会科学出版社2001年版。

[德]乌尔里希·贝克:《风险社会》,何博闻译,译林出版社2004年版。

巫仁恕:《品味奢华——晚明的消费社会与士大夫》,联经出版事业股份有限公司2007年版。

吴心欣:《郭台铭抛"员工动物论",劳工团体抨击》,2012年1月22日,http://www.voanews.com/chinese/news/20120122-Foxconn-workers-137854148.html。

[荷]希格沃特·林登伯格:《短期流行、社会认可及雇佣关系的管理》,见[美]约翰·克劳奈维根编《交易成本经济学及其超越》,朱舟、黄瑞虹译,上海财经大学出版社2002年版,第173—197页。

新浪博客:《五大问题!高校调研组富士康报告全文》,2012年3月31日,http://blog.sina.com.cn/

s/blog_71bfdef6010115uw.html。

新浪科技：《HTC 联手微博试水手机客制化》，2013 年 4 月 26 日，http://tech.sina.com.cn/i/
　　2013-04-26/17488286271.shtml。

新浪汽车：《福特 T 型车：一款改变了世界的汽车》，2003 年 6 月 12 日，http://auto.sina.com.cn/
　　news/2003-06-12/38841.shtml。

［英］亚当·斯密：《道德情操论》，蒋自强、钦北愚、朱钟棣等译，商务印书馆 1997 年版。

［英］亚当·斯密：《国民财富的性质和原因的研究》上卷，郭大力、王亚南译，商务印书馆 1972
　　年版。

［英］亚当·斯密：《国民财富的性质和原因的研究》下卷，郭大力、王亚南译，商务印书馆 1974
　　年版。

姚洋：《中国经济成就的根源与前景》，《文化纵横》2010 年第 2 期。

一米：《绝非吉兆——论 Adobe 突然关闭中国研发中心一事》，2014 年 9 月 30 日，http://www.
　　cnbeta.com/articles/333169.htm。

［美］伊恩·麦克尼尔：《新社会契约论》，雷喜宁、潘勤译，中国政法大学出版社 1994 年版。

［德］伊曼努尔·康德：《道德形而上学原理》，苗力田译，上海人民出版社 1986 年版。

［美］伊斯雷尔·柯兹纳：《市场过程的含义》，冯兴元、景朝亮、檀学文等译，中国社会科学
　　出版社 2012 年版。

译言网：《大西洋月刊：美国廉价的一代》，2012 年 8 月 31 日，http://select.yeeyan.org/view/347546/
　　313307。

鹦英：《谷歌 Modular Phone 将如何威胁苹果和三星？》，2015 年 1 月 22 日，http://www.ccidnet.
　　com/2015/0122/5744231.shtml。

［美］约翰·加尔布雷思：《富裕社会》，赵勇、周定瑛、舒小昀译，江苏人民出版社 2009 年版。

［美］约翰·加尔布雷思：《经济学和公共目标》，于海生译，华夏出版社 2010 年版。

［美］约翰·加尔布雷思：《美国资本主义：抗衡力量的概念》，王肖竹译，华夏出版社 2008 年版。

［美］约翰·加尔布雷思(高伯瑞)：《新工业国：企业经营者如何左右经济与政治大局》，谭天
　　译，智库股份有限公司 1997 年版。

［英］约翰·凯恩斯：《就业利息和货币通论》，徐毓枬译，商务印书馆 1983 年版。

［英］约翰·洛克：《政府论》下篇，叶启芳、瞿菊农译，商务印书馆 1964 年版。

［美］约翰·迈耶、布赖恩·罗恩：《制度化的组织：作为神话与仪式的正式结构》，见［美］沃
　　尔特·鲍威尔、保罗·迪马吉奥主编《组织分析的新制度主义》，姚伟译，上海人民出版社
　　2008 年版，第 45—67 页。

［美］约瑟夫·熊彼特：《经济发展理论——对于利润、资本、信贷、利息和经济周期的考察》，
　　何畏、易家详等译，人民出版社 1990 年版。

曾国安、洪丽：《第二次世界大战后美国居民收入差距的演变趋势及现状评价》，《中国地质大
　　学学报》2009 年第 1 期。

［美］詹姆斯·科尔曼：《社会理论的基础》，邓方译，社会科学文献出版社 1992 年版。

张军：《被误读的中国经济》，东方出版社 2013 年版。

张卫良：《20 世纪西方社会关于"消费社会"的讨论》，《国外社会科学》2005 年第 5 期。

赵卫华：《地位与消费——当代中国社会各阶层消费状况研究》，社会科学文献出版社 2007
　　年版。

中国产业洞察网：《国内新型农业 CSA 发展迅速 CSA 农业投资项目已达 200 多个》，2013 年 3
　　月 15 日，http://www.51report.com/free/3011484.html。

中国人民银行：《2014 年支付体系运行总体情况》，2015 年 2 月 12 日，http://www.pbc.gov.cn/
　　goutongjiaoliu/113456/113469/2810660/index.html。

中国人民银行：《金融机构人民币信贷收支表（按部门分类）》，2015 年 7 月 14 日，http://www.
　　pbc.gov.cn/eportal/fileDir/defaultCurSite/resource/cms/2015/07/2014s03a.htm。

中国网：《烧成专供帝王家》，2014 年 11 月 5 日，http://finance.china.com.cn/roll/20141105/2773230.
　　shtml/。

中国新闻网：《日本研发"智能"家具：厨房自动烧菜 镜子当医生》，2015 年 4 月 20 日，http://www.
　　chinanews.com/gj/2015/04-20/7218382.shtml。

［美］朱丽叶·斯格尔：《过度劳累的美国人》，赵惠君、蒋天敏译，重庆大学出版社 2010 年版。

［美］朱丽叶·斯格尔：《过度消费的美国人》，尹雪姣、张丽、李敏译，重庆大学出版社 2010 年版。

珠海绿手指："农产产品"，http://blog.sina.com.cn/s/articlelist_1897656175_3_1.html。

紫雾月亮：《58% 的消费者：自制豆浆更安全健康》，2011 年 8 月 1 日，http://info.homea.hc360.com/
　　2011/08/011808755137.shtml。

360doc 个人图书馆：《中国引入美式 CSA 农业模式第一人》，2013 年 6 月 28 日，http://www.
　　360doc.com/content/13/0628/10/1312363_296089957.shtml。

360doc 个人图书馆：《医疗保健服务的"消费者自制化"趋势》，2014 年 9 月 12 日，http://www.
　　360doc.com/content/14/0912/12/15687462_408885864.shtml。

cnBeta：《麦当劳在美拓展"自制汉堡"服务可随心定制汉堡》，2014 年 12 月 9 日，http://www.
　　cnbeta.com/articles/352855.htm。

cnBeta：《随身的星巴克：Hey Joe 杯为户外用户制作新鲜咖啡》，2014 年 6 月 5 日，http://www.
　　cnbeta.com/articles/298703.htm。

cnBeta：《无线先锋 Bob Egan：iPhone 并不适合企业应用》，2013 年 6 月 8 日，http://www.cnbeta.
　　com/articles/240400.htm。

cnBeta：《夏天到了 Fizzini 让你自制碳酸饮料》，2013 年 7 月 4 日，http://www.cnbeta.com/articles/
　　243424.htm。

［英］Hyman R：《比较工会运动》，许继峰、吴育仁译，韦伯文化国际出版有限公司 2004 年版。

Solidot：《联想将生产线移到美国的意义》，2012 年 10 月 3 日，http://www.solidot.org/story?
　　sid=31659。

Solidot：《苹果部分产品美国制造，富士康扩大美国工厂》，2012 年 12 月 7 日，http://www.
　　solidot.org/story?sid=32579。

Venus：《MOTO X 发布：超 2000 种定制项》，2013 年 8 月 2 日，http://www.cnbeta.com/articles/
　　246943.htm。

Akerlof G, "The Market for 'Lemons': Qualitative Uncertainty and the Market Mechanism",
　　Quarterly Journal of Economics, Vol. 84, 1970.

Beck U, *Gegengifte: Die organisierte Unverantwortlichkeit*, Frankfurt: Suhrkamp, 1988.

Boas F, "The Indians of British Columbia", *The Popular Science Monthly*, Vol. 32, 1888.

Bourdieu P, *Distinction: A Social Critique of the Judgement of Taste*, Cambridge: Harvard University Press, 1984.

Burawoy M, *The Politics of Production: Factory Regimes Under Capitalism and Socialism*, London: Verso, 1985.

Burt R, *Corporate Profits and Coopation*, New York: Academic Press, 1983.

Burt R, *Toward a Structural Theory of Action: Network Models of Social Structure, Perception, and Action*, New York: Academic Press, 1982.

Campbell C, *The Romantic Ethic and the Spirit of Modern Consumerism*, Oxford: Basil Blackwell, 1987.

Coase R, "The Nature of the Firm", *Economica*, Vol. 4, 1937.

Coleman J, *Foundations of Social Theory*, Cambridge: Harvard University Press, 1990.

DiMaggio P, Powell W, "The Iron Cage Revisited: Institutional Isomorphism and Collective Rationality", *American Sociological Review*, Vol. 42, 1984.

Doeringer P, Piore M, *Internal Labor Markets and Manpower Adjustment*, New York: D. C. Heath and Company, 1971.

Fetter F, *The Principles of Economics with Applications to Practical Problems*, New York: The Century Company, 1904.

Geertz C, *Agricultural Involution: The Processes of Ecological Change in Indonesia*, Berkeley: University of California Press, 1963.

Giddens A, *Modernity and Self-Identity: Self and Society in the Late Modern Age*, Stanford: Stanford University Press, 1991.

Google Reader Blog, "Powering Down Google Reader", 2013-03-13, http: //googlereader.blogspot. com/2013/03/powering-down-google-reader.html.

Granovetter M, "Economic Action and Social Structure: The Problem of Embeddedness", *American Journal of Sociology*, Vol. 19, No. 3, 1985.

Granovetter M, "Economic Institutions as Social Constructions: A Framework for Analysis", *Acta Sociologica*, Vol. 35, 1992.

Granovetter M, "The Old and the New Economic Sociology: A History and an Agenda", In Friedland R, Robertson A F, *Beyond the Marketplace: Rethinking Economy and Society*, New York: Aldine de Gruyter, 1990, pp. 89-112.

Granovetter M, "The Strength of Weak Ties", *American Journal of Sociology*, Vol. 78, 1973.

Granovetter M, Swedberg R (Eds.), *The Sociology of Economic Life*, Boulder: Westview Press, 1992.

Hall R, "Employment Fluctuations and Wage Rigidity", *Brookings Papers on Economic Activity*, Vol. 11, No. 1, 1980.

Hall R, "The Importance of Lifetime Jobs in the U.S. Economy", *American Economic Association*,

Vol. 72, No. 4, 1982.

Hirst P, Thompson G, *Globalization in Question: The International Economy and the Possibilities of Governance*, Cambridge: Polity Press, 1996.

Hutt W, "Economic and the Concept of Competition", *South African Journal of Economics*, Vol. 2, No. 1, 1934.

Hutt W, "The Concept of Consumers' Sovereignty", *The Economic Journal*, Vol. 50, No. 197, 1940.

Hutt W, *Economists and the Public: A Study of Competition and Opinion*, Oxford: Alden Press, 1936.

Jarosz L, "The City in the Country: Growing Alternative Food Networks in Metropolitan Areas", *Journal of Rural Studies*, Vol. 24, No. 3, 2008.

Krackhardt D, "The Strength of Strong Ties: The Importance of Philos in Organizations", In Nohria N, Eccles R (Eds.), *Networks and Organizations: Structure, Form, and Action*, Boston: Harvard Business School Press, 1992, pp. 216-239.

Laing J R, Die Volksrepublik steht vor dem Absturz, 2012-07-04, https://www.welt.de/wall-street-journal/article107809053/Die-Volksrepublik-steht-vor-dem-Absturz.html.

Main B, "The Length of a Job in Great Britain", *Economica*, Vol. 49, No. 195, 1982.

McCracken G, *Culture and Consumption: New Approaches to the Symbolic Character of Consumer Goods and Activities*, Bloomington: Indiana University Press, 1988.

Meyer J, Rowen B, "Institutionalized Organizations: Formal Structure as Myth and Ceremony", *American Journal of Sociology*, Vol. 83, No. 2, 1977.

Mincer J, Jovanovic B, "Labor Mobility and Wages", In Rosen S (Ed.), *Studies in Labor Markets*, Chicago: University of Chicago Press, 1981, pp. 21-63.

Olney M, *Buy Now Pay Later*, Chapel Hill: University of North Carolina Press, 1991.

Podolny J, "A Status-Based Model of Market Competition", *American Journal of Sociology*, Vol. 98, No. 4, 1993.

Ritzer G, *The McDonaldization of Society: An Investigation into the Changing Character of Contemporary Social Life*, London: Pine Forge Press, 1993.

Robertson R, "Mapping the Global Condition: Globalization as the Central Concept", *Theory, Culture & Society*, Vol. 7, 1990.

Robinson J, *The Economics of Imperfect Competition*. London: Macmillan, 1933.

Rosen S, "Introduction", In Rosen S (Ed.), *Studies in Labor Markets*, Chicago: University of Chicago Press, 1981, pp. 1-19.

Selznick P, *Leadership in Administration: A Sociological Interpretation*, Evanston: Row, Peterson, 1957.

Selznick P, *TVA and the Grass Roots: A Study in the Sociology of Formal Organization*, Berkeley: University of California Press, 1949.

Smelser N, Swedberg R (Hg.), *The Handbook of Economic Sociology*, Princeton: Princeton University Press, 1994.

Swedberg R（Ed.），*Explorations in Economic Sociology*, New York: Sage, 1993.

Swedberg R, "New Economic Sociology: What Has Been Accomplished, What Is Ahead?" *Acta Sociologica*, Vol. 40, 1997.

Swedberg R, *Principles of Economic Sociology*, Princeton: Princeton University Press, 2003.

Swidler A, "Culture in Action: Symbols and Strategies", *American Sociological Review*, Vol. 51, 1986.

Touraine A, *The Voice and the Eye: An Analysis of Social Movement*, Cambridge: Cambridge University Press, 1981.

Uzzi B, "Social Structure and Competition in Interfirm Networks: The Paradox of Embeddedness", *Administrative Science Quarterly*, Vol. 42, 1997.

Vaughn K, *Austrian Economics in America: The Migration of a Tradition*, New York: Cambridge University Press, 1994.

Wallerstein I, *The Capitalist World-Economy*, Cambridge: Cambridge University Press, 1979.

White H, "Markets in Production Networks", In Swedberg R（Ed.），*Explorations in Economic Sociology*, New York: Russell Sage Foundation, 1993, pp. 161-175.

White H, "Where Do Markets Come From?" *American Journal of Sociology*, Vol. 87, 1981.

Yan Y X, "Food Safety and Social Risk in Contemporary China", *The Journal of Asian Studies*, Vol. 71, No. 3, 2012.

Zelizer V, "Beyond the Polemics of the Market: Establishing a Theoretical and Empirical Agenda", *Sociological Forum*, Vol. 3, 1988.

Zukin S, DiMaggio P（Eds.），*Structures of Capital: The Social Organization of the Economy*, New York: Cambridge University Press, 1990.

附　录

附录一　尊严、交易转型与劳动组织治理：解读富士康

一、引论：问题与假设

经济社会学应当研究的一个问题是，为什么企业需要对其劳动组织的治理进行调整。一方面，这一问题相对来说被经济社会学家们忽视了，主要原因是作为主流的新经济社会学将研究兴趣集中在了劳动力流动 (labor mobility)，并且"特别关注劳动力市场行为如何镶嵌在社会互动结构及受人口学因素的限制上"[1]。虽然也有一些研究涉及长期合约与内部劳动力市场，但总体而言，其注意力仍限于那些决定个人工作匹配性与流动性的社会限制性因素上。[2]另一方面，作为非主流的经济社会学的劳工研究虽然聚焦于劳动

---

[1]　[美]马克·格兰诺维特：《镶嵌：社会网与经济行动》，罗家德编译，社会科学文献出版社 2007 年版，第 98 页。

[2]　Hall R, "Employment Fluctuations and Wage Rigidity", *Brookings Papers on Economic Activity*, Vol. 11, No. 1, 1980, pp. 91-142；Hall R, "The Importance of Lifetime Jobs in the U.S. Economy", *American Economic Association*, Vol. 72, No. 4, 1982, pp. 716-724；Rosen S, "Introduction", In Rosen S（Ed.）, *Studies in Labor Markets*, Chicago: University of Chicago Press, 1981, pp. 1-19；Main B, "The Length of a Job in Great Britain", *Economica*, Vol. 49, No. 195, 1982, pp. 325-333；Mincer J, Jovanovic B, "Labor Mobility and Wages", In Rosen S（Ed.）, *Studies in Labor Markets*, Chicago: University of Chicago Press, 1981, pp. 21-63.

组织内部的劳资关系，但其研究视角大多限于"工人阶级"或"底层社会"①，因而对于理解和解释劳动组织治理的形成及其变迁贡献甚微。

这一局面亟须改变。对于国内经济社会学者而言，现在适逢一个聚焦探讨这一问题的时机，即我们面临着一个严峻的经验现象的挑战——如何揭示近年来富士康员工连环自杀事件的真相。我们有责任通过其专业性研究去更好地揭示这一事件的真相问题，同时，笔者相信来自富士康事件的证据也将有助于推进经济社会学对劳动组织治理的研究。

有关富士康事件的真相，社会各界已有多种解读。一是富士康官方及其邀请的心理学专家试图把自杀现象归结为个人精神困扰。区别在于，前者有明显解脱其组织责任的痕迹，后者则更多基于其专业的"临床诊断"，其中，也有学者将其归咎于个体"环境适应"问题。②二是美国公平劳工协会(FLA)和国内媒体记者力图从其组织结构、管理方式和社会关系等角度追究事件的根源。美国公平劳工协会的调查结论是，"富士康大陆园区存在过度加班、拖欠工资以及薪水不足以支付基本生活费用等多项违反劳动者权益的问题"③。相比而言，媒体记者的一系列报道(他们大多以受邀或"潜伏"的方式进入富士康工厂)所汇集的观察与揭示更为具体与全面："紧张的工作、连续的加班、简单重复的工作、简陋的住所、封闭式的军事化管理、单调的业余生活、稀缺的人间温情——这就是那些工人的生活。"④三是"两岸三地"高校富士康调研组力图在更为独立的调研基础上，

---

① Touraine A, *The Voice and the Eye: An Analysis of Social Movement*, Cambridge: Cambridge University Press, 1981；Burawoy M, *The Politics of Production: Factory Regimes Under Capitalism and Socialism*, London: Verso, 1985；[美]迈克尔·布若威：《制造同意——垄断资本主义劳动过程的变迁》，李荣荣译，商务印书馆 2008 年版；沈原：《市场、阶级与国家》，社会科学文献出版社 2007 年版。

② 还有心理学家使用统计方法而称富士康的"自杀率低于全国平均水平"。这一论断由于忽略了年龄因素而备受批评。

③ 2012 年 2 月初，受苹果公司邀请，美国非营利机构公平劳工协会对苹果公司在中国及其他国家和地区的代工厂进行独立审计。在历经一个月的调查后，于 3 月底公布了对富士康的最终调查报告(木秀林：《FLA 公布最终调查报告：富士康 3 工厂存重大问题》，2012 年 3 月 30 日，http://tech.163.com/12/0330/04/7TQMDO8H000915BD.html)。

④ 刘心武、刘志毅：《他们为什么自杀》，花城出版社 2010 年版，第 178 页。

从"劳工阶层"与全球生产的角度对富士康事件进行诊断。[1]在最新报告中，调研组指出了美国公平劳工协会调查报告没有提及且仍然存在的"一些关键性的问题"，包括要求政府招工、滥用学生工、瞒报工伤、加薪泡沫、严苛管理以及苹果公司的责任等。他们也因此质疑美国公平劳工协会调查的独立性、公正性与准确性。

三种解读都为揭示富士康真相做出了贡献。笔者将直接或间接地引用这些观察或资料，同时笔者认为，上述解读都有其局限。心理的解读无法提供社会学研究所需要的更多的"社会学想象力"[2]，尽管后者也会付出代价，即以系统水平上的结构性研究阻断与行动水平上的心理-过程研究的勾连；生产管理体制的解读的限制是对结构性因素的定义过于空泛；资本权力或阶级利益的解读的主要问题同样是用某些似是而非、充满价值判断的概念，取代了严格的逻辑-实证分析。正如威廉姆森所言，"对于研究复杂的社会科学现象来说，这种漫无边际的方法显然难以令人满意"[3]。经济社会学有关劳动组织的治理的研究——为了更好地揭示富士康真相问题——必须建立在更具"价值中立"[4]和更有操作性的分析基础之上。

笔者相信，与交易费用经济学有关劳动组织治理的研究进行对话，是保证上述研究取向的重要途径。众所周知，交易成本经济学已在劳动组织方面取得了显著成就。其基本法则，就是运用交易成本分析去比较那些把劳动组织起来的各种治理结构，以保证"（每种）劳动的治理结构必须与每种劳动的

① 富士康"连环跳"发生后，北京大学、清华大学、香港理工大学、台湾大学等 20 所高校 100 多名师生联合组成了"两岸三地"高校富士康调研组，深入富士康在中国大陆的多间厂区进行实地走访，在历时一年半的一系列调查研究的基础上，调研组分别于 2010 年 10 月、2011 年 5 月和 2012 年 3 月先后发布《富士康调研总报告：详细解密五大违规行为》《西进——富士康内迁调研报告》《富士康，你改过自新了吗？——2012 年度"两岸三地"高校富士康调研报告》等三份报告。

② [美]赖特·米尔斯：《社会学的想像力》，陈强、张永强译，生活·读书·新知三联书店 2005 年版。

③ [美]奥利弗·威廉姆森：《资本主义经济制度：论企业签约与市场签约》，段毅才、王伟译，商务印书馆 2002 年版，第 331 页。

④ [德]马克斯·韦伯：《社会科学认识和社会政策认识中的"客观性"》，《社会科学方法论》，韩水法、莫茜译，中央编译出版社 1999 年版。

具体属性相适应或相匹配"。①而其具体方法，则是主要运用人力资产专用性这一尺度来测定每种劳动交易的属性及其付出的成本。②由此，其结论是：在其他条件相同的情况下，企业总是倾向于根据交易双方投入的人力资产的专用性程度，设计、选择各种治理结构。人力资产的专用性越高，交易双方越需要建立一种保护性的治理结构。③

用人力资产专用性（包括工作任务的可分割性）来测定和选择企业内部劳动交易的属性及其匹配的治理结构，是交易成本经济学的重要贡献。通过各种劳动交易与其治理结构的匹配的整体框架，我们能大致判断某个企业是否将劳动组织带到了一个有效的治理结构中。问题是，正如富士康事件显示的，一个看似构建了有效劳动组织治理结构的企业④，却在中下层员工中发生了连环自杀的现象。尽管目前我们无法给予具体的解释，但是，它让我们感觉交易成本经济学建立的以人力资产专用性为尺度的分类治理框架可能存在着某些重要限制。

诚然，威廉姆森已经认识到其分析过于"简单"，并且提出了两项"补充"其理论的方案，包括识别和分析权力、尊严等影响劳动交易的新因素，以及发现和解释组织治理转变中的过程特征，引入权力、尊严概念以及运用过程

① ［美］奥利弗·威廉姆森：《资本主义经济制度：论企业签约与市场签约》，段毅才、王伟译，商务印书馆 2002 年版，第 335 页。

② 关于检测"每种劳动的具体属性"，威廉姆森的建议是，运用表示交易的两个主要尺度，即不确定性和资产专用性（［美］奥利弗·威廉姆森：《资本主义经济制度：论企业签约与市场签约》，段毅才、王伟译，商务印书馆 2002 年版，第 336 页）。或许是由于不确定性在各种交易中普遍存在（其根本上是由人类的两种行为属性即"有限理性"和"机会主义"决定的），并且其对人力资产专用性强的交易的影响更大，因此，在劳动组织研究中，威廉姆森（虽然没有明言）主要考虑的还是人力资产专用性。

③ 根据人力资产专用性的高低以及工作关系的可分割性（后者——作为测定人力资产专用性的一项指标——为何与前者并列，令人不解），威廉姆森提出了以下四种具体的治理结构：现成的内部市场；初级团体；互担责任的市场；亲密型团队（［美］奥利弗·威廉姆森：《资本主义经济制度：论企业签约与市场签约》，段毅才、王伟译，商务印书馆 2002 年版，第 340—343 页）。

④ 至少富士康在形式上已经做到了根据员工的人力资产专用性来配置不同的治理结构，如顶层管理者采用"亲密型团队"的形式，中层管理者使用"互担责任的市场"形式，而对于下层一般工人则采用作为内部市场治理的"现成的内部市场"或"初级团队"的形式。

分析，具有重大价值。然而，它们都超出了交易成本经济学研究效率问题的范围。① "经济学家在其他问题上虽长于计算，但在这些问题上他们可能却无能为力。而组织理论专家则不同，他们不用言必称'理性精神'，故而在(与经济学家的)竞争中就没有背上那么大的包袱。"② 这就是威廉姆森强调"人们需要一种经济学和组织学相结合的观点"的原因。③

当然，这也是经济社会学者参与研究并与之竞争的理由。古典经济社会学——尤其是在韦伯那里④——早就确立了一种将"效率"问题与"价值"问题综合起来考虑的研究风格。⑤ 在后古典经济社会学家，例如波兰尼那里，经济的"形式主义"方面与经济的"实质主义"的关系得到了系统的探讨。⑥ 而在新经济社会学中，结构学派经过一段时间的磨砺，其在方法论方面已呈现出某种理论折中，即不仅强调经济行动的嵌入性，也相信其行动目标的多元性⑦；

---

① 或许这中间存在着一个笛卡儿式悖论：一方面科学(很大程度上是遵从人类有限的智性)要求人们必须"从错综复杂事物中区分出最简单事物"，然后予以有秩序的认识；另一方面，当人们把分解出某些"最简单项"重新"置于相互关系"中进行复杂研究时，却发现简单认识的方法的"失败"(以致其并不支持其顺利转变到复杂认识)。有关笛卡儿"科学方法"研究，参见[法]罗狄-刘易斯：《笛卡尔和理性主义》，管震湖译，商务印书馆1997年版。

② [美]奥利弗·威廉姆森：《资本主义经济制度：论企业签约与市场签约》，段毅才、王伟译，商务印书馆2002年版，第563页。

③ [美]奥利弗·威廉姆森：《经济组织的逻辑》，见[美]奥利弗·威廉姆森、西德尼·温特编《企业的性质：起源、演变和发展》，姚海鑫、邢源源译，商务印书馆2007年版，第123页。

④ [德]马克斯·韦伯：《经济与社会》上卷，林荣远译，商务印书馆1997年版。

⑤ 交易成本经济学自我设定"集中研究效率问题"，但它却很少定义"效率"的概念，至少笔者是这种感觉。如果它与新古典经济学一样遵循的是"帕累托效率"概念，那么，可以肯定，其效率概念中并非不包含价值(公平)问题，并且除非额外设置与实施公平原则，否则其本身并不能完全解决该问题(汪和建：《迈向中国的新经济社会学：交易秩序的结构研究》，中央编译出版社1999年版，第7章)。

⑥ [英]卡尔·波兰尼：《经济：制度化的过程》，见许宝强、渠敬东选编《反市场的资本主义》，中央编译出版社2001年版，第33—63页。

⑦ Granovetter M, "Economic Institutions as Social Constructions: A Framework for Analysis", *Acta Sociologica*, Vol. 35, 1992, pp. 3-11; Granovetter M, Swedberg R (Eds.), *The Sociology of Economic Life*, Boulder: Westview Press, 1992.

而新制度学派则主张承认行动中的理性以及强调认知的社会建构。[①]此外，过程分析的观点受到包括几乎所有经济社会学家的赞同。这些都表明，经济社会学很有可能在威廉姆森指明出路但却感到"无能为力"的地方做出自己独特的贡献。

　　为实现这一目标，本书采取如下研究策略：用嵌入互动和交易理性相结合的方法把尊严（包括作为背景的地位-权力要素）与交易转型联结起来，以考察其对劳动组织治理结构转变的影响。同时，我们也把这种影响置于更为广大的市场与制度环境的变动中进行分析。源于新经济社会学的"嵌入互动"的方法[②]，主张在社会-认知嵌入的视角下研究各种互动形式与过程；来自新制度经济学的"交易理性"的方法[③]，关注互动过程中各方当事人不仅会对其所追求的不同目标进行配置，而且也会对其建立的交易收益进行盘算，从而做出是否保持其关系的决策；而来自组织分析中的新制度主义学派的"制度化组织"理论[④]，则注重社会制度环境对组织结构的

---

　　① Swidler A, "Culture in Action: Symbols and Strategies", *American Sociological Review*, Vol. 51, 1986, pp. 273-286；［美］高柏：《中国经济发展模式转型与经济社会学制度学派》，《社会学研究》2008 年第 4 期，第 1—31 页。

　　② White H, "Where Do Markets Come From?" *American Journal of Sociology*, Vol. 87, 1981, pp. 517-547; Granovetter M, "Economic Action and Social Structure: The Problem of Embeddedness", *American Journal of Sociology*, Vol. 19, No. 3, 1985, pp. 481-510; Zukin S, DiMaggio P（Eds.）, *Structures of Capital: The Social Organization of the Economy*, New York: Cambridge University Press, 1990; Uzzi B, "Social Structure and Competition in Interfirm Networks: The Paradox of Embeddedness", *Administrative Science Quarterly*, Vol. 42, 1997, pp. 35-67；［美］维克托·尼：《新制度主义的源流》，见薛晓源、陈家刚主编《全球化与新制度主义》，社会科学文献出版社 2004 年版，第 99—104 页。

　　③ ［美］奥利弗·威廉姆森：《资本主义经济制度：论企业签约与市场签约》，段毅才、王伟译，商务印书馆 2002 年版；［美］奥利弗·威廉姆森：《市场与层级制：分析与反托拉斯含义》，蔡晓月、孟俭译，上海财经大学出版社 2011 年版；Coleman J, *Foundations of Social Theory*, Cambridge: Harvard University Press, 1990；［美］林南：《社会资本——关于社会结构与行动的理论》，张磊译，上海人民出版社 2005 年版。

　　④ Selznick P, *TVA and the Grass Roots: A Study in the Sociology of Formal Organization*, Berkeley: University of California Press, 1949；Selznick P, *Leadership in Administration: A Sociological Interpretation*, Evanston: Row, Peterson, 1957; Meyer J, Rowen B, "Institutionalized Organizations: Formal Structure as Myth and Ceremony", *American Journal of Sociology*, Vol. 83,

形成与变迁的影响。这三种理论与方法的结合，更能有助于实现我们的研究目标。附图 1-1 显示的就是以这种综合的方法和策略所揭示的尊严、交易转型的相互作用及其对劳动组织治理转变的影响过程。它包括三个环节及其可能的研究假设。

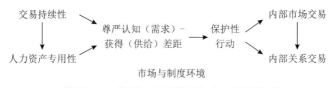

附图 1-1　尊严、交易转型与劳动组织治理

（1）组织内员工尊严认知与获得的差距越大，就越可能激发其各种保护性行动，从而导致初期有效的内部市场治理结构的不适应。

（2）组织内劳动交易关系不是固定的，而是会随着劳动交易的持续及其引致的人力资产专用性程度的提高而发生转变，且其可能通过影响组织内尊严需求与供给的差距，促使劳动组织治理结构的转型。

（3）劳动组织治理由内部市场交易向内部关系交易转变，并非没有条件：企业家认知及其"结构自主性"策略博弈，对于转向-过渡具有重要意义。

下面的研究将依循这一框架及其逻辑过程。这一框架并不可能解决劳动组织治理中的所有问题，但是却能突出尊严和交易转型在劳动组织治理中的作用。我们将使用来自富士康的证据予以论证，同时，也寄望于通过研究给出对富士康事件更好的理解与解释。

二、尊严、保护性行动及其后果

或许现在已没有或很少有人能够完全否认人类对尊严的需求。从 1776 年美国发布《独立宣言》到 1948 年联合国大会决议通过《世界人权宣言》，国际社会已普遍承认"人类家庭所有成员的固有尊严及其平等和不移的权

No. 2, 1977, pp. 340-363；DiMaggio P, Powell W, "The Iron Cage Revisited: Institutional Isomorphism and Collective Rationality", *American Sociological Review*, Vol. 42, 1984, pp. 726-743；[美]理查德·斯科特：《制度理论的青春期》，见张永宏主编《组织社会学的新制度主义学派》，上海人民出版社 2007 年版，第 439—459 页。

利"。1982 年颁布的《中华人民共和国宪法》将"公民的人格尊严不受侵犯"写入条款(第三十八条),标志着公民"人格尊严"首次获得国家认可与法律保护。2010 年温家宝总理在《政府工作报告》中重申:"我们所做的一切都是要让人民生活得更加幸福、更有尊严,让社会更加公正、更加和谐。"这是温总理一年中第三次提到"尊严",显示了当下中国社会对(人格)尊严有着强烈的需求。

社会世界存在着对尊严的普遍需求。然而,主要的社会科学尤其是经济学与社会学,却没有或很少将尊严纳入分析之中。①古典和新古典经济学很少谈论尊严问题。②尊严,无论是作为一种价值标准还是作为个人的心理认知,都很难纳入重在研究效率问题的新古典经济学。如前所述,威廉姆森是一个重要的例外。③他力图将"尊严"(dignity)——他将其定义为"自我与社会的尊重"(Self- and Social Regard)④——引入交易成本经济学的劳动组织研究。他提出了不少研究建议,同时,也让人看到了其运用交易成本分析所带来的悖论与无奈:一方面批评新古典经济学工具主义——把人视为一种工具的观点——所导致的忽视人的尊严的流毒,另一方面考虑尊严而讨论最小化交易成本又会导致把人看作一种工具。⑤

社会学并不拒绝讨论与尊严有关的价值问题,如平等、道德、信任、社会责任等,只是社会学很少使用尊严一词,更没有像威廉姆森那样将尊严作

---

① 其他人文社会科学如政治哲学、法哲学、伦理学则能够较多地讨论与尊严有关的诸如公平、正义、民主、法治等非效率或价值问题。

② 亚当·斯密在《国富论》中传达的思想是,个人应该将尊严(虽然他没有使用这一概念)的获得建立在自由而平等的市场交易的基础之上,而不是企望他人的施舍或怜悯,尽管君主或国家也应当发挥提供公共服务以保障公民之基本尊严需求的作用。

③ 另一个例外是阿马蒂亚·森(Amartya Sen)。他建立了一种与尊严密切相关的自由的发展观:自由是发展的首要目的,自由也是促进发展的不可缺少的重要条件。在自由的理论框架下,发展的工具性目标和价值性目标得以有效结合([印]阿马蒂亚·森:《以自由看待发展》,任赜、于真译,中国人民大学出版社 2002 年版)。

④ [美]奥利弗·威廉姆森:《治理的经济学分析:框架和意义》,见[德]埃瑞克·菲吕博顿、鲁道夫·瑞切特编《新制度经济学》,孙经纬译,上海财经大学出版社 1998 年版,第 69 页。

⑤ [美]奥利弗·威廉姆森:《治理的经济学分析:框架和意义》,见[德]埃瑞克·菲吕博顿、鲁道夫·瑞切特编《新制度经济学》,孙经纬译,上海财经大学出版社 1998 年版,第 73 页。

为一种人性或行为属性来对待的。尊严到底算不算一种人类本性？按照查尔斯·库利的观点，"人性"或人类本性有三层意义。一是由人类种质遗传而形成的各种本能，如性的冲动和语言交流的潜能等；二是人类在亲密联系的简单形式或"首属群体"（特别是家庭和邻居）中发展起来的社会性情感和态度，如自我意识、喜欢别人赞同、怨恨与竞争的心理等；三是在特殊的环境和风俗中形成的人类行为的特殊类型，如吝啬或慷慨、好战或平和、能干或平庸、保守或激进等。① 以此判断，尊严，应该属于上述第二层意义的人类社会本性，即这种本性主要是在人类亲密关系中形成的一种社会情感。只是在现代社会，这一社会情感已经越出"熟人社会"的范围而扩展至"陌生人社会"，因此，也形成了库利第三层意义的人类社会本性，即尊严同时也是在特殊的环境——法治制度和人权观念——下形成的一种尊重个人（所有人）基本权利的特殊的行为类型。② 这种行为类型——作为人格尊严的强制性供给——的总和也构成了一种运行中的制度（法律-道德）环境，并且反过来对尊严的自我和社会的认知与运用产生影响。

可见，尊严是一种普遍存在的人类本性或情感。然而，正如库利所言，社会学家却很少使用这类近乎"本能性的情感"来解释人类行为。在他们看来，"在人类生活中，使得行为具体化的，根本不是某种动机，而是由教育和社会环境决定了其表现形式的本能。它只能够通过复杂的社会决定的思想和情感方式起作用"③。这意味着，社会学家——严格地说，是那些持结构主义观点的社会学家——更愿意把各种人类本性作为被解释项

---

① ［美］查尔斯·库利：《人类本性与社会秩序》，包凡一、王源译，华夏出版社 1989 年版，第 19—21 页。

② 法学家大多将其概括为"人格尊严"。人格尊严被认为是对"等级尊严"的反动。如果说等级尊严体现的只是特权阶级或阶层的尊贵的地位或身份，那么，人格尊严倡导建立的则是《世界人权宣言》所言每个人都享有"人类家庭所有成员的固有尊严及其平等和不移的权利"，它体现的是康德（Immanuel Kant）的"道德命令"（Kantian moral imperative），即"你的行动，要把你本己中的人和其他本己中的人，在任何时候都同样看做目的，永远不能只看做手段"（［德］伊曼努尔·康德：《道德形而上学原理》，苗力田译，上海人民出版社 1986 年版，第 81 页）。

③ ［美］查尔斯·库利：《人类本性与社会秩序》，包凡一、王源译，华夏出版社 1989 年版，第 17 页。

而不是作为解释项来看待。结构主义方法的优势是，它能提示我们，大多数人类本性(社会本性)不是遗传的、不变的，而是习得的和易变的。正如库利指出的：

> 人类本性是最容易变化的，因为导致行为的本性，随着外部影响的变化而在道德或其他意义上都是变化的。现在是自私、无能、好斗和保守的本性，几年以后在另一个环境里可以变成慷慨、有为、温和和进步的本性；一切取决于本性是如何被唤醒和运用的。[①]

这一认识有助于我们把行动者对尊严的认知看成是一种受外部(特别是组织内交易转型和组织内外社会关系)影响的可变的过程。这构成了下一环节(下一节)我们理解劳动组织中交易各方尤其是劳动者随着交易转型的开展而产生其尊严认知的变化的主要内容。不过，在本环节(本节)我们首先要说明尊严作为一种人类本性的存在，然后把它引入对特定的组织行为特别是在富士康事件中表现出来的各种保护性行动的解释。

为实现这一目标，务必对社会学中的过度结构主义的倾向进行修正。好在经济社会学——作为社会学阵营中谋求经济学与社会学相互渗透的典范——有着对结构主义保持批评和谨慎态度的良好传统。韦伯的"理解社会学"开启了从人的主观意图(包括利益与理念)出发理解社会经济行动的原因与过程，再从社会文化历史的角度解释个人主观意图的建构与运用过程的"结构-个体主义"的方法论之路。[②]格兰诺维特虽然提出新经济社会学或结构的经济社会学研究，但后期研究(20世纪90年代后)已显示出其越来越关注人类动机在嵌入行动中的重要作用。他承认韦伯强调的"经济行动作为一种

---

① [美]查尔斯·库利：《人类本性与社会秩序》，包凡一、王源译，华夏出版社1989年版，第20页。

② 韦伯的"理解社会学"([德]马克斯·韦伯：《经济与社会》上卷，林荣远译，商务印书馆1997年版，第1章)在社会科学中有着众多的追随者(尽管未必明言)。例如，珀西·布里奇曼(Percy Bridgeman)早就提出"要理解人的行为，主要问题是懂得他们在怎样思考——他们在打什么主意"。弗兰克·奈特(Frank K. Knight)同样早已认识到研究"我们所了解的人的本性"这一问题的重要性([美]奥利弗·威廉姆森：《资本主义经济制度：论企业签约与市场签约》，段毅才、王伟译，商务印书馆2002年版，第10页)。

特殊的社会行动"的命题[①]，并且强调了其与经济学的区别：

> 经济学一般忽略经济动机与非经济动机的交互作用。当我们在与别人互动中寻求经济目的时，常常也混杂着追求社会交往性、认可、社会地位以及权力等等。[②]

新经济社会学的转向为本书——遵循威廉姆森的倡导——将尊严引入劳动组织治理研究提供了支持。的确，这显示出我们的研究不是走向经济学"理性精神"的对立面，而是期望用经济社会学所形成的一些重要的方法如嵌入互动分析和过程分析去克服威廉姆森所遭遇的工具主义、原子化决策等关键性困扰。此外，还需要对威廉姆森提供的尊严的概念进行再界定，以使之可能理解和解释尊严究竟是"如何被唤醒和运用的"[③]。

按照威廉姆森的定义，尊严包括自我的尊重与社会的尊重两个部分。自我的尊重可再界定为尊严认知，即自我对自己所应得之尊严的构成、价值和配置进行某种心理的设定与安排。它包括三个方面的问题。一是尊严由何构成。依照相关研究个人尊严可以简单地划分为主要由物质收益（或物质富足）和社会认可两个部分组成。[④]劳动组织中，物质收益可由收入（以及其他福利）来表示；社会认可则可通过职位晋升、管理参与以及组织内外的社会称赞等"地位"（status）改善来表达。二是尊严的私人价值如何评估。尽管不可能做出完全理性的评估，但每一个人都会根据自身的条件（如人力资产、已经拥有的物质条件和地位等）而对其应得的物质收益和社会认可进行

---

① Granovetter M, "Economic Institutions as Social Constructions: A Framework for Analysis," *Acta Sociologica*, Vol. 35, 1992, pp. 3-11.

② ［美］马克·格兰诺维特：《镶嵌：社会网与经济行动》，罗家德编译，社会科学文献出版社 2007 年版，第 99 页。

③ ［美］查尔斯·库利：《人类本性与社会秩序》，包凡一、王源译，华夏出版社 1989 年版，第 20 页。

④ ［荷］希格沃特·林登伯格：《短期流行、社会认可及雇佣关系的管理》，见［美］约翰·克劳奈维根编《交易成本经济学及其超越》，朱舟、黄瑞虹译，上海财经大学出版社 2002 年版，第 173—197 页。

某种估值。三是个人尊严如何配置。组织中，个人获得的物质收益与社会认可的经济的和社会的(包括精神的)价值可能不一致。同时，个人对这两类尊严所给予自己的价值贡献的大小、应当获得的优先次序以及它们之间的可替代性及其边际替代率的评价都有所不同。可见，自我的尊严认知是一个非常复杂的心理过程。

相比而言，威廉姆森定义中尊严的社会的尊重部分，则较明显和易于测定。从社会的角度看，它表现为尊严供给，即他人(包括个人、群体、组织、社区和国家等)向自我给予或提供包括物质收益与社会认可在内的各种尊严；而从自我的角度看，它表现为尊严获得，即自我从他人那里获取包括物质收益与社会认可在内的各种尊严。显然，在劳动组织中，员工尊严获得即等于企业或雇主的尊严供给。

概念细分固然重要，但更重要的是，我们能发现，尊严概念的构成已经包含了唤醒和运用尊严，也即激发劳动组织中的保护性行动，从而引致劳动组织治理结构转变的两种力量。一是尊严认知使员工能够做出基本符合其尊严需求的求职行动。舆论普遍认为，"八〇后""九〇后"等新生代农民工对收入与职业地位的要求比第一代进城农民工要高许多，反映的其实就是新生代农民工快速提升的尊严认知。二是尊严认知还使员工能够做出其在组织中所获得的实际尊严或组织所真正给予的尊严的判断与比较。当发现其尊严获得与其尊严认知存在差距时，其旨在维护尊严认知的保护性行动便可能被激发出来。保护性反应或行动有退出、呼吁、忠诚、自杀等多种类型。富士康事件引发的具有挑战性的问题是：少数员工为什么选择消极的退出(自杀)，而不是像一些人选择呼吁，更不是像大多数人那样选择积极的退出(离职)？是什么在决定员工采取不同的保护性行动的策略呢？

赫希曼曾将退出、呼吁与忠诚视为消费者或会员修复企业、组织和国家衰退的三种不同的回应机制。[①]消费者或会员采用哪一种机制，主要取决于其需求的产品质量下降幅度，以及以其所期望的价格购买到相同质量的其他产

---

① [美]艾伯特·赫希曼：《退出、呼吁与忠诚：对企业、组织和国家衰退的回应》，卢昌崇译，经济科学出版社 2001 年版。

品的可能性。赫希曼的研究启发我们：员工选择何种保护性行动，可能受两个重要因素限定，即职位依赖性和组织改善(其尊严供给的)可预期性。附图 1-2 显示的就是职位依赖性与组织改善可预期性的相互匹配所形成的四种保护性行动的选择。

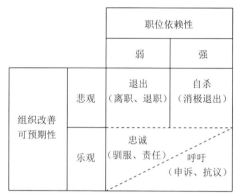

附图 1-2　保护性行动的选择

1)退出

如果员工对现有职位的依赖性弱，又对组织改善持悲观态度，那么他们就会做出退出的选择。一般而言，人力资产专用性越低、职业的可替换性越大，员工越容易"改换门庭"，做出离职的选择。当然，离职无论对员工还是对企业组织都并非没有成本。富士康就曾力图通过"设置较高的培训费补偿金"来预防新干班成员的离职，然而却招致新干们的集体请辞。[①]这说明，人为增加员工的退出成本并不能完全阻止其退出行动。员工如果发现其实际尊严获得与其入职时的尊严认知存在较大差距，且预期未来难以获得其认知的尊严，就会考虑选择离职。

富士康普通员工一年内离职率高的原因正在于此。[②]员工入职后很快就会

① 王永强：《富士康新干班集体请辞幕后》，2010 年 4 月 24 日，http://finance.sina.com.cn/chanjing/gsnews/20100424/10047819917.shtml。

② "两岸三地"高校富士康调研组 2010 年 7 月的问卷调查显示，"超过一半的富士康工人工作不到半年，只有三成工人的工作时间超过一年"。他们还在调查中发现，"56.3%的受访者在富士康工作的时间都不满半年"（"两岸三地"高校富士康调研组：《富士康调研总报告：

发现其尊严获得与其尊严认知之间的差距：其实际所得远低于其预想的收入（通常是富士康或其代理人在招聘时宣传的收入）；要维持较满意的收入必须接受连续的加班以及严苛的管理；随着时间的推移（后面我们将分析其造成的"交易转型"及其后果），他们会逐渐认知其工作付出的愈来愈大的身心损害及其他机会成本，同时，更糟糕的是，他们根本看不到组织有改善他们处境的任何希望。①

2）忠诚

有些人对现有职位的依赖性较弱（人力资产专用性高且市场需求较强者，其对现有职位的依赖性会较弱），但只要他们对组织改善持乐观态度，他们仍然会对组织保持忠诚。对组织改善或尊严供给持乐观态度，可能因为其尊严获得与其尊严认知之间的差距较小；也可能因为其在组织中工作时间较长而内生了一种共同体感；或者，其可能是将顺从或驯服（完全同意组织强加的秩序）视为一种义务。如有证据表明，富士康新入职者往往会把服从加班视为一种"道义"。②

此处的困难在于，我们很难甄别哪些是被组织文化所驯服而产生的忠诚，哪些是为促进组织改善而激发出的对组织的忠诚。前一种忠诚虽然无助于企业组织的改善（因为它服从一切要求），但至少"它能在一定范围内遏止或中

详细解密五大违规行为》，2010 年 10 月 9 日，http://news.chinabyte.com/359/11575359.shtml）。另据"深圳市工会副主席王同信介绍，深圳富士康 45 万员工中，工作 5 年的员工仅 2 万人左右，工作不到半年的员工则高达 22 万人，每年员工流失率达 35%以上，这意味着富士康几乎每 3 年就会完全换一批人"（卢肖红：《富士康 6 年五涨薪实际变化不大：加班工资比例高》，2010 年 6 月 18 日，http://news.163.com/10/0618/01/69E2UM9O00014AEE.html）。

① 《新闻晨报》（2010 年 5 月 27 日）一则题为"透视富士康的企业文化"的报道提供了佐证："有不少富士康的员工，工作很短时间就选择走人，因为在他们看来，继续干下去看不到职位提升或者收入上升的空间。新进的富士康员工，以及工作三四年的普工，是构成富士康人员庞大基数的主体。他们的收入在四五年内都很难有什么提升，如果坚持干到 10 年以上，而且绩效不错，有可能升为科长级主管，收入水平会从 1000～2000 元跳至 4000～5000 元。在这个过程中，还面临着'员 1''员 2'等技能认定的考核，每升一级薪资会有一定的提升，但幅度并不大。"

② 一位前富士康员工这样回忆道："生产任务在那里摆着，主管在加班，我不加班既不被允许，也似乎道义上说不过去，因为大家都加班，我不加班好像给别人造成不便。"（石燕：《富士康：灰色的回忆，伤痛的话题》，2010 年 5 月 29 日，http://blog.udn.com/mayersu/4077318）

和这种(退出)趋势"①。后一种忠诚具有较强的对组织的责任，因而具有不稳定性：它或者处于一种忍受的状态，或者很容易转化为呼吁，而一旦呼吁失败，则又可能转变为退出。

3)呼吁

在职位依赖性弱的条件下，由于寻找到收入和地位相近的替代职位并不是一件难事，所以，员工选择退出就显得比较容易。而对于职位依赖性强的员工，即使其尊严获得不尽如人意，但由于现成的可替代的职位不多，退出较难，因而，员工往往更倾向于采用呼吁手段，希望在组织内发挥作用。当然，选择呼吁而非退出，是因为他们对组织改善其尊严获得持有某种信心。

组织通常会设置某些制度化管道，以吸纳员工的呼吁，从而改进组织治理。但如果管理者认为转变组织治理会增加组织成本，就可能会把那些制度化管道仅仅作为"装饰"②，而置员工呼吁于不顾。富士康内部并非没有设立诸如员工关系处、申诉热线和职工工会等部门及其呼吁机制，但基本不发挥作用。利用呼吁机制进行维权甚至面临被打击报复的危险。

当制度化呼吁成本巨大，甚至不能发挥作用时，员工可能不得不在退出与更为激烈的抗议方式如集体抗议之间做出选择。如果他们仍然对组织改善抱有最后一丝信心，并且能够集合遭遇相似的其他员工，那么，他们将可能采取某种集体抗议的方式，如停工、罢工、聚集示威等。武汉富士康就曾发生逾百员工聚集楼顶，威胁要集体跳楼，以反对厂方的岗位调动。报道称，该纠纷最后得以和平解决："多数员工已按照协议返回工作岗位，但有 45 名员工决定主动离职，没有同意调动到其他部门。"③如果集体抗议

---

① [美]艾伯特·赫希曼：《退出、呼吁与忠诚：对企业、组织和国家衰退的回应》，卢昌崇译，经济科学出版社 2001 年版，第 84 页。

② [美]约翰·迈耶、布赖恩·罗恩：《制度化的组织：作为神话与仪式的正式结构》，见[美]沃尔特·鲍威尔、保罗·迪马吉奥主编《组织分析的新制度主义》，姚伟译，上海人民出版社 2008 年版，第 45—67 页。

③ 凤凰网财经：《传武汉富士康百名员工不满薪水扬言集体跳楼自杀 市长到场劝解》，2012 年 1 月 13 日，http://finance.591hx.com/article/2012-01-13/0000113353s.shtml。

失败①或者抗议者的诉求无法得到完全满足,那么这些人很可能不得不选择退出,某些人甚至会选择自杀。

4)自杀

在呼吁失败或沟通破裂之后,抗争式自杀就成为一种可发挥巨大影响力的方式。赫希曼主张按退出方式来理解这类抗争式自杀:"殉道者的死也是一种退出,而且是一种一去不再的退出;竟然肯以命相争,他的观点是不容置疑的。"②的确,可以将自杀作为一种消极的退出,但笔者觉得将自杀与正常或积极的退出区分开来更能凸显这种激烈的抗争方式或谓"低级的"保护性行动。

自杀意味着对组织改善其尊严供给已经完全失望。为什么他们不像其他更多的人那样选择正常或积极的退出呢?个体心理素质固然重要,但这里我们更注重的是职位依赖性的作用。职位依赖性越弱,相同条件下人们越容易选择退出;相反,对现有职位依赖性越强,就越容易选择自杀。因为,尽管他们对现有职位感到失望,而且其认为已无法再呼吁与沟通,但让他彻底失去信心的却是:再也无法找到比现在更好的职位了。

富士康自杀者年龄在 18~25 岁;既有高中生、中专生,也有大学生甚至研究生;既有普通工人,也有新干班成员。这表明选择自杀与年龄、学历以及工作职位并没有直接关系。只要他们深感其尊严认知与其尊严获得存在差距,同时又难以改变:既无法通过呼吁在组织内改变,也无法通过离职找到更好的职位在组织外改变,就有可能走向自杀的末路。许多报道和研究报告都提及,组织内外社会关系的断裂——车间干部的专横、同事的冷漠和与亲友的分离等——是他们无法舒缓压力的一个重要原因。不过,笔者相信,私人社会关系的作用是复杂的。来自亲友的社会情感支持也会提升他们的尊严认知,从而加大其尊严认知与尊严获得之间的差距。

以上分析限定于职位依赖性与组织改善之预期的相互影响所造就的保护性

---

① 集体抗议并不容易组织,除了存在着奥尔森所谓的"集体行动的逻辑"以外,还因为组织管理中有意无意的区隔措施,以及过高的流动率造成员工之间的疏离([美]曼库尔·奥尔森:《集体行动的逻辑:共用物品和集团理论》,陈郁、郭宇峰、李崇新译,格致出版社、上海三联书店、上海人民出版社 1995 年版)。

② [美]艾伯特·赫希曼:《退出、呼吁与忠诚:对企业、组织和国家衰退的回应》,卢昌崇译,经济科学出版社 2001 年版,第 135 页。

行动的选择。当然，只用两个维度来描述行动选择是简单了些，但总体框架应该有效；如有需要，亦可补充。重要的是，我们通过这一分析可以说明一个总的判断：尊严认知及其获得差距是引致员工保护性行动的根本性力量。劳动组织的有效治理必须建立在认知并且承认员工有认知和运用尊严这一社会事实基础之上。

来自富士康的证据说明，员工的尊严运用——集中表现为各种保护性行动——已经根本动摇其原有的内部市场治理方式的有效性。内部市场治理方式的核心，是把劳动治理建立在短期劳动交易或连续的现买现卖式的交易基础之上。虽然企业通过劳动力市场已把劳动者招聘入职，但是他们仍不被视为企业长期的交易或合作伙伴。因此，企业倾向于分割工作任务和进行计件式的劳动交易：压低底薪，支付加班费。结果，工人为了获得其尊严认知所必需的收入而不得不同意加班。企业"制造同意"①，并且通过这种最大限度地压榨廉价劳动时间的方式获取短期利益，但同时它也减损了员工的收入和社会认可，从而拉大了尊严认知与尊严获得之间的差距，并最终引发员工各种保护性行动。

保护性行动正在使富士康陷入内部市场治理的恶性循环。内部市场治理拉大了员工尊严认知-获得的差距，结果使得员工退出增加；员工退出导致富士康用工(招聘、培训)成本增加，这使其不得不提高劳动强度、增设离职保证金以及更多地使用学生工，结果引发各种形式的员工抗议；连环自杀发挥了巨大的影响力，富士康声誉大为下降，从而使其面临更大的招工难困境。

三、交易转型、人力资产专用性与尊严供求：动态模型

富士康陷入内部市场治理的恶性循环，根源何在？这或许是令经济学家、富士康管理者皆感困惑的问题。因为，富士康对其劳动组织的治理是经过精心设计的，并且在形式上颇为符合前述威廉姆森有关企业内部治理结构与人力资产专用性(包括工作关系的可分割性)的匹配模型：人力资产专用性低，配置内部市场治理；人力资产专用性高，配备保护性关系治理。作为思想实验，这一模型是合理的。然而，依照该模型的实践——富士康即为例证——则可能带来负效。原因正如威廉姆森所自省的，这一模型"是简

---

① [美]迈克尔·布若威：《制造同意——垄断资本主义劳动过程的变迁》，李荣荣译，商务印书馆 2008 年版。

单了些"，特别是它省略了尊严这一行为属性的影响，以及它未能将过程分析真正引入对劳动交易关系与人力资产专用性转型的研究。[①]

　　现在是响应威廉姆森的建言——"如有必要，还可以再作补充"[①]——的时候了。以上讨论已经证明尊严及其运用在劳动组织中的作用，但是没有具体讨论尊严认知从何而来，又是如何变动的。我们同样假设尊严认知是一种社会建构[②]，同时，力图将过程分析(时间特征)引入劳动交易关系进行考察和分析。这样，我们就可能提出本书第二个假设：组织内劳动交易关系不是不变的，而是随着劳动交易的持续及其引致的人力资产专用性程度的增强而发生转变，且其可能通过影响组织内尊严需求(尊严认知)与尊严供给(尊严获得)的差距，促使劳动组织治理结构的转型。这一假设所包含的三个概念——交易转型、人力资产专用性以及尊严供求——之间的动态关系可以通过附图 1-3 概括出来。我们也将在分析这一动态模型的同时，深度解读富士康之困局。

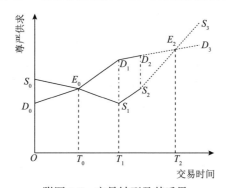

附图 1-3　交易转型及其后果

　　分析之前，需要先明确交易转型和人力资产专用性这两个概念。交易转型，指的是组织内随着劳动交易的持续及其对人力资产专用性的影响而渐进引致的交易关系的转变，即由内部市场交易转向内部关系交易。内部市场交易注重短期契约交易，依靠的是那种连续的现买现卖(如计时、计件)的交易

---

　　① [美]奥利弗·威廉姆森：《资本主义经济制度：论企业签约与市场签约》，段毅才、王伟译，商务印书馆 2002 年版，第 343 页。

　　② [美]高柏：《中国经济发展模式转型与经济社会学制度学派》，《社会学研究》2008 年第 4 期，第 1—31 页。

方式；相反，内部关系交易注重长期契约交易，其中特别注重通过非完全契约(双方协商)的方式处个人与企业的人力资产专用性投资。威廉姆森曾将资产专用性界定为"是为支付某项特殊交易而进行的耐久性投资"，并且指出了交易双方都有动力为这类投资(包括人力资产投资)及其利益分享建立某种保护机制。[①]不过，他并没有特别分析交易转型、人力资产专用性投资以及尊严供求变迁这三个概念之间的关联及其对交易与治理结构转型的影响。而这正是上述动态模型所要集中考察的。

1) O-T_0 阶段：内部市场交易有效

从 O 到 T_0 为交易转型的第一阶段。在这一阶段，劳动交易采用的是内部市场交易的治理结构，并且总体上有效。很大程度上，这种简单的治理方式是建立在劳企双方自愿和自由选择基础上的。

员工应聘进入企业，是因为他们预期该企业能够满足其包括收入与社会认可两个方面的尊严认知与需求。员工大多是根据来自企业和私人关系所传送的信息和声誉进行择业的，他还需要通过职业过程进行求证。所以，来企业"试用"阶段，员工也在测试企业，并且其测试的时间比企业试用期更长。[②]测试结果如果符合或基本符合其预期，那么，他们将留下来"做做看"，尽管可能在某个时间内他们还没有在此长期工作的打算。

富士康的普工和新干班成员在这方面没有太多区别。他们接受富士康，是因为"跟同行业对比，富士康不管福利待遇，还是工作环境，都是一般代工企业没办法比的"[③]。代工类企业薪资待遇方面的恶劣，提升了富士康的吸引力。正因为如此，在很长一段时间(大约在 2008 年之前)富士康一直处于劳

---

① [美]奥利弗·威廉姆森：《治理的经济学分析：框架和意义》，见[德]埃瑞克·菲吕博顿、鲁道夫·瑞切特编《新制度经济学》，孙经纬译，上海财经大学出版社 1998 年版，第 75 页。

② 测试企业的过程也是员工检验其是否有能力和有兴趣从事该工作的过程。"年轻人'到处看看工作'一番，找一两个工作去探试一下市场和自己的能力；到了三十好儿之后，他们会找适合自己口味与能力的工作安定下来。配合度越高则合约会越长。多数的工作者'确实终老于一份终身的职业……但总要试好几次才能成功'。"([美]马克·格兰诺维特：《镶嵌：社会网与经济行动》，罗家德编译，社会科学文献出版社 2007 年版，第 103 页)

③ 一名受访的富士康行政工作人员如是说(庞丽静：《富士康员工：从前加班能拿 4000元 现在不到 2000》，2012 年 4 月 14 日，http://tech.ifeng.com/it/special/apple-detoxify/content-3/detail_2012_04/14/13883402_0.shtml)。

动力买方市场。

这一劳动力市场格局也为富士康实施内部市场交易的治理方式提供了条件。内部市场交易最典型地表现在工作和计酬采取连续性的即期市场交易，也即对员工工作尽可能分割计量，而工资给付尽可能采取底薪加加班费。对工作进行分割，一方面可以增加对工作的监控、计量的精确性，另一方面也可降低员工的人力资产的专用性，从而提高员工的可替代性，以降低员工离职之风险。

富士康许多管理制度都是为实施内部市场交易服务的。比如，强调垂直性"执行的纪律"，是为提高工作的监控和计量；底薪加加班费制度，是保证一种可持续的即期或短期的劳动契约交易①；工作的分割与生活的区隔，都可以保证企业组织面对的是类似完全竞争市场中的"无数的(无权的或极少权力的)消费者"。正是在这种制度设置下，富士康车间组长和线长才可能和通行这样训斥下属："不干就收拾东西回家，多你一个不多，少你一个不少"。

不能否认这一阶段内部市场交易的有效性，否则无法解释富士康在这十几年里何以取得如此强劲的成长。笔者认为，内部市场交易的优势在于其将内部等级制组织控制与拟似外部的市场交易，即短期契约交易结合了起来。等级制控制能确保企业在与员工进行内部劳动交易时具有组织与控制权(包括定价权)；同时，实行连续性即期契约交易又能最大限度地攫取员工廉价的劳动力。既剥夺员工讨价还价的权利(也免除由此产生的内部协调成本)，又让其自愿让渡更多单位的劳动，这就是内部市场交易的有效之处。正是这一治理的有效性，使富士康获得了显著的低价、及时等竞争优势。

当然，内部市场交易的有效性只是依据帕累托最优原则所做的判断。从员工的角度来说，这种有效性可能并不是建立在利益分享的基础之上的。随着时间的推移，他们会逐渐认识到他们尊严——包括收入和社会认可——的某种获得，直接或间接又以失去健康和遭受工作中的训斥和歧视等形式被剥削了。企业实际的尊严供给不是在增长而是在逐渐下降(从 S_0 到 E_0)，这与员工不断增长的尊严认知(从 D_0 到 E_0)(员工的尊严认知与需求为

---

① 一方面企业制造了"同意"(每个员工都被要求签一份"自愿加班切结书")，另一方面，员工亦将加班视为一种"福利"(加班费是正常工时费的 1.5 倍，节日更多)。这不啻是一种讽刺，但也集中反映了该内部市场交易之精妙。

何不断增长，下面将说明)正好相反。两条曲线最终在 E_0 点交汇，这一点意味着企业的尊严供给与员工的尊严需求的均衡。但这是一个危险的临界点("忍受点")：在这之前尊严供给＞尊严需求，企业对员工尚有吸引力；而在这之后，尊严供给＜尊严需求，员工对企业尊严供给不再忍受，而是采用各种保护性行动，以图维护自己的尊严认知。

2) T_0-T_1 阶段：内部市场交易失灵

第二阶段(从 T_0 到 T_1)仍然采用内部市场交易的治理结构，但总体上已经失灵。失灵的原因在于企业尊严供给下降与其员工的尊严需求上升日益冲突。

企业尊严供给下降(E_0-S_1 向下倾斜)，是企业将内部市场交易视为永远有效所带来的恶果。其实，内部市场交易的有效性是有限的。首先，其有效性收益可能只限于控制和使用这一治理方式的企业一方；其次，它需要一些条件的支持，比如，该企业没有受到来自同行企业的强有力的竞争、劳动力供不应求(处于买方市场)等等；最后，最为根本的是，这一治理方式与康德所说的"道德命令"，即谁都不能仅仅被看作一个单纯的工具，相去甚远。2007年起持续蔓延的全球金融危机所造成的市场环境的恶化，也加速了富士康尊严供给的下降。因为，依赖价格竞争的代工类企业更容易只从减少用工成本和榨取更多劳动价值方面去寻找增强竞争优势的方法。

与其相反，员工的尊严需求却日益上升(E_0-D_1 向上倾斜)。一个原因是，新生代农民工受教育水平愈来愈高。无论是来自学校的学习还是来自互联网的教育，他们都有着比其父辈更多的个人成长与发展的欲求，也更容易认同类似康德所说的"人作为目的"的理念。这些思维都会纳入他们的尊严认知的体系中(尤其构成其对社会认可的认知与需求)。[1] 另一个更直接的原因是，

---

① 在个人的尊严认知体系中，"社会认可"的追求有着特别重要的意义。它在整个体系中所占比例越高，其感受的尊严认知与尊严获得的差距会越大，从而其社会挫败感越强，自杀的可能性也越大。富士康自杀者卢新(2009 级新干，大学毕业，先是希望成为一名歌手，后来想当一名公务员)在校内网(后改名为人人网)遗留的日志可见一斑："放弃了最喜欢的公共职业——支持西部建设，为了钱，来到了公司，结果阴差阳错没进研发，来到制造，钱还算多，但在浪费生命和前途……哎，真的很后悔……现在我的人生第一步就走错了，很迷惘……"(网易新闻：《"潜伏"富士康28天：工人像碎片一样活着》，2010 年 5 月 15 日，http://news.163.com/10/0515/00/66MEU71400014AEE.html)。

随着组织内劳动交易的持续，员工的人力资产的专用性不断提高。何谓人力资产专用性？按照威廉姆森的定义，人力资产专用性并非是指那些有价值的技能，如打字的技能，而是指那些在工作中掌握得又深又专的技能，如企业采购经理的人脉关系。"……有价值的技能就应该得到相应的补偿，但这种技能本身并不会提出治理方式方面的问题。"又深又专的技能则相反，"它可能是一种高度专业化(即无法传授的)知识。要保持连续雇佣关系，就提高了这种技能的价值"[①]。不过，从威廉姆森引述德林格(Peter Doeringer)和皮奥里(Michael Piore)[②]的一段论述可以看出，他也承认，许多看似简单的工作都包含着某些无法传授的有价值的技能：

> 几乎每种工作都有某些特定技能。即使是最简单的保管工作也会因所执行的工作的特定物理环境而更便利。显然，熟悉操作设备的特别部件能大大帮助对标准机器的常规操作……在某些情况下，工人能通过机器的声音或气味的微妙变化预测故障并诊断来源。而且，某些生产或管理工作中的表现涉及团队元素，一项重要的技能就是有效地与组内给定的成员合作。这项技能取决于成员个性的互动技能，并且就某种意义而言，一个团队的必要的工作技能永不会与另一团队所要求的完全一致，个人的工作"技能"是专用的。[③]

这意味着，几乎所有的员工都会在他的岗位上形成某种程度的人力资产专用性。对于企业，这种专门知识或技能是有价值的；而在员工看来，对这种专门知识或技能进行投资是要付出额外的时间、精力和责任的，同时，他们还会付出一种锁定的机会成本，即某种技能的学习和投入会使其无法再学别的东西，因此，他们理应从企业得到收入、晋升等方面的补偿。可见，随

---

① [美]奥利弗·威廉姆森：《资本主义经济制度：论企业签约与市场签约》，段毅才、王伟译，商务印书馆 2002 年版，第 336、337 页。

② Doeringer P, Piore M, *Internal Labor Markets and Manpower Adjustment*, New York: D. C. Heath and Company, 1971.

③ [美]奥利弗·威廉姆森：《市场与层级制：分析与反托拉斯含义》，蔡晓月、孟俭译，上海财经大学出版社 2011 年版，第 71—72 页。

着交易的持续以及人力资产专用性的增强，员工对有关收入与社会认可的尊严需求也会不断提高。

从附图 1-3 可以看出，企业尊严供给曲线(E_0-S_1)与员工的尊严需求曲线(E_0-D_1)之间的差距越大，保护性反应就越激烈。差距较小时，许多人仍然忠诚于企业，但也有些人会选择一种个人弱呼吁的方式，以图企业改善其差距。但是，如果呼吁不被重视甚至被打压，致使该差距进一步扩大(趋于接近 D_1-S_1 之距)，则员工会选择一种强呼吁的方式即集体抗议。如果集体抗议不可能或失败，则许多人会选择退出、少数人则会选择自杀来表达自己的抗议。无论是退出还是自杀，都会给企业声誉带来极大损害。总之，这一阶段爆发的保护性行动，意味着内部市场交易这一治理方式已不再适应组织内劳动交易关系的变迁。

3) T_1-T_2 阶段：转向内部关系交易

第三阶段(从 T_1 到 T_2)企业开始调整内部市场交易，即转向内部关系交易。转向过程并非轻而易举。从富士康的经验看，该过程似可区分为不稳定与稳定两个时期。

尊严供给曲线 S_1-S_2 从谷底 S_1 点开始转折向上，意味着富士康自 2010 年发生"连环跳"事件之后，开始通过改革与调整转向内部关系交易。富士康的改革与调整——包括加薪、减控加班、改善管理等——很大程度上，是对第二阶段发生的内部日益严峻的保护性行动及其引致的巨大舆论压力而作的一种策略性反应，因此，可以说它是一种非自愿的被迫的转向。

被迫的转向意味着转向的非自觉性和不确定性，也即它会视内部保护性行动和外部舆论的力度来调整自己的转向行动。前面我们提到但没有系统分析，保护性行动可以从三个方面影响内部市场交易的稳定性。一是内部呼吁行动(停工、罢工、集会等)会给企业日常生产经营秩序造成困扰；二是员工大规模退出(离职)不仅会增加企业的断档成本、招聘–培训成本，而且也会使企业失去利用员工的人力资产专用性(它需要长时间"边学边干"才能出现)；三是员工的自杀行为更会导致企业名誉受损，由此使企业面临种种"合法性"危机，包括求职者抵制[①]、舆论谴责、政府和供应商警告等。但是，我们看到，

---

① 正如阿瑟·奥肯所说："求职者也会根据企业的声誉，对这位雇主做出判断。"(转引自[美]奥利弗·威廉姆森：《资本主义经济制度：论企业签约与市场签约》，段毅才、王伟译，

上述保护性行动及其效应并没有终结富士康的内部市场交易。因为，富士康发现，除了在东部老厂区实施加薪与改善管理等旨在化解保护性行动的措施外，它还能运用两种可维持内部市场交易的方法：加快工业园区内迁①，同时寻求所在地政府的庇护(包括利用政府的行政权及其掌握的公共资源解决其劳动力供应问题②)。这意味着，富士康采取了一种分区域、分厂区治理的方法：在中西部新厂区复制内部市场交易，而在东部老厂区开始尝试转向内部关系交易。笔者的观点是，易地复制内部市场交易，迟早也会易地复制"富士康事件"，从而只会引发更激烈的保护性反应。而转向内部关系交易的非自愿、非自觉也决定其具有某种虚假性和不稳定性。

　　资料显示，富士康转向内部关系交易是有选择性的，即重在提高员工的收入。一方面，员工对收入增加有着强烈的需求；另一方面，加薪对企业而言，既容易操控，也更具公关和广告效应。据悉，2010年"连环跳"事件发生至2012年，富士康已连续三次宣布大幅加薪。加薪的实际效果如何？这需要更多的评估。"两岸三地"高校富士康调研组的判断是，连续加薪对"工人的实际收入增加仍然非常有限"。他们认为，富士康的加薪总是"雷声大、雨点小"，特别是在实际操作中，它为加薪设置了种种限制和门槛，包括设定超长试用期和考核期、提高劳动强度、克扣加班费、削减福利补贴、厂区内部

商务印书馆2002年版，第360页)富士康员工连环自杀所传达出的强烈的负面信息，足以让求职者望而却步甚至主动抵制。该声誉效应在富士康事件发生后腾讯网所做的一个小型调查中得到了某种印证："在11万人以上的被调查者中，有高达92.8%的人选择即使有机会，也不会去富士康工作。"(刘心武、刘志毅：《他们为什么自杀》，花城出版社2010年版，第176页)

　　① "2010年7月，成都富士康项目开工建设，两个多月后的10月份，首个生产性项目投产；2010年9月，富士康郑州科技园开工建设，2011年底已有员工逾10万人；2010年底，重庆富士康投产，翌年上半年用工规模已达3万人。"同时，也"将深圳园区的生产部门迁到中西部地区，比如把iPhone的部分产线迁到郑州去，把iPad的一部分产线迁到成都"(新浪博客：《五大问题！高校调研组富士康报告全文》，2012年3月31日，http://blog.sina.com.cn/s/blog_71bfdef6010115uw.html)。

　　② "一些地方政府在针对富士康的招商引资过程中，存在严重的滥用公共资源、以行政命令手段为富士康解决劳动力供应问题的现象，助推职业学校沦为职业中介。"(新浪博客：《五大问题！高校调研组富士康报告全文》，2012年3月31日，http://blog.sina.com.cn/s/blog_71bfdef6010115uw.html)。很大程度上，地方政府的庇护使富士康得以在中西部地区复制其在东部已被证明是不具持续发展性的"内部市场交易"模式。

调动等，结果，"截至 2012 年 1 月份，大部分深圳富士康工人的基本工资仍然只有 1550 元，与当初 85%一线员工基本薪资调至 2000 元的承诺仍然相去甚远，只是略高出该年深圳市制定的最低工资标准(1500 元)"。

富士康的加薪可能具有某种虚假性。[①]其实，加薪(即使排除其虚假成分)效应(作为激励机制)是有限的，其运用也是不稳定的，因为它会受代工企业在全球生产链中地位的约束，也会受世界经济波动的影响。更何况，员工的尊严需求并不止于收入，而是有着对包括晋升、培训、管理参与等多种涉及社会认可的需求。随着交易的持续(包括人力资产专用性的形成)，员工对社会认可的需求不断提高且更为刚性[附图 1-3 显示的尊严需求曲线(D_1-D_2-D_3)总是向上倾斜的，尽管在经历第二阶段艰难抗争之后，其上升幅度可能有所抑制]。然而，问题恰恰是，富士康在满足员工社会认可方面少有作为与改善。"两岸三地"高校富士康调研组在其调查报告中写道：

2010 年"连环跳"事件发生后富士康宣称将强化对管理人员的培训，并设立员工关爱中心，使员工能够在受到不公待遇时进行投诉。然而调查表明富士康并未能够有效地改善其管理制度，提升管理的人性化水准。一些富士康的基层管理人员告诉我们，遇到产量不达标或者质量不达标，线长要向所有人，包括组长、课长做检讨。当遇到客户质量投诉，整个管理层，包括线长、组长、课长、品保等都要向经理做集体检讨。尽管富士康高层要求基层管理人员改善管理风格，但是由于生产指标并没有减少，线长一级的人员承受着很大的压力，为了完成生产的产量，一些线长仍然采用严苛的方式对待工人，而很少顾及工人的感受或压力……

……虽然富士康和 FLA 声称厂区内建立了诸如游泳池、图书馆之类的康乐设施，以及员工关爱中心这类的服务机构，并宣布超过八成的工人加入了工会。然而现实却是，工人们根本没有时间也没有精力去享受这些文化设施，而关爱中心接到投诉会将问题重新返回到相应的生产线，

① 2012 年 5 月 25 日媒体传出富士康将再次提薪，"到 2013 年的 8 月，富士康内地员工的工资将在现有基础上再翻一倍，达到 4400 元"(博讯新闻网：《富士康员工底薪明年将提至 4400 元》，2012 年 5 月 25 日，http://www.peacehall.com/news/gb/finance/2012/05/201205251525.shtml)。

反映问题的工人就要冒被管理人员"穿小鞋"的风险。至于工会,更是形同虚设,尽管富士康宣布超过八成的工人加入工会,但调查发现 84.4% 的工人表示自己没有加入工会,36.2% 的工人表示他们不知道富士康是否有工会,这使得富士康的谎言虚饰不攻自破。[①]

可见,富士康在转向内部关系交易过程中,不仅存在着尊严供给的虚假性、不平衡性,而且在总量上也存在着严重不足。[②]这正是附图 1-3 显示的 D_2-S_2 之间的差距仍然较大(尽管与上一阶段相比差距趋于减少)的原因。这样的差距意味着企业尊严供给与其员工尊严需求的矛盾依然显著。其激发员工采取更多更激烈的保护性行动的危险依然存在。[③]富士康"是生还是死",关键在于,能否从不稳定的转向过渡到稳定的转向。

四、转向-过渡的条件:企业家认知与结构自主性

上述讨论提出了一个"转向中的过渡"问题,即企业在由内部市场交易转向内部关系交易过程中,如何能够实现从不稳定的转向过渡到稳定的转向。笔者的判断是,实现这一过渡取决于企业在多大程度上满足以下两个条件:

---

① 新浪博客:《五大问题! 高校调研组富士康报告全文》,2012 年 3 月 31 日,http://blog.sina.com.cn/s/blog_71bfdef6010115uw.html。

② "FLA 报告指出,14% 的工人可能没有获得'公平的计划外加班工资'。64.3% 的工人认为自己的工资无法满足基本需求。"(庞丽静:《富士康员工:从前加班能拿 4000 元 现在不到 2000》,2012 年 4 月 14 日,http://tech.ifeng.com/it/special/apple-detoxify/content-3/detail_2012_04/14/13883402_0.shtml)管理方式的改善也只是限于"收敛":"留着一头短发的熊云双说,在两年前的自杀事件发生前,凶神恶煞的基层主管经常会对一线工人进行长达半小时的严厉斥责,有时甚至拳脚相加。当发现有人因为长期工作打瞌睡时,主管还会一脚踢开他们的凳子,随后甚至可能引发一场混战。但现在,这种行为已经没有了。"(书聿:《富士康工人的爱与恨:一场关乎生计的抗争》,2012 年 5 月 7 日,http://tech.sina.com.cn/it/2012-05-07/11247068665.shtml)

③ 事实上,富士康采取加薪等改革与调整之后,员工保护性行动并未停止,甚至出现了明显的集体抗争的趋势。如 2010 年 11 月 15 日,因为对加薪政策不满,1000 多名富士康佛山厂区的工人参与了罢工。2011 年 1 月 15、16 日,富士康成都厂区约 2000 名工人罢工抗议工厂拖欠年终奖。3 月 2 日成都厂区再次发生源于对调薪不满的集体抗议(新浪博客:《五大问题! 高校调研组富士康报告全文》,2012 年 3 月 31 日,http://blog.sina.com.cn/s/blog_71bfdef6010115uw.html。)。

企业家认知与全球化博弈。

古典思想家不乏对企业家及其认知的洞察。1803 年法国经济学家让·巴蒂斯特·萨伊(Jean Baptiste Say Zaire)这样定义企业家："将经济资源从生产力和产出较低的领域转移到较高的领域。"①不过，萨伊没有告诉我们企业家为什么要这样做。一百年后，德国社会学家韦伯发现，在"工业中产阶级"身上存在一种特殊的宗教心态即"资本主义精神"：正是这一心态或精神驱动并规定着这个新兴的阶级能够以理性而且系统的方式去追逐利润。他相信，"这已得到如下这个历史事实的证明：一方面上述的心态在资本主义企业中找到了它最合适的表达，另一方面，企业又从资本主义精神那里汲取到它最合适的动力"②。不过，最著名的还是熊彼特。作为后续者，熊彼特赞同韦伯理解的方法："试图理解人们的行为，也就是通过分析他们的行为的特别动机。"并且，更为明确地将企业家行动——所谓创新或新组合——视为其特殊动机即企业家动机的产物。③与韦伯不同的是，熊彼特拒绝将企业家动机追溯至某种特定的宗教或文化，而是将其归咎于家庭、社会集团、社会习惯或习俗等各种"社会安排"，且更强调企业家行动与动机的自觉理性：

> 典型的企业家，比起其他类型的人来，是更加以自我为中心的，因为他比起其他类型的人来，不那么依靠传统和社会关系；因为他的独特任务恰恰在于打破旧传统，创造新传统。虽然这一点主要是适用于他的经济行动上，但也可以推广应用于他的经济行动的道德上、文化上的和社会上的后果。④

---

① 转引自[美]彼得·德鲁克：《创新与企业家精神》，蔡文燕译，机械工业出版社 2009 年版，第 18 页。

② [德]马克斯·韦伯：《新教伦理与资本主义精神》，于晓、陈维钢译，生活·读书·新知三联书店 1987 年版，第 48 页。

③ [美]约瑟夫·熊彼特：《经济发展理论——对于利润、资本、信贷、利息和经济周期的考察》，何畏、易家详等译，人民出版社 1990 年版，第 100—105 页。

④ [美]约瑟夫·熊彼特：《经济发展理论——对于利润、资本、信贷、利息和经济周期的考察》，何畏、易家详等译，人民出版社 1990 年版，第 102 页。

　　熊彼特这一观点对于我们判断企业家认知在转向-过渡中的作用,有着特殊的意义。从韦伯的新教伦理研究①到格兰诺维特的嵌入性研究②,再到新制度经济社会学者提出"认知的社会建构"(social construction of cognition)③,强调的都是社会经济行动的非孤立性:任何时空条件下的社会经济行动都不是孤立的,而是受其社会结构及其更大的社会环境的影响与约束。笔者相信,这也是熊彼特承认"正是社会形成了我们所观察的特殊欲望",并认为"考虑需要,必须联系到那种当个人在决定他的行动方针时所想到的集团——家庭或任何其他比家庭小一些或大一些的集团"的原因。④事实上,广义的嵌入性已成为人们观察和解读各种社会经济行动的共识或一般思维。例如,在解读富士康何以采用严苛的等级制管理(准军事化管理)时,我们可以看到这样的评论:"为了能把自己的经营理念不折不扣地执行下去,郭台铭通过加强纪律来加以保证。他深受当了几十年警察的父亲的熏陶,而自身的服兵役经历又使郭台铭具有深深的军人情结。而军人是以服从为天职的。郭台铭常说:'走出实验室,就没有高科技,只有执行的纪律。'"⑤联系家庭背景和职业经历的解读未尝不可。但是,这样的解读有一个危险,即可能将所有企业家的动机及其经营管理的成败都归咎于其所处的家庭与社会,企业家独特的欲望或认知及其应有的责任伦理则被轻视甚至无视。其实,熊彼特重在提出的是企业家的独特任务,即"打破旧传统,创造新传统"。这不仅是企业家所有的一种特殊心理或动机,也是企业家所应有的对其行动的责任伦理的一种认知。后者与韦伯倡导的政治家对其责任伦理的认知颇为一致:"他对自己的所作所为,要完全承担起个

---

　　① [德]马克斯·韦伯:《新教伦理与资本主义精神》,于晓、陈维钢译,生活·读书·新知三联书店 1987 年版。

　　② Granovetter M, "Economic Action and Social Structure: The Problem of Embeddedness", *American Journal of Sociology*, Vol. 19, No. 3, 1985, pp. 481-510.

　　③ [美]高柏:《中国经济发展模式转型与经济社会学制度学派》,《社会学研究》2008 年第 4 期,第 1—31 页。

　　④ [美]约瑟夫·熊彼特:《经济发展理论——对于利润、资本、信贷、利息和经济周期的考察》,何畏、易家详等译,人民出版社 1990 年版,第 101 页。

　　⑤ 刘心武、刘志毅:《他们为什么自杀》,花城出版社 2010 年版,第 61 页。

人责任，他无法、也不可以拒绝或转嫁这一责任。"①

不过，我们仍要追究在本书所述的特定的企业家创新即实现劳动组织治理结构的转向-过渡过程中所需要的企业家认知。依据上述讨论，我们不难发现两种关键性的企业家认知：一是特定知识的认知，即企业家要对有关劳动组织治理及其转向的知识的更为系统的认识；二是普遍道德的认知，即企业家要建立和运用有关"人作为目的"的普遍的尊严认知。建构并运用这两种具有内在关联的企业家认知，对于企业家做出相应的组织创新，以推动和实现劳动组织治理结构的"转向-过渡"具有关键意义。然而，从富士康员工自杀到其实行不稳定的转向策略，我们观察到的一个事实是：作为公司总裁的郭台铭在某种程度上缺乏这两种企业家认知。

对于为何发生连环自杀现象，郭台铭主要将其归咎于员工的个性或感情因素而非管理工作上的问题，更不认为其标志着企业生产管理模式的失效。例如，他看到了发生在新生代农民工身上的种种变化，但却不愿承认人们对包括物质收益与社会认可在内的尊严的需求会随着时空的变动而变化。他重视人才，同时信奉劳动的"分类治理"。这在形式上非常符合交易成本经济学有关劳动组织治理的理论模型，但这恰恰反映其并不真正理解人力资产专用性及其运用。因为，如前所述，人力资产专用性主要来自"边学边干"，并且只有在长期性互惠交易中才能真正被运用。②

企业家有关知识认知的限制，在深层次上实为误置了理论与实践的关系，即用简单的"理论的逻辑"取代复杂的"实践的逻辑"。其实，交易成本经济学有关劳动组织治理的理论是一种有控制的思想实验，它的目的是在一定行为和交易属性的假设下，突出显示人力资产专用性投资对劳动组织治理结构的选择

---

① ［德］马克斯·韦伯：《学术与政治》，冯克利译，生活·读书·新知三联书店 1998 年版，第 76 页。

② 从"干中学"获得人力资产专用性——正如前述德林格和皮奥里描绘的，一个员工可以用鼻子嗅到机器的异常，从而采取行动避免一场可能的灾难——与哈耶克所说的"实用知识"（practical knowledge）或迈克尔·波兰尼所说的"默会知识"（tacit knowledge）非常相似，它们很难被集中使用，而只能在合意和彼此负责的关系性交易中被共享（［英］弗雷德里希·哈耶克：《个人主义与经济秩序》，邓正来译，生活·读书·新知三联书店 2003 年版；［英］迈克尔·波兰尼：《个人知识——迈向后批判哲学》，许泽民译，贵州人民出版社 2000 年版）。

与配置的影响。从理论逻辑的角度看，其得出的结论，即对人力资产专用性程度高的劳动者采用内部关系交易的方式，而对那些人力资产专用性程度低的劳动者采用内部市场交易的方式，并没有错。但是，如果将这种从思想实验室走出来的理论直接应用于实践尤其是长期实践，则会陷入如富士康事件所反映出的困境。因为，正如本书讨论的，交易成本经济学有关劳动组织治理的理论模型，没有考虑劳动者的尊严认知及其需求的存在，也没有考虑交易转型对人力资产专用性投资以及尊严供求的影响。一旦将这两个因素加入重新进行思想实验，就会得出另一种更好——更接近于真实也更能指导实践——的结论：要根据交易转型与员工的尊严需求情况，适时转变与调整其劳动组织的治理结构。

各种知识的认知有着复杂的相关性，而且，更重要的是还会受到作为企业家信念的有关人的尊严的道德认知的制约。这种效应在郭台铭身上同样显著。他为回避治理结构转变而采取的不稳定的转向策略有两项重要内容，即工厂内迁(甚至外迁)以及寻求政府庇护。工厂内迁，即将工厂从较高要素成本的东部沿海城市迁往较低要素成本的中西部内地城市；寻求政府庇护，则主要是利用当地政府的行政权力大量获取与使用廉价劳动力。工厂内迁尚可视为一种不具有长远眼光的变革，因为，它只是易地复制旧的市场治理方式，它迟早也会复制出富士康事件。

在短期，使用廉价劳动力会给企业带来明显的经济利益，然而，它涉及一个重大问题，即企业家能否根据利益或功效来选择道德认知。道德如果有助于达到某个或某些利益，相信不会受到哪个企业家的拒绝，但是，如果它不具有这样的功效，甚或利用不道德的手段能够获得更大的利益，企业家是否就不需要坚守道德呢？威廉姆森早已预言，"要使我们对于经济组织(如何)体现人的尊严这种知识得到深化"，必须检讨"过分的工具主义观点"："如果单从工具主义的方式来看待经济组织，其流毒就是把人只看成一种工具。"他援引了美国社会学家莱昂·梅休(Leon Mayhew)的观点："市场讲的是功利主义；它后面才是真实的社会，一个先于市场而存在的、并对个人之间功利性的合同进行调节的社会。"①可见，他赞同社会能够而

---

① [美]奥利弗·威廉姆森：《资本主义经济制度：论企业签约与市场签约》，段毅才、王伟译，商务印书馆 2002 年版，第 564 页。

且必须通过法律和道德对私人契约(功利主义协议)进行限制。这一观点与埃米尔·涂尔干(Émile Durkheim)的"契约中的非契约因素"的思想颇为相似。[①]威廉姆森随后又引述了肯尼斯·阿罗有关信任的见解:"信任是社会体系中的一个重要的润滑剂。它极其有效率……不幸的是,信任不是能够非常容易买到的日用品。如果你必须买它,那么,你已经对你要买的东西抱有了一些怀疑。"[②]这揭示出一个秘密:人类对信任以及其他一些道德因素的认同并非来自某种工具主义的目的,但是它们的运用却能给我们带来非常巨大的"实用价值"。

经济组织中对人的尊严的认知与运用同样会发生这样微妙的效应。回顾富士康事件及其他种种保护性行动,可以相信:不尊重员工权益迟早会让企业付出代价;相反,承认并给予员工更多尊严,一定会给企业带来长期可持续的利益。因为,正如威廉姆森观察到的,长期性关系交易创造的是雇佣双方的"圆满(consummate)的合作"而非"敷衍(perfunctory)的合作":"圆满的合作需要的是以积极的态度对待工作,由此才能弥补缺陷,进行创新,以有效的方式做出决断。而敷衍的合作则是公事公办,对本职工作以外的事情能拖就拖,能推就推。"[③]

尊严认知涉及的相关问题是,经济组织所体现的人的尊严是否存在边界,员工的尊严需求是否会超出企业的尊严供给能力,如何确保尊严供求的基本平衡呢?笔者的观点是,企业家需要通过两个方法解决平衡问题。一是在组织内发现和建构一种机制,以调节内部尊严供求的平衡;二是在组织外即在市场贸易或价值链内部竞争中追求更广阔范围的收益,以提高其支持内部尊严供给的能力。

组织内调节尊严供求平衡的机制就是工会。长久以来,人们都把工会视为一种工人单方面的保护性的组织。诚然,组建工会可使工人联合起来维护

---

① [法]埃米尔·涂尔干:《社会分工论》,渠东译,生活·读书·新知三联书店2000年版。

② [美]肯尼斯·阿罗:《组织的极限》,万谦译,华夏出版社2006年版,第15页。

③ [美]奥利弗·威廉姆森:《资本主义经济制度:论企业签约与市场签约》,段毅才、王伟译,商务印书馆2002年版,第365页。

自己的权益①，但是，从世界劳工发展史看，从 19 世纪末期起，工会已从一种阶级斗争的工具转变为谋求与雇主建立协商关系的中介组织："'新工会主义'把组织延伸到大部分是低技术劳动力的广泛行业和工业中……这些'新工会'普遍被视为是激进且好战的，可是在它们与雇主建立的协商关系中，一种较务实的取向很快占据优势。"②其发挥的也主要是代理人的功能："工会既能向雇主提供有关雇员的需要及偏好的信息(比如，有关的附加津贴和福利)，又能帮助雇员去评议那种复杂的工资、收益标准。"③

在此笔者想说的是，代理人功能能够帮助我们实现经济组织中的尊严供求的平衡。组织中劳动者形形色色，每个人都会根据自己对尊严的认知及其人力资产专用性而提出不同的尊严需求。工会的作用在于控制和统合劳动者的尊严需求(很难把每个员工的偏好相加，但至少能够对其进行分类统合)，然后，通过集体谈判达成令劳资双方均满意的尊严供求协议并监督实施。如果没有工会，员工的尊严需求可能被滥用，同时，其分散的需求(其数据还会根据每个当事人自身优势的变化而变化)和讨价还价，也会使交易费用变得极大。在此前的一项研究中，笔者与合作者曾提出工会有助于在雇主与雇员之间构建一种组织化的"礼物交换"："雇主可以利用工会获得有关雇员的需求与期望的信息，以便其首先能够通过相应的企业制度建设或改良，'给予'雇员以礼物(如更长期的雇佣、可增长的工资福利、更多的管理参与等)。作为'回报'，工会也会运用自己的力量(如组织规范、内部社会关系等)，要求或鼓励雇员向企业提供更高质量的服务。"④

解决平衡问题的另一个方法，是在组织外也即在市场或价值链内部竞争

---

① 所以，正如香港"大学师生监察无良企业行动"项目干事陈诗韵所说的，"如果富士康没有真正的诚意去改善管理方式，或者允许工人建立一个民选工会，那么公司说什么都只是一种虚伪的手段罢了"(吴心欣：《郭台铭抛"员工动物论"，劳工团体抨击》，2012 年 1 月 22 日，https://www.voachinese.com/a/article-20120122-foxconn-workers-137854148/793293.html)。

② [英]Hyman R：《比较工会运动》，许继峰、吴育仁译，韦伯文化国际出版有限公司 2004 年版，第 100 页。

③ [美]奥利弗·威廉姆森：《资本主义经济制度：论企业签约与市场签约》，段毅才、王伟译，商务印书馆 2002 年版，第 353 页。

④ 汪和建、李磊：《通用劳动力市场的社会治理——也论〈劳动合同法〉的政策效果》，《南京大学学报》2011 年第 5 期，第 147—148 页。

中获取更广阔范围的收益，以提高其支持内部尊严供给的能力。一般企业主要面临市场竞争。而像富士康那样的代工企业则主要面临如何在其参与的全球价值链中取得更为有利的地位与竞争优势的挑战。这就需要企业家建立一种全新的全球化博弈的理念与策略。

始于 20 世纪 80 年代的第二次全球化在世界经济范围内带来的巨变，就是全球生产链(或价值链)竞争取代了国别间的产品竞争。全球生产链将提供不同产品与服务的各种企业组合在了共同生产某一产品(包括设计、生产到营销)的全部过程中，从而提高了其产品整体价值创造和竞争的能力。这种全球性生产模式给不同国家(包括新兴国家或地区)提供不同活动的企业创造了成长机会。这正是富士康这类参与全球生产链并专事生产(加工与组装)环节的所谓代工企业得以出现和成长的背景条件。

在全球生产链中，所有厂商(作为联盟企业)都参与了某一单位产品的总价值的生产，然而，不同的厂商对其总价值(利益)的分配却存在着巨大差距。例如，富士康是苹果 iPhone、iPad 的最主要的代工者。根据美国市场调查机构 iSupply 的报告，苹果 iPad "中国组装"费仅为每台 11.2 美元，和 499 美元的售价相比低廉得可怕。[①]代工企业所得何以如此低下？

流行的看法是，这是由企业提供的产品或服务的价值决定的。苹果公司提供的是品牌和技术，其处于整个产业链的高端，盈利率必然高；相反，富士康提供的主要是廉价的劳动，其处于整个产业的最底层，盈利率必然低。这种观点缺乏理论依据，并且要么带来一种宿命论的悲观，要么认为代工企业只有转型升级才是出路。转型升级虽然理想，但那是代工企业首先要在生产链体系中获得更有利地位和竞争优势的一个结果。其实，这一论点忘了一个基本定理，即任何产品或服务的"价值"都不是天然的(自我给定的)，而是取决于"买方愿意为企业提供给他们的产品所支付的价格"。[②]

全球生产链是一个生产者簇群(cliques of producers)，厂商之间既有基于价值链的分工与合作，又存在着对其产生的总价值进行分配的竞争。价值或

---

① 曹晟源：《代工之痛：499 美元 iPad 中国组装费仅 11.2 美元》，2010 年 5 月 21 日，http://tech.qq.com/a/20100521/000072.htm。

② [美]迈克尔·波特：《竞争优势》，陈小悦译，华夏出版社 2005 年版，第 36 页。

利益分配是生产链中处于不同位置的厂商——如主导企业与其供应商——通过议价决定的。其结果，正如迈克尔·波特(Michael E. Porter)所言，"在企业和其他供应商之间分配由于协商或优化各种联系带来的收益，取决于供应商议价能力，并反映为供应商的利润"[①]。富士康(作为苹果公司的供应商)较低的盈利，正是其较弱的议价能力的反映。那么，如何才能提升其(作为供应商的)议价能力呢？

波特的竞争战略是："供应商的议价能力部分是结构性的，部分取决于企业具体购买方式。"[①]他认为，供方力量的强弱主要取决于他们所提供给买主的是什么投入要素，当供方所提供的投入要素其价值构成了买主产品总成本的较大比例、对买主产品生产过程非常重要或者严重影响买主产品的质量时，供方对于买主的潜在讨价还价力量就大大增强。这一观点与伯特所说的"结构自主性"(structural autonomy)是基本一致的。[②]伯特认为，经济行动者如厂商的利润获得能力，与其在市场结构中的地位即自主性程度相关。一个厂商越是没有或很少有竞争者，有许多且小的供应者，有许多且小的消费者，其自主性程度就越高，其利润也就越大。因此，可以肯定，富士康要增加其利润，必须提高其议价能力；而要达到这一目标，企业家必须运用或调整一些策略以改善和提升其在生产链中的结构地位和竞争优势。

1) 与竞争者的关系：竞争合作

富士康的竞争者主要是那些同类型的代工企业。富士康对待这类企业一直采取"总是竞争"的策略，这一策略的实施——大规模、低成本、标准化生产——确立了富士康的竞争优势，但是也造成了日益严重的后果，即内部员工抗争和外部竞争者相互损害(形成"零和游戏")。未来富士康应该与其他代工厂建立一种竞争合作的关系：既开展差别化竞争，又联合一致应对共同的买主。

2) 与供应商的关系：联合或一体化

富士康的供应商是那些为其提供零配件的厂商。不过，在苹果公司主

---

① [美]迈克尔·波特：《竞争优势》，陈小悦译，华夏出版社2005年版，第50页。

② Burt R, *Toward a Structural Theory of Action: Network Models of Social Structure, Perception, and Action*, New York: Academic Press, 1982；Burt R, *Corporate Profits and Cooptation*, New York: Academic Press, 1983.

导的生产链中，富士康与其零配件供应商之间的关系是间接的，因为，零配件是苹果公司从其他供应商那里采购(甚至会融入其开发和制造过程)，然后交给富士康进行组装加工的。苹果公司的这一做法很有利于其控制富士康，而富士康要摆脱其控制即争取更多的"自治"，就应该建立与零配件供应商的直接关系：要么"向前联合"其他零配件供应商，要么"一体化"(自建)零配件生产厂。

3) 与消费者关系：控制与自治的斗争

富士康作为代工厂其与消费者的关系也就是与其买方如苹果公司等主导厂商的关系。虽然同处一个生产网络，彼此有着长期互惠性交易关系，但同时又存在利益分配的冲突与竞争。这决定了它们之间必然发生怀特所说的生产市场所普遍存在的"控制与自治的斗争"[①]：苹果作为主导厂商(这使其能处于伯特所说的"结构洞"[②]的位置)，它控制着生产的规则，包括订单的分配(使代工厂相互竞争，以获渔翁之利)、零部件的供给(使代工厂只提供在苹果产品中价值比例极小的劳动要素，以削弱其对买主产品生产过程的影响)以及生产周期(要求零库存生产)等，从而维持某种定价权和高利润；相反，富士康作为供应商或代工厂，则处于被规制和服从的地位，其议价能力也受到了相当的限制。不过，这也并不意味着没有维护其自主性的策略。譬如(前两点已有论述)，通过沟通("破坏"苹果公司的"结构洞")与竞争者(其他代工厂)建立竞争合作的关系；通过向前联合或一体化参与控制零配件采购或生产供应；通过提升技术能力更多地影响买主产品的质量(使苹果产生对自己更大的依赖)，同时，寻求更多买主或者同时在几个不同生产链中占有自己的位置(以减少自己对苹果公司的依赖)等等。

总之，富士康可以通过改善结构地位，获得更多议价能力。除此之外，富士康目前尚可利用员工自杀事件所引发的世界舆论对苹果公司的批评

① White H, "Where Do Markets Come From?" *American Journal of Sociology*, Vol. 87, 1981, pp. 517-547; White H, "Markets in Production Networks", In Swedberg R (Ed.), *Explorations in Economic Sociology*, New York: Russell Sage Foundation, 1993, pp. 161-175.

② Burt R, *Toward a Structural Theory of Action: Network Models of Social Structure, Perception, and Action*, New York: Academic Press, 1982.

与压力，以增加其在与苹果公司进行新一轮利益分配谈判的力量。[①]而未来，富士康更应通过构建企业内工会以及遵从中国相关法律法规，而向所有全球生产链主导厂商传达一个信号："富士者康"是我们对员工永远的承诺。

五、结论

回顾一下本书第一节中的图式。该图集中反映了本书的议题与策略，即用嵌入互动和交易理性相结合的方法把尊严与交易转型连接起来，以考察其对劳动组织治理结构转变的影响。结合分析富士康事件，我们得出以下结论。

(1)尊严认知与尊严获得的差距，会引发组织内员工的各种保护性行动。①当员工发现其尊严获得与其尊严认知存在差距时，其旨在维护尊严认知的保护性行动便可能被激发出来。②员工选择何种保护性行动，主要受职位依赖性和组织改善可预期性两个因素的限定。如果职位依赖性较弱，那么员工对组织改善越悲观，就越会选择退出；反之，对组织改善越乐观，就越会对组织保持忠诚。而如果职位依赖性较强，那么员工对组织改善越有信心，他们就越倾向于呼吁而非退出；反之，对组织改善越失去信心，则他们越容易选择自杀。

(2)劳动交易的持续及其引致的人力资产专用性的增强，会影响组织内尊严需求与供给的差距，从而促进劳动组织治理结构的转变。这一交易转型过程包括：①第一阶段：内部市场交易有效。有效的原因在于其能够将组织内等级制控制与拟似外部的市场交易即短期契约交易结合起来。②第二阶段：内部市场交易失灵。失灵的原因在于企业尊严供给下降与其员工的尊严需求上升日益冲突。企业尊严供给下降，是(代工)企业依赖价格竞争和内部市场交易方法的恶果；员工尊严需求日益上升，则是新生代农民工受教育水平提高，以及随着劳动交易的持续员工人力资产专用性程度不断增强的结

---

① 有媒体曾经报道富士康与苹果公司达成共识，后者将向前者提供 2%的补贴，即增加2%的代工费，以缓解加薪带来的成本压力(孙燕飚：《富士康加薪 3 成，苹果或涨 2%代工费作补贴》，2010 年 6 月 3 日，http://www.yicai.com/news/2010/06/357530.html)。

果。企业尊严供给与员工的尊严需求之间的差距越大，保护性反应就越激烈。③第三阶段：转向内部关系交易。转向很大程度上是企业对第二阶段保护性运动及舆论压力的一种策略性反应。这决定了转向的分期：不稳定转向与稳定的转向。不稳定转向具有明显的选择性、虚假性和不确定性，其缩小企业尊严供给与员工尊严需求之间的差距有限，因而激发员工采取更多、更激烈的保护性行动的危险依然存在。富士康"是生还是死"，关键在于，能否从不稳定的转向过渡到稳定的转向。

（3）转向-过渡（即由不稳定的转向过渡到稳定的转向）的条件是，企业家认知及其在全球生产链中的"结构自主性"策略博弈。①企业家认知，既包括对劳动组织治理及其转向的相关知识的认知，也包括以"人作为目的"为核心的有关人的尊严的道德认知。②企业家还面临一个组织内尊严供求的平衡问题。除了构建工会这一组织内调节尊严供求的平衡机制外，企业家还需在组织外即在全球生产链中取得更为有利的结构地位或"结构自主性"，以提升其内部尊严供给的能力。

上述结论有助于确立本书——作为组织的经济社会学研究——与组织分析的新制度主义有别的立场。经济社会学不再仅仅强调外部制度环境对组织的影响，而是转向关注组织内行动者的认知与行动在组织变迁中的作用。如果说员工的尊严认知与保护性行动是促进劳动组织治理结构转变的基本动力，那么，企业家认知及其包括构建工会和谋求"结构自主性"在内的策略行动则是实现这种转变的关键性力量。从近期有关富士康的报道来看，这一作用仍有待突破。部署自动化设施可以在某些生产环节达到精简用人的目的，然而，它并不能完全解决仍在急速扩张中的富士康对用工的巨大需求，更不能想象它能解决本书所述的转向-过渡问题。可见，未来富士康能否实现稳定的转向，很大程度上仍取决于它能否解决以及如何解决熊彼特所言的企业家的"自觉理性"问题。

附录二　中国居民消费实践社会调查

（2012 年城乡问卷）

南京大学社会学院
2012 年 1 月

1. 问卷编号＿＿＿＿＿＿＿
2. 访谈地点＿＿＿＿＿＿省（自治区/直辖市）＿＿＿＿＿＿市
　　　　　＿＿＿＿＿＿县（县级市/区）＿＿＿＿＿＿乡（镇/街道）
　　　　　＿＿＿＿＿＿村（居委会）
3. 被访者户籍所在地＿＿＿＿＿＿省（自治区/直辖市）＿＿＿＿＿＿市
　　　　　　　　　＿＿＿＿＿＿县（县级市/区）＿＿＿＿＿＿乡（镇/街道）
　　　　　　　　　＿＿＿＿＿＿村（居委会）
4. 调查员（单位）＿＿＿＿＿＿
　　（签名）＿＿＿＿＿＿（电话）＿＿＿＿＿＿

您好！

　　首先，感谢您接受我们的访问调查。本次调查是由南京大学社会学院组织的一次全国性的关于中国居民消费实践基本状况的调查，主要目的是了解近年来中国城乡居民的消费意识、消费行为以及对企业生产和政府消费政策的了解等相关方面的情况。您是我们经过科学抽样选中的调查代表，您的合作对于我们收集信息和科学决策具有十分重要的意义。

　　本次调研采取不记名的方式。您的回答不涉及是非对错，但务必请按照您的实际情况逐一回答。对您的回答我们将按照《统计法》予以保密，请您放心。

　　若无特殊说明均为单选题，请在合适的选项上划"√"。

对于您的合作与支持，我们表示衷心的感谢！

A. 基本情况

A1. 您的性别是：

1. 男　　　　　　　　　　　2. 女

A2. 您的年龄是：_____岁

A3. 您的婚姻状况：

1. 未婚　　　　　　　　　　2. 已婚(包括再婚)

3. 其他(包括离异、丧偶后未婚等)

A4. 您的学历是：

1. 小学及以下　　　　　　　2. 初中

3. 高中(包括职高/中专/技校)　4. 大专

5. 本科　　　　　　　　　　6. 硕士

7. 博士

A5. 您现在居住和生活的家庭属于：

1. 单身家庭　　　　　　　　2. 夫妇，无孩子

3. 核心家庭(夫妇，有孩子)　4. 多代家庭(与老人共同居住)

5. 空巢家庭(孩子已离家)　　6. 其他家庭_____(请注明)

A6. 您有_____个孩子；其中最小的孩子今年_____岁。

A7. 您的户口是：

1. 农业户口　　　　　　　　2. 非农业户口

A8. 您的常住地与户口所在地是_____？(请在表格中相应的地方填答)

项目	省/自治区/直辖市	市	县/县级市/区	乡/镇/街道	村/居委会
您近几年的常住地					
您的户口所在地					

A9. 您的职业是：

1. 党政机关/事业单位干部　　2. 党政机关/事业单位办事人员

3. 企业中高层管理人员　　　4. 企业职员(销售/技工/文员等)

5. 普通工人　　　　　　　　　6. 专业人员(教师/医生/律师等)

7. 私营企业主/个体工商户　　　8. 农民/渔牧民

9. 商业服务业员工　　　　　　10. 自由职业者

11. 家庭主妇　　　　　　　　　12. 学生

13. 待业人员　　　　　　　　　14. 离退休人员

15. 其他＿＿＿＿＿＿＿(请注明)

A10. 上一年，您每月的收入大约是(包括工资、奖金、补贴、他人给予、分红、股息、经营收入、银行利息等所有收入)：

1. 1000 元及以下　　　　　　　2. 1001～2000 元

3. 2001～3000 元　　　　　　　4. 3001～4000 元

5. 4001～5000 元　　　　　　　6. 5001～6000 元

7. 6001～7000 元　　　　　　　8. 7001～8000 元

9. 8001～9000 元　　　　　　　10. 9001～10 000 元

11. 10 001～20 000 元　　　　　12. 20 001 元及以上

A11. 请您估算一下，您每个月的收入大约有多少被储蓄起来。

1. 10%及以下　　　　　　　　　2. 11%～20%

3. 21%～30%　　　　　　　　　4. 31%～40%

5. 41%～50%　　　　　　　　　6. 51%～60%

7. 61%～70%　　　　　　　　　8. 71%及以上

A12. 与您周围的人相比，您觉得您的收入水平：

1. 很高　　　　2. 比较高　　　3. 稍高一点　　　4. 差不多

5. 稍低一点　　6. 比较低　　　7. 很低

A13. 您觉得您未来的收入(5 年后)会比现在：

1. 多很多　　　2. 多一些　　　3. 基本不变　　　4. 少一些

5. 少很多

A14. 五险一金您拥有哪些？(可多选)

1. 养老保险　　2. 医疗保险　　3. 失业保险　　　4. 工伤保险

5. 生育保险　　6. 住房公积金　7. 都没有

A15. 您现在的住房情况是：

1. 无房(与父母同住/单位宿舍/租房等)

2. 有房(有_____套房，其中_____套仍有贷款或欠债)

B. 消费行为与实践

B1. 过去一年里，您主要消费在下面哪些项目上？（最多选 3 项）

1. 购房/装修　　　　2. 购车　　　　　3. 家电　　　　　4. 教育

5. 日用品(包括服饰、食物)　　　　　6. 休闲(旅游)

7. 电脑、手机等电子产品　　　　　8. 娱乐　　　　　9. 保健

10. 人际交往　　　　11. 其他_____(请注明)

> B1. 请将所选的 3 项按照花费的多少进行排序(将选项的序号填入相应的横线上)：
>
> _____ > _____ > _____

B2. 未来 5 年,您最有可能在下列哪些项目上进行/增加消费？（最多选 3 项）

1. 购房/装修　　　　2. 购车　　　　　3. 家电　　　　　4. 教育

5. 日用品(包括服饰、食物)　　　　　6. 休闲(旅游)

7. 电脑、手机等电子产品　　　　　8. 娱乐　　　　　9. 保健

10. 人际交往　　　　11. 其他_____(请注明)

B3. 您购买商品或服务时，一般从哪里获得相关信息？（最多选 3 项）

1. 商场或超市　　　2. 互联网　　　3. 广告和推销　　4. 亲朋好友

5. 专业机构或人员　　6. 其他_____(请注明)

B4. 平时购买商品或服务时，您比较看中哪些方面？（最多选 3 项）

1. 质量是否可靠　　　　　　2. 价格是否便宜

3. 是否符合自己的身份　　　　4. 是否能展示自己的个性

5. 是否流行时尚　　　　　　6. 是否名牌

7. 是否与周围人的看法一致　　8. 服务是否热情

9. 外观款式是否合适　　　　10. 其他_____(请注明)

> B4. 请将所选的 3 项按照您的看重程度进行排序(将选项的序号填入相应的横线上)：
>
> _____ > _____ > _____

B5. 智能手机普及迅速，下列品牌中，您最喜欢哪一个？

1. iPhone   2. 三星   3. HTC   4. 摩托罗拉

5. 诺基亚   6. 无所谓   7. 其他_____（请注明）

B6. 日常生活中，您一般在哪里买东西？（最多选 3 项）

1. 百货商店   2. 大型超市   3. 小型零售店（包括连锁便利店）

4. 批发市场   5. 批发零售店   6. 网络购物

7. 电视、电话购物   8. 厂家直销

9. 其他（如代购等）

B7. 您经常在网络上进行团购吗？

1. 经常   2. 有时   3. 偶尔   4. 极少

5. 从未

B7. 如果您有过网络团购的经历，您参与团购的最主要的原因是什么？

1. 价格优惠   2. 产品新颖   3. 可以与其他消费者互动

4. 只是好奇，想体验一下   5. 受他人影响

6. 其他_____（请注明）

B8. 在消费活动中可能会遇到下列问题，其中最让您感到失望的是什么？

1. 安全问题   2. 质量问题

3. 商家服务态度问题   4. 售后服务问题

5. 使用过于复杂的问题   6. 商品价值贬值问题

7. 价格问题   8. 其他_____（请注明）

B9. 在您的购买经历中，哪类商品或服务最让您感到失望？

1. 购房/装修   2. 购车

3. 家电   4. 教育

5. 日用品（包括服饰、食物） 6. 休闲（旅游）

7. 电脑、手机等电子产品   8. 娱乐

9. 保健   10. 人际交往

11. 其他_____（请注明）

B10. 当您遇到有关商品或服务质量等问题时，您通常的做法是什么？
（最多选 3 项）

1. 损失不大，自认倒霉　　　　2. 暗下决心，不再选购该商品

3. 与卖方联系，寻求问题的解决　4. 向消费者协会投诉

5. 向媒体投诉　　　　　　　　6. 在互联网发帖控诉

7. 联系相同遭遇消费者，寻求联合抗诉

8. 其他_____（请注明）

B11. 您认为消费者协会在保障消费者权益中发挥的作用是否令人满意？

1. 非常满意　　2. 比较满意　　3. 一般　　4. 不够满意

5. 很不满意　　6. 不清楚

B12. 过去 5 年您自己或家庭有过借贷消费吗(包括向亲友借钱、银行等贷款、信用卡消费等)？

1. 有　　　　　2. 没有　　　　3. 不清楚

B12.1 您所借的钱主要用在哪些地方？（限选 3 项）

1. 购房/装修　　　　　　　2. 购车

3. 家电　　　　　　　　　4. 教育

5. 日用品（包括服饰、食物）　6. 休闲（旅游）

7. 电脑、手机等电子产品　　8. 娱乐

9. 保健　　　　　　　　　10. 人际交往

11. 其他_____（请注明）

B12.2 您所借的钱主要来自哪里？（最多选 3 项）

1. 亲朋好友借款

2. 金融机构（如银行、信用社、典当行等）贷款

3. 厂商提供的分期付款

4. 信用卡

5. 民间小额贷款

6. 其他_____（请注明）

B13. 上一年，您有过几次向别人(或其他机构)借钱消费的经历？

1. 0 次　　　　2. 1～3 次　　　3. 4～6 次　　　4. 7～9 次

5. 10～12 次　　6. 13～15 次　　7. 15 次以上

B14. 如果都可以的话，您最倾向于向谁借钱？

1. 父母　　　　　2. 兄弟姐妹　　　　3. 亲戚　　　　　4. 朋友

5. 同事/同学　　6. 银行等信贷机构　7. 其他_____（请注明）

B15. 在日常购买与消费中，下列获取资金的方式，哪种最能使您拥有成就感和满足感？

1. 通过节俭积累资金

2. 通过工作获得更多收入

3. 通过理财投资获得更多收入

4. 通过借贷（如贷款购房、信用卡消费等）获得超前消费

5. 其他_____（请注明）

B16. 假如未来几年有购买汽车的打算，您倾向于用哪种方式付款？

1. 自己存够钱后全额付款

2. 钱不够的话向亲朋好友借点，然后全额付款

3. 以信贷方式分期付款

4. 其他_____（请注明）

B17. 假如未来几年有买房的打算，您倾向于用哪种方式付款？

1. 自己存够钱后全额付款

2. 钱不够的话向亲朋好友借点，然后全额付款

3. 以信贷方式分期付款

4. 其他_____（请注明）

B18. 您是否关注国家有关信贷消费的政策与文件？

1. 非常关注　　　　2. 比较关注　　　3. 一般　　　　4. 偶尔关注

5. 从不关注

B19. 您是否留意银行有关消费信贷（如住房贷款、汽车贷款、信用卡等）的宣传活动或广告？

1. 非常留意　　　　2. 比较留意　　　3. 一般　　　　4. 偶尔留意

5. 从不留意

B20. 您认为"个人信用"是一项重要的资源吗？

1. 认同　　　　　2. 比较认同　　　3. 有点认同　　　4. 中立

5. 有点反对　　　6. 比较反对　　　7. 反对

B21. "可以通过银行等专业机构，在信贷活动中(如贷款)积累信用"，您对这句话的态度是：

1. 认同　　　　　2. 比较认同　　　3. 有点认同　　　4. 中立

5. 有点反对　　　6. 比较反对　　　7. 反对

B22. 您认为信用卡对于我们积累自己的信用有帮助吗？

1. 完全没有帮助　　2. 有一点帮助　　3. 有一些帮助

4. 有比较大的帮助　5. 非常有帮助

B23. 您愿意去"个人征信系统"中注册、记录与检查自己的信用吗？

1. 反对　　　　　2. 比较反对　　　3. 有点反对　　　4. 中立

5. 有点愿意　　　6. 比较愿意　　　7. 愿意　　　　　8. 不了解

B24. 您周围使用信用卡的人多吗？

1. 很多　　　　　2. 比较多　　　　3. 一般　　　　　4. 比较少

5. 很少

B25. 您周围的人中，哪一类人比较多？

1. 常常超前消费　　　　　　　　2. 有时超前消费

3. 量入为出地消费　　　　　　　4. 比较节省地消费

5. 非常节省地消费

B26. 回想一个您最亲近的亲人：

> B26.1 他（她）是您的：
>
> 1. 父母　　　　　2. 子女　　　　　3. 爷爷奶奶外公外婆
>
> 4. 兄弟姐妹　　　5. 其他_____（请注明）
>
> B26.2 他（她）经常使用信用卡吗？
>
> 1. 经常　　　　　2. 有时　　　　　3. 偶尔
>
> 4. 极少　　　　　5. 从不
>
> B26.3 他（她）平时的消费倾向于：
>
> 1. 节俭和谨慎　　2. 舒适和乐趣　　3. 享乐和奢华
>
> B26.4 他（她）是否有过信贷消费行为，比如贷款买房买车等？
>
> 1. 有　　　　　　2. 没有
>
> B26.5 他（她）有过借钱消费的经历吗？
>
> 1. 经常　　　　　2. 有时　　　　　3. 偶尔

4. 极少　　　　　　　5. 从不

B26.6 如果您使用信用卡，他（她）会反对吗？

1. 肯定会　　　　　　2. 很可能会　　　　　3. 比较可能会

4. 有点可能会　　　　5. 不会

B27. 回想一下您最要好或对您影响最大的朋友：

B27.1 他（她）经常使用信用卡吗？

1. 经常　　　　　　　2. 有时　　　　　　　3. 偶尔

4. 极少　　　　　　　5. 从不

B27.2 他（她）平时的消费倾向于：

1. 节俭和谨慎　　　　2. 舒适和乐趣　　　　3. 享乐和奢华

B27.3 他（她）是否有过信贷消费行为，比如贷款买房买车等？

1. 有　　　　　　　　2. 没有

B27.4 他（她）有过借钱消费的经历吗？

1. 经常　　　　　　　2. 有时　　　　　　　3. 偶尔

4. 极少　　　　　　　5. 从不

B27.5 如果您使用信用卡，他（她）会反对吗？

1. 肯定会　　　　　　2. 很可能会　　　　　3. 比较可能会

4. 有点可能会　　　　5. 不会

B28. 您有几张正在使用的银行卡（一般借记卡，不可透支）？

1. 零张　　　　　　　2. 一张　　　　　　　3. 二张

4. 三张　　　　　　　5. 四张　　　　　　　6. 五张及以上

B29. 您有_____张信用卡？其中，_____张已经使用过？

若还没有信用卡，是否打算去办理一张？

　　　1. 是　　　　　2. 否

　　　3. 没想好

若没有使用过，以后是否会用它？

　　　1. 应该会　　　　2. 有可能

　　　3. 一定不会　　　4. 不知道

若正在使用信用卡，请继续填答。

若没有，请跳至 **C** 部分。

B30. 从您拥有第一张信用卡开始,您已经使用信用卡多长时间了? 大约 _____年。

B31. 您是否是自愿并主动去办理信用卡的?

1. 是的，自愿并主动去办理的

2. 不是，是被动办理的(被推销，或受他人的劝说等)

B32. 您为什么使用信用卡? (最多选 3 项)

1. 不必随身携带较多现金　　　　　2. 购物支付方便快捷

3. 缺钱时，可解燃眉之急　　　　　4. 可以透支消费

5. 可以积累"个人信用"　　　　　6. 可以赢得他人的认同

7. 有消费优惠与积分　　　　　8. 其他_____(请注明)

B33. 您的信用卡的信用额度是:

1. 3000 元及以下　　　　　2. 3001~5000 元

3. 5001~10 000 元　　　　　4. 10 001~30 000 元

5. 30 001~50 000 元　　　　　6. 50 001~80 000 元

7. 80 001 元及以上

B34. 您希望您的信用卡的信用额度是:

1. 3000 元及以下　　　　　2. 3001~5000 元

3. 5001~10 000 元　　　　　4. 10 001~30 000 元

5. 30 001~50 000 元　　　　　6. 50 001~80 000 元

7. 80 001 元及以上

B35. 您平均每月使用多少次信用卡?

1. 1~2 次　　　　2. 3~4 次　　　　3. 5~6 次

4. 7~8 次　　　　5. 9~10 次

6. 10 次以上　　　　7. 仅为达免年费的标准而用卡

B36. 您的信用卡是否经常透支满了(用完了全部的信用额度)?

1. 一直都是　　　　2. 经常是　　　　3. 有时是　　　　4. 偶尔是

5. 极少，几乎没有

B37. 上个月，您的信用卡大约使用了多少钱？

1. 500 元及以下　　　　　　　　　2. 501～1000 元

3. 1001～1500 元　　　　　　　　4. 1501～2000 元

5. 2001～2500 元　　　　　　　　6. 2501～3000 元

7. 3001～3500 元　　　　　　　　8. 3501～4000 元

9. 4001～4500 元　　　　　　　　10. 4501～5000 元

11. 5001～10 000 元　　　　　　　12. 10 001～20 000 元

13. 20 001～30 000 元　　　　　　14. 30 001～40 000 元

15. 40 001 元及以上

B38. 您是否愿意向身边的朋友推荐使用信用卡？

1. 非常愿意　　　　2. 比较愿意　　　　3. 一般

4. 比较反对　　　　5. 非常反对

B39. 您是否打算注销手里的信用卡？

1. 有这个想法，但还是先用着　　　　2. 正打算销卡

3. 不打算销卡

B40. 您是否愿意再去申请一两张信用卡？

1. 非常愿意　　　　2. 比较愿意　　　　3. 一般

4. 比较反对　　　　5. 非常反对

C. 消费意识与态度

C1. 下列有关消费观念与习惯的表述，您是否赞同？请在合适的空格内打"√"。

选择	强烈反对	比较反对	有点反对	中立	有点赞同	比较赞同	非常赞同
有收入时，我会把一部分钱先预留下来							
我会制定消费预算，并且按计划消费							
应当懂得享受生活，没必要处处省省							
我经常会消费一些东西来优待自己							
应当懂得节约，满足基本的生活需求就好，额外的消费不能多							

续表

选择	强烈反对	比较反对	有点反对	中立	有点赞同	比较赞同	非常赞同
目前社会正提倡、鼓励人们进行消费							
消费能够推动经济增长							
鼓励消费会助长享乐和奢华的社会风气							
鼓励消费会导致浪费和对环境的破坏							

C2. 您觉得，家庭消费的原则应当是什么。

1. 节俭和谨慎　　　　　　　2. 舒适和乐趣

3. 享乐和奢华　　　　　　　4. 其他_____（请注明）

C2. 您的这种观点主要受哪些方面的影响？（最多选 3 项）

1. 亲属　　　　　　　　　　2. 朋友

3. 熟人（同事、同学、老乡等）　4. 大众媒体

5. 互联网　　　　　　　　　6. 专业机构和人士

7. 个人经验　　　　　　　　8. 其他_____（请注明）

C3. 当您购买到一件梦寐以求的商品或服务时，与您的体验和感觉最接近的是：

1. 感受到了生活的乐趣

2. 感觉拥有了实现自己愿望的力量

3. 感觉改变了自己的身份地位

4. 只是为了赶潮流，不失面子

5. 很普通，没有特别的感觉

6. 其他_____（请注明）

C4. 下列关于"工作"的看法，哪一种与您最贴切？

1. 工作是一个人的社会责任

2. 工作和挣钱是为满足自己的消费需求

3. 工作本身就能带来乐趣

4. 工作和挣钱是为了给家人创造更好的生活条件

5. 工作能够实现自己的价值

6. 其他_____（请注明）

C5. 您认为，人们追求高端或奢侈消费，最主要是为了：

1. 展示其金钱实力　　　　　　2. 彰显其身份和地位

3. 表现其特别的生活风格　　　4. 满足他人的期望

5. 其他_____（请注明）

C6. 您怎么看待那些追求高端和奢侈消费的人？

1. 比较羡慕他们

2. 为满足个人的消费乐趣，不应受批判

3. 奢华生活是一种炫耀，鄙视之

4. 每个人的生活风格不尽相同，不羡慕也不反对

5. 其他_____（请注明）

C7. 下列有关信贷消费(透支消费、贷款消费)的观点，您是否赞同？请在合适的空格内打"√"。

选择	强烈反对	比较反对	有点反对	中立	有点赞同	比较赞同	非常赞同
应当存够钱再消费							
信贷消费是合理的，如果自己能够偿还它							
信贷消费会破坏勤劳、节俭等传统美德							
看到经常借钱消费的人，我会觉得他们平时不够节俭，乱花钱							
贷款买房、买车是一件不体面的事							
贷款买房、买车说明一个人精明、善于理财							
经济条件不好的人才会借钱或贷款消费							
目前社会正鼓励、提倡信贷消费							
债务会使我的工作、生活更有动力							

C8. 您觉得，信贷消费(如贷款购房、信用卡消费等)会给人们的生活带来的最大改变是：

1. 更注重生活享受

2. 为还贷更加努力地工作

3. 为还贷生活更节俭、克制

4. 大多被"奴役"(成为"房奴""车奴""卡奴"等)

5. 其他_____(请注明)

C9. 有人认为:"一个人的消费能力正在逐步取代他的职业地位,成为获得社会尊重的重要来源。"您是否赞同这一观点?

　　1. 非常赞同　　　　　　2. 比较赞同　　　　　　3. 一般

　　4. 比较不赞同　　　　　5. 很不赞同

C10. 有人说:"归根到底是生产者(通过广告和推销)决定着我们的需求和购买。"您是否同意?

　　1. 非常赞同　　　　　　2. 比较赞同　　　　　　3. 一般

　　4. 比较不赞同　　　　　5. 很不赞同

C11. 有人认为:"市场经济的发展会使我们对商品和服务拥有更多的选择权。"您是否赞同?

　　1. 非常赞同　　　　　　2. 比较赞同　　　　　　3. 一般

　　4. 比较不赞同　　　　　5. 很不赞同

C12. 近年来,中国政府采取了多种政策来刺激国内消费,您认为其意图主要是:

　　1. 应对全球金融危机　　　　　2. 转变中国经济增长方式

　　3. 提高人民物质生活水平　　　4. 维护社会安定与社会和谐

　　5. 不太了解　　　　　　　　　6. 其他_____(请注明)

C13. 您认为,怎样做才能遏制或减少过度消费带来的危害?

　　1. 缩减家庭开支

　　2. 精打细算,减少浪费

　　3. 平衡储蓄与消费

　　4. 以新消费方式(如徒步旅行、网络社交等)取代旧消费方式(如对食物、衣物和汽车的迷恋)

　　5. 减少物质迷恋

　　6. 提高消费品位

　　7. 其他_____(请注明)

C14. 您觉得,在中国,老百姓不敢积极消费的主要原因是(最多选3项):

　　1. 居民(尤其是农民)收入增长缓慢

2. 养老、医疗等社会保障不健全

3. 教育负担重

4. 消费必需品价格偏高

5. 房价太高

6. 税费负担重

7. 消费者保护不力

8. 重储蓄轻消费的观念

9. 其他_____（请注明）

访问结束。
谢谢您的合作，再一次表示感谢！

【访谈记录】

被访者姓氏_____

住址_____　　　　联系电话_____

索　引